法鼓山年鑑

2017

◆**方丈和尚對 2017 年的祝福**

福慧傳家有幸福

阿彌陀佛！新的一年到來，果東向諸位拜年，祝福大家闔家平安，有福有慧，增福增慧。過去一年，不論我們的努力是否達到預期成果，坦然去面對、接受，便是一個階段的圓滿。

迎接新的一年，讓我們珍惜所擁有的資源，以及各種經歷的體驗，懷抱信心與希望，盡心盡力、隨緣努力，成就他人、愛護環境，成長自己。

安心安家，安身立命

從佛法的角度，學習照顧他人與環境，知福、惜福、培福、種福，就能有福有慧，就是在修福修慧。至於修福修慧，一定是從生活中與我們關係最緊密的家庭開始。因此，2017 年法鼓山以「福慧傳家」為年度主題，實踐方針則是「修福修慧，安心安家；六度萬行，傳心傳家」，希望與社會大眾共勉：福慧平安，就從照顧好自己的家及生活環境做起。

每個人都有家，從血緣、親緣來講，家是由家人、親屬所組成；從心理層面，家是我們安身立命的地方；從居住空間，家是指同住在一起的人。當我們把這三種「家」的意涵，放置於快速變遷的大環境來看，其中血緣關係不變，共同居住的家的形貌已在演變；而相信大家最關心的是：如何擁有一個安心的家。

尤其現代社會，傳統的三代折衷家庭逐漸減少，以夫婦及小孩為主的核心家庭，正面臨所謂「候鳥家庭」、「留守家庭」等新課題；也就是夫婦其中一人，到外地甚至海外工作，無法常態性的共同經營家庭生活。還有一種現象，獨居

法鼓山 2017 年以「福慧傳家」作為對社會的祝福，方丈和尚與大眾共勉：「修福修慧，安心安家；六度萬行，傳心傳家」。

人口倍增，從少壯至老年，均出現所謂的「獨身族」。當社會結構重新轉換，從安心進而安家的價值觀，也就顯得非常重要。

法住法位，生命共同體

佛法有個名詞稱為「法住法位」，意思是說，生活中的萬事萬物，都有各自的現象和功能。然而當我們從整體看待的時候，會發現彼此是互依、互補的生命共同體。

現代人崇尚自我，當個人面對家庭的時候，有些人會以自我利益為優先；佛法則提出，個人的安身立命，無法脫離環境中的人事物而存在。因此，法鼓山創辦人聖嚴師父有一段話：「無我的智慧，安心安身；平等的慈悲，安家安業。無盡的感謝，安心安身；無限的奉獻，安家安業。」便是期許我們，用智慧與感恩心來照顧自己，用慈悲和奉獻來關懷家人與周遭環境。

進一步來講，用慈悲、智慧照顧好自己的家，是菩薩行基礎。再逐漸擴大，凡是與我們建立互信、互敬、互諒、互助的生命共同體，都算是大家庭。如佛教所講：荷擔起「如來家業」，便是以一切眾生的心行為家，學菩薩、做菩薩，行菩薩道。菩薩行的總綱則是六度：布施、持戒、忍辱、精進、禪定、般若，其內涵可統攝為福慧雙修、悲智雙運。

感恩奉獻，福慧傳家

不論時空環境如何轉換，家是我們安心、安身的避風港，家所提供的物質生活安頓和精神生活的歸屬感，仍是無可取代。雖然「家家有本難念的經」，建議都能把它當成是啟發智慧的心經，及修福修慧的菩薩行功課，在生活中養成知福惜福、感恩報恩的正面心態；安於當下、促緣改善，讓自己與家人都能有福有慧，共同成長。

新的一年，多一分感謝，多一些奉獻，照顧好自己的家，再漸次由小至大、由內而外，在所處的環境中，盡心盡力，隨緣盡分，奉獻利他。祝福大家：修福修慧，安心安家；六度萬行，傳心傳家。阿彌陀佛。

編輯體例

一、本年鑑輯錄法鼓山西元 2017 年 1 月至 12 月間之記事。

二、正文分為三部，第一部為綜觀篇，含括法鼓山方丈和尚（果東法師）、法鼓山僧團、
　　法鼓山體系組織概述，俾使讀者對 2017 年的法鼓山體系運作有立即性、全面性且
　　宏觀的認識。第二部為實踐篇，即法鼓山理念的具體實現，以三大教育架構，放眼
　　國際，分為大普化、大關懷、大學院、國際弘化。各單元首先以總論宏觀論述這一
　　年來主要事件之象徵意義及影響，再依事件發生時序以「記事報導」呈現內容，對
　　於特別重大的事件則另闢篇幅做深入「特別報導」。第三部為全年度「大事記」，
　　依事件發生時間順序記錄，便於查詢。

三、同一類型的活動若於不同時間舉辦多場時，於「記事報導」處合併敘述，並依第一
　　場時間排列報導順序。但於「大事記」中則不合併，依各場舉辦日期時間分別記載。

四、內文中年、月、日一律以阿拉伯數字書寫，如：2017 年 5 月 8 日。其餘人數、金
　　額等數值皆以國字書寫。

五、人物稱呼：聖嚴法師皆稱聖嚴師父。其他法師若為監院或監院以上職務，則一律先
　　職銜後法名，如方丈和尚果東法師、僧團副住持果品法師。一般人員敘述，若有職
　　銜則省略先生、小姐，如法鼓山社會大學校長曾濟群。

六、法鼓山各事業體單位名稱，部分因名稱過長，只在全書第一次出現時以全名稱呼，
　　其餘以簡稱代替，詳如下：
　　法鼓山世界佛教教育園區簡稱「法鼓山園區」、「法鼓山總本山」
　　中華佛教文化館簡稱「文化館」
　　法鼓山社會福利慈善事業基金會（法鼓山慈善基金會）簡稱「慈基會」
　　法鼓文理學院簡稱「文理學院」
　　中華佛學研究所簡稱「中華佛研所」
　　法鼓山僧伽大學簡稱「僧大」
　　法鼓山社會大學簡稱「法鼓山社大」
　　法鼓山人文社會基金會簡稱「人基會」
　　聖嚴教育基金會簡稱「聖基會」
　　護法會北投辦事處簡稱「北投辦事處」

七、檢索方法：本年鑑使用方法主要有四種：

其一：了解法鼓山弘化運作的整體概況。請進入綜觀篇。

自〈法鼓山方丈和尚〉、〈僧團〉、〈法鼓山體系組織〉各篇專文，深入法鼓山弘化事業的精神理念、指導核心，及整體組織概況。

其二：依事件分類，檢索相關報導。

請進入實踐篇。事件分為四類，包括大普化教育、大關懷教育、大學院教育，及國際弘化，可於各類之首〈總論〉一文，了解該類事件的全年整體意義說明；並於「記事報導」依事件發生時間，檢索相關報導。

各事件的分類原則大致如下：

・大普化教育：

凡運用佛教修行與現代文化，所舉辦的相關修行弘化、教育成長活動。

例如：禪坐、念佛、法會、朝山、誦戒、讀經等修行弘化，佛學課程、演講、講座、讀書會、成長營、禪修營、教師營、兒童營、人才培育等佛法普及、教育成長，對談、展覽、音樂會、文化出版與推廣等相關活動，以及僧團禮祖、剃度，心六倫運動，法鼓山在臺灣所舉辦的國際性普化、青年活動等。

・大關懷教育：

凡對於社會大眾、信眾之間的相互關懷，急難救助以及心靈環保、禮儀環保、自然環保、生活環保等相關活動。

例如：關懷感恩分享會、悅眾成長營、正副會團長與轄召、召委聯席會議等信眾關懷教育，佛化祝壽、佛化婚禮、佛化奠祭、助念關懷、心靈環保博覽會等社會關懷教育，以及海內外慈善救助、災難救援關懷，國際關懷生命獎等。

・大學院教育：

凡為造就高層次的研究、教學、弘法及專業服務人才之教育單位，所舉辦的相關活動。

例如：中華佛學研究所、法鼓文理學院、法鼓山僧伽大學等所舉辦的活動，包括國際學術研討會、成長營、禪修，以及聖嚴教育基金會主辦的「聖嚴思想國際學術研討會」等。

・國際弘化：

凡由法鼓山海外分院道場、據點等，所主辦的相關弘化活動、所參與的國際性活動；以及法鼓山於海外所舉辦的弘化活動等。

例如：美國東初禪寺、象岡道場、洛杉磯道場，加拿大溫哥華道場，以及海

外弘化據點，包括各國護法會，以及各聯絡處及聯絡點等。各地所舉辦、參與的各項活動，包括各項禪修、念佛、法會及演講、慰訪關懷等。

另有聖嚴教育基金會與美國哥倫比亞大學共同設立的「聖嚴漢傳佛學講座教授」，海外人士至法鼓山拜訪，海外學術單位至法鼓山園區參學等。

其三：依事件發生時間順序，檢索事件內容綱要。請進入大事記。

其四：檢索法會、禪修、讀書會等相關資料統計或圖表。

請進入附錄，依事件類別查詢所需資料。

例如：大普化教育單位所舉辦的法會、禪修、佛學課程之場次統計，主要出版品概況等。國際會議參與情形以及聖嚴師父相關主要學術研究論文一覽等。

※ 使用範例：

範例 1：查詢事件「第十屆大悲心水陸法會」

  方法 1：進入實踐篇→大普化教育→於 11 月 25 日→可查得該事件相關報導

  方法 2：進入大事記→於 11 月 25 日→可查得該事件內容綱要

範例 2：查詢單位「法鼓文理學院」

  進入綜觀篇→〈法鼓山體系組織〉一文→於教育體系中，可查得該單位 2017 年的整體運作概況

範例 3：查詢「法鼓山 2017 年各地主要法會統計」

  進入附錄→法鼓山 2017 年各地主要法會統計

52 實踐篇

303 大事記

391 附錄

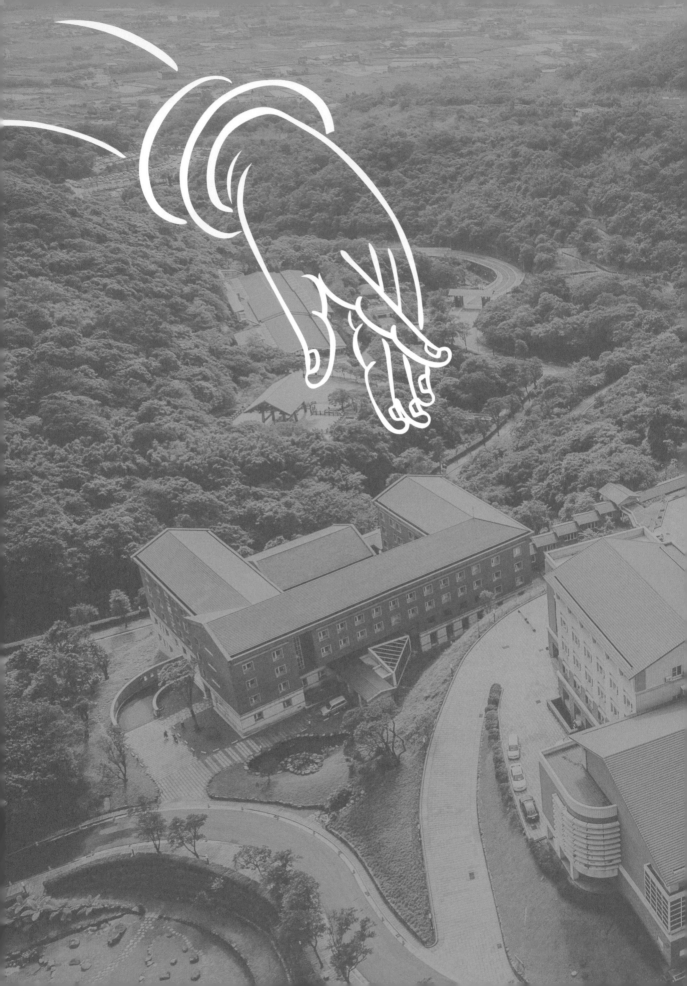

綜觀

法鼓山方丈和尚
悲智當家 福慧傳家

法鼓山僧團
務實奉獻 利益眾生

法鼓山體系組織
法鼓山體系組織概況

法鼓山方丈和尚——2017年的果東法師

悲智當家　福慧傳家

近十年來，臺灣媒體及企業每於年底，徵集民眾票選最貼近當年度社會氛圍與自心景貌的代表字。2016年臺灣年度代表字，由「苦」字拔得頭籌，表現出該年的社會面貌與心靈風景。

「苦」，容易使人聯想身心挫折、滯悶、煎熬等負面情緒，卻正是佛法看待有情眾生存在的本質。在2017年初，於串聯法鼓山園區及海內外分支道場同步連線的歲末感恩分享會中，方丈和尚果東法師援引「苦」字道出，病苦、老苦、窮苦都是苦，然而佛法之謂苦，主要指心理不平衡，由於心與身或與環境，產生矛盾、對立、衝突，致使身心俱苦，難以自拔。

「知苦，才能離苦、救苦。」方丈和尚分享另一種逆流而上的人生，從觀念調整及方法練習，逐漸使得煩惱淡化、淨化，獲致平安、健康、快樂、幸福，便是法鼓山提倡心靈環保的目的。

不同於坊間於年底徵集年度代表字，試以觀察社會變遷風貌，法鼓山每年提出的年度主題，則邀請社會大眾許下新年允諾，作為年度努力的方向，讓自己與他人能得平安快樂。在年度主題訂為「福慧傳家」的2017年，方丈和尚除了於年初揭曉主題意涵，其整年度的海內外關懷行腳，則多元提掣「福慧傳家」實踐的心態與方法，期許大眾安心安家，傳心傳家。以下，試從團體成長、社會關懷及海外行腳，簡述2017年方丈和尚弘化身影。

團體成長：修福修慧，菩提心為先

「福慧傳家」主題揭示以來，各界回響熱絡，普遍認為具足世間善法與出世佛法之雙重蘊涵。只是世法與佛法有何異同？如何銜接遞進？對於已參與法鼓山，同行菩薩道的僧俗四眾，方丈和尚格外強調起心動念的因行。

1月，由護法總會及各地分院聯合舉辦的「邁向2017福慧傳家 —— 歲末感恩分享會」，全球十三個地點同步連線，方丈和尚於主現場臺中寶雲寺，與八千多位信眾彼此

互道祝福，並以三寶弟子的共願「四弘誓願」指出，學佛是為了成佛，然而佛弟子共願的第一個願諾，並非成佛，而是發願度一切眾生。更提點「為度一切眾生，願斷一切煩惱；為斷一切煩惱，願學一切佛法；為學一切佛法，願成無上佛道」。期勉大眾，修福修慧，首要發起菩提心。

「心靈環保SRE」活動中，方丈和尚與臺北市長柯文哲共同叩鐘，以平安的鐘聲，為社會祈福。

4月為僧伽大學學僧舉行「與院長有約」，方丈和尚直以「菩薩人生」勉勵學僧。「因為你發願要度一切眾生，所以盡可能地修福修慧；當你遇到需要被關懷的眾生，會適時且恰到好處地給予濟助。這便是菩薩人生：即使受苦受難，不等於有苦有難，而能不畏苦難，常為眾生救苦救難。」

同月於北投農禪寺舉行的榮譽董事頒聘典禮，面對一群認同法鼓山理念，進而廣種福田的十方善施，方丈和尚以「知恩報恩利他行，盡心盡力第一行，布施功德清淨行，慈悲喜捨無量行」，期許眾人，既已修布施福德行，當進一步親近道場，充實六度菩薩行的學分資糧，讓自己安心安家，尚能傳心傳家，留給後代子孫大好希望。

9月，由護法總會舉行的新勸募會員授證典禮，方丈和尚更是明確指出：「法鼓傳『心』，傳的是慈悲心」，期勉「勸人發心，募人學佛」的第一線工作人員，「在眾生中，學做觀音；學觀眾生，是我觀音」。可知方丈和尚所分享的「福慧傳家」原動力，正是以菩提心為先，以關懷眾生作為著力點。

社會關懷：入世化世，佛法傳響

戮力推行「福慧傳家」的這一年，除了與團體成員共勉菩提資糧，方丈和尚代表法鼓山團體與各界互動，則著重佛教入世化世，淨化人心、淨化社會的功能，直指契機契理接引社會各界人士認識佛法、體驗佛法，進而護持佛法，以弘揚正知正見的佛法。

在行之多年，已然蔚成法鼓山年度重要活動，結合母親節及浴佛節的「心靈環保SRE」活動中，方丈和尚與臺北市長柯文哲、民政局長藍世聰、國父紀念館館長林國章等各界來賓，共同於臺北國父紀念館廣場，帶領數千民眾祈願、浴佛，並於致詞指出，愛護孩子、關愛家人的母性特質，及以無我的智慧和平等的慈悲，視全人類及一切有

情、無情為生命共同體的佛陀本懷，正是慶祝此雙節日的意義，勸請大眾以同理心照顧環境與他人；再以觀照起心動念，隨時反省檢討、慚愧懺悔，落實心靈環保。

此外，出席「2017新北佛誕文化節」，方丈和尚則期許大眾透過皈依佛陀的教法，滌淨身心，從慈悲智慧的修學，找回自己。即使置身快速變遷的現代社會，依然不忘自利利他的學佛初心，因而祝賀大眾「佛誕快樂」。

法鼓山以「提昇人的品質，建設人間淨土」為理念，溯其根源，其中深受近代太虛大師所倡導的「人生佛教」及「人間淨土」思想啟發。8月，出席於中國大陸浙江省舉行的「太虛大師圓寂七十週年紀念大會」，方丈和尚至忱感念大師昔時倡議「人成即佛成」及「人生佛教」，尤以五戒十善、重視心的力量，以及常行菩薩道所建構的大乘佛法修學層次，為漢傳佛教帶來復興的局面，傳響深廣，法鼓山團體亦蒙其惠澤。

方丈和尚對佛教當代關懷的思維，於12月出席由中華維鬘學會舉行的「佛教對話與現代弘化」論壇，發表「推動人間化的佛法——現代化、國際化與普及化」主題演說，可見較完整的輪廓。方丈和尚指出，佛法最大的功能，在於淨化人心、淨化社會；借助資訊媒介及轉化時代語言的現代化，為佛教與時俱進的課題；在網路時代，日益整合的整體佛教視野下，國際化成了必然趨勢；而普及化，方能達到佛法深遠的關懷。

海外行腳：悲智和敬，法鼓一家人

「福慧傳家」的傳響，亦遍及於海外，隨著方丈和尚關懷所到之處，益發顯見法鼓山大家庭的輪廓。方丈和尚年度海外行腳，上半年到了香港及北美地區關懷，下半年轉往泰國，並啟動年度第二趟北美行。

3月，為香港地區信眾主持「人生要有理」專題講座，指出溝通的意義，不在說服對方，而是提起同理心，站在他人的立場設想，方能暢順通達。5月，於美國紐約關懷東初禪寺信眾，說明學佛要能消融自我中心的執著，奉獻則是淡化自我中心的助行；而於新澤西州分會「安心自在，福慧傳家」講座中，勸請大眾將「家家有本難念的經」，轉化為修習慈悲智慧的著力點，善用「四它」，以期「修福修慧，安心安家；六度萬行，傳心傳家」。

此外，適逢洛杉磯護法會成立二十五週年暨道場啟用五週年，方丈和尚以「回到初心，自護護他」為題，勉勵大眾每天都要修心，善護道業及身語意清淨，以心靈的淨化，建設人間淨土。方丈和尚肯定法鼓大家庭成員，人人發心而來，但也諄諄提點，要成就眾人之事，當以和合為重，以尊重與溝通為倫理，以期建設處處觀音道場。

7月到訪泰國，方丈和尚則以「順逆相對，好壞一體」為題，共勉不計較、不比較，放下利害得失的自在平常心；遇事不對立、不執著，煩惱便無處依附，一切人事物因緣，均是修福修慧的助道資糧。

方丈和尚與北美悅眾齊聚新州分會，凝聚護法弘法的向心力。

　　10月再訪美、加行程中，方丈和尚到訪舊金山、新澤西州、佛羅里達州、亞特蘭大及溫哥華等地關懷。包括主持塔拉哈西分會新會所灑淨暨佛像揭幔儀式、於亞特蘭大聯絡處主持「平常心面對不平常事」專題演講、於舊金山出席「自在和諧，擁抱幸福」座談，與萬佛聖城恆實法師（Rev. Heng Sure）舉行對談。另於溫哥華道場以「福慧傳家──世代的差異與融合」為題演講，說明傳家的意義在於安定社會，最終目的則是體悟生老病死、緣起性空，期勉大眾轉化、淡化、淨化心靈，超越自我，生起智慧，才能化解世代差異。

　　值得一提的是，10月，由北美護法會在美國新澤西州分會舉辦「東岸暨中西部悅眾交流聯誼會」，共有八十多位來自美國東岸及中西部各州，以及加拿大多倫多等地悅眾參與。方丈和尚出席關懷，不吝分享「當家」十一年之心路歷程；更指出，法鼓大家庭中，人人皆與聖嚴師父有深厚因緣，雖為學佛而來，發願弘法利生，難免仍有彼此矛盾、對立、衝突等境況，如何化解？「學習放下自我中心，先傾聽他人怎麼說；學習放下自我中心，看看他人怎麼做；學習放下自我中心，不要有非友即敵、非善即惡的心態；學習放下自我中心，不僅要體諒包容，還要生起善念為他人祝福。要有這種氣度與心量，因為我們是以無私、無我的心態，練習無住、無相的智慧心境，面對一切均是全體即空的心量，尊重多元，而又互相融合。」一席分享，大眾深獲啟發。

結語

　　在「福慧傳家」的2017年，法鼓山僧俗四眾各於崗位盡責盡分，努力以赴，而方丈和尚總是感恩今生得於聖嚴師父座下出家，學習扮演各種執事角色，並與大眾一同淨化人心、淨化社會。方丈和尚常說：「理解現象，包容狀況，持續溝通，成就修行」四句話，正是他領執奉獻的切身體會，更期許大眾隨緣盡分，從自己做起，「守護自家，互敬成家；盡責養家，簡樸持家；倫理安家，和樂興家；悲智當家，福慧傳家。」

法鼓山僧團

務實奉獻　利益眾生

　　僧團為法鼓山教團的核心單位，於推動三大教育、四種環保、落實整體關懷的過程中，扮演了掌握方向與理念中心的角色。藉由聖嚴師父的身教與言教，以及清淨、和敬道風的熏陶下，以務實、奉獻為本懷的法鼓山僧團，在承先啟後的弘化路上，持續弘揚漢傳禪佛教，利益普世的人間大眾。

　　2017年的僧團，傳續中華禪法鼓宗的使命，於漢傳禪法中，著力於默照禪的深化及念佛禪的推廣。跟隨當年聖嚴師父巡禮佛陀聖蹟的路，益加凝聚依眾靠眾、續佛慧命的出家修行之路。另一方面，在弘化的開展上，以心靈環保SRE、法鼓講台、對談、座談等貼近社會大眾的方式，廣泛接引現代人親近佛法；對全球環境的關心、對全球社會的關懷，則以舉辦國際會議、舉行青年工作坊、參與各地關懷活動等方式，為新世代及不同文化背景的大眾，提供佛法的觀念與祝福。

　　現以法務推廣、僧眾培育、國際參與等三面向，概述僧團2017年重要的弘化踐履。

法務推廣

　　法務推廣是僧團的重點工作，教理與實踐並重。在佛學教育、禪修、法會共修等方面，持續於海內外分院、道場、分會、辦事處、共修處推動；而各項定期關懷信眾、社會大眾的活動，乃至意外事故、自然天災，也都有僧眾領眾關懷、安定人心的身影。

　　佛學教育上，普化中心信眾教育院規畫的快樂學佛人、法鼓長青班，以及聖嚴書院福田班、佛學班、禪學班等課程，持續於各地開班，其中長青班走入社區，於地區的市民活動中心開辦，為長者帶來就近方便的學習。此外，「經典共修」課程也與護法總會合作，7月起於臺北市海山、文山兩區推動，以適合現代人的共修形式，接引民眾親近經典，學習佛法；因應行動裝置普及，全新的「線上持誦專區」，於11月正式上線啟用，收錄八種經文、七種咒語、五種聖號，大眾可依相應法門，隨時隨地精進修持。

　　禪修推廣方面，禪修中心與傳燈院就不同層次、不同對象的民眾，持續舉行各類禪修活動，其中對於默照禪、念佛禪兩種方法的深化與推廣，更加著力。7至9月，舉辦十年

來首次默照禪四十九，以長時間的精進修行，強化禪眾對禪法的體證，也傳續聖嚴師父的願心，培養中華禪法鼓宗的師資及人才。

念佛禪部分，除了禪堂定期舉辦念佛禪七，並開始至各地推廣，先後於臺中寶雲寺、桃園齋明別苑，舉辦念佛禪系列講座、念佛禪一，向民眾介紹這項簡單好用的

2017年僧團結夏安居，邀請繼程法師帶領禪十四。

修行法門，共有上千人藉由念念佛號，體驗當下的清楚安定。

自2012年舉辦「萬人禪修」以來，2017年第六度於5月佛誕期間，於臺北市國父紀念館推廣生活禪法，將禪修心法與生活相融，展現漢傳禪法活潑實用的多元面向；本年更於活動前展開社區關懷日，由法師帶領悅眾，前往臺北市信義區十個社區，與居民分享專注放鬆的禪法。此外，各式禪修活動也走入企業、校園，應機接引大眾親近禪法。

於法會共修等相關活動，2月聖嚴師父圓寂八週年之際，僧眾於海內外各地引領六千多位信眾，藉由傳燈法會和禪修，共願燈燈相傳，共創人間淨土。邁入第二十二屆的在家菩薩戒，為一千一百六十五位戒子圓滿授戒；全年四場祈福皈依法會，接引逾兩千六百位信眾皈依三寶。11月底，連續十一年啟建大悲心水陸法會，僧眾於法鼓山園區及全球各分院、道場，帶領信眾於十一壇佛事中，以虔誠的恭敬心精進共修，淨化自心。

在社會關懷上，2月國道五號發生遊覽車事故，僧眾率同助念義工為傷亡者進行追思祝福法會；6至8月間，豪雨及颱風造成嚴重災情，多位法師帶領義工至臺南、屏東災區關懷，協助清理校園及家園。暑假期間，常寬法師等率僧大學僧前往中國大陸四川，為「生命教育心靈環保體驗營」授課，與當地學子分享「心五四」、「心靈環保」。

僧眾培育

1月份，僧團舉行一年一度的歲末圍爐、辭歲禮祖，終年於各地弘化的兩百多位僧團法師，齊聚法鼓山園區，在方丈和尚帶領下，共同感恩緬懷佛陀、歷代祖師，並聆聽聖嚴師父開示影片，依循師父的提醒，反省一年來道心是否成長？是否協助團體更加往前？是否對社會做出貢獻？法師們也互勉精進修行，承繼祖師遺志。

本年僧團的剃度大典，共有八位新戒法師披剃出家，四位求受行同沙彌戒，而法鼓山僧大則有六位佛學系、二位禪學系學僧結業，加入僧團領執奉獻。三學院除了為僧眾安

排各項領執培訓課程，並規畫多項共修成長活動，包括自2016年9月至2017年3月，共四梯次的「佛陀聖蹟巡禮」，6月結夏安居，以及10月底從法鼓山園區步行至北投中華佛教文化館、農禪寺的「行腳走師道」。

佛陀聖蹟巡禮的路程，依循1989年聖嚴師父帶領護法信眾行走的路線，僧眾參訪佛陀的故鄉及說法場景，熏習佛陀的教化，成為弘化生命的資糧；而踏著師父當年朝聖走過的足跡，也形成僧團的凝聚力，加深實踐佛法、隨師行願的長遠心。

為期一個月的結夏安居，前三週為精進禪修，最後一週進行僧活營。其中的禪十四，邀請聖嚴師父法子繼程法師帶領，法師提點，修行就是要用方法在省力處，不斷地用功就可得力。本年的僧活營，則由僧眾分享在不同單位領執的體驗與反思，並首度邀請社會賢達演講，公益平台文化基金會董事長嚴長壽、護法總會總會長張昌邦分別分享「在世界地圖中看見法鼓山的方位」、「護法信眾心中的法鼓山」，藉由居士的角色和觀點，提供僧眾思索在既有基礎上，契應佛陀本懷與時代需求的弘化方向與方法，持續為大眾服務、領眾成長。

國際參與與弘化

本年僧團在國際參與方面，從舉辦國際會議、參與各界交流，到弘揚漢傳禪法，持續與國際社會分享佛法的智慧、「心靈環保」的內涵，為全球環境及人類社會，乃至個人內心的和諧和平，提供佛法的觀念和方法。

關心全球氣候變遷帶來的問題，1月及11月，美國法鼓山佛教協會（DDMBA）和全球女性和平促進會（GPIW）、地球憲章（Earth Charter International）共同於哥斯大黎加、德國舉辦「氣候變遷的內在面向」會議；4月，於馬來西亞舉行「青年領袖工作坊」和演講，僧團法師們帶領各國青年及民眾，從「心」探索問題的根源及化解方向，期能喚醒人們找回與自然環境的平衡點。

僧團承繼聖嚴師父的願力，帶領法鼓山四眾共向同前。

與各界的交流互動,則是跨宗教和族群,如臺北「世界大學運動會」選手村宗教中心駐點介紹、泰國「2018聯合國衛塞節」、紀念美國911祈福祝禱、紐約「健行救飢民」活動等;學術領域參與,包括:泰國IABU國際學術會議、美國「美東華人學術聯誼會」、馬來西亞「清流論壇」、中國大陸「崇聖論壇」、加拿大「佛教女性的修行與弘傳」學術論壇、臺北「佛教對話與現代弘化論壇」等。

無論受邀與會、學術研討,還是各國來訪,僧團法師們向各國的學者、官員、運動員及民眾,分享漢傳禪法和法鼓山理念,傳遞佛法對人心的關懷,增進不同信仰、不同領域的互動與對話,不僅展現了漢傳佛教在當代的適應與開創,也顯示出法鼓山與國際接軌的深厚信心及廣長願力。

在國際弘化上,2017年方丈和尚果東法師於香港、泰國,以及美國紐約、新澤西、芝加哥、洛杉磯、佛羅里達、亞特蘭大、舊金山,以及加拿大溫哥華、多倫多等地,展開弘法關懷行,其中為佛州塔城分會主持新會址落成啟用時,期許護法信眾在西方社會中,持續播撒漢傳佛教的種子。

5月,僧團繼2004年聖嚴師父之後,再度受邀至瑞士弘法,由常慧、常悟、常藻三位法師帶領話頭禪七;副住持果元法師於5至11月期間,帶領僧大學僧,先後前往墨西哥、波蘭、印尼等地,指導默照禪七、禪二十一、禪九,以及初級禪訓班、禪修營等活動,除了持續各國禪眾的法緣,更以不斷的弘法願力,讓不同國度的民眾,普受漢傳禪法的清涼。

指導禪修之餘,2017年僧團法師,包括都監果光法師、禪修中心副都監果醒法師,以及常啟法師、常源法師等多位法師,並前往體系道場、護法據點弘講禪法、佛教經典、高僧行誼,以及帶領研習營,引導信眾建立正確知見的修行和生命觀念,也教導法器、梵唄等課程,培訓信眾成為助人修行的人才。而各分院、道場的常住法師們,亦於全球各地主持日常法務、領眾共修,以踏實而精進的修行步履,積累漢傳佛教在國際弘化的無限動力。

結語

聖嚴師父曾言:「『建設人間淨土』不是叫別人建設,而是我們自己去建設。我們自己把環境建設成為淨土,這樣才能影響他人。」僧團是帶領法鼓山前進的指標,弘揚的不僅是法鼓山的理念,更是漢傳佛教的慧命;在講經弘化、領眾修行的過程中,法師們引領信眾學習佛法、運用佛法,建設好自心的道場,也一起建設廣大的人間道場。

回顧2017年的僧團,無論是對團體、對大眾,乃至國際社會,不同世代的法師,在傳承與創新的菩提路上,同心共願,踏實前行;在時時自我省視之際,互相提勉,以堅定願力,全方位履踐弘法利生的大願。

法鼓山體系組織

法鼓山體系組織概況

做為國際性的精神啟蒙團體，自創建以來，法鼓山弘化步伐即因應時代的社會環境需求，開展契機、契理的當代修行風貌，於全球社會間持續推廣「心靈環保」的理念與實踐方法。而以教育團體自期，自2014年法鼓山體系組織揭示為「心靈環保組織 —— 二十一世紀的修行型組織」，貫徹此一行動總綱，帶領僧俗四眾走過和樂無諍、光明遠大的年度；2017年，更落實心靈環保的大用，於個人上，希望以觀念的導正，來提昇人的品質；於團體上，擴大到對社會、人類、環境、自然、生態的整體關懷，以促進人間社會的平安快樂。

以下分別就運作、發展、教育、支援四大大體系，於2017年的主要工作及活動內容，進行重點概述。

一、運作體系

運作體系包括全球寺院、護法總會兩部分，於全球弘傳漢傳禪佛教、深化教育與關懷，普及佛法對社會人心及風氣習俗的淨化。

（一）全球寺院

全球弘化據點包括國內各分寺院，以及歐美區、亞太區、大中華區當地寺院與護法會。於臺灣，計有十二處分寺院、兩處別苑、四處精舍，包括法鼓山世界佛教教育園區、北投中華佛教文化館、農禪寺、雲來寺、臺北安和分院、桃園齋明寺、臺中寶雲寺、南投德華寺、臺南分院、臺南雲集寺、高雄紫雲寺、臺東信行寺，及桃園齋明別苑、臺中寶雲別苑，另有臺北中山、基隆、蘭陽、高雄三民等精舍。

於海外，北美有美國東初禪寺、象岡、洛杉磯、舊金山，加拿大溫哥華等五處道場，一處精舍：美國麻薩諸塞州波士頓普賢講堂；美國紐約州、新澤西州、芝加哥、洛杉磯、舊金山、西雅圖、塔城與加拿大多倫多等八個分會；另設有十個聯絡處、九個聯絡點。歐洲則有盧森堡、英國倫敦兩個聯絡處，以及里茲聯絡點。亞洲則有馬來西亞道場、香港道場專案，另有泰國、新加坡護法會與澳洲雪梨、墨爾本分會。

1.國內各分寺院

法鼓山園區方面，自1月除夕撞鐘、新春系列活動開始，全年修行、弘化活動不斷，包括5月朝山浴佛、9月禪修月、11月底大悲心水陸法會等，皆有逾千至上萬民眾參與，共同體驗佛法淨化的力量；也透過年度例行大事，如歲末感恩分享會、傳燈法會、在家菩薩戒、祈福皈依大典的舉辦，接引大眾實踐菩薩行。

此外，園區禪悅境教的功能，備受肯定，全年有來自海內外各機關團體、民間企業的修學參訪行程，結合靜坐、法鼓八式動禪、經行、觀身受法、鈔經等多項體驗，引領逾二十萬人次的參訪者在靜謐氛圍中安頓身心。

而國內其他各分院道場，主要藉由法會、禪修、佛學課程等活動，積極從事佛教教育的推廣，落實對社會、文化的關懷。法會方面，包含新春普佛、大悲懺、元宵燃燈供佛、清明報恩、梁皇寶懺、浴佛、中元等法會，接引民眾熏習正法。規模較大者，如農禪寺與寶雲寺一年一度的梁皇寶懺法會，其中農禪寺已連續二十一年舉辦，已然是大臺北地區民眾年度的共修勝會，2017年有逾五萬人次參加。

禪修活動方面，除了例行的禪坐共修，各分院也廣開初級禪訓班，以及不定期舉辦戶外禪、禪一、禪二，引導大眾體驗禪修的安定與放鬆。其中，農禪寺推廣「半日＋半日禪」，藉由禪坐與經行，調整並放鬆身心；信行寺全年四梯次的「禪悅營」，結合修行與休閒，引領現代人體驗禪悅清涼。

水陸法會是法鼓山規模最大的共修法會。圖為總壇佛事。

學童在兒童心靈環保體驗營中，學做小小心主人。

佛學課程上，除了例行的佛學、專題講座，包括齋明別苑、雲集寺、紫雲寺開辦《普賢菩薩行願讚》，農禪寺開設《維摩詰所說經》及紫雲寺《無量壽經》等經典共修課程，內容包括靜坐、聆聽聖嚴師父的「解經」，引導大眾深入經典的智慧，老實修行。臺南分院則舉辦《六祖壇經》講座，由禪修中心副都監果醒法師講析無我的智慧。

另一方面，各分支道場在結合教育與佛法的相關活動推廣上，同樣不遺餘力，如安和分院2月的「佛法與醫學」講座，邀請專科醫師分享以病為師的生命智慧；臺南分院「生活禪」系列講座，以禪的覺知與實踐，引導大眾轉煩惱為菩提，自在過生活；行之有年的齋明別苑「心光講堂」、紫雲寺「法鼓青年開講」，則邀請不同領域人士傳遞生命經驗與實踐，啟發青年提昇心力量。

為讓菩提種子向下扎根與萌芽，除了暑假期間各分寺院皆舉行兒童心靈環保體驗營，國小學童歡樂學習四種環保；安和分院的「童趣班」，雲來寺、寶雲寺的「兒童故事花園」，寶雲寺、信行寺的「兒童讀經班」，以及臺南分院、雲集寺「親子讀經班」、中山精舍「童趣花園」等，透過表演藝術、遊戲勞作、故事分享與讀經等趣味課程，培養學童良善品格；寶雲寺的「少年菩薩生活營」，則將關懷觸角延伸至青少年，以禪修練習、禪藝活動，讓佛法陪伴青少年成長，安定浮躁躍動的身心。

2017年，中華佛教文化館、農禪寺、雲來寺因長年推動社會關懷與教育，分獲內政部及臺北市績優宗教團體表揚，表達社會大眾的肯定；其中，農禪寺是連續十年獲殊榮。另外，齋明寺因活化宗教建築與再利用，獲文化部「106年度古蹟歷史建築管理維護優良獎」肯定。

2.歐美區

接續聖嚴師父於西方弘化的願心，2017年歐美地區的分支道場及護法體系，持續透過禪修推廣、國際參與、宗教交流等多元活動，為全球社會注入更多和平的力量。包括美國法鼓山佛教協會（Dharma Drum Mountain Buddhist Association, DDMBA）、全球女性和平促進會（The Global Peace Initiative of Women, GPIW）和地球憲章（Earth Charter

International）共同於1月、11月，在哥斯大黎加、德國舉辦「氣候變遷的內在面向」（Inner Dimensions of Climate Change）會議，啟發青年以心靈環保永續地球未來；9月，受邀為紀念美國911事件，由東初禪寺住持果元法師、監院常華法師分別帶領祝禱，為世界祈福；10月，東初禪寺、北美護法會參與佛教環球賑濟（Buddhist Global Relief）發起的「健行救飢民」（Walk to Feed the Hungry）活動，以禪心健行，呼籲重視受飢民眾。

（1）道場部分

東初禪寺為北美弘法的前哨站，全年的例行共修，除了以中文進行的念佛、禪坐、法會、佛學課程之外，為接引西方大眾，也開辦以英文講授的禪坐共修、禪訓班、一日禪及佛學研讀會；多場禪修活動，邀請聖嚴師父西方弟子哈利·米勒（Harry Miller）、李世娟（Rebecca Li）帶領。5月、9月、11月，分別舉辦念佛禪三、都市禪三、默照禪七，其中，念佛禪三由僧團副住持果醒法師擔任總護，期勉大眾心不住相，一切善惡境界就不貪、不瞋、不癡、不取、不捨，有近五十人參加。

備受歡迎的「週日講座」，2017年例常展開，由常住法師講授，包括《地藏經》、《心經》、《阿彌陀經》等，引領大眾深入經典奧義；9月起，每週四開辦的中文佛學課程，則由常住法師導讀《維摩經》，詳析心靈環保與建設人間淨土的理念依據。

象岡道場以舉辦禪修為主要活動，2017年除開辦五場禪修營外，全年共舉辦兩場禪五、一場禪九、三場默照禪九，以及兩場話頭禪十。除果元法師，亦邀請聖嚴師父西方法子賽門·查爾得（Simon Child）於5、10月，分別帶領默照禪九及禪五；查可·安德烈塞維克（Žarko Andričević）帶領7月的默照禪九；繼程法師則於7月、9月主持話頭禪十、禪九，並於9月的禪期中，開示〈信心銘〉，提點禪眾將分別心轉為無分別的心，不否定煩惱，也不尋求開悟，只是老實修行。

7月於象岡道場舉行的法華三昧懺儀研習營，首度以中英文同時進行，中文課程由弘化發展專案召集人果慨法師教授，英文課程邀請臺灣師範大學國際華語與文化學系助理教授王晴薇授課，深入解說《法華經》與《法華三昧懺儀》。

美國西岸的弘法重鎮洛

東初禪寺的中元報恩地藏法會，大眾虔誠共修。

洛杉磯道場舉辦「360度禪修營」，全程以英文進行。

杉磯道場、舊金山道場，念佛、禪坐、法會、佛學課程等例行活動終年不輟。於洛杉磯道場，法會方面，2月有新春藥師、大悲懺、傳燈等法會，8月有中元報恩地藏法會；禪修活動上，除每月定期進行禪一及不定期的禪訓班，7月的禪三，邀請聖嚴師父西方法子吉伯·古帝亞茲（Gilbert Gutierrez）主持，9月的禪七，則由常源法師擔任總護，領眾體驗話頭禪修。

10月，道場再度舉辦「360度禪修營」，全程以英文進行，由果元法師帶領來自各行各業的管理階層專才，開啟對漢傳禪法的初次體驗；另為感恩義工長年護持，12月底展開「義工禪十」，為方便禪眾作息，禪期分兩梯次的禪五，由果醒法師指導以默照禪法的修行來放鬆身心。

佛學講座方面，包括週日的《華嚴經》講座，監院果見法師講說「一即一切」修行要旨，學員藉由華藏玄門的修行，走上成佛之道；6月舉行「楞嚴與修行二日營」，由果醒法師講授無我、緣起性空的要義，以及在生活中的運用，共有一百多人參加。

5月適逢洛杉磯護法會成立二十五週年暨道場啟用五週年，特別舉行信眾聯誼會、朝山、感恩會、茶禪心體驗等系列活動，方丈和尚果東法師亦前來關懷，期勉大眾「回到初心，自護護他」，站在他人立場著想，在護他的同時，自己也能從中獲得益處。

於舊金山道場，1月底至2月初的新春系列活動，包括法會、書法、迎福創意手作、鈔經、茶禪體驗等，接引東、西方人士體驗中華傳統文化的內涵；5月的浴佛法會，則結合親子園遊會，並藉禪修遊戲，引領體驗漢傳禪法的活潑實用。

2017年，有多位僧團法師前來舊金山弘法關懷：7月，寺院管理副都監常寬法師講「中觀心髓」、「楞嚴心語 —— 我對於《楞嚴經》的領悟」，分享中觀、《楞嚴經》的智慧；8月，僧團都監果光法師在「禪觀人生」講座中，介紹《壇經》、《禪宗語錄》的禪觀，女眾副都監果高法師主講「心的力量」，分享向內觀照覺察，了解心識運作與心的力量；9月常源法師前來帶領多場禪修活動，並培訓禪修種子學員。方丈和尚果東法師10月於舊金山關懷期間，出席道場舉辦的「自在和諧，擁抱幸福」座談會，與萬佛聖城恆實法師（Rev. Heng Sure）對談，並主持皈依儀式。

本年，舊金山道場亦舉辦多場英文弘法活動，包括禪修講座、禪修工作坊、禪一

等，分別由果元法師、果醒法師、常悟法師帶領，讓西方人也能聞法無礙。

　　加拿大的溫哥華道場，持續舉辦念佛、菩薩戒誦戒會、大悲懺法會，以及各級禪訓班、禪坐共修等例行活動，發揮接引初機功能；也藉著禪一、禪三、禪七等活動，提昇學佛習禪精進的向心力，其中精進與默照兩場禪七，分別由常興法師、聖嚴師父西方法子查可‧安德列塞維克擔任總護。

　　其他各項活動，在佛學課程上，2月首度開辦「梵唄與修行」，內容包括認識梵唄威儀和精神，介紹各種法器、板眼與節拍等，近七十位學員學習以梵唱消融自我，培養道心；7月，果徹法師講「觀音妙智 —— 觀音菩薩耳根圓通法門」，期勉學員以歡喜心和慈悲心，與人分享觀音信仰實踐利他的願力。

　　8月，果光法師於美、加弘法行程中，於溫哥華道場講「禪觀人生」，分享以禪修觀念與方法，面對生命轉折與困頓的歷程；方丈和尚果東法師亦於11月弘講，提點以佛法智慧轉化個性、淡化習性，才能化解世代差異。

　　「佛教女性的修行與弘傳」學術論壇會議於9月底舉行，多位美、加學者齊聚道場，探討古今女性在佛教中的角色與重要性。

　　成立多年的道場鼓隊，本年亦受邀參與當地臺灣文化節（TAIWANfest）演出，義工並於中場時間，帶領法鼓八式動禪，體驗動禪的專注與放鬆；現場同時展出法鼓山出版品與結緣品，推廣心靈環保的理念。

　　位於美國東岸的波士頓普賢講堂，以每週定期的禪坐、念佛及梵唄共修，以及不定期的大悲懺法會、佛一、初級禪訓班、禪一與佛學講座等，接引東、西方大眾認識漢傳禪佛教。9月的系列佛學講座，邀請繼程法師主講「修行次第」、「不識本心，學法無益」、「開啟覺性與無住生心之道」，法師強調修行的目的，就是要回歸清淨的本心，心的本性是定慧一體，能以本然的心，正面處理事情就是智慧。

　　設於美國紐約的法鼓出版社，2017年持續每季定期出版英文《禪》雜誌（*Chan Magazine*）。

　　（2）各分會

　　各弘化據點因應各地信眾不同的需求，除新春、傳燈及浴佛、中元法會等大型活動，另安排有禪坐、念佛、

溫哥華道場的雙語賀歲活動，宛如多元文化節。

讀書會、佛學等各式定期共修課程，僧團法師也不定期前往弘法關懷，帶領禪修、法會或是各種佛學講座，與海外信眾分享法益。

本年的「美東悅眾成長營」、「東岸暨中西部悅眾交流聯誼會」皆於新澤西州分會舉行。7月的「美東悅眾成長營」，由果慨法師帶領深入《金剛經》的智慧，悅眾學習時時提起覺照力，

新州分會舉行「美東悅眾成長營」，學習以「無住生心」提昇願力。

心不住於相，在菩薩道上「飲水思源，莫忘初心」；10月，東岸及中西部悅眾再次齊聚分會，交流推廣佛法、關懷信眾的經驗和創意，方丈和尚果東法師全程出席，勉勵悅眾時時以體諒包容的心，建立團體的和諧。

芝加哥分會年度大型活動為6月於當地斯科基劇場（Skokie Theater）舉辦「快樂人生學」專題講座，方丈和尚果東法師指出快樂人生的要件，是心安、慈悲與智慧，共有一百多位中西方人士到場聆聽。

西雅圖分會於3月舉辦禪三，由果元法師帶領；8月，僧團常啟法師前來弘法關懷，包括舉辦禪一、主持禪修講座，分享默照禪法的活潑與實用；11月底「大悲心水陸法會」期間，分會同步與法鼓山園區大壇網路連線共修，果乘法師並開示法會的慈悲觀與平等普施精神。

塔拉哈西分會成員多數為西方眾，例行活動為每週的禪坐共修，另不定期舉辦禪修指引、工作坊、茶會，以及半日禪、一日禪等，其中9月的英文禪一、禪修講座，分別由常悟法師、果光法師主持。

10月分會舉辦新會所落成啟用典禮，方丈和尚果東法師親往主持，同時進行皈依儀式，邀請大眾同霑法喜。

加拿大多倫多分會2017年舉辦多場佛學講座，凝聚信眾學佛的信心與願心，如1月的「漢傳佛教禪宗修行演變」、「漢傳佛教淨土思想演變」，由美國舊金山道場監院常惺法師主講；3月於多倫多大學西德尼‧史密斯講堂（University of Toronto, Sidney Smith Hall）進行的禪修講座，邀請吉伯‧古帝亞茲講述禪的法脈與源流；6月，方丈和尚果東法師關懷期間，以「用平常心面對不平常之事」為題，分享聖嚴師父的「行事六要領」。

　　7月的兩場講座，由果慨法師講析《地藏經》、《金剛經》的生命、生活智慧；8月果光法師分享「禪觀人生」；12月的《圓覺經》專題演講，由常華法師介紹佛陀如何回應眾生在圓覺路上所遇到的不同層次問題，勉勵大眾精進用功，一定能踏上圓覺之路。

　　歐洲方面，盧森堡聯絡處於5月舉辦系列弘法活動，包括禪修工作坊、禪修講座等，由常悟法師分享安定身心的漢傳禪法。

　　繼聖嚴師父2005年於瑞士弘法，僧團2017年5月首度受邀前往瑞士帶領話頭禪七，由常悟法師、常慧法師、常藻法師指導，以及進行禪修演講，承續師父弘化的腳步。繼程法師於8月，在波蘭帶領禪二十一、講說〈永嘉大師證道歌〉，提醒禪眾將禪修方法融入日常生活，轉化為實際可用的智慧。

3.亞太區

（1）馬來西亞道場

　　2017年的馬來西亞道場，定期共修活動包括中英文禪坐、念佛、合唱團練唱、菩薩戒誦戒會；另有禪修、法會、佛學課程等。

　　法會的舉辦上，除了每月的大悲懺法會，尚包括年初的除夕拜懺、新春普佛、傳燈、元宵燃燈供佛，另有4月清明報恩、5月浴佛法會。年度大型法會當屬8月的慈悲三昧水懺法會，在法師的帶領下，兩百多位信眾、義工虔誠禮懺，清淨自己的身、口、意三業。

　　在禪修方面，全年度開辦多場中英文初級禪訓班、禪一、戶外禪等，其中，2月於八打靈精武華小舉辦Fun鬆一日禪，監院常藻法師以「四不管」提醒兩百多位禪眾，不管外境、不管別人、不管過去、不管未來，每個時刻都是在當下；8月底在般達烏塔瑪佛教協會（Bandar Utama Buddhist Society）舉辦的初階禪七，內容包括禪坐、法鼓八式動禪、托水缽、經行等禪修體驗，並觀看聖嚴師父的開示影片，引領禪眾解決禪修及佛法的疑惑。

　　為接引專業人士以禪法安定身心，「心靈環保禪修營」於9月底舉行，由常藻法師擔任總護，並邀請繼程法師開示學佛次第，有近五十位來自不同領域的管理階層人員參加。

　　此外，道場亦應多所學校邀請，前往分享禪修的生活運用，包括3月演祥法師於雙溪龍拉曼大學（Tunku Abdul Rahman University College, UTAR）主持「吃飯趣」活動，帶領用心體驗吃飯的過程、探討吃飯的曼陀羅因緣；8月，常藻法師在檳城佛學院義工心靈工作坊中，擔任課程導師，講授禪修的觀念與方法；9月馬來西亞大學佛學會舉辦「菩提心集訓」活動，由常施法師指導禪修。

　　佛學課程方面，除了每週的「《學佛五講》」之外；7月的「禪法修學班」，繼

馬來西亞道場2017年舉行三場「心靈環保」工作坊，青年學員藉由互動遊戲，體驗佛法的正面能量。

2015、2016年導讀聖嚴師父著作《智慧之劍》、《心在哪裡》，2017年研讀《禪在哪裡》，常藻法師說明禪不是境界，而是身心的體驗，在習禪的過程中體驗身心的運作，從中照見生命的本質——無常、無我、空；9月常慧法師講〈觀心銘〉，剖析憨山大師的修行心要。

10月，開辦三堂「快樂學佛人」，有近一百三十位來自吉隆坡、怡保、檳城、新加坡等地的學員，踏出快樂學佛第一步。

本年三場「心靈環保」工作坊，主題分別是「當我們同在一起」、「再忙也不煩」、「我的靠山在哪裡？」，青年學員藉由互動遊戲與分組討論，學習以佛法照顧身心；兒童生命教育課程「慈心班」、「悲心班」，以及同步開課的「心靈環保父母成長工作坊」，則是讓親子有共同的學習體悟和成長。

（2）各地護法會、分會

亞洲的泰國護法會於5月舉辦浴佛法會暨「幸福滿分的人生」生活佛法講座，由果徹法師分享佛法與禪法在日常生活的應用；7月方丈和尚前來關懷，主持皈依典禮，並以「順逆相對，好壞一體」為題演講；8月的中元報恩地藏法會，由果舟法師帶領，並講說《地藏經》要義，勉勵大眾學習地藏菩薩的大願精神。

大洋洲的澳洲雪梨、墨爾本分會於2月舉辦「法鼓傳燈日」活動，皆由輔導法師常續法師帶領，法師勉眾只要能夠用上佛法、分享佛法，就是對聖嚴師父最好的供養；11月，護法總會副都監常遠法師、僧大副院長常順法師於兩地分會關懷信眾，凝聚護法願心。

另外，雪梨分會6月於當地佛教圖書館（The Buddhist Library）舉辦「從自我到環保——世界公民工作坊」（From Ego to Eco: Global Citizenship and You），由果禪法師、常濟法師分享世界公民的環保責任，為地球的永續盡心力。

墨爾本分會則於4月在傑森僻靜中心（Janssen Spirituality Centre）舉辦禪修五日營，邀請聖嚴師父法子查可・安德列塞維克指導禪法修學；7月舉行系列弘法活動，包括佛學講座、禪一與佛一，以不同的修行法門，接引大眾親近漢傳禪佛教。

4.大中華區

大中華區主要是香港道場專案，設有九龍、港島兩會址，定期共修包括念佛、禪坐、大悲懺法會、菩薩戒誦戒會等，每月另有《人生》讀者聚會，由常住法師帶領共讀當月《人生》雜誌，汲取豐富修行的資糧。

年度大型法會從1月慈悲三昧水懺法會開始，由僧團副住持果品法師主法；2月的傳燈法會，則由常寬法師帶領，有近三百五十人參加；8月，中元報恩「都市地藏週」活動，期間共修七部《地藏經》，圓滿日並舉行皈依儀式，由果品法師授三皈依，共有一百多人皈依三寶。

禪修活動上，全年舉辦多場初級禪訓班、戶外禪及禪一。5月果醒法師帶領禪修工作坊，分享生活禪法；7月於香港中文大學舉辦青年五日禪，學員透過禪修、藝術活動，與自我對話；10月於基督教女青年會梁紹榮度假村舉行舒活禪二、精進禪二、禪三，共有一百四十多位學員透過動靜皆備的禪修活動，沉澱身心。

佛學講座方面，主要包括方丈和尚果東法師主講「人生要有理」、果醒法師分享「楞嚴空義」、常展法師介紹《地藏經》等。此外，7月邀請華梵大學中文系副教授胡健財主講「觀音妙智」，講授觀世音菩薩耳根圓通法門，在開放式的提問中，引導學員省思生命。

2017年另有三場禪藝活動，5月與饒宗頤文化館共同舉辦「約咗（了）佛陀喫茶去」禪藝活動，以法會、茶禪、鈔經等，廣邀大眾體驗禪心浴佛；10月、11月，分別於香港中文大學、饒宗頤文化館舉辦「禪‧藝‧生活工作坊」，包括禪藝工作坊與對談，邀請多位藝術家與法師分享由藝入禪，活出自在生活。

香港道場7月參與於香港會議展覽中心舉行的「2017香港書展」，以「心靈環保——四感」為主題，展出聖嚴師父著作與法鼓文化出版品，分享法鼓山的理念。

香港道場於香港中文大學舉辦青年五日禪，在法師帶領下，學員以晨起靜坐，迎接一天的開始。

（二）護法總會

護法體系由僧俗四眾參與組成，2017年持續協助僧團提倡全面教育及落實整體關懷的理念，接引大眾在學佛路上，歡喜同行。其下分有會團本部、護法會團、各地辦事處及共修處、關懷院，及信眾服務處、專案祕書室等。

1.會團本部

年度大型活動由護法總會及各地分院聯合舉辦的「邁向2017福慧傳家 —— 歲末感恩分享會」揭開序幕，共有八千多位信眾參加；9月於農禪寺舉行「新勸募會員授證典禮」，方丈和尚果東法師為一百四十九位新進會員授證，期勉傳承「弘揚佛法，續佛慧命」，成為眾生的善知識；12月於法鼓山園區舉辦「正副會團長、轄召、召委成長營」，由護法總會副都監常遠法師、護法總會監院常應法師、文化中心副都監果賢法師和北美護法會前會長張允雄授課，有近一百八十位悅眾發願在承擔中實踐佛法。

因應邁向高齡化社會，護法總會於3月起至7月，於全臺各分寺院啟動「悅眾巡迴關懷」，鼓勵辦事處轉型為社會關懷與教育據點，深入關懷獨居老人、青少年、新住民等各族群，以佛法幫助社會大眾安身安心，也接引更多年輕人親近善法。7月起，並分別與普化中心、法青會共同於地區展開「經典共修」、「兒童半日營」，充實大關懷教育的內涵。

2.護法會團

護法會團主要由在家居士組成，現有法行會、法緣會、社會菁英禪修營共修會、榮譽董事會、法青會、教師聯誼會、禪坐會、念佛會、助念團、合唱團、義工團等，各會團彼此支援，並定期舉辦禪坐、念佛、讀書會等共修。

各會團2017年的重要活動，如法行會、法緣會於每月的例會中，由僧團法師講說經典大義或導讀聖嚴師父著作。教聯會除於2、7月舉辦禪五、禪七，全年並舉辦多場教師心靈環保一日營，進行戶外禪，體驗大自然生生不息的力量；兩場「心靈環保教學研習營」，則分享心靈環保兒童生活教育教案的教學經驗，鼓勵教師於校園中推廣生命教育。合唱團分別於2、9月舉行悅眾分享會、成長營，團員互勉以

法青學員參與2017年水陸法會的送聖儀式，象徵修學佛法生生不息的活力。

音聲親近佛法。

榮譽董事會本年兩場禪悅營，藉由禪修及多元課程，啟動全面關懷與教育；也於海內外舉行多場聯誼會，榮董們闔家分享，代代相續護法因緣；9月起展開法鼓山分寺院參學活動，陸續參訪蘭陽精舍、齋明寺、天南寺、寶雲寺及寶雲別苑，了解各地區提倡全面教育、落實整體關懷的現況。

淡水辦事處成立法青組，為地區注入新活力。

法青會各地分會則不定期開辦法音宣流、禪味鈔經班、梵唄班、身心SPA等成長課程，接引青年學子學習各種修行方法。其中身心SPA活動，於5至11月期間在德貴學苑展開三梯次，每梯次八堂課，由常導法師等帶領瑜伽伸展、禪坐體驗、遊戲動中禪等，皆有三十多人參加。

4月於德貴學苑舉辦「偏鄉教育二日培力營」，由教聯會師資帶領，內容包括校園關懷、兒童的心理需求與輔導、課程設計與教學實務分享等，鼓勵青年參與偏鄉教育，在奉獻服務中充實生命。

11月，法青會並參與水陸法會，一百三十位來自全臺各地的法青於園區展開三天二夜的「法青水陸送聖菩薩行」，從瑜伽焰口法會、送聖、法青之夜，到法會圓滿後的普請，青年學子以實際行動領略懺悔、感恩、發願、奉獻的意義。

義工團3月舉辦「悅眾交流分享會」，接待、醫護、攝影、護勤、交通等組悅眾跨組交流，不僅建立情誼，更提昇合作默契。

3.各地辦事處及共修處

2017年全臺共有四十一處辦事處、十八處共修處，10月，新北市土城共修處新址灑淨啟用，除就近接引民眾修學佛法，也提供大眾更寬廣的共修空間。

各地辦事處及共修處的功能，主要在於提供行政辦公及信眾共修、聯誼之用，共修內容包括禪坐、念佛、菩薩誦戒會、法器練習，以及開辦讀書會、佛學及禪藝課程等，其他諸如百年樹人獎助學金、聯合祝壽、歲末關懷等大型活動舉辦之際，辦事處及共修處也提供人力支援，共同成就。

其中，文山辦事處於1月舉辦悅眾聯誼會，由多位悅眾分享學佛心得及大事關懷的心法；淡水辦事處於3月成立法青組，安排讀書會、禪修、電影賞析等多元活動，接引眾多青年加入學佛行列。員林、豐原辦事處，分別於3、4月舉辦《聖嚴法師年譜》分享

關懷院於海山辦事處舉辦大事關懷系列課程，常綽法師帶領進行法器練習。

會，邀請編著者屏東大學中文系副教授林其賢分享聖嚴師父實踐佛法的生命歷程；豐原辦事處並於8至10月，每月舉辦「遇見自己」系列講座，由聖嚴書院講師郭惠芯授課，分享佛法的修行、實踐，以及生命關懷。

11月起，包括中正、萬華、新店、新莊、中永和與松山等辦事處，與法青會共同推廣「兒童半日營」，藉由話劇、遊戲、唱誦等多元方式，將佛法傳遞給下一代。

4.關懷院

關懷院著力於推動以心靈環保為核心的生命教育、臨終關懷、佛化奠祭、環保自然葬等，提供大眾生死教育的學習，3、7月，分別在海山辦事處、臺南分院舉辦大事關懷系列課程，內容包括認識法鼓山大關懷教育、佛事的意義、梵唄與法器練習等，分享積極正向的生死關懷。

另一方面，位於法鼓山園區的金山環保生命園區於2017年邁入啟用十週年，有近五千五百人申請植存，在清淨莊嚴的時空環境中，將有形的紀念，化為無限的祝福；聖嚴師父永續大地資源、推廣環保自然葬、轉化生死教育的願心，在師父捨報後以身示範植存，更獲得社會大眾肯定與響應。

二、發展體系

發展體系以了解社會脈動需求，致力推展法鼓山修行、教育、文化等事業，包括普化中心、禪修中心、文化中心及相關基金會，提供現代人具體可行、安頓身心的佛法甘露。

（一）普化中心

普化中心主要負責規畫、研發、推廣各式佛學課程，及共學培訓、弘化專案等工作，其下設有信眾教育院、青年發展院、弘化發展專案等單位，2017年持續整合豐碩的學習資源與現代科技，深入社會各層面，廣邀大眾在學佛路上歡喜同行。

1.信眾教育院

信眾教育院主要負責規畫、研發、推廣各式佛學課程,以及培訓讀書會帶領人等工作,普及信眾的佛法教育。

佛學課程方面,主要有聖嚴書院佛學班及禪學班,各項課程為期三年,幫助學員完整了解佛學與禪修教理法脈,進而建立正知正見與方法,並將所學落實在生活中,2017年共新開十二班,總計五十四班,逾五千位學員參加;5月,於農禪寺舉行「聖嚴書院佛學班北區聯合結業典禮」,共有七百零六位學員圓滿三年初階課程。福田班則於全臺及海外香港道場,新開十一班,近兩千位學員學做福慧具足的萬行菩薩。

此外,專為學佛新手設計的「快樂學佛人」系列課程,全年於臺灣及海外共開設二十三班;分齡課程「法鼓長青班」,集學習、健康、活力、分享等特色, 2017年共開辦三十七班,引領四千多位長者歡喜領受美好晚年。

另一方面,為提昇普化教育關懷員的服務品質與內涵,全年舉辦多場共學課程關懷員的培訓,規模較大者,包括7、8月於農禪寺舉行的長青班、佛學班關懷員培訓課程,分別有四百多人、近三百人參加,期許學員以初發心的態度來學習,並用長遠心來護持學員、分享佛法。

推廣自主學習、共讀共享的「心靈環保讀書會」,截至2017年底,臺灣與海外共有一百五十三個讀書會,遍布各分支道場、護法會辦事處及公私立機關團體,皆由讀書會培訓課程結業的學員帶領;而為培養讀書會帶領人種子學員,本年共有兩場初階培訓課程,學習帶領人的領導技巧。

在數位學習推廣方面,「心靈環保學習網」除線上直播「法鼓講堂」佛學課程,並整合運用實體與數位課程,同時提供行動裝置服務,廣與各地民眾共享法鼓山的學佛資源。截至2017年年底,累積課程逾三百門,學員人數達兩萬八千多人。

2.青年發展院

青年院致力於接引年輕人認識佛法、接觸禪修,各項活動規畫及課程設計,活潑新穎而豐富,全年度兩場「青年卓越禪修營」分別於2及8月在法鼓文理學院展開,共有來自臺灣、中國大陸、香港、馬來西亞、印

禪學班課程解行並重,為學員奠定禪法修行的根基。

學員在生命關懷工作坊中，藉由互動體驗，學習如何從肢體接觸，了解病人的狀況。

尼及美國、德國等地兩百多位青年參加。營隊以禪修為主軸，將禪修的基本觀念與方法，透過課程，引導學員分享、汲取經驗，成長自己。

在生命關懷上，結合臨終關懷與佛教的生死觀，系列課程於3至6月展開，包括營隊、工作坊及關懷參訪，帶領青年認識生命的種種面向，也從生死中找到人生目標與方向，進一步實踐對生命的關懷。

另外，4月於高雄甲仙區舉辦社區關懷，進行彩繪、清掃整理環境等服務；9月「生命‧心‧體驗──2017小林甲仙款款行」二日營，則與當地青年交流互動，培養彼此尊重、包容的心量，並進一步了解服務和奉獻的真諦，共同學習成長。

青年院長期與慈基會、護法總會、弘化院等單位合作，除了鼓勵年輕人發揮所長，從奉獻中成長自我，10月起，特為義工舉辦三場成長工作坊，一方面建立義工心態、團隊合作的方向，並分享四聖諦、十二因緣等基本佛法觀念，協助學員從各項任務中，找到歸屬感和修行的著力點，啟動生命的智慧與價值。

3.弘化發展專案

弘化發展專案包括水陸推廣研究、梵唄統一、傳戒等。2月，舉辦兩梯次「第二十二屆在家菩薩戒」，共有一千一百餘人受戒。

3至4月，專案召集人果慨法師帶領僧團法師與文理學院師生，前往中國大陸西安、甘肅省敦煌等地，進行古絲路、敦煌深度學術考察，並與敦煌研究院學術交流，開展佛教文化的研究視野。

11月啟建的第十一屆大悲心水陸法會，共十二個壇場，於法鼓山園區精進共修者，包括義工，共有近六萬四千人次；海、內外分處共修，有近兩萬兩千人次；雲端祈福登記消災超薦的資料，總數達八十多萬筆。大眾在拜佛、繞壇、朝山中，體驗動中修行的心法。

（二）禪修中心

禪修中心其下有禪堂（選佛場）、傳燈院，藉由系統化、層次化的各項禪修活動，推廣生活化的漢傳禪法，讓現代人藉由禪修放鬆身心，進而提昇人品。

為推廣念佛禪，禪修中心2017年2月首度於寶雲寺舉辦系列講座，由果醒法師、常乘

法師與常源法師，介紹念佛禪的經典依據、基本觀念與生活運用；講座圓滿後，並舉辦念佛禪一，透過解行並重的學習，讓修行更踏實。

年度最大型活動為5月在臺北市國父紀念館廣場展開「心靈環保SRE」禪修體驗活動，先以都市經行將安定祥和的心念傳遞街頭，再以托水缽浴佛、鈔經祈福、鐘聲幸福、生活禪遊戲等，帶領大眾體驗禪修心樂園。

1. 禪堂

以辦理精進禪修為主的禪堂，2017年共舉辦二十二場禪修活動，包括初階、話頭、默照與念佛禪，內容如下：

類別	新春禪五	初階禪七	青年禪七	精進禪七	念佛禪七	話頭禪七	默照禪七	話頭禪九	默照禪四十九
場次	1	9	2	1	2	3	2	1	1

全年九場初階禪七，包括一場粵語初階七，於4月在天南寺舉行，由香港道場監院常展法師擔任總護，共有一百位來自香港的禪眾參加；另有八場初階禪七，分別於三義DIY心靈環保教育中心、天南寺及信行寺舉行，逾八百人次參加。高階禪修活動，如三場話頭七與兩場默照七，讓禪眾可以相應的法門，體會精進修行。

聖嚴師父捨報後，禪修中心於2017年首度舉辦默照禪四十九，由果醒法師擔任小參法師，帶領禪眾長時間、持續性用功，共有一百四十位禪眾圓滿全程，深入體驗無法之法。

2. 傳燈院

以推廣禪修為主要任務的傳燈院，除了舉辦普及化的課程和活動、提供培訓課程資源，也結合地區力量，接引大眾更有次第地學習禪修方法；並接受公私機關團體之邀，帶領各項禪修課程。

基礎禪修方面，引領初學者在身心放鬆中體驗禪味的「Fun鬆一日禪」，2017年在雲來寺共開辦四場；另外也於雲來寺舉辦六場禪一，每場均有逾一百人參加；而針對初級禪訓班結業學員，提供進一步了解、體驗與適應禪七規矩與作息，並開辦了三場中級1禪訓班。

5月「心靈環保SRE」禪修體驗活動中，法師帶領大眾體驗坐姿動禪。

傳燈院培訓國際禪修義工，於世大運舉辦期間，與來自世界各地的選手與教練，以茶會友、以禪結緣。

1至5月，在臺北愛群大廈、齋明別苑、紫雲寺舉辦「遇見心自己」入門禪修活動，內容包括臥禪放鬆身心、靜心對治煩惱、生活中運用禪法等，由法師講授放鬆身心的心法，有近五百人次參加。

為培養更多禪修的種子人才及培訓師資，在社會各角落共同為推廣禪修而努力，2017年傳燈院持續開辦地區助理監香、立姿動禪、坐姿動禪、初級禪訓班的學長培訓課程，共四場；三場成長營，包括輔導學長、動禪學長

及禪坐會組長成長營的舉辦，也讓學員們更深入體會擔任悅眾的心態，共同為在社會各角落推廣禪修而努力。

因應2017年夏季世界大學運動會（Summer Universiade）的舉辦，傳燈院亦舉辦兩場國際禪修義工培訓，在8月世大運舉辦期間，接引來自世界各國的選手，認識法鼓山、體驗禪修的清楚放鬆。

2017年外部機關申請的禪修教學方面，如7月，臺灣國際扶輪青少年交換協會於齋明寺舉辦的「國際青少年宗教體驗營」，由監院常賽法師帶領學習佛門禮儀、坐禪；也為小草書屋學員，於天南寺舉行寺院生活體驗營，指導放鬆身心的法門。12月，應臺灣大學企業經營管理碩士學程（EMBA）之邀，於園區舉辦初級禪訓班校園禪修課程，由常願法師帶領，有近五十人參加。

另外，國際禪坐會（International Meditation Group, IMG）除了每週六例行展開共修，全年各舉辦兩場英文初級禪修營與禪一，接引在臺外籍人士學習漢傳禪法。

（三）文化中心

文化中心為法鼓山主要的文化出版、推廣單位，其下設有專案規畫室、文化出版處、營運推廣處、史料處。其中，文化出版處下有叢書部、雜誌部、文宣編製部、影視製作部、產品開發部；營運推廣處下有行銷業務部、通路服務部、客服管理部；史料處下有文史資料組、數位典藏組、文物典藏組、展覽組。對外出版單位為法鼓文化。

2017年叢書部共出版三十九項新品，包含書籍三十四種、影音產品四種及桌曆一種，其中聖嚴師父著作十四種，包括：《福慧傳家：修福修慧，安心安家；六度萬行，傳心

傳家。》；新改版的《念佛生淨土》、《學佛知津》、《禪門驪珠集》、《禪鑰》、《禪的生活》、《公案一〇〇》、《聖者的故事》、《我的法門師友》，以及大字版的《念佛生淨土》、《歡喜看生死》、《菩薩行願》、《放下的幸福》、《聖嚴法師教禪坐》。

《福慧傳家》為法鼓山年度主題書，精選聖嚴師父著作中關於四安的開示，希望四安不但能成為大眾的安心方法，更能成為安家心法，以此智慧，福慧綿延傳心傳家。

3月出版《校長的番茄時鐘》，法鼓文理學院校長惠敏法師以多年在教育、僧團管理的經驗，結合佛法，分享活用時間的生命智慧，開展出獨特的人生規畫之道。

繼程法師於4月和10月出版《壇經講記》、《修行要義》二書。《壇經講記》內容詳解《六祖壇經》，從版本緣起、六祖思想、禪修方法到傳承，除為禪宗尋根探源，更融合大乘佛教三大系統為禪脈，縱橫禪海，探驪得珠；《修行要義》則是實用易懂的修行指南，重點清楚、層次分明，協助破解修行迷思，助人安心用功。

方丈和尚果東法師於7月出版了《福慧好當家》，書中分享有關「當家」的原則、觀念和實踐方法，並以親身的實踐，說明時時抱持謙卑和敬、慚愧懺悔、感恩報恩的態度，便是學習當家之道的最好途徑。

2017年並出版探究聖嚴師父、東初老人的學術論著。香港中文大學人間佛教研究中心主任陳劍鍠在《禪淨何爭？── 聖嚴法師的禪淨思想與體證》一書中，探源師父的人間淨土經典依據，剖析師父禪修與淨土法門的實修方法，一念心淨、一念成佛，不是理論空想，而是能夠確實體現美好生活的人間淨土；《承先啟後的孤僧 ── 東初法師佛教文化學行略探》，作者演正法師考述東初老人一生的思想事蹟，肯定傳主在佛教文化的精神、行誼與歷史洞見，以為後人典範。

靈源老和尚的《梵網經菩薩戒》、淨海長老編撰的《西方各國佛教略史》則分別於7、12月出版，前者為《梵網經・菩薩心地品》下卷〈心地戒〉的菩薩戒白話註解，原經文與句解採上、下欄編排，條理分明，句解時廣泛參考諸家大師著作，重新詮釋，內容精粹。後者為長老廣羅全球佛教各宗、各國傳法資料，完成西方佛教發展史的當代巨著，期望繼往開來，提供真正的佛教世界觀。

10月出版《禪心自在 ── 2018法鼓山桌曆》，選輯多位攝影者以美國象岡道場、舊金山道場、洛杉磯道場，以及加拿大溫哥華道場的四季美景作品，化為一整年的祝福。

與「臺大獅子吼佛學專站」合作出版的「好讀」系列第二本《好讀雜阿含經 ── 第二冊／緣生緣滅原來如此（卷十一至卷二十）》，於11月出版，藉由新式標點、白話導讀、清晰註解，讓現代人更容易閱讀經藏；《禪思・文思》作者中央研究院歐美研究所特聘研究員單德興走訪世界文學花園，採擷禪機，分享文學的感動與禪觀的反思。

影音系列，《農禪寺師徒故事》、《觀音菩薩與聖嚴法師的故事》兩套動畫DVD，於4、5月出版。《農禪寺師徒故事》以溫馨感人的十集小故事，講述師徒同心同願，篳路藍縷開創農禪寺，繼而興建法鼓山的歷史；《聖嚴法師與觀音菩薩的故事》則以六集精彩動畫，分享師父向觀音菩薩許願並實現心願的故事。

5月《如雲》CD，製作人康吉良將繼程法師的十則禪修體驗文字，譜成歌曲，在聆聽中領略禪趣。

雜誌部於2017年出版十二期《法鼓》雜誌（325～336）、十二期《人生》雜誌（401～412）與四期《護法》季刊（9～12）、四期《金山有情》（59～62）。

《人生》雜誌於2017年的專題焦點，持續為讀者在國土危脆、瞬息萬變的世間，提供安心之道，願以佛法安己安人，共創人間淨土。其中，經典教義的當代運用專題，如1月號（401期）「開啟自家寶 —— 認識如來藏（《如來藏經》）」、4月號（404期）「轉大人八覺招 ——《佛說八大人覺經》」、11月（411期）「善知識，我來了！—— 跟著善財童子參學去（《 華嚴經‧入法界品》）」、5月號（405期）「你在忍什麼？」。

從出生到老病死、從個人到家庭的終極關懷，則有6月號（406期）「凝視死亡　探索生命智慧」、9月號（409期）「學佛爸媽囧很大？」、12月號（412期）「100歲的福慧資糧」；從佛教文化著眼，分享正信佛教徒生活方式與生命態度的專題，則有2月號（402期）「與佛菩薩團圓」；3月（403期）「一碗粥，好修行」、7月（407期）「當佛陀遇到神鬼」、8月（408期）「佛陀花園賞花去」、10月（410期）「動物也參禪？」。

專欄方面，2017年新增呼應400期特輯的「世界佛教村」，由普化中心副都監果毅法師，分享參訪北美地區各傳承佛教團體記行。另新增各領域專業人士分享生命智慧的「人生講堂」、屏東大學中文系副教授林其賢執筆「佛門師長小記」、演正法師記述《人生》創辦人東初老和尚學行傳記「時代一孤僧」。

本年持續連載備受讀者喜愛的聖嚴師父開示「人生導師」、杜正民老師病中體悟的「法的療癒」、繼程法師書畫雙璧「爾然禪話‧壇經」，以及生活六度類專欄「一種觀看」、「禪味小食堂」、「三腳貓微筆記」、「變心‧辨心」、「電影不散場」（電影與人生），引導讀者用心感受生活，體會禪在生活中的妙用。

另，「大覺智海」專輯「佛學新視界」、「佛法關鍵字」、「楞嚴導讀」、「東亞佛寺之旅」、「華嚴心鑰」等，則提供現代宏觀的佛法視野，以及佛法智慧於生活中落實運用的觀念與方法。

《法鼓》雜誌方面，法鼓山於2017年迎來三項重要弘化項目的十週年里程碑：法鼓山大悲心水陸法會、金山環保生命園區、心六倫運動，檢視歷年一步步踏實發展的歷

法鼓文化出版多種書籍及《人生》雜誌、《法鼓》雜誌，落實漢傳佛法的生活實踐。

程，省思對於社會各界的影響與廣大回饋，都是邁向下一個十年的重要參考，也是繼續前進的力量，皆翔實記載於本年各期雜誌。

另有2017夏季世界大學運動會邀請法鼓山進駐林口選手村宗教中心推廣禪法（333期）；國父紀念館心靈環保講座以多元形式開啟跨世代對談（334期）；農禪寺首辦融入禪法接引年輕新族群的「水月禪跑」（336期）等，則展現因應時代需求，法鼓山多元弘化的動能。

有關禪修活動重點報導，包括333期刊載傳承中華禪法鼓宗，繼起聖嚴師父弘揚漢傳禪法的步履，暌違十年，禪堂續辦默照禪四十九；俄羅斯莫斯科無極門禪修會創辦人亞歷山大·傑托米爾斯基（Alexander Jitomirsky），繼1998年聖嚴師父至聖彼得堡帶領禪修後，仍遵師囑致力翻譯師父禪法書籍、弘揚漢傳禪法，並與法鼓山再次接續法緣（329期）。自325期起新開闢的「世界佛教村」專欄，則介紹海外與法鼓山有法脈因緣的各個道場與宗教師的發展現況。

國際弘化方面，方丈和尚果東法師巡迴關懷，弘化腳步至香港（328期）、中國大陸（325期、333期）、北美（331期、335至336期）等地；美國東初禪寺與象岡道場受邀於紀念「911事件」的「為愛分糧、濟救苦難」活動中祈福（334期）；美東華人學術聯誼會邀東初禪寺監院常華法師演講，並頒發「社區服務獎」（333期）；溫哥華道場舉辦論壇探討佛教女性的承擔與未來（335至336期）等，均顯示法鼓山致力於國際化、多元化的開展，受到重視。

關懷勸募會員的《護法》季刊，9期頭版「護法心聞」首先以護法總會總會長張昌邦，以及五位副總會長的感恩分享，表達歲末團圓的祝福；第10、11期報導「悅眾巡迴關懷」活動，透過護法總會與悅眾的交流，匯集地區未來發展的新方向；第12期由

張昌邦總會長分享「法鼓山十法寶」，期勉勸募鼓手接引更多人來分享法鼓山的十項法寶。

本年「專題特寫」，分別以佛法傳家，以及實踐「布施、持戒、忍辱、精進、禪定、智慧」六度為主題，邀請各地鼓手分享以佛法安心安家、傳心傳家，以及廣修六度萬行的生命故事；「方丈和尚關懷」、「護法總會關懷」專欄也呼應專題內容，鼓勵眾人於日常生活中，時時修行六度，即是修福修慧，利人又利己。

四版「處處好讚」專欄，報導苗栗、嘉義、南投、文山四個辦事處護法弘法的歷程；「一起做定課」由護法總會服務處監院常應法師，分享做定課的好處與方法。此外，「鼓手心行」、「讀書分享會」、「活動傳真」等專欄，藉由聖嚴師父開示、法鼓文化新書介紹、地區活動報導，提供勸募會員學佛資糧。

發行已十六年的《金山有情》，不僅是連結法鼓山與北海岸四區的橋樑，也是法鼓山投入在地關懷的具體實踐。頭版「本期焦點」，聚焦北海岸當季重要新聞事件，如「六二暴雨」，造成北臺灣山區多處土石流、道路坍方，編輯團隊於第一時間隨法鼓山僧團、法鼓山金山社會大學等單位前往北海岸各區勘災、關懷受災農民，期以佛法安頓人心（61期）；第62期「北海英雄出動　照護到家」則隨同臺大醫院金山分院、法鼓文理學院師生前往關懷獨居老人，以及需要長期照護的民眾。

二、三版為「專題特寫」，以專題方式深度報導北海岸的人事物，包括59期「宜居北海岸」從藝術家、建築師、理髮師等北海岸新移民的口中，認識家鄉的珍貴之處；61期「山與海是我們的大操場」則是透過各區國小的特色體育課，衝浪、獨木舟、柔道、高爾夫球等，展現北海岸的孩子以「大山為教室、大海為操場」的運動家精神。四版的「北海鄉情」，「老照片說故事」專欄，透過耆老口述歷史；並不定期介紹在地的自然風光或提供農友市場情報等，與讀者分享北海岸居民的樂活生活。

接受體系內各單位委託製作各類文宣、結緣品的文宣編製部，2017年主要出版品包括《2016法鼓山年鑑》、法鼓山《行事曆》等，以及聖基會《禪‧住身心》、《做情緒的主人》等八本中、英文結緣書籍。而廣受歡迎的《大智慧過生活》校園版套書，2017年全臺共有近兩百二十所學校提出申請，總發行量逾十一萬冊。

影視製作部2017年的自製影片，包括《2017方丈和尚新春祝福》、《禪花園 —— 心靈環保園丁系列》、《2017法鼓山大事記》、《紀念齊柏林》、《法鼓山僧伽大學簡介》、《與大地共譜生命之歌 —— 環保自然葬》，以及動畫《聖嚴法師與觀音菩薩的故事》、《農禪寺師徒故事》等數十部。

而在教學類的影片方面，共完成《方丈和尚精神講話》四則、《結夏安居》兩則、《念佛禪》七則等聖嚴師父開示的字幕製作。

以研發環保用品、生活飾品等各類產品為主的商品開發部，2017年共開發四十五項

新品，包括316不鏽鋼系列環保隨身餐具、檜木手念珠、心靈環保帽系列、四安木棉小蒲團等，以禪修與佛法的日用，豐富現代生活。

2017年史料部於園區規畫「十年傳師願 —— 二十一世紀漢傳佛教勝會」、「走進東初老人的傳承與家風」、「生命園區十年」等特展；也在農禪寺安排「菩提達摩 —— 中國禪宗初祖西來指人心，禪法傳東土」、「從老農禪到新水月 —— 3D重現農禪寺的建築演變」、「嚴峻下的慈悲 —— 東初老人與聖嚴師父的師徒故事」，以及齋明別苑「福慧傳家 —— 人生福氣啦！」等展覽，分享法鼓山相關歷史與對社會的祝福。

（四）相關基金會

慈基會、人基會、聖基會，為法鼓山推展大關懷、大普化、大學院三大教育理念的重要相關單位。

1.慈基會

以對整體社會的關懷為著力點，戮力推動「安心、安身、安家、安業」的四安工程，2017年慈基會在各項例行關懷活動上，「105年度全臺歲末關懷」於1月底圓滿，共關懷近三千戶家庭；第三十、三十一期的「百年樹人獎助學金」，全年共有近兩千九百人次受益。5月、9月舉行端午、中秋關懷活動，除攜帶應景素粽、月餅前往關懷家庭表達祝福外，慰訪義工並至社福機關、安養機構等地與民眾歡度佳節。

而在「百年樹人獎助學金」後續關懷上，則有「服務回饋日」活動，安排高中組與大專組的學子參與淨灘、慰訪等活動，引導學習用奉獻心回饋社會、體驗施比受有福的意涵；二十九場「分享卡聯誼會」於1至8月間舉行，由學生共同製作卡片，在互動過程中彼此學習，也揮灑創意表達感恩。

為落實對偏鄉與關懷家庭學童的照顧，除例行的年節關懷與不定期派遣義工慰訪與探視，慈基會於大臺北、新竹、臺中等六區辦理六個班別的學習輔導，陪伴孩童安心成長。援助臺東縣長濱鄉三間國小新建圖書室，於3月正式啟用，提供學童優質的閱讀環境；7月於雲來寺舉辦兒童營，四十一位學童在歡樂學習中，培養專注力、自信與團隊精神。

賑災救援方面，6月初暴雨強襲臺灣，各地傳出重大災情，慈基會第一時間啟動緊急救援系統，前往受災地區勘災

果器法師為南投地區學生頒發獎助學金，勉勵學子將得到的祝福轉化為向上的力量，並與他人分享。

與慰訪，協助受災居民安頓生活；也捐款重建新北市金山區遭大水沖斷的磺溪橋，傳遞溫暖的關懷，以及安定的力量。

於海外，菲律賓2013年海燕風災後續關懷，援助塔克羅班市ABE大學受災學生復學計畫，2017年有七位學生接受補助；中國大陸2008年四川地震賑災專案上，持續於暑假期間為高中生及大學生舉辦三梯次的「生命教育心靈環保體驗營」，由果品法師、常寬法師及僧大學僧帶領授課，引領學子探索自我與生命意義。

教育訓練亦是慈基會的重點項目。其中，兩場慰訪義工分享會分別於2月及6月舉行，與會義工透過經驗的交流，凝聚共識，同心同願發揮善的力量；三場慰訪員初階教育訓練課程則於6至8月舉辦，三百多位學員學習助人的基本技巧，以同理心進行關懷與互動。

2. 人基會

致力推動「心六倫」與「關懷生命」理念，落實「人文社會化，社會人文化」願景的人基會，2017年透過講座、營隊、廣播及劇團演出等各式活動，啟發大眾對倫理與生命的關注與認同，共創和諧幸福的社會。

首先於1至12月，與教育廣播電臺合作製播《幸福密碼》節目，持續邀請社會賢達人士及專家學者，分享實踐倫理生活的幸福；每月並於德貴學苑舉辦「2017福慧傳家心靈講座」，邀請各界專業人士探討、分享福慧傳家的安心之道。

人基會心劇團於7月舉辦兩梯次的「幸福體驗親子營」，透過戲劇表演、遊戲勞作和故事分享等課程，教導小朋友學習生活禮節，培養孝順、和群、知足、感恩、共享等好品格；也安排了親職講座，親子共學心六倫的幸福力量。

「2017轉動幸福」校園巡演活動，於9月起在新北市、雲林縣、高雄市與臺東市展開十三場，透過表演藝術、生根課程，以表演藝術為學童帶來感動與體驗，開啟心靈善的力量。

而為了在社會各角落深耕「心六倫」，「心六倫宣講團」於2017年，透過宣講、活動、體驗、戲劇等活潑多元的方式推展，8月，應臺南市大灣高中之邀，於該校新生訓練課程中為新生授課；12月，應臺南高工邀請，為八百多位師生宣講「兩性相處與生活倫理」，

心劇團偏鄉巡演，團員引導小朋友化身劇中角色體驗戲劇。

提醒學子兩性交往要發乎情，止乎禮，循序漸進，相互尊重。

另外，人基會2017年於新北市金美、萬里、老梅、安坑等國小，為新住民開辦的「幸福廚房」烹飪課、手皂班與幸福兒童班，則使家庭、生活、族群倫理的觀念更為深化。

結合校園倫理與自然倫理，本年持續於小學推廣香草課程，透過觀察植物的生長、榮枯，引導學童五感體驗，尊重生命。7月並舉辦香草老師培訓課程，由文化中心副都監果賢法師、蘭陽精舍副寺常法法師分別講授「佛教的大地觀」、「心靈環保與心六倫」，共有六十位國小教師參與。

關懷生命上，與法務部合作推動的生命教育專案，5月、11月分別於臺中女子監獄、雲林監獄舉辦音樂會，邀請音樂工作者齊豫、張杏月演唱，以歌聲關懷收容人。

3. 聖基會

聖基會戮力推廣、弘傳聖嚴師父思想與理念，重點工作包括舉辦經典、專題講座，以及出版、製作及推廣師父相關結緣書刊等。2017年首度與歐陸知名學府合作，5月與法國多學科佛教研究中心（Centre d'Études Interdisciplinaires sur le Bouddhisme, CEIB）簽署合作協議，於該中心成立「聖嚴博士後漢傳佛教研究獎學金」，深化漢傳佛教研究在歐洲的推展。

「聖嚴法師經典講座」的舉辦上，3月邀請中央研究院中國文哲研究所副所長廖肇亨講授「禪宗詩歌」，分享禪詩美學背後的修行意涵；10月的「人間淨土與現代社會」講座，由法鼓文理學院副教授鄧偉仁從經典引證，探討在時代變遷中，人間淨土與現代社會實踐。

12月於臺大集思會議中心舉辦第三屆近現代漢傳佛教論壇，主題為「近現代漢傳佛教與現代化 —— 佛教教育 II 」，除延續第二屆引發熱烈回響的漢傳佛教教育主題，更將視野放寬至日本、韓國、泰國、中國大陸等，邀集學者專家從共同面臨的課題中，探索可能的開展與契機。

在結緣書籍推廣上，本年出版英文版《今生與師父有約》第七集、第八集，及《禪‧住身心》、《禪‧悅人生》、《做情緒的主人》等八本新書，分享聖嚴師父的身教、行誼，以及禪修方法、觀念應用的開示，協助現代人建立身心平衡的人生觀。6月並發行《代先生的奇幻旅程》動畫，藉由輕鬆的動畫，提供大眾了解生與死的尊嚴，建立正確的生命觀。

為提昇兒童倫理品德發展的「106兒童生活教育寫畫創作」徵集活動，回響熱烈，包括繪畫、作文與書法三組，海內外共一千五百多件作品參與。12月舉辦頒獎典禮，分別在農禪寺、齋明別苑、寶雲寺、紫雲寺及信行寺展開五場，方便各地學童就近參加。

另外，由聖基會製作的《心靈環保兒童生活教育動畫4》，入選臺灣媒體觀察教育

基金會「106年度國人自製兒童及少年優質節目」，表彰該動畫的教化功能，獲社會
肯定。

三、教育體系

教育體系包括法鼓文理學院、中華佛學研究所、僧伽大學、法鼓山社會大學、三學研
修院等，是法鼓山推動大學院教育的基石，以佛法與世學兼備的教育環境，回應高等教
育的時代需求，為社會培養在研究、教學、弘法、服務各項領域中，啟迪觀念的專業領
導人才。

（一）法鼓文理學院

以「博雅教育」為辦學方針的文理學院，包括佛教學系博碩學士班，及生命教育、
社區社群再造、社會企業與創新、環境與發展等四個碩士學位學程，2017年受邀參與
臺大醫院金山分院「北海英雄」平台，為北海岸四區鄉親長期照顧服務，提供安心的
力量。

本年持續藉由國際交流、學術講座及研討會、跨領域合作與校園活動等多元管道，
培養具備「悲智和敬」胸懷與態度，以及因應全球化地球村公民素養與能力的各類專業
人才。

在學術研討與交流上，4月與義大利普世博愛運動（Mary-Focolare Movement）宗教
交談總中心、上智大學學院（Istituto Universitario Sophia）共同舉辦的「跨校宗教交
談會議 —— 交談中的佛教徒與基督徒」，第二階段「對痛苦與環境危機的回應」會議
在校園展開，來自義大利、瑞士、美國、泰國、中國大陸、韓國、日本等學者，就佛
教、天主教與基督教的觀點，交流環保、倫理等普世價值；6月展開的「空間與虛擬空
間工作坊」（Space and Cyberspace Workshop Program），近二十位來自全球的學者及
博士生學員們，除了課程學習，並分組進行田野調查，彙整分析北海岸的宗教活動，不
僅呈現臺灣宗教的多元、包容特質，也分享跨學科互動的新思惟；11月舉行「臺灣佛
教臨終關懷與安寧療護」論壇，多位宗教師與學者分享臺灣佛教於安寧療護與臨終關懷
的經驗。

此外，校長惠敏法師於2017年參與多場國際學術會議，包括於1月應日本岐阜聖德
學園大學之邀，以「安寧療護臨床宗教師說法實例」為題，於該校進行專題演講，並
與校長藤井德行簽署兩校學術交流合約；5月，出席香港中文大學主辦「佛教禪修在各
種傳統和不同學科領域的理論與實踐」國際研討會，於會中發表〈瑜伽行派「唯」之
禪修意義考察〉。8月於東南亞進行多場演講，講說以六度、四攝重新設定自己心智的
導航系統，建構雅健生活；10月，應邀前往波羅的海三國愛沙尼亞、拉脫維亞、立陶

宛參加「信仰之樂土——臺灣的佛教與佛學教學」（The Island of Faith: Buddhism and Buddhist Teaching in Taiwan）系列活動，介紹漢傳禪佛教的禪修內涵。

佛教學系系主任果暉法師也於6、9月受邀參加於香港中文大學「一帶一路上南北傳佛教研討會」、日本京都花

日本立正大學名譽教授三友健容2017年於文理學院進行三場演講。

園大學「第六十八屆日本印度學佛教學會議」，分別發表《小安般守意經》、《八正道經》的相關研究；鄧偉仁老師6月出席德國哥廷根大學（Georg-August-University of Göttingen）舉辦的「全球視野中的中國禪法研究」國際學術研討會，發表有關《修禪要訣》的研究主題。

為拓展學生研究思惟與視野，本年舉辦多場專題講座，邀請各專業領域的學者專家分享所學，如日本立正大學名譽教授三友健容於3月的三場講座中，講析《天台四教儀》、《阿毗達磨燈論》的偏狹觀點，說明不論是原始、部派或大乘佛教，都應回歸佛陀慈悲的教說，將超越對立、寬容的精神，擴及各宗教；4月「國際佛教善女人協會」（Sakyadhita）暨美國聖地牙哥大學（San Diego State University, SDSU）教授慧空法師（Venerable Karma Lekshe Tsomo）主講「女性在佛教變遷的時代與全球交流」，呼籲大眾關注女性出家眾的困境。5月，邀請義大利佩魯賈大學（University of Perugia）哲學人文社會科學副教授黃曉星（Ester Bianchi）講《瑜伽菩薩戒》；10月，新生代佛教學者簡凱廷主講「從藏外文獻看近世東亞佛教研究」，介紹藏外文獻為明清佛教研究開發新視域。日本岐阜聖德學園大學佛教文化研究所教授讓西賢則於10月主講「從淨土教來看預防性諮商的意義」，說明佛教的教義可成為現代心理諮商的借鏡，不僅適用於病患，更適用於所有人，提供與苦共存的救濟法。

校園活動方面，4月起展開校慶系列活動，包括綜合語言競賽、「禪韻心悅」國畫師生聯展，體現博雅教育的豐碩成果；並與佛光大學聯合舉辦球類、廚藝校際友誼賽、五分鐘書評，以校際交流增進雙方道誼。8日校慶當天，方丈和尚果東法師、惠敏法師共同為「心靈拼圖——淨心淨土·發現校園之美」攝影比賽頒獎，法鼓學校校友會也頒發獎學金，鼓勵後學。

6月的畢結業典禮，包括二十五位佛教學系碩士班畢結業生、五位學士班畢業生，以及二十六位人文社會學群首批畢結業生圓滿學習，惠敏法師以畢業服「海青」寓意祝

福，畢結業生也彼此互勉運用所學，利益眾生。12月，一年一度圖館週於18至27日展開，以「從『心』開始」為主題，包括中西參大賽、五分鐘書評及電子資源課程等，鼓勵師生善用圖書館資源。

秉持回饋社會的理念，2017年文理學院持續舉辦研習營、工作坊與演講等，與大眾共享學習資源與研究成果，包括2月的人文關懷工作坊，探討心靈環保在生命教育、社區再造、社會企業與創新、環境與發展等四面向的落實與應用；6月首屆「青年創意經濟與社區再造」活動，鼓勵青年發揮創意，再造社區活力；7月，為高中生舉辦「心幹線 —— 生命美學研習營」，將書畫、茶禪、遊戲及佛法課程串連成「心幹線」，學子放鬆體驗禪生活。

兩場大型演講，1月「禪觀生死」邀請繼程法師分享解脫生死的佛法知見與修行方法；6月繼程法師與人文社會學群學群長楊蓓對談「禪與生命反思」，引導大眾學習從佛法關照世間萬象，安己安人。

禪文化研修中心也於5月舉辦「佛教史研修體驗營」，近八十位學員認識印、藏、中、日佛教史梗概，了解佛教於異文化時空下開展出的不同面貌；9至11月，以聖嚴書院結業學員為對象，舉行的佛教教理、佛教史、環境關懷三場研修體驗營，則深化學員佛學素養與人文關懷。

於推廣教育方面，法鼓文理學院推廣教育中心本年分兩期在德貴學苑開辦三十餘門課程，包括佛法教理、佛學語言、佛教應用、快樂生活等類別，為大眾修學佛學、充實心靈的平台；同時也開辦佛教學系隨班附讀學分班、人文社會學群的碩士學分專班，為有意入學就讀者，提供先修管道。

以聖嚴師父期許的「本來面目」精神為依歸，法鼓文理學院極簡卻富禪意的校園建築，於香港建築師學會舉辦的2017「兩岸四地建築設計論壇及大獎」（Cross-Strait Architectural Design Symposium and Awards, CADA）中，獲教育及宗教項目最高獎項金獎肯定。

青年學者自組團隊，於第二屆「漢傳佛教青年學者論壇」中，合力發表研究成果。

（二）中華佛學研究所

致力推動漢傳佛教的學術研究與出版的中華佛學研究所，為獎掖青年學術人才，6月頒發「漢傳佛教英文碩

博士生獎助學金」，共有六位來自美、德、加及香港知名學府的碩博士研究生獲補助，鼓勵學子於紮實的傳統基礎上尋求創新，為漢傳佛教學術研究開展新視野。9月主辦第二屆「漢傳佛教青年學者論壇」，於園區展開第一階段入選論文發表，海內外青年學者及二十餘位資深教授、評論人等，世代交流切磋，開拓佛學研究多元視野。

學術出版方面，《中華佛學學報》（*Journal of Chinese Buddhist Studies*）第30期於7月發行；9、12月，分別出版《承先啟後的孤僧 —— 東初法師佛教文化學行略探》、《〈破魔變〉中英對照校注》。

2017年，發行的《中華佛學學報》，於國家圖書館「106年臺灣最具影響力學術資源」評選中，獲「最具影響力人社期刊：哲學宗教研究學門」第三名肯定。

（三）僧伽大學

以培養解行並重、道心堅定僧才為教育理念的僧伽大學，學制設有佛學、禪學兩系。2017年各有兩位男、女眾入學；亦有六位佛學系、兩位禪學系畢結業僧，加入僧團領執，共同為如來家業奉獻。

2月，「第十四屆生命自覺營」於園區展開，共有一百三十七位來自海內外青年學員於短期出家生活中，體驗生命的覺醒與超越；3月舉辦「招生說明會」，本年首度以網路連線馬來西亞道場，由僧大師長介紹辦學精神及課程規畫，邀請青年加入僧眾培育，延續佛法慧命。

為提昇學僧弘講能力，4月舉辦第九屆講經交流會，學僧分別以「法鼓山的理念」、「心靈環保」、《金剛經》等經典為主題，分享法義；6月「105學年度畢業製作呈現」發表會中，五位佛學系畢業學僧運用所學，以多元媒材展現新世代的弘化創意。9月剃度典禮中，八位新戒法師圓滿頂戴如來家業，方丈和尚勉勵求度者努力學習當好出家人，為奉獻大眾做準備。

10月，舉辦「世界公民工作坊」，從「氣候變遷」、「水資源」等全球議題切入，由果禪法師、常濟法師帶領，培養學僧的國際視野與胸懷。12月，由學僧企畫、採訪、編輯的刊物《法鼓文苑》第九期出刊，本期專題「剃度，從頭開始」，從歷史、儀式切入，完整報導剃度出家的意涵，並專訪惠敏、果肇及常寬三位戒長法師，分享入如來家的菩薩行履。

（四）法鼓山社會大學

法鼓山社大是大眾終身學習的教育平台，也與地方鄉親成為生命共同體，2017年於金山、新莊及北投三校區，共開辦近百門課程，涵蓋生活技能、心靈成長、語文學習、藝術陶冶、自然環保層面，學員包括學童、主婦、上班族與銀髮族，讓大小朋友在多元學習中，心靈更富足。其中，於新北市石門區自然環保戶外教室開辦的「耕心田趣」系列課程，包括種植阿里磅紅茶、咖啡、香草、茶樹、蔬菜、地瓜等，引導學員以

實踐自然農法推動自然環保，農作物不僅有甜美的收成，也能友善大地，學習以慈悲心對待萬物。3月並舉辦「2017第一期（春季班）聯合開學典禮」，方丈和尚果東法師期許心靈環保列車帶動學習風氣，共有六百多人參加。

社大童軍團鼓勵家長擔任服務員，陪伴孩童快樂學習與成長。

除開設各項課程，為敦親睦鄰、深耕社區，社大本年亦舉辦多項活動。暑假期間的營隊，有心靈環保體驗營，兒童歡樂學習四種環保；金山、萬里幼童軍團也於新北市金山青年活動中心舉辦首次聯席露營，幼童軍們搭帳野炊，擁抱大自然；「福慧傳家樂活營」則於雲來寺、石門區環保戶外教室首次舉辦，近八十位祖孫三代，藉由遊戲世代溝通、親密互動，並共學共長。

7月起並於臺大醫院金山分院舉辦「繪心創作成果展」，來自金山校區的回收舊物彩繪多變化班、歐式彩繪創造生活班，以及新莊校區的歐風織品彩繪班、彩繪蝶谷巴特班等，多個班級學員的作品，引導醫護人員及病友體驗人文之美。10月的「2017自然環保友善農耕市集」，邀請北海岸的農友推廣、交流友善環境的自然農耕農法。

此外，4月間的「社大講師共識營」，由人基會心六倫宣講團團長林知美分享透過修行鍛鍊心的力量，開展未來；11月的「社大悅眾成長營」，共有一百多位悅眾體驗禪法的安定與放鬆。兩項活動皆以心靈環保的理念凝聚共識。

（五）三學研修院

三學研修院包括三學院、弘化院、百丈院，聖嚴師父曾謂法鼓山僧團即為一「三學研修院」，期許於出家修道生活中完成戒、定、慧三學之研修，並在互敬互重中，涵育福慧雙修、悲智雙運。

2017年，三學院首先於1月舉辦歲末圍爐及辭歲禮祖，終年各地弘化一方的法師們，齊聚園區，接受方丈和尚的祝福及鼓勵；6月展開結夏安居，上百位僧眾藉由團體修行的力量，精進用功。

弘化院部分，2月紀念聖嚴師父圓寂八週年的傳燈法會，逾六千位信眾共同緬懷師父教澤及開啟慧命的法乳深恩；也舉辦兩梯次「第二十二屆在家菩薩戒」，共有一千一百餘人受戒。5月，舉行「朝山・浴佛・禮觀音」，大眾以感恩的心，將身心沉澱在三步一拜的佛號聲，感恩佛陀與母親的雙重恩典。

培訓課程上，1月舉辦參學服務員培訓，10、12月的「新春活動版畫轉印藝術助教培訓」，學員分別學習將禪修的方法應用於導覽、藝術的範疇。11月展開「水陸法會義工總培訓」課程，由常寬法師講授「大悲心起做義工」，期勉義工在奉獻的共修體驗中，學習保持平常心、放鬆身心，發揮觀音菩薩千手千眼的精神。

百丈院2017年春季3月、秋季10月進行清洗園區祈願觀音池，大眾出坡體驗並實踐佛法，也修練身心；5月環保組義工於宜蘭縣明池國家森林遊樂區舉辦戶外禪，全程禁語，八十多位學員以收攝、安定的心體驗禪修。

四、支援體系

支援體系包括文宣、活動、資訊、總務、財會、人力資源處等單位，整體統籌法鼓山各體系的行政運作，也協助支援各體系的發展。

其中活動處配合體系組織發展，主、協辦多項大型活動，首先於1月舉辦「第二十二屆佛化聯合婚禮」；4至9月，於全臺展開四場「祈福皈依大典」，共有兩千六百多位民眾皈依三寶，開啟修學佛法新生命。9至10月協辦九場佛化聯合祝壽活動，透過法師關懷、祈福法會、感恩奉茶，近兩千五百位長者歡度簡約環保、法喜充滿的祝壽活動。

9月並於臺北舉辦兩場心靈環保講座，包括「福慧當家好傳家」座談會、「法鼓講台」，由方丈和尚、法鼓文理學院學群長楊蓓，以及多位藝術、社會公益工作者，分享不同世代與領域，承擔起「當家」的體悟，以及生命的體悟。

人力資源處則於2017年舉辦「靈性對話與臨終學習」課程，邀請臺灣科技大學人文關懷中心講師德嘉法師授課，引導專職及義工認識臨命終時，心理上、生理上、理智上、情感上可能出現的反應，同時學習提供關懷對象心靈所需的支持與協助，進而為自己預修生死學分。

結語

法鼓山2017年以「福慧傳家」做為對社會的祝福，期許大眾「修福修慧，安心安家；六度萬行，傳心傳家」，同時於體系組織落實「心靈環保的修行型組織」理念，除與大眾共勉：「福慧平安，就從照顧好自己的家及生活環境做起」；並引領僧俗四眾在穩定成長中精進修行，也自期能推己及人，更擴及社會、國際，透過大普化、大關懷、大學院三大教育及國際弘化的實踐，承續創辦人聖嚴師父以佛法利益眾生，建設人間淨土的大願。

實踐

大普化教育
啟蒙心靈　佛法現代運用

大關懷教育
深耕社區　與眾共創幸福人間

大學院教育
全球視野　人才培育接軌國際

國際弘化
穩健踏實　多元弘化漢傳佛教

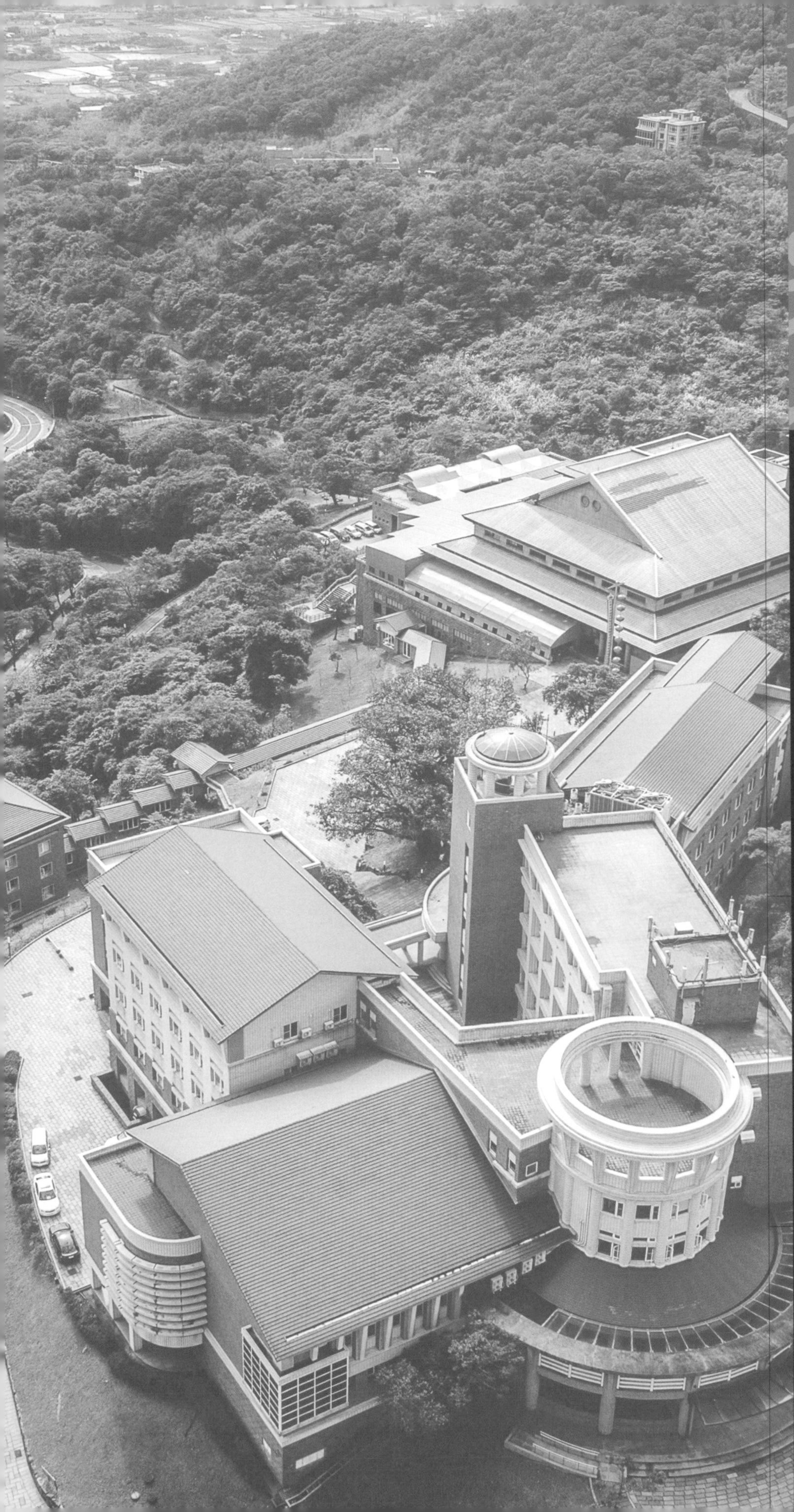

實踐

壹【大普化教育】

大普化教育是啟蒙心靈的舵手，
引領眾生從自心清淨做起，
培養學法、弘法、護法的菩薩，
敲響慈悲和智慧的法鼓，
建設人間為一片淨土。

啟蒙心靈
佛法現代運用

大普化教育是啟蒙心靈的舵手，2017年持續結合當代科技與文化，
在禪修推廣、佛學教育、法會共修、文化出版與推廣等面向，
皆以契應心靈環保、融攝修行與教育的內涵，
讓佛法甘露，潤澤人心，安定心靈，
接引大眾共同敲響慈悲和智慧的法鼓，
合力建設人間淨土。

2017年法鼓山於園區舉辦默照禪四十九，這是繼2007年話頭禪四十九後，十年來再次舉行，別具意義；於北投農禪寺首辦「水月禪跑」，則將禪修與日益風行的慢跑運動結合，以更多元的路徑接引新族群。本年另以大型講座關懷社會，兩場「心靈環保講座」，邀請不同世代、不同領域人士對談與分享，帶給年輕人以佛法當家的啟發，與勇於承擔的蛻變。

大普化教育於2017年，以深厚的禪修為基石，貼合社會脈動，以生活、實用的佛法，開展便利不同社群的多面向學佛法門，從傳統中走出新意，引領大眾開啟自性寶山。

禪修推廣

推廣生活化的禪法、舉辦各類禪修活動，一直是法鼓山大普化教育的重要方向之一。年度最大型的活動「心靈環保

SRE」，3月起，先以都市經行、社區關懷日等方式於地區推廣，將安定祥和的心念傳遞街頭；5月結合浴佛節，於臺北國父紀念館廣場以托水鉢、鈔經祈福、鐘聲幸福、生活禪遊戲等，帶領大眾以禪心享受放鬆自在。

禪修推廣方面，持續以各類禪訓課程、禪悅活動及精進修行，接引初學及老參，其中7月於法鼓山園區禪堂展開的「默照禪四十九」，有一百四十人圓滿全程，禪眾每日觀看聖嚴師父2001年禪四十九的影音開示，講說禪法本質、修行方法，如醍醐灌頂般穿透當下心境，深入體驗無法之法。

禪修中心本年將念佛禪進一步普及到各地區，2月起，於臺中寶雲寺舉辦三場念佛禪講座，介紹經典依據、基本觀念與生活運用，圓滿後並舉辦「千人念佛禪一」；10月，桃園齋明別苑也展開念佛禪系列講座及念佛禪一，接引大

眾解行並重地學習念佛禪，更能運用所學，將佛號由口念至心念，帶回生活中練習。

因應現代忙碌的生活步調，各分支單位持續推廣「Fun鬆一日禪」、「禪悅四日營」等結合休閒與修行的活動，除了坐禪的觀念和方法，內容著重各種動禪的學習，如走路禪、吃飯禪、出坡禪、戶外禪等課程，引領大眾體會內省與沉澱的法喜；農禪寺也以兩個半日的「半日+半日禪」，接引民眾動中練禪心，體驗禪的生活。

針對沒有禪修經驗的青年學子，傳燈院則結合地區力量，於大臺北、桃園推廣「輕鬆學禪」共修課程，內容包括：動禪、禪坐，並安排觀看聖嚴師父開示影片、法師Q&A、讀書會、生活禪、心得分享等，以輕鬆、自在的氛圍，引領初學者放鬆身心、認識自我與體驗安定；也開辦「遇見心自己」課程，由法師帶領青年朋友認識情緒，以禪修調柔自心。

冬、夏兩場「青年卓越禪修營」，則引導學員成長自己，反思生活方向與生命目標。

企業禪修、校園禪修上，為應機接引各類族群分眾修行，除分別為醫護人員、社工人員舉辦禪修營，也不定期接受公私立機關團體與學校之邀，進行各項禪修課程，包括主要於中小學校園推廣吃飯禪，以禪修結合用餐教育，培養學子專注、放鬆、感恩的好習慣；於企業、職場，則以放鬆禪、紓壓禪，帶領上班族學習觀照自己的方法。

人才與師資培育方面，2017年開辦的各類義工學長、輔導學長、禪坐帶領人，以及助理監香培訓等課程，不僅提昇悅眾了解禪修心法的內涵，也透過資深禪眾的參與，由學長帶領學員學習，讓關懷與指導更貼近現代人不同的需求。

佛學教育

佛學教育亦是法鼓山推展大普化教育的主軸，落實生活實用是最大特色。豐富多元的課程，提供大眾循序漸進修學佛法，在菩提道上安住。在佛學入門部分，包括讀書會、快樂學佛人、法鼓長青班，以及各地分院的佛學弘講課程，接引大眾認識佛法的妙用，以佛法觀念疏導生活中的煩惱，在學佛的路上互相支持。

聖嚴書院則涵蓋基礎與進階佛學課程，包括福田班、佛學班及禪學班，本年共有逾七千位學員參與，藉由完備的普及教育，深入了解法鼓山的理念、佛法知見及漢傳禪佛教內涵，也學做福慧具足的萬行菩薩。其中佛學班5月於農禪寺舉行聯合結業典禮，共有七百多位學員完成三年精進學習，奠下扎實的佛學義理。

因應時代趨勢，法鼓山的佛學教育也結合豐碩的學習資源及現代科技，在數位學習推廣方面，心靈環保學習網除開辦直播課程「法鼓講堂」，整合運用數位課程與實體課程，並同步上傳至

YouTube、土豆網等影音平台，亦製作App，提供行動裝置服務，讓學佛跨越時空的限制。

一年一度的菩薩戒會，總在開放報名當天即額滿，顯現大眾求戒的信願與求佛道的至誠心。

各分支道場及相關基金會也因應地區特色及資源，致力於結合生活與佛法的相關活動推廣，如安和分院「佛法與醫學」系列講座，邀請專科醫師分享以病為師的佛法智慧；齋明別苑「心光講堂」、蘭陽精舍的「蘭陽講堂」，及人基會「福慧傳家心靈講座」等，分別邀請社會各領域專家及專業人士，分享結合美善力量的生命經驗與智慧。臺南分院「《六祖壇經》的生命智慧」、「生活禪」系列講座，則由僧團法師藉由禪的覺知與實踐，引導大眾轉煩惱為菩提。

為永續佛法慧命，撒播青年學佛的種子，2017年規畫的「悟吧！二日營」、「生命關懷工作坊」透過系列的課程與參訪，解開學員對生死的疑惑，發起助人的願心。

10月起的三場成長工作坊，則引導青年深入佛法，啟發奉獻與服務的慈悲智慧，找到修行的著力點。

廣受肯定的兒童心靈環保體驗營，本年以生活教育、四環體驗為主軸，7、8月暑假期間於全臺展開十八梯次，逾千位學童在歡樂中學習心靈環保的實踐；人基會亦舉辦兩梯次「幸福親子體驗營」，邀請親子從表演藝術、遊戲勞作、故事分享中體驗「心六倫」。

透過戲劇與互動活動傳遞心靈環保理念，人基會所屬的心劇團「2017轉動幸福計畫《小平安·大冒險》」校園巡演活動，於新北市、雲林縣、高雄市與臺東市共演出十三場，共有一千六百多位學童、教師、家長及在地居民參與轉動幸福，體驗轉念的心力量。

法會共修

透過佛法觀念引導大眾調整心態和行為，讓傳統佛事兼具修行及教育的時代意義，是法鼓山舉辦法會共修的根本精神。2017年總本山及各分支道場，除定期的念佛共修、大悲懺法會、地藏法會、藥師法會外，隨著時序推遞，也分別舉辦新春普佛、元宵燃燈供佛、清明報恩、中元報恩等法會，為社會傳遞光明與希望。

本年大型法會，如2月在聖嚴師父圓寂八週年之際舉辦的傳燈法會，全球七

千多位僧俗四眾以念佛或禪坐等共修，緬懷師父教澤及開啟慧命的法乳深恩，相續共創淨土的悲願；11月底於法鼓山園區啟建的大悲心水陸法會，包括全球各分支道場、護法會辦事處與共修處，共三十四處據點，以視訊連線，有逾八萬人次與法相會，同霑共修的法喜。

此外，另有四場皈依祈福大典，共有兩千六百多位民眾皈依三寶，開啟修學佛法的新生命；兩梯次在家菩薩戒會則於2月舉行，逾一千一百人圓滿受戒，發願成為推動淨化人心、淨化世界的一份力量。

文化出版與推廣

以弘揚漢傳禪佛教日常修行，結合佛法生活化為編輯製作方向的文化中心，2017年在出版上，法鼓文化共有書籍、影音產品等三十四種，以文字、音聲、影像，契入不同世代的需求，其中書籍除聖嚴師父著作改版外，另有方丈和尚果東法師新作《福慧好當家》，以及淨海長老、繼程法師、惠敏法師、陳劍鍠、單德興等佛教界長老及學者的諸多新作，提供寬廣、多元的佛教視野及精粹內容；各十二期的《人生》雜誌、《法鼓》雜誌，則以漢傳佛教修行結合日常生活為出版方向，專題涵括佛教經典、修行法門、佛教文化等，帶領讀者親近法鼓山，也提昇人文素養與關懷。7至10月，並於全臺舉辦六場「一人與眾人——《聖嚴法師年譜》分享會」，與讀者分享師父實踐佛法的生命歷程。

本年另籌畫多項展覽，引領大眾認識法鼓山相關歷史與傳承，包括「十年傳師願——二十一世紀漢傳佛教勝會」、「走進東初老人的傳承與家風」、「生命園區十年」、「菩提達摩——中國禪宗初祖西來指人心，禪法傳東土」、「從老農禪到新水月——3D重現農禪寺的建築演變」、「嚴峻下的慈悲——東初老人與聖嚴師父的師徒故事」等；「福慧傳家——人生福氣啦！」特展，則以小木屋裝置及繽紛插畫分享聖嚴師父法語，傳遞對社會的祝福。

結語

延續聖嚴師父以大型講座帶給社會關懷與正面思考的力量，9月於臺北國父紀念館展開「心靈環保講座」，創新以座談會與「法鼓講台」DDM Talks形式，邀請表演工作者柯有倫、陳忻、張逸軍及寶島淨鄉團團長林藝等多位青年，與方丈和尚果東法師、法鼓文理學院學群長楊蓓、馬來西亞道場監院常藻法師對談，分享學會獨立做自己，承擔當好家的成長歷程。兩場講座開啟跨世代對談，傳承經驗，也分享生命實踐，為近兩千五百位聽眾，充實心靈的福慧資糧。

落實聖嚴師父分享佛法的理念，大普化教育掌握時代脈動需求，持續在傳統佛教修行活動中，以突破和創新，跨越領域、性別、族群、年齡的藩籬，展現佛教入世化世的關懷，也體現隨緣應化、隨處度眾的佛法精神。

● 01.01～02

海內外共修迎新年
精進法喜發好願

三百多位民眾參加農禪寺元旦的早課，並在法師帶領下，以安定的身心經行。

跨入2017年的1月1日，海內外分支單位分別展開相關共修迎新年活動，包括念佛、禪修等，大眾在佛法的安定與光明中，迎接新一年的開始。

於國內，北投農禪寺、臺中寶雲寺的元旦早課活動，共有近八百位民眾以佛門課誦開啟精進法喜的一年。早齋後，農禪寺常住法師們引領大眾，在步道上經行，以清楚、放鬆的身心，體驗禪悅。

另一方面，臺北安和分院與臺南分院，皆於元旦舉辦地藏法會；桃園齋明寺則以大悲懺法會，為心靈除舊布新。

海外地區，美國普賢講堂、新澤西州分會分別舉辦佛一暨八關戒齋、念佛禪一，以阿彌陀佛聖號，為心靈滌淨塵垢；加拿大的多倫多分會於2016年12月底展開的《地藏經》共修四十九天，大眾於元旦將誦經功德迴向世界、祈願和平。

亞洲的香港分會，於1至2日舉辦慈悲三昧水懺法會，由僧團副住持果品法師主法，法師勉勵大眾，懺悔和發願不是只有這兩天，而要時時持守正法，生生世世奉行菩薩道。

2017 法鼓山全球元旦跨年法會活動一覽

地區		主辦單位	時間	活動內容
臺灣	北部	北投農禪寺	1月1日	元旦早課
		臺北安和分院	1月1日	地藏法會
		桃園齋明寺	1月1日	元旦大悲懺法會
	中部	臺中寶雲寺	1月1日	楞嚴早課
	南部	臺南分院	1月1日	地藏法會
海外	北美	美國新澤西州分會	1月1日	念佛禪一
		加拿大多倫多分會	1月1日	《地藏經》共修四十九天
	亞洲	香港道場	1月1日至2日	慈悲三昧水懺法會

● 01.01～12.31

網路電視台每月精選「主題影片」
聖嚴師父智慧開示生活佛法

法鼓山網路電視台每月
的「主題影片」單元，
2017年製播十二個佛學與
生活佛法主題，內容含括
年度主題「福慧傳家」的
闡解與家庭生活的實際運
用，並有佛學入門、生命
智慧、心五四等，精選聖
嚴師父相關的開示影片，
引領大眾重溫師父的智慧

網路電視台每月主題影片單元，引領大眾重溫聖嚴師父的智慧開示。

法語，也在日常生活間實踐佛法。

除了聖嚴師父的開示影片，「主題影片」並加上延伸閱讀，提供師父相關著作資訊、《人生》雜誌專題精選文章，讓大眾更能深入主題內涵。若錯過當月「主題影片」，只要點進「歷史主題」，即可以找到製播以來的所有影片及延伸閱讀，隨時為心靈注入能量。

法鼓山網路電視台：http://ddmtv.ddm.org.tw

2017 法鼓山網路電視台每月精選「主題影片」一覽

月份	主題
1	拜懺迎好年——為心靈除舊布新
2	福慧傳家（一）——修福修慧，安心安家；六度萬行，傳心傳家
3	福慧傳家（二）——家和萬事興
4	家有小菩薩——送孩子一生受用的禮物
5	關懷，零負擔——如何讓愛恰到好處
6	正信與迷信（一）——如何看待民間信仰
7	正信與迷信（二）——佛教如何看待鬼神信仰
8	以戒為師——佛教徒為何要受戒、持戒？
9	持經咒，真吉祥——與佛菩薩心心相印
10	以病為師——病中好修行
11	臨終救度法門——如何幫助親人平靜往生
12	穿透苦痛，珍惜生命——人身可貴莫自殺

● 01.04～11.22期間

「法鼓講堂」佛學課程全年八講
心靈環保學習網線上直播

果徹法師於「法鼓講堂」主講「三十七道品」。

普化中心於1月4日至11月22日，週三晚間開辦的「法鼓講堂」佛學課程，主場地設於北投農禪寺，課程同時在「法鼓山心靈環保學習網」進行線上直播，提供全球學員上網聽講，並參與課程討論。

「法鼓講堂」佛學課程2017年的主題，包括「三十七道品」、《楞嚴經》、《地藏懺》、《三昧水懺》、《地藏經》等，帶領學員認識經藏，並學習佛法在生活上的應用；法鼓文理學院校長惠敏法師則在7月「佛教的心識論與腦科學」講座中，從「佛教心識學」與「腦科學」觀點，解析「心」的樣貌，說明將心念轉變為寬恕、慈悲，便能解脫怨懟的煩惱。

參與課程的學員雖分散各地，透過無遠弗屆的網路，可直接在線上提問、溝通，及時分享與討論；另一方面，「法鼓講堂」線上Live直播的所有課程，也完整收錄於心靈環保學習網網站中，讓學佛跨越時間、空間的限制。

2017「法鼓講堂」佛學課程一覽

時間	課程名稱	授課講師
1月4至18日	追隨覺者的足跡，通往覺悟之路——三十七道品	果徹法師（僧伽大學副教授）
2月8日至3月15日	楞嚴與圓覺	果醒法師（禪修中心副都監）
4月12至26日	地藏懺	果傳法師（僧團法師）
5月3至31日	華嚴與念佛三昧	法源法師（僧伽大學講師）
7月5至26日	佛教的心識論與腦科學	惠敏法師（法鼓文理學院校長）
9月6至27日	三昧水懺要解	果竣法師（僧伽大學講師）
10月11至25日	石頭希遷與參同契	常啟法師（僧伽大學教務長）
11月8至22日	活好，病好，走好——《地藏經》與生命學習	果慨法師（弘化發展專案召集人）

● 01.07～12.16期間

「蘭陽講堂」全年十一場
專業人士分享人生智慧

1月7日至12月16日，蘭陽精舍週六舉辦「蘭陽講堂」活動，全年十一場，共有一千多人次參加。

首場由法鼓山文化中心副都監果賢法師，以「人生不過期，智慧恆久遠」為主題，分享聖嚴師父編輯出版《人生》雜誌的願心，並透過動畫播放、分組討論，引領聽眾探討人

果慨法師於蘭陽講堂中，勉勵大眾學習地藏菩薩的精神，將這一期生命活好。

生的意義，勉勵大眾過宗教的生活，以佛法提昇生命的品質；僧團副都監果祥法師也在4月的講座中，介紹「心靈環保農法」，說明心靈環保農法是以心靈環保為核心，將佛法運用在農法中，讓萬物共生共存的農作法，也提供眾生均能和諧共處的環境。

心理諮商專家鄭石岩於3月的講座中，指出生命中應該要有歡喜，到處都歡喜，隨時都歡喜，走路時歡喜、吃飯的時候也歡喜，許多人無法體驗到歡喜，是因為不能從「苦、空、無常、無我」中，體驗到「常、樂、我、淨」，勉勵大眾學習在「無常」中看到「真常」，就能從苦中體驗到樂，也有智慧轉苦為樂。

下半年的講座，9月，陽明高中校長游文聰在「永遠不會被機器人取代的教育」講座中，講說佛法豐富生命教育的內涵，增加生命的質量；鹿野苑藝文學會理事吳文成於10月講座中，透過印度佛像的起源與發展、三十二相與八十種好、認識各種佛菩薩像、觀賞佛像與念佛修行等四主題，引領大眾從諸佛菩薩的「外相特徵」，進而了解佛法智慧。

12月16日進行的「活好，病好，走好」講座，由弘化發展專案召集人果慨法師主講，法師說明人生有如投宿旅館，只是暫時客居在這世間；但生命的本質卻又是不生不滅的，所以需要轉化，才能活好，最終也才能走好。法師期勉大眾效法地藏菩薩發大願心，由願起行，由行得力，讓這一期的生命活好、病好、走好。

2017 蘭陽精舍「蘭陽講堂」一覽

時間	講題	主講人
1月7日	人生不過期，智慧恆久遠	果賢法師（法鼓山文化中心副都監）
3月4日	尋找生命中的法喜	鄭石岩（心理諮商專家）
4月1日	心靈環保農法	果祥法師（法鼓山僧團副住持）
5月6日	健康升級，幸福加分	陳月卿（資深媒體工作者）
6月3日	微笑迎光	張光斗（點燈節目製作人）
7月8日	聽見身體的另一種聲音	黃玉華（宜蘭縣生命協會監事）
8月12日	一人與眾人	果賢法師（法鼓山文化中心副都監）
9月16日	永遠不會被機器人取代的教育	游文聰（陽明高中校長）
10月14日	古佛像欣賞	吳文成（鹿野苑藝文學會理事）
11月18日	看不見的看見	楊昀芝（羅東國中國文老師）
12月16日	活好，病好，走好	果慨法師（法鼓山弘化發展專案召集人）

● 01.07～12.30期間

人基會與教育電台合製《幸福密碼》節目
廣邀各界人士及專家學者分享幸福

　　人基會與教育廣播電台合作製播《幸福密碼》節目，2017年邀請社會賢達，分享生命故事及人生經歷，分季由聲樂家張杏月、《點燈》節目製作人張光斗、詩人許悔之、資深媒體人陳月卿擔任主持人，節目於每週日下午該台各地頻道播出。

　　本年度的名家專訪以藝文及教育界人士為主要對象，受訪的藝文人士中，導演柯一正表示，創作要有強烈的好奇心，並能勇於突破與創新，而缺點往往是下一個創作的動機與起點；作家鄭羽書分享「放下」的幸福觀，包容與感恩更是其中的關鍵密碼；「八方新氣」創辦人王俠軍從電影工作者、玻璃工藝到瓷器創作，說明勇於突破現狀，挑戰自我，讓人生不設限。

王俠軍（右）在節目中分享勇於突破現狀，挑戰自我，讓人生不設限。（左為節目主持人陳月卿）

　　教育界方面，國家災害防救科技中心主任、臺灣大學地質系教授陳宏宇指出，防災救災工作人人都可以做，應該從心出發，從自己開始，自利利人；東吳大學會計系教授陳元保介紹社會企業的衡量指標，包括：守法、對環境的保護、照顧員工，以及對供應商和客戶提供最好的服務等；淡江中學生命教育教師陳炯堯分享推動生命教育的過程與經驗，說明生命教育就是生活教育，透過互動與引導，帶領孩子看到「生命」的重要，除了懂得珍惜與尊重生命之外，同時也能注意「人與自己、人與他人、人與社會、人與環境」的關係。

　　《幸福密碼》節目以心靈環保的核心精神、心六倫運動和生命教育的內涵為節目主軸，透過資訊快遞、感人故事、名家專訪及心得分享等單元，傳遞生命與心靈安定的關懷。

● 01.10　04.20　07.11　10.03

方丈和尚全年四場精神講話
期勉專職同仁精進成長　歡喜奉獻

　　方丈和尚果東法師2017年對僧團法師以及體系專職同仁、義工進行的四場精神講話，分別於1月10日、4月20日、7月11日、10月3日於北投雲來寺展開，全臺各分院道場也同步視訊連線聆聽開示，每場有近三百人參加。

　　在第一季的精神講話中，方丈和尚說明，在團體中，有的人反應快，有的人思考

方丈和尚在第一季精神講話中，勉勵專職與義工以尊重與包容，來面對人與事。

長遠，或是處理事情的角度不同，如果只站在個人立場看事情，很可能會起煩惱，如果能從生命共同體的整體觀來看待，更能體諒與包容；期勉專職學習義工精神來奉獻，義工也以專職的敬業精神，服務大眾。

　　第二季精神講話，方丈和尚表示，認知自己能力不足，是自我肯定的開始，而從自我肯定出發，開始成就信心、成長願心；並說明信心、願心，始於謙卑，由於謙卑，更能珍惜因緣、把握因緣，加上恆心、毅力，才能讓事情圓滿，也讓自己成長。

　　第三季精神講話，方丈和尚勉勵專職同仁在各自崗位上，扮演不同的角色，

彼此分工合作、互敬互諒、截長補短;表達自己的看法之餘,也能傾聽、包容他人的意見,成就人與事的圓滿。

第四季的精神講話,方丈和尚講說落實法鼓山「奉獻自己,成就他人」的精神,除了時間、智慧、技能或財物的付出,最重要的是以佛法、禪法的觀念提昇自己的品質,從不知無常、執取生活的凡夫人生,邁向活在當下、佛在當下的自覺人生,達成不畏苦難、救苦救難的菩薩人生,進而感動他人。

每場精神講話之前,均會先播放一段聖嚴師父的開示影片,各場影片主題分別是「敬業與奉獻」、「轉念轉境,安己安人」、「個人與團體」以及「法鼓山精神如何落實?」,讓所有專職、義工更深入認識法鼓山的理念,淨化自己的身、口、意,為社會大眾服務。

● 01.13～15　05.05～07　09.01～03

傳燈院舉辦專業人士舒活二日營
社工、醫護人員學習觀照身心、無分別服務

常願法師帶領專業社工慢步經行,學習專注與放鬆。

傳燈院於1月13至15日、5月5至7日,於法鼓山園區分別為專業社工、醫護人員舉辦舒活二日營,由常願法師帶領,共有近一百位學員,練習覺察自我、放鬆身心與放下壓力,增添更多助人的信心和力量。

營隊以「關懷自己,才能照顧別人」為課程主軸,結合各式動禪、生活禪等禪修體驗,常願法師表示,社工、醫護人員壓力大,要先照顧好自己的身心,透過「放慢」讓身心保持清楚、放鬆的狀態,才能做到「恰到好處」的幫忙。法師引導學員用「感覺」放鬆,從頭皮開始到全身,去體察身體的緊與鬆;進一步體驗呼吸,吸進與呼出之間,溫熱與清涼的覺受;身心漸漸放鬆後,才能從中自我覺察;並反覆提醒學員,透過自我覺察,隨時運用放鬆心法,才能心不隨境轉,善用清涼的智慧與溫暖的慈悲。

有資深護理人員表示,從「觀照身心」的方法,理解到照顧好自己的身心,才能照顧好病友,期許藉由禪修,調整身心頻率,提昇扶持助人的能量。

由於回響熱烈,9月1至3日,傳燈院另於三峽天南寺舉辦一場社工人員二日營,引導學習釋放壓力的方法,並且在生活中運用禪修,體驗身心的放鬆、安定與平衡,有近九十位學員參加。

● 01.14　01.15

社大幼童軍團舉辦歲末感恩會
表達對義工、家長、師長們的祝福

　　法鼓山社大萬里幼童軍團、金山幼童
軍團，分別於1月14、15日，在萬里國
小及金美國小舉辦歲末感恩會，表達對
義工、家長、師長們的感恩與祝福，共
有一百多人參加。

　　14日的活動內容包括「一人一菜」和
「交換禮物」，萬里幼童軍及家長、正
副團長及服務員齊聚，社大校長曾濟群
也到場關懷，勉勵學童，把幼童軍諾言
實踐在日常生活中，建立良善品行，為
社會撒播美善的種子。

金山幼童軍團歲末感恩會，幼童軍與家長歡喜合影。

　　金山幼童軍團15日於金美國小舉辦的餐會活動，則是利用媽媽教室，讓幼童
軍實踐「動手做」的童軍精神，自己做披薩、清洗食材煮火鍋；社大並以學員
和義工在石門戶外教室種植的迷迭香、薰衣草為原料製成的手工餅乾，與大眾
結緣。

　　許多家長表示，參與幼童軍團活動，親子共同學習，不僅陪伴孩子成長，也
促進親子關係。

● 01.14～11.11期間

紫雲寺舉辦「法鼓文理講堂」
認識博學雅健的生活實踐

　　1月14日至11月11日期間，高雄紫雲寺週六共舉辦六場「法鼓文理講堂」，
由法鼓文理學院教師群主講，引導大眾認識博學雅健的生活實踐，共有七百四
十多人次參加。

　　首場講座，由社會企業與創新碩士學位學程講師吳正中主講「賺錢v.s公
益──魚與熊掌能否兼得？」，說明「社會企業」透過企業經營的商業行為，
實踐社會使命，進而使賺錢與公益達到平衡；並以南投桃米生態村、臺東萬安
稻米原鄉館等非營利組織個案為例，不僅提供弱勢族群發揮謀生能力的場域，
也融入社會，與人群互動。

吳正中老師講述社會企業的發展型態。

環境與發展碩士學位學程教授黃信勳在3月11日「與天地共好生態村」講座中，指出人與自然本是息息相關，由最初的有機論，漸漸轉變為「人定勝天」的機械論，最終強調「三生一體」，亦即生態、生活，以及生產的永續發展；而重塑現代文明、創造移居環境的生態社區，是建設人間淨土的實踐起點。

第三場講座於5月6日進行，由社區再造碩士學位學程副教授張志堯主講「關愛我們的厝邊——我們生活的二、三事」，以花蓮縣鳳林鎮和嘉義縣大林鎮為例，說明人與人之間的關懷是社區再造的核心價值，勉勵眾人關心社區的環境與品質，具體落實社區的再造。

校長惠敏法師在7月22日的講座中，分享「番茄工作法」，以二十五分鐘為一個番茄工時，心無旁鶩、專心工作，直至定時器提醒，然後休息五分鐘；每完成四個工時，休息十五到三十分鐘，減少內在和外在的干擾，提高工作效率。法師期勉大眾，做好時間管理，專注活在當下，讓生活沒有壓力。

8月19日的主題是「行到水窮處——跟著大師去修行」，佛教學系助理教授梅靜軒以藏傳佛教的阿底峽尊者修心七要，說明佛法自印度開展，不論是漢傳佛法、南傳佛法或藏傳佛法，皆是以發菩提心、行菩薩道為通往解脫自在的途徑；圖書資訊館館長洪振洲講說電腦科學於佛教研究的運用，並以聖嚴師父在日本求學時的師友為訪談對象，介紹師父求學經歷資訊數位化的過程。

佛教學系副教授鄧偉仁在11月11日講座中，從國際的視野，展望臺灣佛教高等教育，鼓勵青年學子以弘揚漢傳佛教為依歸，開創更具人文關懷的未來。

2017 紫雲寺「法鼓文理講堂」一覽

時間	講題	主講人
1月14日	賺錢v.s公益——魚與熊掌能否兼得？	吳正中（社會企業與創新碩士學位學程講師）
3月11日	與天地共好生態村	黃信勳（環境與發展碩士學位學程教授）
5月6日	關愛我們的厝邊——我們生活的二、三事	張志堯（社區再造碩士學位學程副教授）
7月22日	校長的番茄時鐘	惠敏法師（校長）
8月19日	行到水窮處——跟著大師去修行	梅靜軒（佛教學系助理教授）洪振洲（圖書資訊館館長）
11月11日	國際視野下的佛教高等教育之展望	鄧偉仁（佛教學系副教授）

● 01.15～11.12期間

桃園齋明別苑「心光講堂」全年六講
提昇年輕心力量

　　桃園齋明別苑於1月15日至11月12日，舉辦「心光講堂」系列講座，全年共六場，有近一千一百人次參加。

　　首場邀請阿原肥皂創辦人江榮原主講「清潔就是一種修行」，分享從清潔中獲得的修行體悟，認為清潔是努力維持的態度，而修行則是和渾沌相對的力量，藉此回到初心無垢狀態；提醒大眾，日常所做的事都可視作修行，京都僧侶無雜念地每日畫出枯山水，是修行，茶主人安靜取水注水並為茶客斟茶，也是修行。

　　女性登山家江秀真，在「雲端上的行腳挑戰，巔峰之後」講演中，以幽默的口吻、豁達的知見，說明挑戰巔峰之餘，也學習適時放下、勇敢轉身；5月的講座，作家褚士瑩分享「改變人生的十個機會」，包括經濟獨立、旅行、認識自己的價值、交友、運動、手作、感恩、欣賞美、認識異文化、成為自己喜歡的人等。

　　表演工作者李心潔在7月的講座中，以「勇敢面對人生的缺憾」為題，分享近十年以禪修面對生活考驗的歷程，說明真正的快樂不是來自於追求，而是放下，放下對過去的怨氣糾結，放下對現在的執著，放下對未來的恐懼期望；強調學佛後不代表人生就此無風無浪，只是更懂得轉念面對生命的低潮。

　　9月的心光講堂，邀請台達電子文教基金會副執行長張楊乾，分享在都會中如何身體力行，過節能減碳的生活。11月12日，國際戰略專家林中斌教授，則從長年觀察國際情勢中，指出世界未來的希望，在於恢復人類心靈和物質的平衡，以回歸心靈的平靜為基礎，才能實踐真正的和平。

　　不少參與講座的學員表示，聆聽不同領域人士的生命分享，有助於將學習觸角深入社會各領域，確立自己的人生方向，也提昇心的力量。

李心潔以自己的人生故事，鼓勵大眾習禪聞法。

2017 齋明別苑「心光講堂」一覽

時間	講題	主講人
1月15日	清潔就是一種修行	江榮原（阿原肥皂創辦人）
3月19日	雲端上的行腳——挑戰，巔峰之後	江秀真（登山家）
5月14日	改變人生的十個機會	褚士瑩（作家）
7月23日	勇敢面對人生的缺憾	李心潔（表演工作者）
9月17日	城市中過低碳生活	張楊乾（台達電子文教基金會副執行長）
11月12日	心靈的文藝復興——新紀元、新價值	林中斌（國際戰略專家）

● 01.17

僧團圍爐、辭歲禮祖
互勉精進修行

僧眾在方丈和尚引領下，省思過往，展望未來。

僧團1月17日中午於法鼓山園區舉辦歲末圍爐，下午於開山紀念館辭歲禮祖。終年各地弘化一方、精進的法師們，齊聚園區，互勉精進修行，也接受方丈和尚果東法師的祝福及鼓勵，共有兩百多位僧團法師及僧大學僧參加。

於開山紀念館祖庭區內，首先觀看聖嚴師父開示影片，師父提醒「大眾當檢討一年來自己的道心是否成長？是否協助團體更加往前？是否對社會做出貢獻？」勉勵僧眾時時自省，期許人人都能懷有使命感，為大眾奉獻，即是出家人的使命，也是修行菩提心最好的方法。

辭歲禮祖，僧眾們共同感恩、緬懷佛陀與歷代祖師將佛法流傳至今，方丈和尚也引領大眾，省思過往，展望未來，繼續為淨化人心、淨化社會一起努力。

● 01.20～22

臺北、臺南冬季兒童營
以心靈環保為新年心禮物

臺北中山精舍、臺南雲集寺分別於1月20至22日、21至22日，舉辦「冬季兒童心靈環保體驗營」，由教聯會師資帶領，南、北有近兩百位小學員在寓教於

樂的活動中，成長心靈。

中山精舍兒童營課程，以禪修體驗為主，其中「心猴在哪裡」，學童在遊戲中練習「身在哪裡，心在哪裡」，將心念止於當下身體的感受與動作；也安排經行至新生公園，體驗呼吸、走路、托水缽、法鼓八式動禪、吃飯禪。

中山精舍安排小學員戴著斗笠經行至新生公園，體驗動禪的法喜。

雲集寺兒童營，課程多元豐富，「聖嚴法師與觀音菩薩的故事」動畫，帶領小學員走入聖嚴師父的童年生活，啟發孩童發好願，用心朝目標前進；「小小理財王」以富翁的故事，提醒學童儲蓄的重要性；「和大自然做朋友」單元，藉由影片播放，認識國家公園的生態，也學習愛護大自然；「飲食禪」引導學員每一口只吃一種蔬菜或飯，慢慢咀嚼，體會專心、專注的安定力量。

兩地的兒童營，以「四種環保」為主軸，學童在團體活動中，學習自律與合群、感恩與分享，並珍惜地球資源，以心靈環保做為新年的心禮物。

● 01.21～22

紫雲寺舉辦 2017 高雄冬季青年營
鼓勵學員以行動關懷世界

高雄紫雲寺於1月21至22日，舉辦「2017法鼓山高雄冬季青年營」，以「我們·行」為主題，內容包括禪修體驗、座談、工作坊等，鼓勵青年以實際的行動關懷世界，實踐夢想，有近百位青年學員參加。

「智慧相對論」座談，邀請東華大學民族事務與發展學系助理教授黃盈豪、多次參與國內外救災工作的法鼓山僧團常法法師與談分享，分別從世間法與出

高雄冬季青年營中，由法青組成的純淨樂團，以音符分享學佛的感動。

世間法，帶領學員探究社會實踐的智慧。黃盈豪老師勉勵青年以「少說，多做」來證明一切，常法法師提醒助人者需有深刻的自我覺察，才能做出對位的同理。

22日進行的「行夢者工作坊」，則由長期投入社會關懷的法青悅眾，分組帶領夢想行動，各組經歷發想、夢想集結、尋師求道、研擬計畫、夢想擂台賽等過程，逐步將夢想具體化，例如環境關懷領域的「吃一口麵包」小組，組員分別是油漆開發師、麵包師傅，以及關注食物地圖的三人，他們打造從種子、紅豆到麵粉等所有原料都來自臺灣的麵包，打破「國外的月亮比較圓」的迷思。簡單的創意，含藏對環境、家鄉的關懷，也展現青年的行動力。

營隊最後，青年院監院常炬法師出席關懷，說明夢想以利他為基礎，就會開展出不一樣的視野，期許青年成為淨化人間的力量。

● 01.21～11.11期間

紫雲寺六場「法鼓青年開講」
引領建立學習服務奉獻的生涯

張善政跨界學習奉獻的生命歷程，鼓舞現場近四百名聽眾。

高雄紫雲寺於1月21日至11月11日，舉辦七場「法鼓青年開講」，接引青年學習從奉獻服務中，開展生命的熱忱，每場皆有一百多人參加。

首場「智慧相對論」講座，法鼓山僧團常法法師、東華大學民族事務與發展學系助理教授黃盈豪，藉由洞察社會實踐與教育啟發，分享青年投入社會關懷的意義。3月3日，邀請前行政院院長張善政主講「關鍵抉擇——我的學思歷

程」，與青年分享人生抉擇的智慧，並以自己轉換生涯跑道的經驗，勉勵青年勇敢跨出舒適圈，接受生命的挑戰，就會發現世界的寬廣。

臺灣黑熊保育協會創辦人黃美秀在5月20日的講座中，講述投入臺灣黑熊研究領域的心路歷程、黑熊保育的生態智慧，勉勵青年，從自身做起，降低物質欲望，分享保育觀念，讓自己成為一顆種子，傳播善與感動的力量。

為鼓勵青年投入社會公益與服務，LIS線上教學平台創辦人嚴天浩在7月講座中，分享開創線上教學平台的心路歷程，也帶領大眾思索如何啟發孩子的學習動機；8月，人生百味創辦人朱剛勇主講「人生百味」，分享終結浪費、建立交流，並提供街友食物及工作機會的群眾計畫，說明觀察社會需求，提出解方，而溝通是互相了解最好的橋樑。

11月的講座，邀請甘樂文創創辦人林峻丞主講「青年力創造——城鄉創生新

契機」，期勉年輕人，只要有清醒的頭腦、永遠的熱情、不滅的鬥志，就能在實踐夢想中成長自己、也成就他人。

2017 高雄紫雲寺「法鼓青年開講」一覽

時間	講題	主講人
1月21日	智慧相對論	常法法師（法鼓山僧團法師） 黃盈豪（東華大學助理教授）
3月3日	關鍵抉擇——我的學思歷程	張善政（前行政院院長）
4月22日	與樹木對話	王瑞輝（福田樹木保育基金會） 陳正豐（農業委員會研究員）
5月20日	獨行熊徑二十載——臺灣黑熊教我的一堂課	黃美秀（臺灣黑熊保育協會創辦人）
7月22日	夢想，然後呢？	嚴天浩（LIS線上教學平台創辦人）
8月19日	人生百味——從城市裂縫看見無家者生命之光	朱剛勇（人生百味創辦人）
11月11日	青年力創造——城鄉創生新契機	林峻丞（甘樂文創創辦人）

●01.27～28

除夕法華鐘鳴一百零八響
大眾齊心祝願福慧傳家

法鼓山園區於1月27日農曆除夕晚上至28日大年初一凌晨舉辦「除夕祈福撞鐘」活動，包括方丈和尚果東法師、首座和尚惠敏法師，以及前總統馬英九、內政部部長葉俊榮、臺北市副市長鄧家基、臺北市立聯合醫院院長黃勝堅等各界來賓，有近五千人參加。

除夕夜法華鐘圓滿一百零八響，方丈和尚與社會大眾共勉「福慧傳家」。

28日零點整，法華鐘鳴第一百零八響，方丈和尚與各界來賓共同祈願，一起啟動蓮花「心燈」，揭開2017年法鼓山關懷社會年度主題「福慧傳家」。

方丈和尚開示勉勵大眾，從照顧好自己的家，以及生活環境做起，方能「修福修慧，安心安家，六度萬行，傳心傳家」；連續十年出席的馬前總統，以七言詩做為新春祝福：「金雞獻瑞除舊歲，吉祥如意迎新暉；民富國強災難少，經濟回春再起飛。」首座和尚惠敏法師則祝福：「如雞孵卵，善心常存。福慧

傳家，我們都是一家人。」

　　新年祝福後，方丈和尚與僧團法師、與會來賓和民眾，依序點亮、傳遞「法華鐘樓造形提燈」，透過傳遞心燈，象徵在新的一年裡充滿光明吉祥，希望人人都能為社會傳遞正向的溫暖與祝福。

● 01.28～02.01

法鼓山園區、全臺各分寺院道場新春活動
禮佛迎春　平安一整年

五百多位信眾齊聚安和分院禮拜八十八佛，懺除業障，增福增慧。

　　迎接2017年雞年新春，法鼓山園區及全臺各分院道場於1月28日大年初一至2月1日初五，舉辦法會、點燈鈔經、各種手作DIY、藝文特展及禪修體驗等活動，邀請大眾闔家前來走春，歡度知性法喜的春節假期。

　　法會方面，各地分別舉辦新春普佛、千佛懺、慈悲三昧水懺、大悲懺等法會，帶領大眾清淨精進。方丈和尚果東法師於法鼓山園區首場新春祝福法會中，開示年度主題「福慧傳家」的意義，並以「安心自在語」祝福卡與上千位民眾結緣；僧團副住持果祥法師於北投文化館的千佛懺法會中，期勉大眾，透過禮拜千佛，讓心調柔，增福增慧。

　　各分院道場規畫的新春活動，親子共同參與，廣受民眾歡迎。其中，北投農禪寺以四種環保為內涵，讓民眾度過一個好吃、好看、好玩、好安心、好幸福的新春佳節；臺北安和分院邀請親子一起從八十八佛中，找到與自己相應的佛名，虔誠供燈、發願祈福；桃園齋明別苑「福慧傳家──人生福氣啦！」特展的小木屋裝置，以繽紛插畫和小朋友分享聖嚴師父法語。

　　中部臺中寶雲寺的童趣屋，串起認識佛菩薩的親子尋寶之旅。南部臺南分院安排《心經》書法揮毫、法語御守製作、祈願點燈、心靈處方籤、敲鐘祈福等活動，趣味中蘊涵法味；雲集寺「法音宣流心劇場」，透過聖嚴師父與觀音菩薩的故事動畫，引導民眾一起學習師父念觀音、做觀音。

　　新春期間，法青同學們也主動回到各地分院，無論是在農禪寺擊鼓表演、出坡服務，或是在齋明別苑擔任禪修遊戲關主、在寶雲寺童趣屋中引導小朋友認識佛菩薩，都為各地分院注入年輕的活力與朝氣。

有法青分享，小時候來高雄紫雲寺玩遊戲闖關，如今長大了，終於能夠當關主，和父母來寺院做義工，一同修福修慧，真的是福慧傳家。

2017 全臺分院道場新春主要活動一覽

地區	地點	日期	活動名稱／內容
北部	法鼓山園區	1月28日～2月1日（初一～初五）	祈福法會、版畫拓印、書衣印染、自在奉茶、法音宣流
		1月28日～12月31日	「十年傳師願——二十一世紀漢傳佛教勝會」特展、「走進東初老人的傳承與家風」特展
	北投農禪寺	1月28～30日（初一～初三）	祈福法會、大手小手送祝福、故事屋、幸福手作、尋寶記、樂悅禪遊、雲水行禪、鈔經
		1月28日～5月31日	「菩提達摩——中國禪宗初祖西來指人心，禪法傳東土」特展、「從老農禪到新水月——3D重現農禪寺的建築演變」特展、「嚴峻下的慈悲——東初老人與聖嚴師父的師徒故事」特展
	北投文化館	1月28～30日（初一～初三）	千佛懺法會
	臺北安和分院	1月28日（初一）	新春普佛法會
		1月28～30日（初一～初三）	闖關遊戲、鈔經、親子同樂、茶禪
		1月30日（初三）	大悲懺法會
	三峽天南寺	1月28日～2月1日（初一～初五）	祈福法會、點燈供花、禪悅體驗、音樂饗宴、自在奉茶
	桃園齋明寺	1月28～30日（初一～初三）	慈悲三昧水懺法會
		1月31日～2月1日（初四～初五）	叩鐘祈福、茶禪、禪悅體驗
	桃園齋明別苑	1月28日（初一）	新春普佛法會
		1月28～30日（初一～初三）	「福慧傳家——人生福氣啦！」特展
	基隆精舍	2月4日（初八）	新春普佛法會
	蘭陽精舍	1月28～30日（初一～初三）	新春祈福法會、茶禪、版畫、拓印DIY、闖關遊戲
中部	臺中寶雲寺	1月28日（初一）	新春普佛法會
		1月29日（初二）	大悲懺法會
		1月30日（初三）	慈悲三昧水懺法會
		1月28～30日（初一～初三）	童趣屋、認識佛菩薩、親子尋寶之旅
	南投德華寺	1月28日（初一）	新春普佛法會
		1月30日（初三）	大悲懺法會

地區	地點	日期	活動名稱／內容
南部	臺南分院	1月28日（初一）	新春普佛法會
		1月30日（初三）	大悲懺法會
		1月28～30日（初一～初三）	《心經》書法揮毫、御守製作、心靈處方籤、叩鐘祈福
	臺南雲集寺	1月28日（初一）	新春普佛法會
		1月30日（初三）	大悲懺法會
	高雄紫雲寺	1月28～30日（初一～初三）	千佛懺法會、園遊會
	高雄三民精舍	1月31日（初四）	新春普佛法會
東部	臺東信行寺	1月28日（初一）	新春普佛法會
		1月29日（初二）	觀音法會
		1月30日（初三）	大悲懺法會

● 01.28～05.31

農禪寺三項新春特展
溯源法鼓山傳承法脈

1月28日至5月31日，北投農禪寺於開山農舍舉辦三項特展，分別是一樓「菩提達摩——中國禪宗初祖西來指人心，禪法傳東土」、二樓「從老農禪到新水月——3D重現農禪寺的建築演變」與「嚴峻下的慈悲——東初老人與聖嚴師父的師徒故事」，引導參訪者認識法鼓山的傳承法脈。

禪宗初祖菩提達摩展覽，透過互動式裝置，順著達摩祖師冒險東來的足跡，從東渡中國、一葦過江、少林壁觀、慧可斷臂、歸途坐化、只履西歸等故事，遊歷達摩的萬里行跡，展覽中也介紹其「二入四行」的思想、著作。

農禪寺菩提達摩特展，帶領大眾溯源法鼓山傳承的禪宗法脈。

於開山農舍二樓展出的農禪寺建築演變，新增3D互動影音裝置，以不同階段建築模型、對照比較，搭配當時的活動照片，帶領觀者回到過往時空，體會聖嚴師父帶領四眾弟子，善用空間修學佛法——從一片菜園、一棟農舍、漸次擴大的鐵皮屋，乃至現在的水月景觀，展演了一場空花水月的無情說法。

開山農舍二樓的東初紀念室，2017年成為繽紛童趣的東初故事屋，藉由互動裝置與動畫，從一則則香板、磁磚、養蜂、寫信、一碗飯、遺囑等師徒故事，了解農禪家風的淵源。

● 01.28起

法鼓山園區新春特展
認識東初老人、水陸法會的家風與傳承

法鼓山園區於新春1月28日起，舉辦「走進東初老人的傳承與家風」、「十年傳師願——二十一世紀漢傳佛教勝會」兩項新春特展，引領大眾認識法鼓山的傳承與創新。

於開山紀念館舉行的東初老人特展，從教育、文化、慈善、家風、護教、國際觀、金錢觀、身後規畫等八個面向，引導體會東初老人的悲願與洞見。「勿與天下無聊之人爭閒氣，應與古今聖賢豪傑爭志氣！」、「不要去附和人家的潮流。我就喜歡專挑

緬懷東初老人圓寂四十年而規畫的特展，帶領參訪者探尋法鼓山的道風源頭與教團發展。

別人不要做的事！」展覽中輯錄多則的「老人言」，彰顯東初老人耿直的真性情與不凡的見地，叮嚀著僧俗四眾，莫忘傳承家風，為世界帶來光明朗照的希望。

第二大樓活動大廳的水陸法會特展，完整呈現從第一年起以數位牌位取代傳統燒化，到修訂儀軌、創立萬行壇、網路直播、線上共修等創舉，呈顯回歸佛陀本懷又適應當代社會的現代樣貌；同時介紹十個壇場的修行法門，呈現豐富的義理，並從藝術、境教、禪悅、人文等面向，以影像之美表現其修行內涵。

● 02.03～11期間

元宵燃燈供佛
祈願福慧傳家遍十方

2月11日元宵夜，法鼓山各分支道場，包括臺灣北投農禪寺、桃園齋明寺、臺中寶雲寺，海外美國東初禪寺、普賢講堂及馬來西亞道場，分別舉辦元宵燃

農禪寺安排富有禪味的各項活動，大眾體驗不一樣的元宵佳節。

燈供佛法會，圓滿2017年的新春活動。

其中，於農禪寺展開的元宵活動，除燃燈供佛法會，還包括吃元宵、提燈籠、猜燈謎與富含環保、禪修的遊戲，賦予年節佛法修行與祝福的意涵，共有一千三百多位大、小朋友共同提著手作的「福慧傳家」小燈籠，映襯著水月池與點亮的金剛經牆，溫馨祥和，最後大眾齊聚大殿持誦《普門品》，為年節畫下圓滿句點。

齋明寺的燃燈法會，兩百多位民眾虔心誦經拜願、發願迴向、持燈繞佛；監院果舟法師開示時，以貧女難陀點燈的故事勉勵大眾，在佛前發大菩提心，發願消除自己無始劫以來的黑暗無明，更願一切眾生也能滅除無明煩惱，得大智慧。

北美的普賢講堂，則以誦經、拜願、燃燈供佛、親子感恩菩提等活動，歡度元宵；馬來西亞道場則有一百多位民眾參加燃燈供佛法會，法師期勉眾人，點燈祈福的同時，更要發願向佛菩薩學習，點亮自己慈悲與智慧的心燈，照亮十方。

此外，臺東信行寺、南投德華寺與基隆精舍，則分別於3至9日舉行祈福法會，以供養的心意與平安的祝福，為佳節增添祥和安定。

● 02.04

聖嚴師父捨報八週年
全臺傳燈感念師恩

感念聖嚴師父教澤，法鼓山全臺十二處分支道場於2月4日舉辦「大悲心起‧願願相續——法鼓傳燈法會」，以法鼓山園區為主場地，在方丈和尚果東法師及多位僧團法師帶領下，共有六千多位信眾接續點亮缽燈，發願承擔學法、護法、弘法使命。

法會由「報恩念佛」展開，大眾在佛號聲中緬懷聖嚴師父，接著透過聆聽師父2002年大專禪修營《菩薩心、菩薩行》開示影片，師父開示修學菩薩道的過程，必然會遇到身不由己、心不由己的情況，此時不忘提起「慈悲沒有敵人，

智慧不起煩惱」。

　　呼應聖嚴師父的開示：
「在紅塵中修菩薩行，與人
方便，廣結善緣；在煩惱中
修菩薩行，常思己過，慚愧
懺悔；在困苦中修菩薩行，
深信因果，感恩發願；在幸
福中修菩薩行，知福惜福，
培福種福。」方丈和尚說明
師父送給我們最珍貴的禮物

農禪寺的傳燈法會上，大眾發願弘揚法鼓宗風，共創人間淨土。

就是佛法，而報師恩最好的方式，就是實踐佛法；也勉勵大眾以凡夫身，建設
人間淨土。

　　傳燈儀式上，僧團法師領眾唱誦〈開山祖師讚〉、〈傳法偈〉，在莊嚴攝受
的梵唄聲中，眾人從法師手中接下缽燈，並共同發願、迴向，圓滿傳燈法會。

　　當日，除方丈和尚於園區主持，副住持果暉法師、果醒法師、果品法師、果
祥法師以及多位綱領執事法師，亦代表僧團前往各地分院主法、關懷。

● 02.05～12.20期間

「快樂學佛人」2017年開辦二十三班次
大眾踏上快樂學佛之路

　　專為學佛新手設計的「快樂學佛人」系列課程，2月5日起於臺東信行寺舉
行，隨後並於全臺各地分院、護法會辦事處，以及海外的美國洛杉磯、馬來西
亞、香港等地分別展開，提供新皈依弟子或對佛法有興趣的民眾就近參與，全
年共開辦二十三個班次，近兩千人結業。

　　「快樂學佛人」每班次三
堂課程，主題包括「認識三
寶」、「認識法鼓山」以及
「踏上學佛之路」，除了引
導學員認識佛教的基本精神
與內涵，更透過學佛行儀、
體驗出坡禪等單元，讓學員
練習將新學到的觀念與方法
應用於日常生活，提昇心靈

大眾在「快樂學佛人」課程中，踏出快樂學佛第一步。

層次，進而了解佛法不只是文字般若，而是隨時隨處都可以運用自如的生活智慧。

除了提供新皈依弟子或有意願參與法鼓山會團共修福慧的大眾，輕鬆入門的學佛管道，課程也藉由學習各種基礎修行法門，概要認識法鼓山心靈環保與禪修的理念，踏出快樂學佛第一步。

● 02.06～11

天南寺舉行教師禪五
靜心禪悅再出發

透過寒假教師禪五，學員們讓自己充電再出發。

教聯會於2月6至11日，在三峽天南寺舉辦寒假教師禪五，由常正法師、常獻法師帶領，共有一百零七人參加。

禪五期間，法師指引學員，學習放鬆、數息等修行方法，除了禪坐，並安排法鼓八式動禪及瑜伽運動；也透過觀看聖嚴師父開示影片，解答禪修的疑惑。常正法師每晚會針對學員的身心狀況，以及所提出的問題，做適切的開示，讓想懈怠的心再度提起正念。

針對打坐時腿痛的問題，法師分享「痛」是一種感覺，要發展成什麼樣的「受」，則可以自己掌握。「人身難得，佛法難聞」，常正法師鼓勵大眾要感恩能夠參加禪修的種種因緣，把握時間，讓躁動的心，透過方法的練習，逐漸歸於安靜。

五天的禪修體驗，有學員分享，以放鬆的心面對身體上的各種覺受，以專注的心讓自己安住，自然而然就會感到自在的法喜；也有學員表示，原來生活可以很簡單，回到學校後，內心會多一分沉靜、安定與禪悅，更能全心全意投入在教學上。

● 02.08～12.12期間

「法鼓長青班」2017年開辦三十七班次
倡導快樂的終身學習

專為六十歲以上長者開辦的「法鼓長青班」系列課程，2017年於全臺各地分院、護法會辦事處進行外，也於新北市土城區員林市民活動中心舉辦，方便長

者就近學習，全年展開三十七班次，有近四千三百人次參加。

長青班每梯次八堂課程，採隔週上課的方式，內容多元，包括動禪保健、禪藝課程、語言學習、新知分享、肢體展演、戶外踏青等，學員在課堂中學習新知、活化思維，也相互激盪腦力、分享創意。藉由互動學習，引導長者建立積極而有活力的生活態度。

長青班課程中，長者不僅動腦，也動手，體驗不一樣的樂齡生活。

長青班沒有結業式，是「活到老、學到老」的終身學習，陪伴長者在快樂學習中，連結時代脈絡，歡喜領受人生的黃金時代。

● 02.09～23期間

禪修中心推廣念佛禪
於中部舉辦系列講座

為推廣念佛禪，禪修中心於2月9日起連續三個週日，在臺中寶雲寺舉辦念佛禪系列講座，介紹念佛禪的基本觀念、經典依據及生活應用，共有逾一千五百人次到場聆聽。

首場講座，由禪堂監院常乘法師主講「念佛禪概說」，法師引用聖嚴師父的念佛禪七開示，說明禪宗以無門為門，任何一個法門都可以是禪，念佛也是禪修的一種方法，念佛禪是無相念佛，時時清楚自己在念佛。

16日第二場「禪不離淨，淨不離禪——念佛禪的經典依據」，禪堂堂主果醒法師從《楞嚴經》、《華嚴經》、《六祖壇經》等經典說明念佛禪的依據及修行方法，講說念佛就是將所有的妄念，都變成佛號，心中除了佛號，沒有任何念頭時，便不會往外攀緣抓取，並能綿綿密密、持續不斷，即可得念佛三昧。

第三場「念佛與生活應用」講座於23日進行，由常源法師分享念佛在生活中的妙用，提醒大眾，念佛是用「心」念，隨時隨地都可以念佛，練習原則是「觀、照、提」，就是知道在念佛、清楚在念佛、時時提起佛號。

果醒法師鼓勵聽眾時時在生活中運用念佛禪，同時也要培福種福，福慧雙修。

● 02.10～17

青年院舉辦冬季青年卓越禪修營
學員體驗慢活寬心

「心潮講堂」講師陳美麗（左）分享燒燙傷者復原的心路
歷程。

青年院於2月10至17日，在法鼓文理學院舉辦「第十二屆冬季青年卓越禪修營」，主題是「慢活寬心」，由監院常炬法師擔任總護，藉由基本的禪修方法與觀念教學，帶領近百位青年學員探索生命的方向。

營隊內容以禪修體驗為主軸，包括初級禪訓班課程、生活禪應用，以及觀看聖嚴師父的開示影片，也將禪修的基本觀念與方法運用在團康活動中，學員逐漸放鬆身心，從慢活中認識真正的自己、肯定人生的意義與價值。

廣受學員歡迎的「心潮講堂」，第一堂邀請陽光基金會臉部平權代言人陳美麗，講述被火紋身後，勇敢活出生命之美的心路歷程；實踐大學社會工作學系副教授楊蓓帶領的心靈工作坊，引導學員從兩人一組的分享中，學習傾聽自己，發掘幸福；普化中心副都監果毅法師則以「追尋智者的心光」，介紹聖嚴師父的生命歷程，法師鼓勵學員，學習師父如何在不同的時代，用佛法安定自己、幫助他人，才不會在混亂的社會價值體系中迷失自我。

16日晚間的「無盡燈之夜」，青年院監院常炬法師帶領學員誦念〈大悲心起——祈願、許願、還願〉祈願文，期許人人都能成為照亮黑暗的一盞心燈。

有印尼籍學員表示，在營隊中領會如何放鬆身心的方法；也有擔任企業培訓講師的學員分享，學習禪修，體驗到心的安定才是人生最重要的財富。

● 02.11～12

傳燈院「心靈環保SRE共識營」
交流地區籌備活動的感動與經驗

傳燈院於2月11至12日，在北投雲來寺舉辦「心靈環保SRE共識營」課程，共有一百五十多位來自宜蘭、基隆、大臺北地區推廣禪修的種子學員、義工參與，凝聚共識，交流地區籌備活動的感動與經驗。

課程中，僧團法師與講師透過簡報與短片，結合實作指導學員以活在當下、感恩知足的心態保持身心放鬆。男眾副都監常遠法師指導學員以自然的呼吸、

姿勢、速度,維持穩定的步伐,體驗走路的感覺,每次只走一步,安住於當下的這一步;僧大副院長果肇法師解說心靈環保與SRE的起源與關聯,引導學員體認,並提昇推動法鼓八式動禪、成就禪修活動的願心。

SRE共識營中,種子學員藉由經行,熟悉心法的運用。

常願法師也提醒「覺察」的重要性,說明由外而內的覺察身心狀態,才能體會從Stop(止)、Relax(放鬆)、進而Enjoy(享受)身心合一的安定,法師表示放鬆是放下的著力點,延續放鬆才能享受每一個當下。

有悅眾表示,期盼以SRE做為與社會連結的語言,接引更多大眾了解禪修的功能與方法。

● 02.12　02.26

安和分院舉辦佛法與醫學講座
學習生命智慧　以病為師

臺北安和分院於2月12及26日,以「從佛法與醫學談老年身心靈保健」為主題,舉辦兩場佛法與醫學講座,每場都有四百多人參加。

首場講座,邀請前臺大醫院院長戴東原、精神專科醫師褚得利、仁濟安老所所長陳維萍與法鼓文理學院校長惠敏法師,進行座談。戴東原醫師鼓勵長者,轉換被服侍的傳統觀念,珍惜有緣的人、事、物;褚得利醫師建議睡好、吃對、運動,並維持社交休閒活動;惠敏法師分享老病死之身心健康,從「身心健康」五戒:微笑、刷牙、運動、吃對、睡好,創造雅健生活,並以「終身學習」五戒:閱讀、記錄、研究、發表、實行,建構博學人生。陳維萍所長指

佛法與醫學講座中,惠敏法師分享身心健康五戒與終身學習五戒。

出，社會的變遷，讓老年人從過往含飴弄孫的退休生活，轉化為走入人群，好的人際關係可以減輕孤獨、增進自我了解，同時也是一種布施。

第二場講座的與談人，包括臺北仁濟附設醫院院長張英明、和信治癌中心醫院身心科主治醫師莊永毓、臺北市立聯合醫院仁愛院區復健科主任林峰正，以及法鼓山關懷院常持法師。張英明院長結合宗教、醫療及閱讀的心得，表示長期靜坐是訓練看淡生死的方法；莊永毓醫師鼓勵大眾省思：人生中做過最棒的事、最困難的事、最引為傲的事，藉以整理生命存在的價值；林峰正主任以自身經驗指出，持誦《地藏經》，不僅更懂得尊重生命，也能生起關懷他人的同理心。常持法師則分享關懷臨終者的心法，並說明「善終即是善生的開始」的觀念。

總結時，安和分院監院果旭法師，鼓勵大眾學習生命智慧，以病為師，就能活得快樂、病得健康、老得有希望、死得有尊嚴。

● 02.12～2018.08.04期間

「福田班」多元課程解行並重
學習開展服務奉獻的生涯

學員在福田班課程中，學習服務、奉獻的正確心態。

2月12日至2018年8月4日期間，信眾教育院於北投農禪寺、臺北安和分院、桃園齋明寺、齋明別苑、臺中寶雲寺、臺南分院、臺東信行寺、蘭陽精舍，以及海外的香港道場舉辦「福田班」義工培訓課程，全年共開辦十一班次，有近兩千人參加，開展自利利人的服務奉獻生涯。

福田班每月上課一次，共計十次課程，內容多元，包括心靈環保、三大教育、四種環保以及各項修行法門、關懷服務等，提供學員綜觀的視野，完整認識法鼓山的理念、組織及各項弘化工作；也有資深義工於課堂上分享交流，協助學員建立服務奉獻的正確心態。

課程並結合義工的實際作業，不僅上課期間必須輪流出坡，協助場布、齋清與善後，也安排學員前往各分支道場參訪或參與活動，引導認同法鼓山的理念，並進一步了解其精神與內涵。

許多學員表示，透過「解門」與「行門」並重的課程學習，可以落實佛法生活化，實踐服務奉獻的福慧人生。

● 02.16～19　02.23～26

第二十二屆在家菩薩戒園區舉行
千餘位戒子圓滿受戒

　　法鼓山第二十二屆在家菩
薩戒會，於2月16至19日、
23至26日分兩梯次在法鼓山
園區大殿舉行，由方丈和尚
果東法師、首座和尚惠敏法
師、副住持果暉法師擔任菩
薩法師，包括男眾兩百三十
位、女眾九百三十五位，共
有一千一百六十五位戒子圓
滿受戒。

第二十二屆菩薩戒會，共有千餘位戒子發心做菩薩。

　　四天戒期中，戒子們從聖嚴師父說戒的影片，逐步了解受戒的意義與殊勝；
總護法師也反覆教導菩薩威儀、梵唄與演禮，並殷切叮嚀多拜佛禮懺，時時護
念身、口、意三業。正授前一晚的幽冥戒法會中，戒子們懇切為往昔怨親債主
求授菩薩戒，勸請共行菩薩道。

　　正授典禮中，全體戒子在莊嚴的〈搭衣偈〉梵唄聲中，恭敬地搭起菩薩衣，
體驗到受戒的殊勝。方丈和尚以「生日快樂」祝福新戒菩薩日日安樂，期勉新
戒菩薩透過禮懺放下自我中心，以謙卑的心利益一切眾生。

　　惠敏法師以瓔珞譬喻菩薩衣，因為好的習慣就是財寶，期望新戒菩薩，回到
生活中，都能以在戒會中學到的禮敬諸佛、懺悔惡業，發菩提心來改掉惡習、
長養好習慣；副住持果暉法師則說明〈普賢菩薩十大願〉，引導新戒菩薩體會
菩薩戒的積極性，精進學習修行的法門。

　　有就讀高二的新戒菩薩分享，學佛讓自己與家人的互動改善很多，也從戒會
禮懺感到身心安定，期許自己能多與人分享學佛、持戒的好處。

● 02.16～04.01期間

心劇團開辦「禪與藝工作坊」課程
培訓結合公益、禪修的表演人才

　　人基會心劇團於2月16日至4月1日，週四或日於臺北德貴學苑舉辦「禪與藝
工作坊──甦醒」，共十堂，內容包括禪修課程、劇場遊戲、表演基礎訓練，

「禪與藝工作坊」培訓結合公益、禪修的表演人才。

共有二十多位學員參加。

工作坊由僧大教務長常啟法師指導禪修，學員學習從自身出發，從心開始體驗自己，進而逐步體驗禪與生活的結合，與劇團一同成長。也邀請狴狴狴劇團團長朱芳儀帶領藝術相關課程，講述「劇場公益化」的理念，包括參加「心劇團」公益巡演的心路歷程，並分享以表演藝術結合社會議題的經驗。

課程圓滿後，學員旋即投入以表演藝術結合公益服務和禪修的「幸福體驗親子營」、「轉動幸福」巡迴演出，或擔任義工。

心劇團期待透過人才培訓，融合心靈環保、心六倫及禪修的觀念，在藝術公益教育的領域中持續努力，散播幸福的種子。

● 02.19

社大金山幼童軍團集會
親近自然學環保

法鼓山社大金山幼童軍團於2月19日，在石門區社大「自然環保戶外教室」舉辦團集會，校長曾濟群到場關懷，共有幼童軍、家長和服務員等四十多人參加。

幼童軍首先進行「我是神射手」闖關遊戲，利用竹片、紙張做成小弓箭和紙飛機，學習善用資源，不浪費；接著在自然開闊的菜園中，摘採蔬菜，家長們也協助清洗和整理，共享田園之樂。曾濟群校長鼓勵學童，體認自然環保的重要性，感恩土地和父母、師長的照顧，天天健康快樂地成長。

最後，小童軍們親手種下橘子樹苗，在祈願卡寫下對自己的期許，放入時光寶盒埋進土中，相約年底再回來打開寶盒。

幼童軍在石門區「自然環保戶外教室」親近自然學環保。

● 02.19～06.04期間　09.10～12.24期間

安和分院開辦童趣班
啟發建立良善品格

臺北安和分院於2月19日
至6月4日、9月10日至12月
24日，隔週週日開辦「大手
拉小手──同去·童趣」課
程，由教聯會師資帶領，藉
由五感活動、生活禮儀、趣
味佛法、自我肯定等課程，
學習知足與分享，啟發感恩
心與惜福的良善品格，每期
有近六十位國小學童參加。

小學員於童趣班課程中，快樂學習。

於趣味佛法單元中，老師將佛曲與小故事，透過有趣的聽、說、唱、動，讓
佛法潛移默化滋養心靈；生活美學方面，包括禪繞畫及手作美勞課程，提昇觀
察力、創造力；生活禮儀上，則運用感恩與祝福的慈心練習，培養同理與感
恩心。

開辦「童趣班」同時，亦為父母安排親職系列講座，主題包括「我是什麼樣
的父母──我的身教與言教」、「如何幫助孩子建立好習慣」、「情緒的認
識、表達與調整」與「有效的親子互動與禮儀」等七場，邀請兒童福利聯盟特
聘心理治療師陳茉莉，從佛法與心理學的面向，分享歡樂、正向的親子互動與
溝通。

● 02.22～12.27期間

人基會舉辦「2017福慧傳家心靈講座」
闡述心靈環保的安心之道與幸福智慧

2月22日至12月27日，人基會每月最後一週週三於德貴學苑舉辦「2017福慧
傳家心靈講座」，邀請各領域專家學者，分享心靈環保的安心之道與幸福人生
的智慧。

本年的心靈講座，針對生命成長的議題，提供正確的生命價值與觀念，包括
法行會會長許仁壽在首場講座中，分享「生命與生活」，表示生活要快樂，生
命必須有意義，可以從大處著手，並且以終為始，把終點當做目標，反思今天

京劇大師李寶春分享人生經驗,聽眾在歡笑與感動中,體會藝術家的生命智慧。

的我應如何前進,以達成目標,為自己創造願景;臺北新劇團團長李寶春以「紅氍毹上——戲說人生」為題,分享生於戲曲世家,卻遭遇文化大革命、後來又從劇團基層做起,歷經兩岸三地和美國的生活,體驗人生如戲的生命。李寶春以父親的身教與言教為榜樣,走過了人生的風雨,展現了生命韌性與意志。

棉花田生機園地創辦人翁湘淳在「在生命中遇見愛」講座中,肯定「覺醒」的力量,覺醒是有能力體驗當下,認識真實的自己,造就幸福圓滿的人生;2016年法鼓山關懷生命獎得主莊馥華演講「生命的高低階」,分享自己如何在十歲時因一場火災意外,眼睛看不見、無法說話、頸部以下癱瘓的狀況下,仍能開心地勇往直前,並體會到快樂在於思想,而非環境。

法鼓山關懷院監院常綽法師在「佛法的生活實踐」講座中,說明每個人都可以成佛,佛法的真義是慈悲與智慧,在日常生活中練習擴大慈悲心,智慧也自然增長;期勉大眾慈悲不求回報,內心不染著,成就無量的功德。

2017 人基會「福慧傳家心靈講座」一覽

時間	講題	主講人
2月22日	生命與生活	許仁壽(法鼓山法行會會長)
3月29日	紅氍毹上——戲說人生	李寶春(臺北新劇團團長)
4月26日	在生命中遇見愛	翁湘淳(棉花田生機園地創辦人)
5月31日	佛法的生活實踐	常綽法師(法鼓山關懷院監院)
6月28日	生命的高低階	莊馥華(2016年法鼓山關懷生命獎得主)
7月26日	知食——用消費改變世界	蒲聲鳴(樂菲有機超市創辦人)
8月30日	用創意創造快樂人生	劉大潭(速跑得機械工業董事長)
9月27日	走出臺灣,放眼國際	呂慶龍(資深外交官)
10月25日	建構樂齡幸福社區之藍色經濟創新策略	章美英(臺北護理健康大學教授)
11月29日	那些海洋教我的事	洪淳修(《刪海經》紀錄片導演)
12月27日	不被遺忘的時光——談健康老化	黃宗正(臺大醫院精神科主任)

● 02.25～07.15期間　03.04～07.22期間

念佛會開辦基礎梵唄課程
音聲弘法利修行

　　念佛會2月25日至7月15日、3月4日至7月22日，隔週週六於北投雲來寺舉辦基礎梵唄課程，由常耀法師帶領，藉由法師指導、示範等方式，學習念佛唱誦與執掌法器，有近六十位學員參加。

　　法師講解念佛的觀念和方法，包括：梵唄與修行、念佛法門和儀軌、共修唱誦、法器代表意涵與執掌方法。法師說明念佛要有四種心：相信自己要修苦、集、滅、道的「信心」；有「至誠心」方能與佛菩薩相應；有「深心」才能綿密不斷；以及願一切有情眾生，隨時收攝身、口、意三業的「發願迴向心」。

　　課程中，法師示範木魚、引磬、鐘鼓、地鐘和唱誦，梵唄的節拍，音量的掌控，舉腔、接腔、送腔，都做翔實的指導，為學員奠下扎實的基礎。

　　有學員分享，課程解行並重，法師教學生動有趣，認識了各項法器的節奏與生命，期許能熟稔法器的執掌，共同成就大眾的修行。

● 03.04

「聖嚴書院關懷員成長營」寶雲寺展開
充足關懷的能量

　　3月4日，普化中心於臺中寶雲寺舉辦「聖嚴書院關懷員成長營」，由常林法師、郭惠芯老師帶領，寶雲寺監院果理法師出席關懷，共有八十五位佛學班、福田班關懷員深入了解關懷員的角色與功能、學習關懷的本質及技巧，提昇擔任關懷員的助人能力和信心。

常林法師於「聖嚴書院關懷員成長營」中，分享聖嚴師父對佛教教育的願心。

　　常林法師在「聖嚴書院的意義與價值」課程中，分享聖嚴師父對佛教教育的願心，以一幀幀照片，介紹師父生命各個重要時期的分水嶺，青少年時期立下「佛法這麼好，要讓更多人知道」的心願，至創辦國內第一所佛學研究所。法師說明聖嚴書院普及佛法教育，承續並推廣師父的思想，進而影響人心，提醒

學員樹立榜樣、帶動學習,共同凝聚善的力量。

如何有智慧地做好關懷?郭惠芯老師表示從自身開始,隨時覺察身、口、意三儀,調伏自己、成就他人;也帶領分組演練,讓學員了解關懷技巧與心法。

果理法師關懷時,鼓勵學員珍惜學佛的善根因緣,只要老實修行,就能雲開見山,尋到自家寶藏。

● 03.04～25期間

聖基會「聖嚴法師經典講座」
廖肇亨解析禪宗詩歌

廖肇亨老師分享禪詩美學背後的修行意涵。

聖基會於3月4至25日,每週六舉辦「聖嚴法師經典講座」,邀請中央研究院中國文哲研究所副所長廖肇亨講授「禪宗詩歌」,共四堂,引導學員從自然世界、歷史經驗、身體感官、物質環境,賞析具代表性的禪詩作品,領略禪宗詩歌的精神特質與書寫特徵,有近五十人參加。

研究禪詩多年的廖肇亨老師,帶領學員賞析禪詩,說明詩與禪宗修行的結合,可說是中國文學最大的特色,唐末五代始有詩僧出現,宋代後,更有「詩禪不二」、「以禪喻詩」等說法;僧人雖是創作禪詩的主流群體,但所謂禪詩,並不是因為作者身分的關係,而是與主題相關,禪詩中常見山川、海洋、日月等景物描述,其中蘊藏了大量的佛教語彙與譬喻,這些譬喻被用來闡釋僧人親身體證的禪修境界,及其內在豐盈自足的樣態,滋味恬淡,卻又餘韻綿長。

以曹洞宗祖師石頭希遷禪師知名的〈草庵歌〉為例,廖老師分析,《阿含經》講四大如屋宇,所以禪詩傳統上用屋子(庵)來比喻身體,而屋子裡住的主人翁,代表了內在的佛性;詩末云「欲識庵中不死人,豈離而今這皮袋」,則點明禪宗修行不脫色身,不假外求,而是隨時往內觀照,體證到主客合一、能所不二的真理。廖老師強調禪詩核心的精神在於修行,然而優秀的宗教文學作品,是自然而然地鋪陳,就能讓人感受到動人的力量。

廖肇亨老師幽默活潑的詮解,拉近了古今之間的距離,引領學員一窺禪詩美學背後的修行意涵。

● 03.04～04.22期間

人基會「心六倫種子教師培訓課程」
培訓推動幸福的舵手

人基會於3月4日至4月22日期間，週六在臺南分院開辦「心六倫種子教師培訓課程」，共四堂。由僧團文化中心副都監果賢法師、常甯法師、心六倫宣講團講師等主講，共有三十九位學員完成課程，圓滿結業。

心六倫種子師資培訓學員精彩的教案演練，增強推廣心六倫的願心。

祕書長李伸一於開訓典禮中，期勉學員以活潑多元的方式，在校園、職場、企業、親子間推動心六倫，提昇臺灣社會的倫理內涵與道德形象，實踐聖嚴師父的理念，做推動幸福的舵手。

課程內容包括：認識法鼓山及聖嚴師父、心靈環保、心五四、香草進校園、心藍海策略、長青樂齡、禪修體驗、自信弘講等。常甯法師在「心靈環保」單元中，說明為了環境及他人的生存，自我約束欲望是必要的，並引用《金剛經》的觀念，勉勵學員實踐心靈環保，當下該做的就去做，而不住於過去、現在、未來；「香草進校園」單元，講師介紹透過香草的栽培，把心六倫的好傳入校園，讓孩子從做中學、學中覺，懂得向生命學習，向大地感恩。

4月22日進行教案演練，從兒少到樂齡，從家庭到企業，學員分享心六倫的多元運用，也增強了推廣心六倫的願心。

● 03.04～04.23期間

各地辦事處接續展開「都市經行」
喧鬧中走出安定

響應「2017心靈環保SRE」活動，3月4日至4月23日，護法會各地辦事處接續發起「都市經行」，帶領大眾在步行中體驗禪修的放鬆與自在。

「經行」其實就是以禪法走路，只不過禪修所說的走路，不是趕路奔跑，也不是邊走邊聊天、滑手機、聽音樂，而是將注意力放在腳步上，感受腳與大地接觸的感覺，走在草地、木棧道、柏油路、石材地面的覺受，各有不同。

新店辦事處於新店市區街道,打造移動的禪堂。

活動期間,包括三峽、北投、內湖、海山、新店、大同、中永和、中壢、新竹等地區舉辦,回響熱烈。其中,三峽辦事處首先於3月4日,在三峽老街打造出寧靜移動的禪堂;新店辦事處則於12日,於新店市區街道,以走路禪方式,全程靜默,前往碧潭;抵達後,進行法鼓八式動禪、立禪、經行的練習。

4月23日,近百位中正萬華辦事處悅眾從臺北植物園出發,經南海路、青年路來到青年公園,在車水馬龍間,不受環境喧囂干擾,在都市中一步步感受禪修所帶來的安定力量。

規畫SRE活動的傳燈院監院常願法師表示,走路人人都會,但我們往往身體在走,心卻不在腳步上;心靈環保SRE的推廣,就是鼓勵大眾時時覺察身心的狀態,提起正念,日常生活中就能享受禪修的美好。

● 03.09

寶雲寺《梁皇寶懺》講座
清明法會前行　果慨法師講修行法要

臺中寶雲寺於3月9日舉辦清明報恩法會前行活動,由弘化發展專案召集人果慨法師主講「梁皇寶懺修行法要」,有近六百人參加。

果慨法師從解釋經題出發,說明《梁皇寶懺》原名是《慈悲道場懺法》,為彌勒菩薩感夢所題,以懺悔的方式來修學慈悲法門。法師提醒,修行的

大眾透過講座,認識梁皇寶懺法會的意義。

關鍵在於「覺」,也就是覺察自己做錯了、做得不好,發自內心懺悔,再進一步以實際行動去改善;也強調懺悔不但能夠止斷過去犯的錯,並且能讓自己走向正確的未來,因此拜懺是自利利他的慈悲行、廣度眾生的菩薩行。

　　法師表示，舉辦法會不僅是進行儀式，更是以關懷社會的活動，來達成提昇人品的教育功能，這也是創辦人聖嚴師父提昇經懺佛事、復興漢傳佛教的願心和期許；鼓勵大眾到寺院精進共修，即使無法親自前來，也可以透過雲端牌位共同發願迴向，凝聚善念的力量，為眾生祝福。

● 03.16～05.21期間

全球清明共修報親恩
各地信眾祝福迴向一切有情

　　3月16日至5月21日，法鼓山海內外各分支道場相繼舉辦清明報恩法會，大眾透過念佛持誦《地藏經》、拜懺來淨化身心，迴向累劫父母、六親眷屬及十方法界眾生，共有逾萬人次參加。

　　於臺灣，北投農禪寺於3月25日至4月1日舉辦清明報恩佛七，除了來自全球一百六十六位精進組信眾全程參與，每日

農禪寺清明報恩佛七中，大眾精進共修，至戶外經行念佛。

並有近五百人次參加隨喜念佛，除了觀看聖嚴師父佛七開示影片，也聆聽法師講說念佛的方法與功能，以清淨的身、口、意，念念與阿彌陀佛相應。

　　臺中寶雲寺於4月2至8日啟建梁皇寶懺法會，一連七天共有上萬人次參加，臺中市長林佳龍也到場為大眾祈福。方丈和尚果東法師關懷時，讚歎中部民眾闔家與會，是「福慧傳家」的最佳寫照；監院果理法師勉勵信眾年年來熏習，在禮懺中學習調心轉念，無論身處何地、面對任何事，都能平安吉祥。

　　為鼓勵大眾學地藏菩薩發大願、行大孝，臺北安和分院、臺南分院和高雄紫雲寺於3月26日起分別舉辦為期一週的地藏法會。法會期間，臺南分院並安排「長者祈福法會」，圓滿長輩們敬佛報恩的心願；紫雲寺則於4月2日舉行慈悲三昧水懺法會，主法果燦法師提醒大眾，不怕無明起，只怕覺照遲，時時有懺悔心，便能處處身心自在。

　　海外方面，3月19日至4月2日期間，美國東初禪寺、加拿大溫哥華道場、馬來西亞道場，舉辦一至二日的地藏法會；東初禪寺更首次舉行地藏懺法會，監院常華法師說明心不清淨、無法入門的初學者，一定要拜懺，已入門者更要拜

懺，也分享拜懺啟發智慧的體驗，並以聖嚴師父早年閉關時，每天都拜《大悲懺》的經歷，引領大眾拜懺時，更契入經義。

隨著漢傳佛教在西方弘傳，美國與加拿大多處道場，參與法會的西方人士逐年增加。溫哥華道場多位西方眾透過標註漢語拼音的經本和翻譯協助，體驗音聲佛事的莊嚴祥和，表示能將禪修方法運用在法會上，對覺照自心、穩定身心更有助益。

2017 法鼓山全球清明法會活動一覽

地區		主辦單位（活動地點）	時間	活動內容
臺灣	北部	北投農禪寺	3月25日至4月1日	清明報恩佛七
		北投文化館	3月22日至5月21日	清明報恩《地藏經》共修
		臺北安和分院	3月26日至4月9日	清明報恩地藏法會
		桃園齋明寺	4月1至4日	清明報恩佛三暨八關戒齋
		桃園齋明別苑	4月8至9日	清明報恩地藏法會
		臺北中山精舍	3月26日至4月2日	清明報恩地藏法會
	中部	臺中寶雲寺	4月2至8日	清明報恩梁皇寶懺法會
		臺南分院	3月26日至4月9日	清明報恩地藏法會
		臺南雲集寺	3月18至24日	清明報恩地藏法會
		高雄紫雲寺	3月26日至4月1日	清明報恩《地藏經》共修
			4月2日	清明報恩慈悲三昧水懺法會
	東部	臺東信行寺	3月16至19日	清明報恩地藏法會
海外	北美	美國東初禪寺	4月1日	清明報恩地藏法會、清明報恩地藏懺法會
		美國洛杉磯道場	4月2日	清明報恩佛一
		美國舊金山道場	4月2日	清明報恩佛一
		加拿大溫哥華道場	4月1日	清明報恩地藏懺法會
			4月2日	清明報恩地藏法會
		美國普賢講堂	4月9日	清明報恩地藏法會
		美國新澤西州分會	4月2日	慈悲三昧水懺法會
		美國西雅圖分會	4月2日	清明報恩大悲懺法會
	亞洲	馬來西亞道場	3月26日	清明報恩地藏法會
		香港道場	4月2日	清明報恩佛一
		馬來西亞怡保共修處	3月19日	清明報恩地藏法會

03.18　04.30

教聯會兩場心靈環保一日營
走路禪、托水缽放鬆身心

教聯會於3月18日、4月30日，分別在桃園羊稠坑森林步道、齋明寺舉辦心靈環保一日營，由常獻法師帶領走路禪、托水缽，各有近七十人參加。

教聯會學員於齋明寺體驗走路禪。

兩場活動中，常獻法師分享聖嚴師父於1992年提出的「心靈環保」，法師表示，《維摩經》說的「隨其心淨則佛土淨」，是心靈環保的根源，而淨化心靈的方法則可透過禪修；法師指導以禪修的方法來走路，不追求過去，不妄想未來，步步安住於當下，體驗當下的每一刻，也將心安住於雙腳，全身放鬆。午齋後，學員則透過托水缽的體驗，清楚看到自己的起心動念。

於齋明寺展開的心靈環保一日營，學員並分組透過義工導覽，認識百年古剎的悠遠歷史，感受新、舊建築與環境共生的和諧。

有參與活動的高中教師分享，日常教學的步調總是「趕！趕！趕」，生活備感壓力，學習禪修的不分別、不比較，面對學生時更有同理心，處理事情更有彈性，師生關係更和諧。

03.19

社大舉辦春季班聯合開學典禮
心靈環保列車帶動終身學習

法鼓山社大於3月19日在新北市金山區中山堂舉辦「2017第一期（春季班）聯合開學典禮」，方丈和尚果東法師、副住持果祥法師、校長曾濟群與會關懷，金山、北投、新莊三校區的講師、學員及各界來賓，有近六百人參加。

方丈和尚致詞時，勉勵學員「終身學習，豐富人生」，從心出發學習了解人生的意義和價值，珍惜因緣以感恩心服務，以奉獻利他的精神來利益大眾，即

社大春季班聯合開學典禮，有近六百人參加。

能擁有幸福人生，期許大眾以智慧與感恩心來照顧自己，以慈悲和奉獻來關懷家人及周遭環境；曾濟群校長表示，社大自2002年開辦以來，已邁入第十五年，秉持以「心靈環保」理念持續推動各類課程，近年著重發展兒少、樂齡、創客課程，及成立「自然環保教育園區」開設友善農耕課程等，從動態到靜態、從室內到戶外，帶領學員一起不斷向前。

典禮中並安排萬里幼童軍團演出歌中劇及歌曲表演，吉他班、二胡班師生演奏悠揚的樂音；靜態成果展則有種子盆栽和心靈環保農法班的攤位展示，以及石頭彩繪、種子吊飾、瓷來福繪、黏土手作等多項DIY，展現學習成果。

● 03.19～10.29期間

《聖嚴法師年譜》分享會
共讀聖嚴師父「從一人見眾人」的生命長卷

3月19日至10月29日，全臺各分寺院及護法會辦事處，共舉行八場「《聖嚴法師年譜》分享會」，主題是「一人見眾人」，由文化中心副都監果賢法師、編著者林其賢帶領大眾，共同走進聖嚴師父實踐佛法的生命歷程。

分享會開場，都以聖嚴師父當年閱讀《七十年譜》的開示影片，引導大眾跟

分享會上，大眾共同進入聖嚴師父的生命之旅。圖為於臺南分院進行的場次。

隨師父的眼光，看見法鼓山是由師父與無以計數有名、無名的護持者共願同行，合力成就。果賢法師、林其賢老師則分享在編撰與校閱過程中，看見年譜中所展現的生命長卷；果賢法師表示每個人與師父結緣的時間、地點都不同，相同的是一份對於佛法的追尋、對於推廣和實踐法鼓山理念的堅持；林老師說明讀年譜可於「從一人見眾人」，從師父一

生創建法鼓山的歷程，看到眾多人同願同行的身影。

現場也透過郭惠芯老師引導，邀請與會者分享與聖嚴師父的因緣，不論是曾經親炙師父多年，或是自師父圓寂後新近加入的弟子，都有著共同的法緣。

溫馨的分享會，宛如一場與聖嚴師父相約的盛會，也喚起眾人的初發心，相約共讀師父年譜，學習師父一生的智慧悲願，永續奉獻的心力。

2017《聖嚴法師年譜》分享會一覽

時間	地點	主要分享人
3月19日	護法會員林辦事處	林其賢（《聖嚴法師年譜》編著者） 郭惠芯（屏北社區大學講師）
4月16日	護法會豐原辦事處	
7月15日	高雄紫雲寺	果賢法師（法鼓山文化中心副都監） 林其賢（《聖嚴法師年譜》編著者）
7月16日	臺南分院	
8月12日	蘭陽精舍	
10月22日（上午）	臺東信行寺	
10月22日（下午）	護法會花蓮辦事處	
10月29日	桃園齋明別苑	

● 03.22
「臺北市迎新會」使節眷屬參訪農禪寺
認識漢傳佛教的農禪之美

來自美國、加拿大、貝里斯、墨西哥、芬蘭、日本、德國等駐臺外交人士眷屬一行四十餘人，3月22日在「臺北市迎新會」創辦人田玲玲帶領下，參訪北投農禪寺，由監院果毅法師代表接待，體驗漢傳佛教展現的農禪之美。

果毅法師說明，法鼓山建築外觀和傳統佛寺不同，其中由師公東初老人興建的農禪寺，更是法鼓山的根源；改建啟用後，在嶄新的建築技術、工法外，最重要的是體現「空中花，水中月」的禪修精神，接引參訪者體驗漢傳禪法。

● 03.24～26　04.15～06.17期間
青年院生命關懷系列課程
營隊、工作坊接續展開

青年院於3至6月期間，開辦生命關懷系列課程，包括3月24至26日於法鼓文理學院舉辦「悟吧！二日營」，4月15日至6月17日於臺北德貴學苑舉辦六堂「生命關懷工作坊」，結合臨終關懷與佛教的生死觀，帶領青年認識生死，探

「悟吧！二日營」中，青年學員寫下對生命的疑惑，請生命樹保管，以歸零心態探索從生到死的實相。

索從生到死的實相。

以生命關懷為主題展開的「悟吧！二日營」，由常導法師帶領，邀請成功大學醫學院護理系教授趙可式、成功大學資訊工程系教授蘇文鈺，與僧團寺院管理副都監常寬法師，從臨終關懷、偏鄉服務、佛教生命觀等議題，引導學員進行生命意義的探索。

「生命教育的意義，就是能活出一生的尊嚴，要善生、善老、善終。」推動安寧療護三十五年，趙可式教授透過病患與家屬的故事，傳遞生命的學習，並說明為瀕死病患強迫進行無效醫療，就等同臨終酷刑，選擇緩和治療與做好照護基本功，能讓病患享有尊嚴而自然的死亡。

二日營中，常導法師也帶領學員從角色關懷扮演、模擬留下遺言、演練臨終往生等過程，體悟生命僅在呼吸之間，從認識無常的實相中，練習好好說再見；法師提醒，生與死是同一件事情，只要用心活著，就知道死亡會是怎麼結束。

「生命關懷工作坊」則邀請佛教蓮花基金會董事張寶方帶領六堂課程，透過理論與參訪，引領學員認識生死的實相，進一步實踐對生命的關懷。

● 03.26　07.02　09.02　12.03

傳燈院推廣「用心吃飯」
引導觀照自心　吃出「心」滋味

傳燈院、教聯會於3月26日及9月2日，在德貴學苑舉辦兩梯次「用心吃飯教師推廣研習營」，由常願法師帶領，每梯次有近五十位國小教師參加。

法師說明，「用心吃飯」以心靈環保為核心，著重教育與關懷：教育自己、分享他人，期盼學員善用午餐時間引導學生以專注、放鬆的心體驗吃飯，把心留在當下，讓用餐成為一天中最放鬆的時刻，並在享用飯菜中培養感恩、報恩的心。

課程中，隨著法師的引導，學員透過「聞、看、嚼、吞」，覺察咀嚼、咬碎、吞下等動作，將飯菜吃出不凡的滋味；「靜心茶會」單元，則從觸覺、視覺、嗅覺、味覺，漸次感受茶香的微妙變化，在飲食過程中觀照自己，進而讓

心安定。

另一方面，學員也透過廣播劇，感受用心吃飯在校園推廣時，老師和學生配合音樂及指引用午餐，放鬆身心的完整過程。有學員表示，「用心吃飯」不只是促進健康飲食的方法，更是結合品格教育、藝術教育與生命教育的全人教育課程。

此外，為了讓大眾體驗專注、放鬆吃飯的喜悅，傳燈院並於7月2日、12月3日，分別與臺東信行寺、高雄紫雲寺合辦「用心吃飯研習營」，由常願法師帶領推廣團隊，從禪修和健康觀念、實地體驗吃飯等方式，與兩地民眾分享好好吃飯的方法。

學員在「用心吃飯教師推廣研習營」，體驗吃飯禪。

● 04.01

法鼓青年關懷甲仙
彩繪社區、與甲仙青年交流

青年院於4月1日在高雄甲仙地區舉辦社區關懷活動，由監院常炬法師、常導法師與紫雲寺監院常參法師，帶領二十多位高雄及臺南法青，延續安心服務站在八八風災後與甲仙的緣分，與當地青年交流、進行社區彩繪、清掃整理環境等服務。

彩繪活動以「今天微笑了嗎？」為主題，從心來體會人與人、人與環境之間的和諧關係，藉此安定自己並利益他

社區彩繪代表著重建及向心力的凝聚，也讓青年藉由服務的過程覺察自己。

人，讓微笑的力量傳遞、發酵。常炬法師期勉青年，彩繪活動是藉由服務的過程來覺察自己，但對社區來說，卻代表著重建及向心力的凝聚，這種精神更值得青年們學習。

有法青表示，彩繪前的草稿，彷彿是生命藍圖，勾勒出人生夢想；也有法青分享，彩繪過程就像人生，需要一步步努力，也必須和他人互助合作，才能過得繽紛。

● 04.01　05.01

法鼓文化出版動畫
接引年輕世代體驗農禪家風

法鼓文化出版《農禪寺師徒故事》與《聖嚴法師與觀音菩薩的故事》動畫，接引年輕世代體驗農禪家風。

法鼓文化於4月1日、5月1日分別出版兩部動畫系列：《農禪寺師徒故事》與《聖嚴法師與觀音菩薩的故事》，用活潑親切又趣味的方式，接引年輕世代體驗聖嚴師父承續東初老人的教法，帶領僧俗四眾，開創法鼓山的農禪家風。

《農禪寺師徒故事》乃法鼓文化首度製作動畫，共十集，描述三代師徒的修行故事，東初老人身體力行的農禪家風，聖嚴師父接續傳承，不只教導弟子佛法，從種田到下廚、縫衣補襪等，全部親身示範，真正的修行磨鍊，就在生活細節當中，儘管艱苦克難，卻是令人回味無窮的美好回憶。

為了製作《農禪寺師徒故事》動畫系列，法鼓文化製作團隊從2012年起展開規畫，特別專訪多位僧眾、早期參與至今的信眾等，更多次親訪未改建前的農禪寺，篇篇敘事皆由真實故事改編，影片場景，亦是美術設計考究當年實際樣貌，一筆一畫如實繪出。

六集的《聖嚴法師與觀音菩薩的故事》於5月1日出版，描述聖嚴師父學習觀世音菩薩的一生歷程。動畫自2015年開始繪製，影片中的人物，邀請插畫家菊子繪出原形，之後採用電腦2D技術製作，自播映以來，廣受好評。

● 04.04

南投德華寺住持法明法師示寂
僧團舉辦追思法會感念法師行誼

南投德華寺第六任住持法明法師於3月27日捨報，並於4月4日在德華寺舉行追思儀式，僧團副住持果祥法師、常真法師等代表出席，感念法師行誼，在長達七十年的學佛歷程中，建寺蓋廟，領養孤兒，為佛法奉獻一生。

終生奉行「慈悲為福慧資糧」的法明法師，十三歲親近道場學佛，二十四歲

於臺中東勢拜普源長老尼為師，出家修行。埔里德華寺前身為齋教德華堂，是一所即將屆滿百年的道院，因人事幾經迭易，年久失修，故敦請普源法師師徒前往駐錫，法師發大願心，募款建寺，並改為佛教道場。

1999年921地震重創南投，德華寺全毀，再度重建，法明法師堅信佛教的永續在於教育，落成後，於2003年召開信眾大會，決議敦請聖嚴師父擔任第七任住持，從此德華寺成為法鼓山在南投地區的弘法中心，推動佛法、慈善、教育等弘化事業，影響深遠。

● 04.07～09

臺南青年二日營
學員成長自我　開啟內心無盡藏

法青會於4月7至9日，於臺南雲集寺舉辦「臺南青年二日營」，以「開啟內心的無盡藏」為主題，由青年院監院常炬法師擔任營主任，有近九十人參加，共同展開自我探索和成長的旅程。

二日營內容包括坐禪、動禪體驗、專題講座等。8日的講座，由僧大教務

「臺南青年二日營」以「開啟內心的無盡藏」為主題，學員共同展開自我探索、自我成長的旅程。

長常啟法師、全球在地行動公益協會祕書長賴樹盛以「轉彎，開另一扇門」為題，展開對談。「想找回自己，最後知道原來是要放下自己。」法師分享從體會病苦、醫院做義工，在生命自覺營尋覓到人生方向，到出家的歷程；賴樹盛則分享走入山林、負笈英倫，找到內在初發心，跨越國界，展開援助和關懷行動，創造共好世界。

9日邀請成功大學中文系助理教授陳弘學主講「自我照見與超越」，透過互動式的討論，嘗試從佛法觀點，看見愛情現象的本質。

另一方面，營隊也安排各種闖關遊戲，帶領學員在歡樂輕鬆的活動中，學習放下自我、團隊合作。

營隊圓滿前的大堂分享，常炬法師期勉學員，不斷回到當下，練習心的覺知，找到生命的答案。

● 04.08～09

法青會「偏鄉教育二日培力營」
邀請青年參與偏鄉教育

培力營中，學員分組討論偏鄉教育的願景。

4月8至9日，法青會於德貴學苑舉辦「偏鄉教育二日培力營」，由青年院監院常炬法師及教聯會師資共同授課，內容包括校園關懷、兒童的心理需求與輔導、課程設計與教學實務的分享等，共有二十多位青年參加。

常炬法師在「法鼓山校園關懷的願景」課程中，說明法鼓山的校園關懷，是以心靈環保與禪修的觀念、方法，透過課業輔導及生活倫理教育，陪伴學子安心學習與成長；「課程設計」、「教學實務」單元，則邀請輔仁大學師資培育中心主任黃騰主講，說明學輔工作，需要靠眾人的集聚合作，分工落實；個人的能力有限，而團隊力量可集思廣益，更能圓滿對學童的關懷。

下午的課程，新北市蘆洲國中輔導教師林穎淇在「青少年的心理需求與輔導」主題中，強調發掘每個孩子自身的特長，就能協助青少年找回自己的價值，師長可以透過教育，使孩子成為願意付出、分享、服務的人；多位教聯會師資也分享《大智慧過生活》、《108自在語・自在神童3D動畫》在教學中的實際運用。

有學員表示，課程豐富實用，也了解參與偏鄉教育，不僅學習服務他人，也能在奉獻中讓生命更加充實。

● 04.09～06.04期間

安和分院週日佛學講座
果慨法師主講「《地藏經》與生命學習」

臺北安和分院於4月9日至6月4日，週日舉辦佛學講座，由弘化發展專案召集人果慨法師主講「《地藏經》與生命學習」，透過解說《地藏經》經文要義，引導大眾歡喜自在應對生命。六堂講座，共有七千多人次參與。

法師講說《地藏經》是一部可依經修行的生命使用手冊，不論是生病、遇鬼、惡夢、臨終、往生、墮地獄等，《地藏經》都教導我們如何處理，走向究竟解脫的成佛之道；一般人都有生死大病，所以一直輪迴，不要怕身心受苦，苦是世間真理，「因

安和分院《地藏經》講座圓滿，學員互換盆栽，傳遞祝福。

為知苦，才會想得解脫，這是智慧；因為知苦，希望眾生不要跟自己一樣苦，就是慈悲。」

果慨法師也進一步介紹修持《地藏經》有稱名、瞻禮、供養、讀經、讚歎等五種方法，勉勵學員將修行功德迴向法界，和更多人分享，讓善的循環從有限的道場，流向無限的眾生，才是三寶弟子所行、自利利人的菩薩道。

6月4日課程圓滿，千位民眾各自捧著火龍果、土芒果、柑橘、檸檬等盆栽，與其他學員交換，傳遞內心的祝福，現場洋溢著善念交流的法喜。

● 04.14～26期間

傳燈院舉辦「心靈環保SRE社區關懷日」
臺北市信義區里民遊戲中體驗禪

4月14至26日，傳燈院於臺北市國父紀念館所在地的信義區，在里民活動中心或社區公園內，舉辦「心靈環保SRE社區關懷日」活動，由監院常願法師及禪坐會悅眾帶領，透過戲劇、闖關遊戲、手語帶動唱等方式，與居民互動，並邀約參加5月14日

「心靈環保SRE社區關懷日」活動，獲得社區民眾熱烈響應。

母親節的心靈環保SRE活動，獲得民眾熱烈響應。連續八場關懷活動，共有黎安、四育、六合等十個里，近兩百位里民參加。

關懷日以行動劇揭開序幕，由禪坐會學員演出《日日是好日》，傳遞心六倫家庭倫理與職場倫理的內涵，生活化的劇情和對白，引起台下共鳴。接著是闖關遊戲，民眾用湯匙托著乒乓球走到戶外，接受關主考驗；禪坐會會長林筱玲分享佛教經典中托水缽的由來，以及生活中如何專注又放鬆的方法。

常願法師最後分享聖嚴師父登高的經驗，鼓勵大眾把心安放在腳步上，練習一次只走一步，觀察體驗現在所走的每一步的感覺，把現在這一步走好，是最簡單也是最好的修行。

心靈環保SRE活動將於5月在國父紀念館廣場舉辦，除了廣邀各地民眾前往參與，更希望能走入社區，因此邀約信義區的里民一起來認識、體驗SRE，讓心靈環保的種子能在地生根。

● 04.15　10.14

教聯會舉辦心靈環保教學研習營
分享品格教育心法寶

關注品格教育的國小教師，踴躍參與研討。

教聯會於4月15日及10月14日，在德貴學苑舉辦「心靈環保教學研習營」，邀請關注品格教育的現職或退休教師，共同探討心靈環保的理念，如何與學生的品格教育結合，在學童的心田播下良善種子。

研習營邀請四位實際運用心靈環保兒童生活教育教案的老師分享經驗，並分組討論。有國小教師分享運用「登陸月球」教案，與學生共同討論班級約定，並親自帶著學生從做中學，一起成長；也有老師表示，心靈環保的理念，需要平時自己先去體驗，再視學生狀況，將教案應用於教學中；來自臺中的老師也分享處理學生問題時，著重於孩子情緒「被看到，被尊重」而得以適時抒發，問題也隨之迎刃而解。

研習營中並邀請臺北醫學大學教授張育嘉，以幽默風趣的方式帶領學員認識「心靈環保的理念與精神」，以及在教學場域的運用。

常獻法師關懷時，引領學員練習放鬆身心，鼓勵老師們將禪修融入教學中，協助學生提昇專注力，也為推廣心靈環保理念共同努力。

● 04.16

社大舉辦講師共識營
凝聚教育大方向

法鼓山社大於4月16日在桃園齋明別苑舉辦「講師共識營」，校長曾濟群到場關懷近七十位金山、北投、新莊三校區講師及義工參加，充實的課程內容，讓學員收穫豐碩。

齋明別苑副寺常雲法師首先帶領大眾於大殿體驗

社大於齋明別苑舉辦講師共識營，凝聚教育大方向。

立禪，講師們收攝身心，體驗禪的安定。課程中，曾濟群校長介紹聖嚴師父的教育理念，並以師父的「養蜂哲學」為例，說明法鼓山如何引導自我探索，再轉化為養分（蜜）；人基會心六倫宣講員林知美，分享人基會以多元的方式，於監獄、校園、婚姻、職場企業中推動「心六倫」。

下午參訪齋明寺，監院果舟法師勉勵大眾，護念自己的身口意，清淨的心能產生不可思議的力量，為家庭與世界傳遞佛法的光明。

參與活動的講師表示，在共識營中和許多講師互相認識、學習，也對法鼓山的理念與作法，有更深入的體會，對於日後的教學，有很大的幫助。

● 04.16　04.22　04.30　09.23

祈福皈依大典全年舉辦四場
大眾開啟修學佛法新生命

法鼓山2017年共舉辦四場「祈福皈依大典」，皆由方丈和尚果東法師親授三皈五戒，共有兩千六百多位民眾皈依三寶，開啟修學佛法新生命。

首場祈福皈依大典於4月16日在臺南雲集寺舉行，有三百一十七位民眾來自雲林、嘉義、臺南地區的民眾，在「南無觀世音菩薩」聖號聲中，依序接受法師祝福，掛上佛牌和佛珠。方丈和尚勉勵眾人運用佛法的觀念與方法，將習氣由熟轉生，成為清淨、精進、具有慈悲、智慧的三寶弟子。

4月22日，來自美國、香港、馬來西亞等海內外一千一百多位民眾，則齊聚北投農禪寺大殿受三皈五戒，於佛前圓滿註冊，成為學佛新生。方丈和尚恭喜

農禪寺舉辦皈依大典,方丈和尚果東法師期勉大眾學習佛法的慈悲與智慧。

每位新皈依弟子正式進入佛法寶山,期許眾人建立正確的因果、因緣觀,學習感恩眾因緣,運用佛法的智慧和慈悲,來「點亮光明心燈,照亮福慧人生」。

高雄紫雲寺在4月30日浴佛法會當日上午,舉辦了祈福皈依大典,三百三十位信眾穩健踏出學佛、行菩薩道的第一步,方丈和尚以「見緣起即見法,見法即見佛」與眾人共勉;紫雲寺還特別致贈象徵儲備福德資糧的環保儲錢筒,為學佛新鮮人獻上祝福,期盼大眾用佛法轉念調心、利益他人,永得佛法利益。

9月23日於法鼓山園區進行的祈福皈依大典中,方丈和尚開示,眾生都有慈悲光、智慧光,只是被無明煩惱、習氣,遮蔽了清淨的佛性,期勉人人都做「覺有情」菩薩,發揮六度萬行的菩薩精神,共有八百多位新生皈依學佛。

為推廣正信及生活化的佛法,2017年法鼓山除於臺灣舉辦四場大型皈依大典,也於全球各分院道場舉辦地區性的皈依活動,接引大眾成為信佛學法敬僧的三寶弟子。

● 04.20

《幸福廚房》新書發表會
以心六倫調味　共享禪悅美食

人基會、法鼓山社大及群馨慈善基金會於4月20日,在德貴學苑聯合舉辦「《幸福廚房》新書發表會」,包括人基會祕書長李伸一、副祕書長藍福良、社大校長曾濟群,以及新北市金美國小校長楊順宇、樂菲有機超市創辦人蒲聲鳴等多位來賓出席,共有一百二十多人分享「幸福廚房」的豐碩成果。

李伸一祕書長致詞時表示,《幸福廚房》一書緣起於人基會推廣族群倫理和家庭倫理,自2013年受到群馨

主廚老師王惠淑(左)、王秀勤(右)現場示範《幸福廚房》的菜色。

基金會的認同，開始和法鼓山社會大學合作，於偏鄉學校開設「幸福廚房」課程，透過烹飪教學關懷新住民家庭，也讓新住民從做菜過程中找到同好，融入在地社群；也感恩善緣匯聚，促成食譜的出版。

《幸福廚房》書中收錄近七十道素食料理，特別記錄「幸福廚房」上課的點滴，以及新住民和臺灣學員之間，從陌生到接納彼此的歷程，讓人品嘗美食之餘，也嘗出生命況味。

當天活動中，王惠淑、王秀勤二位主廚老師現場示範食譜中的豆腐鍋貼、地瓜包等料理，學員也帶來課堂上學會的拿手菜共襄盛舉，師生情誼展露無遺。

● 04.23

社大童軍團戶外體驗
連結在地環保生活

4月23日，法鼓山社大萬里幼童軍於新北市石門區自然環保戶外教室，進行體驗活動，由團長林子龍帶領，共有四十多人參加。

在義工及服務員協助下，幼童軍換上齊全裝備，體驗「摘菜」收成的樂趣，過程中並感恩義工平日種植的辛勞，學習「需要的不多、想要的太多」，從取捨中體會分享的幸福，落實童軍親自動手做，以及互助合作的團隊精神。

萬里幼童軍於石門區自然環保戶外教室，體驗自然環保。

活動最後，幼童軍以園區種植生產的艾草、香茅，製作祈願香包，也寫下祈福卡，並互換香包與祈福卡，將祝福帶給他人。

同日，金山幼童軍也由金山高中老師帶領，前往清水濕地，透過義工的導覽解說，以及鳥類圖鑑的參照，認識金山豐富的生態資源，也連結土地情感。

● 04.29

寶雲寺悅眾培訓課程
學員提昇關懷與服務的能量

為提昇關懷與服務的能量，臺中寶雲寺於4月29日舉辦悅眾培訓課程，由監院果理法師及悅眾林其賢、陳若玲擔任講師，共有一百二十多位學員參加。

林其賢老師期勉學員歡喜做義工。

果理法師說明，悅眾要具備菩薩道的四種精神：一是培養正確的修行方向，二是奠定堅定的信仰與願力，三是啟發無盡的愛與慈悲，四是鍛鍊對「空性」的悟見力；並以參訪敦煌石窟的所見所聞，期勉悅眾不只來當義工，更要不斷自我成長，保持清淨心，堅定方向，提昇自我。

林其賢老師解說各組活動規畫及執行的操作要點，勉勵學員虛心學習、發長遠心、歡喜做義工；陳若玲老師以實務操作方式講說團隊經營技巧，引領學員認識團隊經營最需要的四要素：關懷力、溝通力、凝聚力及成就感。

有資深悅眾表示，課程內容豐富，在觀念、理論或實務上都深受啟發，會帶著充足的能量和信心，提供大眾更高品質的服務。

● 04.30～05.20期間

全臺分支道場慶佛誕
多元活動沐如來，淨自心

民眾闔家到信行寺浴佛，牽起親近佛陀的善緣。

迎接佛陀誕辰暨母親節，4月30日至5月20日期間，法鼓山全臺分支道場接續展開浴佛活動，各地信眾感念佛恩，藉由活動淨化自心，學習佛陀的慈悲智慧。

4月30日，北投文化館、臺北安和分院、高雄紫雲寺首先舉辦浴佛法會，文化館由住持鑑心長老尼主持，大眾齊誦〈佛寶讚〉、《心經》，禮讚佛陀降生人間說法；安和分院的浴佛活動結合感謝母恩的意涵，近八百位民眾到場為父母祈福，表達感恩之心；紫雲寺則結合祈福皈依大典，高雄地區民眾在慶祝佛誕的同時，也開展學佛的新生命。

5月第一個週末的浴佛活動，於法鼓山園區、桃園齋明寺、臺南雲集寺、高雄三民精舍展開。園區於6至7日舉行「朝山‧浴佛‧禮觀音」，有高齡九十二歲的長者帶著十五位子孫，四代同堂前往浴佛；雲集寺於鄰近的佳里公園設置

浴佛台，近兩百位晨起運動的民眾透過義工引導，同霑法益。齋明寺則於法會前，由義工們帶著壽桃，逐戶邀請鄰近居民，藉由浴佛來淨化身心；監院果舟法師於法會上，期勉大眾當自己心的主人，把握因緣學佛修行，讓心中的菩提種子成長，智慧光明得以顯現。

母親節當週，三峽天南寺於13日舉辦兩場浴佛法會，與近四百五十位民眾，以法沐浴身心，並以茶禪、禪修遊戲、鈔經等活動，接引大眾親近佛法。14日，臺中寶雲寺在祈願觀音殿進行「觀音祝福‧媽媽幸福」活動，大眾闔家禮觀音、與觀音像合照，並由兒孫向母親獻上紙製的康乃馨，以及向長輩奉上感恩茶；臺南分院浴佛法會後，由合唱團獻上佛曲，憶念佛陀；臺東信行寺則邀請多所幼稚園小朋友來浴佛，為小小心靈牽起親近佛陀的善緣。

20日，北投農禪寺舉辦浴佛法會，監院果毅法師開示，佛陀的誕生，為世界帶來慈悲與智慧的光明，給予我們法身慧命，祈願人人都能沐浴在佛光之中。入口廊道並以環保乳膠氣球，搭造生動可愛的九龍浴太子景觀，還有為母親獻上祝福禮活動、法語方塊字疊疊樂等禪修遊戲，引領大眾度過溫馨又法喜的感恩佳節。

2017 全臺分院道場浴佛節暨母親節活動一覽

地區	主辦單位／活動地點	時間	活動名稱／內容
北部	法鼓山園區	5月6至7日	朝山‧浴佛‧禮觀音
	北投農禪寺	5月20日	浴佛法會
	北投雲來寺	5月4日	浴佛法會
	北投文化館	4月30日	浴佛法會
	臺北安和分院	4月30日	浴佛法會
	三峽天南寺	5月13日	浴佛法會
	桃園齋明寺	5月7日	浴佛法會
	桃園齋明別苑	4月30日	浴佛法會
	基隆精舍	5月2日	感恩浴佛
		5月6至7日	朝山‧浴佛‧禮觀音
中部	臺中寶雲寺	5月14日	浴佛法會
	南投德華寺	5月7日	浴佛法會
	員林辦事處	5月13日	浴佛法會
南部	臺南分院	5月14日	浴佛法會
	臺南雲集寺	5月6日	浴佛法會
	高雄紫雲寺	4月30日	浴佛法會
	高雄三民精舍	5月6日	浴佛法會
東部	臺東信行寺	5月13日	浴佛法會

● 05.04

社大「耕心田趣」紅茶種植課程
學員實地體驗採茶製茶趣味

社大學員於茶園實作採茶、製茶過程。

　　法鼓山社大「耕心田趣——石門阿里磅紅茶種植課程」，邀請篋品茶研園主李宗烈指導，並於5月4日安排學員至茶園，親身學習完整的採茶、製茶課程。

　　時序春夏交替，正是採茶好時機。李宗烈首先介紹茶樹品種、特性及採茶方式，再讓學員到茶園實作。學員須仔細觀察、小心採摘最嬌嫩的「一心二葉」，練習眼到、手到、心到，體驗專注當下的感受。

　　下午學員帶著採摘的茶菁到製茶廠，在老師指導下製茶。從認識萎凋、發酵、搖青、揉捻等步驟的功效、技巧，感受茶葉香氣的轉變。由於製茶需要時間，直到製成紅茶、包裝完成，已是翌日清晨七點，成為學生們難忘的體驗。

　　有來自基隆的學員表示，在「耕心田趣」紅茶種植課程中，體會到採茶、製茶的辛苦，喝起茶來更增添一份感恩心。

● 05.07

方丈和尚受邀參與新北佛誕文化節
期許以佛法的慈悲智慧自利利他

　　方丈和尚果東法師5月7日受邀參與「2017新北佛誕文化節」，並於浴佛祈福法會中擔任主法，與新北市市長朱立倫、新北市佛教會理事長淨耀法師暨各寺院長老、法師及來賓共同浴佛，為國家安定祈福、為全民安樂祈願。

　　方丈和尚開示時，以「無諍和樂、離苦得樂、寂滅最樂」為勉勵，祝福大眾「佛誕快樂」，並說明依靠佛、法、僧三寶，能幫

方丈和尚果東法師參與新北佛誕文化節，為大眾開示祝福。

助我們轉迷為悟、棄邪歸正、化染為淨，因此透過一次次地浴佛，就好像一次次地依靠佛法，透過反省慚愧，以滌淨身心。面對社會的急遽轉變，方丈和尚期許大眾以佛法的慈悲智慧，身處多元而變動的環境，仍能自利利他。

新北市今年擴大舉辦佛誕文化節，透過叩鐘祈福、佛誕主題花燈展覽、淨灘、植樹、佛誕文化國際佛教論壇、佛誕音樂會等系列活動，同時邀請來自國際間藏傳、南傳等傳承的法師參與，提昇民眾對佛教文化的認識。

● 05.14

「心靈環保SRE」心放鬆
民眾闔家浴佛　體驗禪修心樂園

5月14日，法鼓山於臺北國父紀念館中山公園廣場舉辦「心靈環保Stop‧Relax‧Enjoy」活動，臺北市長柯文哲、民政局長藍世聰、國父紀念館館長林國章等各界來賓，以及法鼓文理學院校長惠敏法師、榮譽董事會會長黃楚琪等，與方丈和尚果東法師共同帶領數千民眾祈願、浴佛。

「法鼓禪心浴佛行，回歸佛陀本懷行，洗滌塵垢清淨行，心靈環保理念行。」方丈和尚以「法鼓禪心‧福慧傳家」十二行，勉勵大眾時時關心母親，以及整體的生活環境，乃至山河大地，因為每一個人與自然環境都是生命共同體，若能互敬互諒、和諧包容，便能和樂無諍、福慧傳家，迎向光明遠大的未來；柯文哲市長也勉勵大眾：「活在當下，身心最安定；慈悲喜捨，福慧漸增長！」

民眾以清楚放鬆的腳步，體驗都市經行。

祈福儀式之後，在法青活力四射的〈把心拉近〉帶動唱中，分散在國父紀念館各處的生活禪體驗也同時展開，包括感恩浴佛、鈔經祝福、鐘生幸福，以及禪修心樂園等，多項禪修體驗遊戲，讓人在趣味中領略禪滋味，並可過關集點，兌換懷舊小吃枝仔冰、糖葫蘆、棉花糖等。

有五歲的小朋友首次浴佛，表示幫小佛陀洗澡好開心；也有帶著雙胞胎女兒一起叩鐘的年輕父母分享，希望啟發孩子們效法悉達多太子，為世界貢獻心力。

當日上午，即有近二千位來自臺灣各地的民眾，分別從捷運象山站及忠孝復興站出發，走向國父紀念館，經行在櫛比鱗次的大廈之間，調整心靈時鐘、放慢生活步伐，體驗清楚放鬆的身心律動，也將安定祥和的心念傳遞街頭。

● 05.20

首辦「千人念佛禪一」
推廣念佛禪安定身心

中部地區民眾跟隨法師們的帶領，體驗念佛禪的修行方法。

為推廣念佛禪的修行方法，禪修中心繼2月份連續舉辦三場「念佛禪系列講座」後，5月20日再於臺中寶雲寺舉行「千人念佛禪一」，帶領大眾練習念佛禪的方法，在禪修中心副都監果醒法師及禪堂監院常乘法師，多位僧團法師引導下，共有九百二十人參與一日念佛禪共修。

「念佛禪是以『念佛三昧』為目標，所謂『三昧』就是『定』，在漢傳佛教的意思是『定慧等持，即定即慧』，也就是透過慧的知見，幫助大眾念佛；透過定的體驗，來實踐慧的知見。」果醒法師開示時，說明運用念佛可以培養心的自主能力，心順著佛號念，而不是順著妄念走，即能念得一心不亂。

如何念佛才是一心不亂？透過聖嚴師父《大法鼓》影片開示，大眾了解到當念頭都在佛號上，念佛的時候只有和慈悲智慧相應的念頭，正念不斷、念念清淨，便是一心不亂，而念佛可以讓身心感受平安，進而生活也會平安。

經常參加念佛共修的信眾表示，平時都是散心念佛，透過法師的指導，心念都在佛號上，感覺很法喜；有悅眾分享，念佛禪適合忙碌的現代人做為身心充電的方法，希望大眾有機會一起來體驗。

● 05.27～30

社青禪修營天南寺舉行
為心靈充電　職場不NG

5月27至30日，青年院於三峽天南寺舉辦社青禪修營，由天南寺監院常哲法師帶領，以禪修練習放鬆身心、清楚覺察，有近七十位學員參加。

活動中安排觀看聖嚴師父的開示影音，引導學員建立禪修的觀念與方法，師父說禪法即是佛法，透過禪法來安定自身並提昇智慧，從中成長自我、消融自我、發起菩提心，就是走在菩薩道上。

在常哲法師講解「三時調三事」、「七支坐法」後，學員隨著法師的引導，體驗清楚與放鬆，並練習禪修的方法；也在法師適時的提醒、勉勵中，更進一步體驗在禁語時，觀察自我身心，與自己相處。

禪修營中，社會青年學習以穩定的情緒面對職場的挑戰。

針對社會青年在職場上可能面臨的困境，營隊安排「禪式工作學」單元，由法行會會長許仁壽以豐富的職場、管理經驗，分享如何以佛法面對職場種種挑戰。許仁壽表示，素食與禪坐能降低貪欲，也能安定身心，不致隨波逐流，當職場上有突發的狀況，能以穩定的情緒反應。

大堂分享上，學員感恩義工的照顧，更把握與法師和同學交流的機會，彼此勉勵將禪修用在生活與工作中，相約再來共修。

● 06.01

聖基會發行《代先生的奇幻旅程》
以動畫探索生死尊嚴

聖基會以現代人關注的生死尊嚴為主題，6月1日發行新動畫《代先生的奇幻旅程》第一集，藉由輕鬆的動畫，跨越宗教與年齡，接引大眾了解生與死的尊嚴，建立正確的生命觀。

《代先生的奇幻旅程》片中主角「代先生」取自英文Die（死亡）的發音，是一位搭著火車不斷流浪的旅人，在一地停留，

《代先生的奇幻旅程》以動畫探索生死尊嚴。

便與當地人交會一段故事或心靈對話，以此呼應聖嚴師父在《平安的人間》一書中所談「生與死的尊嚴」：現世只是在無窮的、無限的生命過程中的一個段落而已，就如同不斷的旅行，死亡並不等於生命的結果。

聖基會邀請擅長3D動畫製作與投影互動藝術創作的工作團隊，動畫由3D模型，模擬成2D油畫風格，畫風清新又溫暖。二十集動畫，前十集談「死」，

後十集談「生」，期許觀者能從面對死亡的恐懼開始，了解唯有認真地活，才能安心的死。

● 06.01～29

僧團結夏安居
凝聚共識 同願向前

僧眾結夏安居，在法鼓山園區禪堂精進共修。

僧團於6月1至29日舉辦結夏安居，以自我提昇、凝聚共識為主軸，從法鼓山園區禪二十一的精進共修開始，以三峽天南寺僧活營交流研修為圓滿，並邀請公益平台文化基金會董事長嚴長壽進行「在世界地圖中看見法鼓山的方位」專題演講、護法總會總會長張昌邦分享「護法信眾心中的法鼓山」，期讓法鼓山的弘化方向與方法，能夠不斷因應時代變遷，更深入民心所需。

1至22日於園區禪堂進行的禪二十一，禪期分禪七與禪十四，禪七聆聽聖嚴師父在1998年悅眾禪七的開示，禪十四邀請師父法子繼程法師帶領話頭禪，各梯次皆約有一百多位法師參與。禪期開始的第二日，全臺發生豪大雨，在美國弘法的方丈和尚果東法師特別指示，早、晚課加誦觀世音菩薩聖號，為受災民眾祈福。

戶外禪於23至25日在臺東都蘭山登山步道、瓦拉米古道舉行，26日清晨從信行寺經行至卑南文化公園，僧眾看到聖嚴師父留下的足跡及簽名，互勉踏著師父足跡，承先啟後，學佛護法弘法。

27日起於天南寺展開僧活營，並安排兩場演講。嚴長壽說明宗教是臺灣的軟實力，無論科技、文明如何進步，人類對心靈的探索和安頓，永遠都是需要的，尤其在未來世界政經局勢將愈來愈動盪的情形下，法鼓山更應發揮安定人心的力量，而這也正是法鼓山的價值所在。

另外，張昌邦總會長則分享法鼓山十寶，包括理念、聖嚴師父的著作、禪法，與僧團法師、法鼓山園區、菩薩戒、各項法會、佛法課程，以及臨終關懷和生命園區，皆是師父的法身長存，影響社會深遠。

僧眾一年一度的結夏安居，除精進共修，也在僧活營中，分享在不同單位領執的體驗與反思，透過交流互動，回到出家的初發心。

● 06.02～04

紫雲寺舉辦義工禪二
萬行菩薩練習放下過去與未來

感恩義工平日的奉獻，高雄紫雲寺於6月2至4日舉辦義工禪二，由常願法師帶領近八十位義工精進充電，體會修萬行更快樂的真義。

禪期中，義工們觀看聖嚴師父1998年於悅眾菩薩禪修營的開示影片，眾人了解法鼓山的理念及精神，須由僧俗四眾共同發揚弘傳，也體會禪修是佛法的實踐，而戒定慧三無漏學，更是修行人都必須具備；能持戒，就不會造罪，禪定可使人覺察自己的起心動念，不受煩惱所擾而生智慧。

紫雲寺義工參加禪二共修，專注練習放下過去與未來，將精神集中於當下這一刻。

兩天的課程，眾人藉由法鼓八式動禪、立姿瑜伽，體驗「身在哪裡，心在哪裡」；經行時收攝身心，每一步都感受到念念清淨、步步踏實；禪坐時每一炷香，專注於呼吸或佛號，練習放下過去與未來，將精神集中於當下這一刻。

常願法師勉勵大眾不管做人、做事，都要用佛法體悟「因緣有、自性空」的真義，妄想執著會覆蓋我們的佛性，放下我執，就不會起慢心。

● 06.07　06.16

感念丁松筠神父、齊柏林導演
方丈和尚果東法師、果祥法師親往關懷

為臺灣奉獻半世紀的光啟社副社長丁松筠神父，於5月31日逝世；僧團副住持果祥法師於6月7日，代表在美弘法的方丈和尚果東法師，前往光啟社向丁松筠神父致敬。果祥法師表示，丁松筠神父是一位建設地上天國的工程師，來世也將散發更多的光明與熱力，照亮、溫暖更多的人心。

而長期拍攝臺灣土地、關注環境保護的紀錄片導演齊柏林，6月10日為《看見台灣》續集勘景時，於花蓮意外墜機罹難；方丈和尚果東法師於16日代表法鼓山教團，前往齊導演靈堂致意。方丈和尚感恩、感佩齊導演一生行誼，讓社會大眾有共同努力的方向與目標，也以創辦人聖嚴師父曾說「受苦受難的是菩薩」，期勉大眾正面看待齊導演的往生。

法鼓山與齊柏林導演的法緣,為2016年人基會舉辦「心淨國土淨——從心探討國土安全」關懷生命論壇,邀請齊導演共同與談;而丁松筠神父曾於1992年8月於《華視新聞廣場》節目與聖嚴師父對談,建立雙方的跨宗教道誼。

● 06.22～08.10期間

齋明別苑舉辦佛學講座
李治華老師分享觀自在的生活智慧

李治華老師於齋明別苑分享觀自在的生活智慧。

6月22日至8月10日,桃園齋明別苑每週四舉辦佛學講座,邀請華梵大學佛教學系助理教授李治華主講「觀自在,生活智慧」,講授觀音法門,有近三百人參加。

課程從大眾最為熟悉的《普門品》切入,再連接《楞嚴經・觀世音菩薩耳根圓通章》,講述耳根圓通法門及禪修的五陰境界,再以《般若心經》說明觀音菩薩心法中的空性,進入觀自在與大悲心境界,最後談到《華嚴經・大悲觀自在菩薩》,引領學員隨著善財童子一起參訪觀音所在的普陀山,欣賞其藝術價值。

李治華老師說明,學習觀音菩薩發大清淨願,才能與觀音菩薩慈悲、喜捨、覺照的大威神力相應,轉化負面情緒,內在自性的光明與清淨,自然會漸漸顯發。

課堂最後的問答時間,學員從法門修持,到如何在時事紛擾中安定自心等,提問多元而切合生活,李治華老師一一回應,最後以《楞嚴經》二十五個圓通法門為例鼓勵大眾,只要是適合自己現況的修行方法,就是最殊勝、最好的法門。

● 07.01～02

社大幼童軍聯席露營
學習團體合作 展現童軍精神

法鼓山社大金山、萬里幼童軍團於7月1至2日,在新北市金山青年活動中心舉辦首次聯席露營,由總團長張瑞松帶領,共有六十多位幼童軍、家長及服務

員參加。

多數是第一次露營的幼童軍們，在服務員引導下，認真學習營地建設，為野外生活做好準備，中餐則親自動手野炊。下午的活動包括大地遊戲、闖關活動及DIY體驗，內容充實有趣。營火晚會中，校長曾濟群分享溫馨的小故事，鼓勵幼童軍勇於嘗試，發揮團隊合作精神。

在戶外野炊，幼童軍自己動手做午餐。

第二天晨起，幼童軍們各自盥洗及整理內務，完成後由服務員晨檢帳篷內務、環境衛生、服裝儀容等，最後再公布晨檢、野炊和團體遊戲的競賽結果，提昇榮譽心。

張瑞松團長表示，孩童在搭帳篷、野炊、整理內務等過程中，能夠培養基本的生活能力，以及與人相處之道，是生活教育的一環，也是心靈環保的實踐。

● 07.01～08.22期間

2017兒童心靈環保體驗營全球展開
學習做小小「心」主人

7月1日至8月22日暑假期間，「2017兒童心靈環保體驗營」於全臺各分院道場、護法會辦事處、社大金山校區，以及海外美國東初禪寺、加拿大溫哥華道場、西雅圖分會等地展開，以四環體驗為主軸，並結合地區特色，引導學童培養良善的生活習慣、愛護自然環境，成長心靈。

於臺灣，法鼓山園區舉辦兩梯次的營隊，每日清晨，小學員們即隨著法師與行者，到戶外掃落葉、拔草，前往大寮清洗公器、挑揀菜葉，在大殿合力拖地；也在「拯救未來」模擬任務中，化身虛擬國度的領袖、跨國企業、少數族群，共同商議解決全球暖化、海洋垃圾、雨林消失等問題，理解現代世界面臨的困境，啟發觀念並培養能力，成為守護地球的生力軍。

在北投農禪寺，小朋友則化身小畫家、小廚師，用手中畫筆描繪水月道場；臺北中山精舍安排學童運用落花枯葉、二手資源等素材，製成杯墊貼畫、可愛動物，打造簡樸的環保生活。

臺中寶雲寺亦舉辦兩梯次的營隊，近兩百位學童透過人文關懷、自然生態、

中部地區的學童，於寶雲寺齊聲誦念阿彌陀佛。

環保與藝術等主題，也藉由《阿彌陀佛大冒險》繪本認識阿彌陀佛、尋找極樂世界的寶物，並跟著法師敲木魚、持誦佛號，體驗念佛是可以讓情緒平靜下來的好方法。

臺南分院、高雄紫雲寺、臺東信行寺兒童營最後一日，均邀請小朋友的家人們來到營隊，藉由回顧影片分享孩子成長的喜悅，小學員為父母和師長行奉茶禮，獻上親手製作的卡片，還有溫暖的擁抱，感恩家人，也期許自己不讓父母操心；臺南雲集寺的學童則至佛前供燈，向照顧自己的父母、家人、乃至所有的人祈願祝福。

另一方面，慈基會也於7月1至2日，於北投雲來寺、陽明山為受關懷家庭學童舉辦兒童營，由教聯會師資帶領，共有四十二位學童於各項精心設計的活動中，培養專注力、自信與團隊精神。

海外地區，美國東初禪寺於8月2至6日在象岡道場展開為期五日的親子夏令營，加拿大溫哥華道場則於19日舉行，皆以禪法為主軸。其中，於象岡道場的活動，還包括學佛行儀、故事繪本、手工製作、團康活動等，引導小學員將佛法精神內化於日常生活中，也安排親子互動遊戲，在活潑創新當中，小手牽大手，為營隊增添溫馨氣氛。

2017 法鼓山兒童心靈環保體驗營一覽

區域		活動地點（單位）	舉辦日期	梯次	主要參加對象
臺灣	北部	法鼓山園區	7月11至15日	第一梯次	國小高年級
			7月18至22日	第二梯次	國小高年級
		北投農禪寺	7月18至21日	共一梯次	國小中年級
		北投雲來寺（慈基會）	7月1至2日	共一梯次	國小三至六年級
		臺北安和分院	7月7至9日	共一梯次	國小中、高年級
		臺北中山精舍	7月17至19日	第一梯次	國小高年級
			7月20至22日	第二梯次	國小低、中年級
		桃園齋明寺	7月28至30日	共一梯次	國小中、高年級
		社大金山校區	7月29至30日	共一梯次	國小二至六年級
		松山辦事處	8月26至27日	共一梯次	國小低、中年級
		新莊辦事處	7月8至9日	共一梯次	國小中、高年級
		新店辦事處	7月22至23日	共一梯次	國小低、中年級

臺灣	中部	臺中寶雲寺	7月17至18日	第一梯次	國小高年級
			7月19至20日	第二梯次	國小中年級
	南部	臺南分院	7月7至9日	共一梯次	國小二至六年級
		臺南雲集寺	7月7至9日	共一梯次	國小二至六年級
		高雄紫雲寺	7月7至9日	共一梯次	國小三至五年級
	東部	臺東信行寺	8月8至12日	共一梯次	國小四至七年級
海外	北美	美國東初禪寺（象岡道場）	8月2至6日	共一梯次	五至十三歲學童
		加拿大溫哥華道場	8月19日	共一梯次	五至十三歲學童
		美國西雅圖分會	8月21至22日	共一梯次	五至十三歲學童

● 07.02

豐原辦事處舉辦安寧講座
推廣佛法的善終觀與生死觀

為推廣佛法的善終觀與生死觀，護法會豐原辦事處7月2日舉辦專題講座，由果雲法師、埔里基督教醫院安寧照護主治醫師陳家瑋主講「安寧關懷與DNR」，共有一百多人參加。

透過聖嚴師父《大法鼓》影片對生死的開示，大眾首

豐原辦事處舉辦安寧講座，大眾專注地聆聽。

先了解人的身體和心念，一直都在不斷地生起和死亡。長年投入中部臨終及助念關懷的果雲法師，接續師父開示的生死觀念，說明佛法能幫助往生者及家屬兩相安，懂得佛法的因緣因果觀，明白緣生緣滅、不生不滅、無來無去，就不會不安地揣測未知的世界。法師表示，走向善終最好的方式，便是把握每個當下，先改變自我觀念，才能幫助家人坦然面對。

陳嘉瑋醫師從醫療及法律觀點解說《安寧緩和醫療條例》，並說明簽署「不施行心肺復甦術」（Do-Not-Resuscitate, DNR）及安寧緩和醫療，是為了保障病人的生命尊嚴。2016年通過的《病人自主權利法》，鼓勵民眾提前預立醫療計畫，照著自己的心願，走完人生最後的路程。

參與聆聽的資深護理師表示，過當的醫療方法會讓病人承擔痛苦，現代人已經覺醒，不希望過度的醫療急救，成為往生者的臨終儀式；也有罹癌病友分

享，生了病不要躲在家裡自怨自艾，要勇敢走出來，為自己、為他人創造更多的生命價值。

● 07.05～09.24

社大創作成果展
近三百件作品　美「畫」生活

社大學員於成果展茶會中，示範衣物彩繪。

法鼓山社大於7月5日至9月24日，在臺大醫院金山分院舉辦「繪心創作成果展」，結合金山校區的回收舊物彩繪多變化班、歐式彩繪創造生活班，以及新莊校區的歐風織品彩繪班和彩繪蝶谷巴特班等班級聯展，共有五十四位學員創作近三百件作品。

5日的啟展茶會中，金山分院院長譚慶鼎致詞表示，感謝法鼓山社大的展覽為醫院注入人文藝術氣息，讓患者和醫護人員感受到社區人文之美，增進身心靈的健康美麗；金山區區長陳國欽則說，法鼓山社大開辦多元課程，提供民眾良善的學習管道，也分享作品，讓環境更美好。

社大校長曾濟群則說明，展覽主題「繪心」，是學員以真心、用心、細心來完成創作，《華嚴經》有云：「心如工畫師，能畫諸世間」，一切都是心的呈現，希望觀賞者細細體會。

茶會亦安排參展學員現場示範彩繪、走秀展現織品彩繪，為衣物賦予新生命與風貌。

● 07.08

聖嚴書院佛學班北區聯合結業典禮
逾七百位學員圓滿三年初階課程

7月8日，普化中心於北投農禪寺舉辦「聖嚴書院佛學班北區聯合結業典禮」，副都監果毅法師到場關懷，包括農禪、安和、中山、金山、文山等八個班級，共有七百零六位學員圓滿三年初階課程。

果毅法師關懷時，說明心性的成長與生命的轉化，有賴於人與人的密切互動，在數位課程日益蓬勃之際，實體的學習更為重要，尤其學佛最重要的是生

活實踐，除了知識的累積增進，還要運用佛法來突破與轉化生命。

典禮上，透過影片、班呼，以及舞蹈、戲劇朗誦、手語歌唱等，詮釋學佛的收穫和感動，也分享三年共學的點滴。除了學員的精彩演出與交流，授課多年的朱秀容老師也分享自己中風、復健的歷程，朱老師坦然過程中曾對佛法退失信心，後來在家人和學生的支持鼓勵下，重新面對、接

學員透過舞蹈表演，詮釋學佛的收穫和感動。

受生病的事實，如今復健告一段落，也發願繼續授課，並擔任長青班關懷員，服務長者。

學員對上課的熱情，也跨越了年紀、病苦、語言、時間與距離，並建立深厚的情誼。有每週從花蓮瑞穗到農禪寺上課的學員，三年保持全勤；也有高齡七十九歲的長者表示，能與同學一起結業，是生命熱情的原動力。來自巴西、執教於政治大學的天主教徒學員分享，曾經對學生異常嚴厲，現在會站在學生的立場思考問題，師生關係改善不少。

活動最後，果毅法師勉勵大眾持續回來道場共修、當義工，真正做到福慧雙修、解行並重。

● 07.08～09　07.15～16

人基會兩梯次「幸福體驗親子營」
遊戲看戲中體驗心六倫

人基會心劇團於7月8、9日及15、16日，在德貴學苑舉辦兩梯次「幸福體驗親子營」，以寓教於樂的活動，讓親子一同了解、學習心六倫，共有一百一十七組親子參加。

孩童的課程，以戲劇演出，引導學習說好話、發好願與尊重別人，過程中結合製作許願娃娃、紙黏土集體創作，培養合作精神，並改編法鼓八式動禪帶動肢體律動；同時也為家長安排親職教育講座、禪修體驗，讓親子攜手同步成長。

2017年親子營節目組的演員及工作人員，皆由心劇團「人才深耕——禪與藝工

寓教於樂的幸福體驗親子營，活動內容豐富有趣。

作坊」的學員擔任，展現長期耕耘的成果；也邀請曾參加過的小學員擔任義工，從服務中體現分享與回饋的快樂。

● 07.14～16

齋明別苑展開「心的探索體驗」國中營
帶領青少年展現自信與活力

透過「都市叢林探險」，學員分工合作，凝聚團隊向心力。

傳燈院、桃園齋明別苑於7月14至16日，共同主辦首屆「心的探索體驗」國中營，同時安排親職及親子互動課程，共同體驗禪法為家庭帶來的轉變，共有一百五十多位青少年參加。

營隊內容包括禪坐練習，以及吃飯禪、托水缽等生活禪，特別規畫「都市叢林探險」活動，以齋明別苑為中心，學員分組在有限時間內，至指定地點打卡拍照，並完成安排的任務，才能繼續前往下個地點前進。不論是交通方式、路徑安排，時間管理，都由學員們自行討論、決定。

營隊第三日的大堂分享，有國中生表示，城市探險不僅貼近在地人文風情，在過程中也能展現自信及凝聚團隊向心力；有家長分享，活動中感受到孩子的成長，拉近了親子關係。常願法師也期許學員，在心中種下善的因子，進而利益他人，產生善的循環。

● 07.15～16

社大舉辦「福慧傳家樂活營」
老幼共學創造家的幸福味道

法鼓山社大於7月15至16日在北投雲來寺、新北市石門區戶外教室，首次舉辦「福慧傳家樂活營」，以老幼共學的形式，促進家人間的情感，安心安家、傳心傳家，共創家庭的幸福味道，有近八十位祖孫三代參加。

營隊強調親子溝通、團結合作，內容包括人生講座、感恩奉茶、拓印手帕、繪本故事、闖關遊戲、自然探索、農耕體驗、親子料理等，為三個世代搭起溝通的橋樑，讓長輩學習聆聽、小朋友則學習主動關懷，在親密互動中，拉近心的距離，共同成長。

用遊戲作為世代溝通的橋樑，祖孫三代親密互動，拉近了心的距離。

活動最後安排點燈儀式，僧團副住持果暉法師、校長曾濟群帶領學員，共同點亮心燈，讓光明的種子在心中萌芽，照亮自己，也照亮他人。

有帶著女兒與母親參加的家長表示，鮮少有與孩子共同學習、成長的機會，營隊中教導孩子與長輩相處的禮儀，也能一起親近土地、體驗農耕，收穫豐盛。

● 07.22～09.09

禪堂舉辦默照禪四十九
禪眾深入體驗無法之法

禪堂於7月22日至9月9日舉辦禪四十九，為方便禪眾作息，禪期分兩梯次的禪十四、一梯次的禪二十一，每一梯次皆有近一百五十人參與共修，其中有一百四十人圓滿四十九日的精進修行。

為期七週簡單規律的生活，禪眾清晨四點起板，晚間十點安板，每日觀看聖嚴師父於2001年主持默照禪四十九的開示影片，依著師父的指導，坐禪、經行、拜佛，不斷地體驗方法，收心、攝心、安心。

擔任小參法師、全程隨眾作息的禪修中心副都監果醒法師觀察，禪四十九不僅接引大眾用功，對每一位內外護法師來說，如何體察、回應禪眾的身心變化，幫助大眾提起方法，是一次相當寶貴的經驗學習和成長。

有參與第一梯次的禪眾分享，再次聆聽聖嚴師父的開示，很歡喜，很受用，師父講說修行方法，並述及從原始佛教的次第禪觀到大乘漢傳禪法，指出禪法的本質無異，唯有下手處的不同；而師父的開示總能穿透禪眾當下的心境，如醍醐灌頂。

早在2004年、僧大即將開辦禪學系之初，聖嚴師父便指示禪堂每年應規

禪眾每日觀看聖嚴師父於2001年主持默照禪四十九的開示影片，依著指導，持續地深入方法。

畫為期三十天、四十九天乃至三個月的精進禪修，作為培養傳承中華禪法鼓宗的師資與人才的基石。2017年因緣具足，僧團繼起師父弘揚禪法的步履，舉辦默照禪四十九，期能讓禪眾入堂用功，在方法上有所突破。

● 07.26

長青班北區關懷員培訓
在利他中成長自我

長青班關懷員培訓課程中，學員熱烈分享關懷案例。

7月26日，普化中心於北投農禪寺舉辦法鼓長青班北區關懷員培訓課程，副都監果毅法師出席關懷，共有來自北區十五個班級、近四百二十位學員參加。

信眾教育院監院常用法師說明關懷員的工作，如同教育服務業，承擔起學法、護法、弘法的使命，期勉學員，勿忘初發心，將自己歸零，以謹慎莊重的態度陪伴長者共學、共修。常格法師則在課程中播放《即使黑暗，也要成為社會的美麗空缺》短片，影片中，藝術家楊士毅以七十五公尺的剪紙創作，比喻每個人生命中短短的一段路，如同長青班的關懷員陪伴長者，即便只走過人生的七十五公尺，也能引領長者在課程之後，有正向的力量繼續向前走。

培訓課程並安排悅眾講授關懷長者實用的「關懷技巧」及「預防與應變長者常見意外事件」，以「三心兩意」：耐心、關心、愛心、誠意和善意，表達對長者的肯定、回應和關懷；學員也分組分享各班實際關懷案例，交流經驗。

有學員表示，透過培訓感受到大眾不分彼此的願心，期許提供長者最適切的關懷與陪伴，在利他中提昇自我。

● 07.29

人基會開辦香草教師培訓課程
於校園推廣生命教育

為於校園推廣生命教育，人基會於7月29日在德貴學苑舉辦香草教師培訓課程，共有六十位國小教師參與。現任的香草老師與新學員齊聚一堂，透過課程與分組活動，學習植栽新知與分享心得。

培訓課程中，由文化中心副都監果賢法師講授「佛教的大地觀」，法師表示，現代人生活太過繁忙、急促，很不容易感受到自然界的變化與大地的賜予，因此每個人都需體認自己和大自然相依相存的關係，以感恩的心面對一切眾生。蘭陽精舍副寺常法法師則分享了「心靈

香草老師共聚一堂，透過課程與分組活動，學習植栽新知與分享心得。

環保與心六倫」的意涵，是建立正確觀念以及穩定的人格，法師強調這不是口號，而是具體、可身體力行的實踐方法。

有現任香草教師分享，香草只是一個媒介，主要是陪伴學童，透過觀察植物的生長、榮枯，進而認識尊重生命、感恩生命；也有學員表示，「以生命關懷生命、以生命感動生命」的體驗方式，能啟發孩童理解與萬物的關係，吸收更多良善的養分。

● 08.03～10

夏季青年卓越禪修營文理學院展開
各國學員從心認識自己

青年院於8月3至10日，在法鼓文理學院舉辦第十三屆青年卓越禪修營，由監院常炬法師擔任總護，共有一百三十多位來自大陸、香港、澳門、馬來西亞、德國、美國及加拿大等東、西方的青年學員參加。

方丈和尚果東法師於7日

青年學員在團康遊戲中，培養專注力與團隊合作。

出席關懷，開示煩惱與智慧是一體兩面，鼓勵青年建立好的心態、觀念、習慣，超越自我視界。

營隊內容以禪修為主軸，包括基礎禪修、法鼓八式動禪、經行、托水缽等，啟發青年以禪修練習心的卓越，並開發本身具足的能量；也藉由活潑有趣的團

康遊戲，培養專注力與團隊合作。

備受歡迎的心靈工作坊，由文理學院副教授楊蓓帶領學員練習說出自己的故事，分享內在深刻感受，在過程中認識自己的慌張、焦慮與不安，也藉由自覺，產生新的方向與契機；「心潮講堂」則邀請視障青年林信廷講述「不被受限」、「化被動為主動」的生命歷程，勉勵學員，運用智慧順勢而為，掌握生命作出最合宜的選擇。

有來自德國的學員分享，對每日體驗早晚課、禪坐、素食，有別西方文化的宗教體驗，印象深刻；也有創業青年表示，參與卓越禪修營，學習到安定身心的方法，就是放慢、放鬆與放下。

● 08.05～09.16期間

全球分支道場、分會舉辦中元法會
孝親報恩　用佛法照顧自己

果器法師帶領於紫雲寺進行的三時繫念法會，將念佛功德超薦亡靈往生西方淨土。

感恩現世父母，迴向歷代眷屬，8月5日至9月16日農曆教孝月期間，法鼓山海內外各分支道場，接續舉辦中元報恩法會，大眾虔敬共修，效法地藏菩薩大孝大願的精神，廣度一切有情眾生，全球共逾萬人次參加。

於臺灣，北投文化館、臺北安和分院、桃園齋明寺、臺中寶雲寺、臺南分院、高雄紫雲寺等，以及海外的美國東初禪寺、洛杉磯道場、普賢講堂，加拿大溫哥華道場，以及香港道場、泰國護法會等，先後舉辦中元報恩地藏法會。其中，香港道場除了舉行「都市地藏週」七天法會，並於法會前規畫鈔經禪修、《地藏經》講座等前行活動；齋明寺信眾則以每日稱念「地藏王菩薩」聖號一千次、持誦「滅定業真言」一百零八遍，作為共同定課。

另一方面，北投農禪寺於8月20至26日啟建梁皇寶懺法會，首日約有八千多人參加共修，監院果毅法師鼓勵眾人，將壇場攝心的方法帶回日常生活，用佛法照顧自己及周圍的人事物，讓社會更祥和美好。

臺南分院、臺東信行寺，與舊金山、溫哥華、馬來西亞三處道場，則從8月5日起，先後舉辦為期一至三天的慈悲三昧水懺法會；臺南分院、紫雲寺及信行寺並舉行三時繫念法會，以念佛功德超薦亡靈往生西方淨土。

馬來西亞慈悲三昧水懺法會主法果悅法師分享，與人相處時，要尊重、感

恩、讚歎他人；與自己相處時，能發奉獻他人的慈悲心，生起慚愧懺悔的精進心，才是菩薩行的初發心。法師期勉眾人，時時以慚愧心覺察自己，運用「四它」來消融自我，自己用佛法，也將佛法分享給別人，延續聖嚴師父的精神。

2017 法鼓山全球中元系列法會一覽

區域		主辦單位（地點）	時間	內容
臺灣	北部	北投文化館	8月11至13日	中元報恩地藏法會
		北投農禪寺	8月20至26日	梁皇寶懺法會
		臺北安和分院	9月3至16日	中元報恩地藏法會
		桃園齋明寺	8月21至27日	中元報恩法會
		桃園齋明別苑	9月9至10日	中元報恩地藏法會
		臺北中山精舍	9月3至10日	中元報恩地藏法會
		基隆精舍	8月27日至9月9日	中元報恩《地藏經》共修
	中部	臺中寶雲寺	9月1至3日	中元報恩地藏法會
		南投德華寺	8月27日	中元報恩地藏法會
	南部	臺南分院	8月16至22日	中元報恩地藏法會
			8月26日（臺南二中）	中元報恩慈悲三昧水懺法會
			8月27日（臺南二中）	中元報恩三時繫念法會
		臺南雲集寺	8月7至12日	中元報恩地藏法會
		高雄紫雲寺	8月27日至9月2日	中元報恩《地藏經》共修
			9月3日	中元報恩三時繫念法會
	東部	臺東信行寺	8月25至26日	中元報恩慈悲三昧水懺法會
			8月27日	中元報恩三時繫念法會
海外	北美	美國東初禪寺	9月9日	中元報恩法會
		美國洛杉磯道場	8月27日	中元報恩地藏法會
		美國舊金山道場	8月5至6日	中元報恩慈悲三昧水懺法會
		美國普賢講堂	8月27日	中元報恩地藏法會
		美國新澤西州分會	9月1至3日	中元報恩地藏法會
		加拿大溫哥華道場	8月26日	中元報恩地藏法會
			8月27日	中元報恩慈悲三昧水懺法會
		加拿大多倫多分會	8月26日	中元報恩地藏法會
	亞洲	馬來西亞道場	8月5至6日	中元報恩慈悲三昧水懺法會
		香港道場	8月27日至9月2日	中元報恩「都市地藏週」
		泰國護法會	9月3日	中元報恩地藏法會

● 08.10～11

心六倫陪伴新生入學
種子教師受邀大灣高中宣講

人基會心六倫宣講團應臺南市大灣高中之邀，於8月10至11日該校的新生訓練活動中，為新生授課。

課程內容將心六倫理念與學校校訓結合，例如校訓「誠實」的課程中，講師引導簡短的靜坐放鬆方法，讓同學領略與自己誠實地在一起的安心法門；「簡樸」課程帶領分組討論：哪些東西是需要？哪些是想要？「恆毅」課程設計時光膠囊活動，約定畢業前開啟，一起見證目標是否完成；「致遠」課程提醒同學們合作就是力量，從接龍遊戲中，讓學生體會團隊合作的重要性。

有訓育老師指出，兩天的課程非常精彩與深刻，同學們能實踐這些觀念，一生必定受用無窮。

校長楊力鈞相當認同心六倫的觀念，希望培養學生應有的倫理道德，因此，宣講團團長林知美和副團長林柏樺帶領種子教師，費心籌備與演練，並事前到學校勘察場地，也培訓三十位自願擔任隊輔的高二學生。

● 08.13　10.15　11.05

臺南分院舉辦「快樂生活禪」講座
常源法師引導大眾以禪樂活

常源法師於臺南分院「快樂生活禪」講座，分享禪修如何運用在生活中。

臺南分院於8月13日至11月5日，舉辦三場「快樂生活禪」講座，由常源法師主講，引導大眾以禪樂活，有近一千人次參加。

首場講題「活在當下——行住坐臥皆是禪」，法師說明，真正的快樂不是向外求，而是來自覺性的提昇，當下一分覺察、一念清淨，佛性便會有一分增長，只要不斷用方法觀照身心，觀看念頭的昇起，覺察到負面就轉向正面，心就會逐漸清淨；而在行住坐臥中保持清明的覺照，就能活在當下。

10月15日的主題是「心潮人生——悠遊自在的人際關係」，法師從心潮人

生、悠遊自在和人際關係等三個子題解析，指出只要不斷地回到內心，檢視自己的起心動念，慢慢地去除自我的執著，人際網絡就會愈來愈開闊。

第三場講座，常源法師以「告別憂鬱的年代——情緒管理的智慧」為主題，分享以禪修的觀念和方法，來處理壓力與情緒管理。法師表示，禪修的調身與調心，有助於平衡壓力、放鬆身心，面對問題時，心不易隨著情緒起伏，而能專注於事情的處理。

法師提醒，從「有我」的基礎練習起，用「戒」養成良好的生活習慣，再以「定」讓身心更穩定，運用佛法的正知見讓「慧」生起，放下自我的執著，心中自然快樂自在。

有學員分享，法師從多元面相提點佛法要義與實踐方法，提醒自己要在生活中修行，在修行中生活，讓自他更美好。

● 08.16

教聯會成長營與聯誼會天南寺舉行
將安心方法帶入教學中

教聯會於8月16日在三峽天南寺舉辦「成長營與禪七學員聯誼會」，由常獻法師帶領，有近七十位來自全臺各級學校教師參加。

會中透過各式動靜交替的活動，舒展筋骨、覺察起心動念，分享生命體悟、體驗活在當下的自在輕鬆；常獻法師也分享佛法，講說禪在

學員在「時空膠囊書寫」中，自我對話，開展跨時空的思想交流。

生活日用中，而不只是打坐，即使在動中，更要練習用方法，清楚覺察當下正在做的事。法師進一步提醒生活中要「慈悲待人、智慧處事」，避免造成煩惱的起源。

營隊並安排「時空膠囊書寫」，一封信寫給過去的自己，一封信寫給一年後的自己，書寫的當下與自我對話，開展跨時空的思想交流；教師們並許下約定，2018年暑假再開啟給一年後的自己信箋，圓滿承諾。常獻法師鼓勵學員，持續探索、思考生命的意義，不斷練習方法，讓身心逐漸安定，找到對生命的感動。

● 08.21

方丈和尚出席金門座談會
祝福兩岸佛教交流

方丈和尚出席金門座談會，祝福兩岸佛教交流。

　　8月21日，方丈和尚果東法師受邀出席由臺灣佛教界代表組成的中華人間佛教聯合總會，與大陸佛教界代表，於金門佛光山金蓮淨苑進行的「兩岸佛教界和平祈福交流座談會」。參與討論教界人士，包括德山禪寺住持心茂法師、海明禪寺住持明光法師、佛光山寺常務副住持慧傳法師、金門縣佛教會理事長湛因法師、金門縣佛教會榮譽理事長性海法師，以及中國大陸中國佛教協會常務副會長則悟法師、福建省佛教協會常務副會長本性法師等。

　　方丈和尚表示，這次活動凝聚兩岸的善緣、法緣，相互交換意見、達成共識，對於增進未來兩岸的佛教發展，深具意義，並以〈同圓八力〉：「大悲願力，啟發智力，群策群力，同心協力，一起努力，展現潛力，堅定毅力，圓滿順力」，為兩岸佛教交流祝福。

　　座談會中，兩岸教界長老就強化交流、深化合作、增進良好互動機制等議題，進行探討。

● 08.29起

聖嚴書院開辦「禪學班」課程
完整研習禪修法脈與教理

　　為了讓具有禪修基礎的學員，進一步建立禪修的正確知見、觀念與方法，普化中心每週二晚上於北投農禪寺開辦聖嚴書院「禪學班」課程，第一學期自8月29日至12月26日，課程延續三年，完整學習教理與禪修法脈，共有一百多位學員參加。

　　禪學班課程解行並重，解門課程第一年包括：禪的概說、禪宗史、中華禪法鼓宗、次第禪法、漢傳禪法，第二年則有：禪的實踐與應用、簡介禪修典籍、

《六祖壇經》，最後一年則是默照禪法與話頭禪法，循序漸進為學員奠定禪法修行的根基。

「行門」功課方面，學員在三年的修學過程中，至少要完成三次禪七，其中一次必須是默照或話頭禪七；此外，學員每年也須投入至少四天時間擔任義工，在奉獻過程中增長自己的「福業」，構築完整的禪修學習。

聖嚴書院禪學班課程，學員完整研習禪修法脈與教理。

有學員表示，禪學班扎實的課程內容，不僅深入教理，深化修持，期盼在日常生活中落實、體會禪法，提昇生命的品質。

● 09.01　09.14

法鼓山獲頒內政部、臺北市優良宗教團體
北投農禪寺連續十年獲肯定

法鼓山所屬佛基會、中華佛教文化館、北投農禪寺、雲來寺等四單位，因提倡心靈環保、落實社會教化，獲內政部「106年度優良宗教團體」肯定，9月1日由護法總會副都監常遠法師、鑑心長老尼、果仁法師、果昌法師代表出席於新北市政府集會堂舉行的表揚大會，接受

農禪寺連續十年獲內政部優良宗教團體肯定，由果仁法師（右）代表接受葉俊榮部長（左）頒發特別獎牌。

內政部長葉俊榮頒獎。其中，農禪寺更因連續十年獲此殊榮，由行政院另行頒發獎牌以資鼓勵。

常遠法師表示，感謝政府單位的肯定，秉承創辦人聖嚴師父「提昇人的品質，建設人間淨土」的理念，法鼓山四眾弟子會持續學習、奉獻自己，成就社會大眾的善願善念。

另一方面，中華佛教文化館、農禪寺再獲臺北市績優宗教團體肯定，僧團果

仁法師、果恆法師於9月14日出席在臺大醫院國際會議中心舉行的「105年度
臺北市績優宗教團體、民俗暨106年度孝行模範、寺廟環境優良獎聯合表揚大
會」，接受副市長鄧家基頒獎。

● 09.01～30

法鼓山園區禪修月
大眾體驗心靈新旅行

禪修月活動引導大眾在沉澱、放鬆之中展開心靈之旅。圖
為民眾練習托水缽，體驗專注與放鬆。

弘化院參學室於9月1至30
日，在法鼓山園區展開「禪修
月」，透過靜坐、法鼓八式動
禪、慢步經行、觀身受法、鈔
經等行禪體驗活動，引領大眾
展開「心靈的新旅行」，共有
逾五千人次參加。

禪修月首日，德明財經科技
大學校長徐守德帶領近四十位
教職員上山體驗。徐守德校長
分享，平常忙於校務、教學，
難得有時間靜下來與自己好好相處，短短二個多小時的禪修體驗，彷彿充電一
般；也表示會在校內推廣禪修，讓更多師生學習，體驗專注每一個當下，進而
提昇心的力量。

參學室表示，「心靈旅行」概念引導大眾放慢步伐，把心拉回當下，感受每
一個步伐、每一個動作都是一期一會，既是心靈之旅，也是全新的開始。

● 09.02～23

「法青療癒誌工作坊」齋明別苑舉行
協助青年學員安定自我

桃園齋明別苑於9月2至23日，每週六舉辦「法青療癒誌工作坊」，邀請臨
床心理師洪仲青帶領，有近四十人參加。

工作坊主題多元，包括靜心與身體覺察、情緒辨識與共處、原生家庭與內在
小孩、友情與愛情、溝通與問題的解決、多元與彈性思考等，開啟認識自己，
以及個人與各種關係的連結。最後一次課程中，洪仲青心理師透過美食影片引

導學員思考，「吃」究竟是為了消除情緒，還是擁抱生命？面對生命中不時升起的欲望和追求，如果能運用禪修心法「身在哪裡，心在哪裡」，就能沉澱、省思，不會迷失自我。

副寺常雲法師也分享，禪修可認識自我、肯定自我、成長自我、消融自我，鼓勵學員多參與法鼓山禪修活動，學會安定內心的方法。

洪仲青心理師以多元的主題，引導學員認識自己，與情緒和平共處。

● 09.05～10.26期間

人基會心劇團校園巡演
以四它轉動幸福

人基會心劇團於9月5日至10月26日，在新北市、雲林縣、高雄市與臺東市展開十三場「轉動幸福」校園巡演活動，並安排體驗課程及放鬆練習，引導學童從看戲、作戲、演戲的過程中，認識情緒與自我。

2017年演出劇目《小平安·大冒險》，以劇中劇的

心劇團轉動幸福校園巡演，引導學童在看戲過程中，學習「四它」。圖為於雲林潮厝國小進行的演出。

形式，分享如何認識、接納自己的負面情緒，並將對親人的愛與思念，轉化為學習獨立成長的勇氣。表演結束後的「交換禮物」，則由學生上台演出，例如9月5日在新北市老梅國小演出後，由該校打擊樂團演奏〈奇幻星球〉作為回禮，展現學生的才華。

故事主角「財富」的成長歷程，讓許多師生心有所感。有學童認為，克服恐懼的關鍵，是要勇於面對造成恐懼的原因；也有教師分享，由於姊姊不久前往生，留下年幼的孩子，觀賞後體會到，失去不代表親人的愛就不復存在，並可以運用四它來處理悲傷。

心劇團秉持「不只是一場戲」的初衷，透過戲劇傳遞生命教育，演出後更以「生根活動」，在校園用互動遊戲引導學童，如何在日常生活中練習運用四它來轉念，增進心的力量；團員們也與師長舉辦「幸福茶會」互相交流，體驗放鬆、寧靜的感動。

2017 心劇團「轉動幸福」校園巡演一覽

縣市	時間	地點（參與學校）	活動內容
新北市	9月5日	石門區老梅國小	幸福巡演
雲林縣	9月13至14日	褒忠鄉褒忠國小	幸福茶會、幸福巡演、生根計畫
	9月18至19日	元長鄉元長國小	幸福茶會、幸福巡演、生根計畫
	9月20至21日	褒忠鄉復興國小	幸福茶會、幸福巡演、生根計畫
	9月26至27日	褒忠鄉潮厝國小	幸福茶會、幸福巡演、生根計畫
	9月28至29日	褒忠鄉龍巖國小	幸福茶會、幸福巡演、生根計畫
高雄市	10月2至3日	鳥松區仁美國小	幸福茶會、幸福巡演、生根計畫
	10月5至6日	仁武區灣內國小	幸福茶會、幸福巡演、生根計畫
臺東縣	10月12至13日	臺東市馬蘭國小	幸福茶會、幸福巡演、生根計畫
	10月17至18日	臺東市知本國小	幸福茶會、幸福巡演、生根計畫
	10月19至20日	臺東市卑南國小	幸福茶會、幸福巡演、生根計畫
	10月23至24日	臺東市東海國小	幸福茶會、幸福巡演、生根計畫
	10月25至26日	臺東市寶桑國小	幸福茶會、幸福巡演、生根計畫

● 09.08

心靈環保「福慧當家好傳家」座談會
以佛法智慧做自己的主人

法鼓山於9月8至9日，在臺北國父紀念館舉辦兩場心靈環保講座，8日展開「福慧當家好傳家」座談會，由方丈和尚果東法師、法鼓文理學院學群長楊蓓，與表演工作者柯有倫、陳忻，從不同領域，分享不同世代承擔「當家」的體悟，共有一千兩百多人參加。

方丈和尚首先分享當家十一年的過程，並憶及聖嚴師父從耳提面命到獨立思考不依賴的教導，深刻感受到師父的慈悲，表示這些經歷，都成就回到清淨、柔軟、法味德。有別於方丈和尚「從依人到依法」的當家心路，楊蓓老師因為經歷師父、父親、同修捨報，直至六十歲才感受到「一個人」的孤單，並從內心探索，品嘗出真正的獨立精神，認為當家是一種責任、一種承擔，學習為自己負責，就是成為生命當家的開始。

同樣經歷父親離世之痛的柯有倫與陳忻，則述及傳承自父親的家法與影響。柯有倫說明父親柯受良的往生，首次體驗到無常，而從小跟著母親親近法鼓山的因緣，在當家以後，佛法就成了家法，而「四它」與慈悲心就是面對逆境的法寶；陳忻因從小被父親嚴格要求，充滿挫折，父女關係一度糾結，

「福慧當家好傳家」座談會，邀請方丈和尚果東法師（左二）、楊蓓（右二）、柯有倫（左一）、陳忻（右一），分享傳承、當家的心路歷程。

學戲劇的她，卻因一句台詞的觸發，重新了解父親，也因而接納了自己。

座談會最後，身兼主持人的楊蓓老師，期許透過與談人感化自己的當家歷程，感動大眾，真正當起自己的家。

● 09.09

心靈環保講座「法鼓講台」
跨領域分享「轉心‧轉大人」

法鼓山於臺北市國父紀念館舉辦的心靈環保講座，繼9月8日的座談會，9日展開「法鼓講台」DDM Talks，邀請仁山仁海藝想堂堂主張逸軍、寶島淨鄉團創辦人林藝，與馬來西亞道場監院常藻法師，暢談「轉心‧轉大人」，方丈和尚果東法師到場關懷，共有一千一百多人參加。

三位年輕講者張逸軍（右一）、常藻法師（中）、林藝（左二）與到場關懷的方丈和尚（左二）合影，左一為主持人劉忠繼。

一心想把臺灣藝術帶向國際，因而返鄉創作的太陽劇團前首席舞者張逸軍，期許把人帶到環境裡，用不同角度欣賞傳統文化，鼓勵年輕人放下手機，打開五感，找回與大自然的連結。法鼓山最年輕的分院小當家常藻法師，分享擔任監院四年多來的蛻變及放下自我的過程，法師體認到「我，已不是我」，而是

應因緣所需而成就了更成熟的「我」。

　　「老師，你為環境做過什麼？」學生的提問，讓林藝在大學四年級時創辦「寶島淨鄉團」，儘管被喻為「平民英雄」，被票選是「未來大人物」，實際上卻曾被資遣，面對挫折，林藝利用兩個月的時間寫了一份自我分析報告，放下對他人眼光的不安，重新面對真實的自己後再出發。

　　法鼓講台之後進行綜合座談，讓聽眾與講者更進一步互動。被問及如何面對障礙挑戰時，張逸軍說明，只要是利益眾生、成就他人的事，就義無反顧向前走；林藝以網友對自己的評論為例，提醒年輕人，只要做的事是對的，就不要被外境影響；常藻法師也分享，許多馬來西亞年輕人有「選擇困難症」，其實選擇沒有絕對的好與壞，而是在做選擇時，能夠承擔起所有伴隨而來的後果。

　　有青年表示，三位講者轉大人的歷程有方法有心法，面對人生選擇題，常藻法師的分享協助釐清觀念，不僅提昇心的力量，也有堅持下去的勇氣。

● 09.09～10.21

高雄紫雲寺《法華經》系列講座
果慨法師談究竟的幸福

高雄紫雲寺的經典講座，由果慨法師分享《法華經》中的人生智慧。

　　9月9日至10月21日，高雄紫雲寺每週六舉辦經典講座，由弘化發展專案召集人果慨法師主講「遇見您的究竟幸福──《法華經》與人生智慧」，有近五百人熏修經典的深蘊哲理與圓融奧義。

　　法師首先介紹《法華經》的要旨，說明這部「經中之王」彙整了佛陀一生說的法，具有圓滿、究竟之意，全名是《妙法蓮華經》，以出淤泥而不染的蓮花，比喻佛法的潔白、清淨。果慨法師表示，佛學是知識，而學佛則是一種知見，將知見具體實踐在日常生活中，讓佛法與生命結合，才能夠提昇生命的品質；在無窮的生命中，若能做自己的主人，也就是幸福的人。

　　法師提醒大眾，修行應該重質而非重量，寧願短不能斷，並運用雲端科技，請學員提交作業。10月21日最後一堂課，除了分享學員的作業，也講解法華三昧懺五科儀的架構，鼓勵學員以正知見，一步步踏實地修行，走在成佛之道。

有學員分享，在聞思修並行的課程中，對《法華經》指導眾生發心、修行、直到最終成佛，有更進一步的了解，期許在現實生活中，從煩惱身轉為智慧身，遇見人生的究竟幸福。

● 09.16

法鼓山社大萬里幼童軍參與淨灘
力行自然環保　保護海洋盡心力

法鼓山社大萬里幼童軍團於9月16日，受邀參與由新北市野柳地質公園於「國際淨灘日」舉辦的「好野！淨灘」活動，有近二十位幼童軍參加。

活動於龜吼海灘展開，幼童軍們先聽取導覽員解說，人類使用無法立即分解的塑

社大萬里幼童軍參與海洋淨灘，為保護海洋，盡一份心力。

膠製品、免洗餐具等，往往被海龜、信天翁等生物誤食，導致消化不良而無法自主進食，造成窒息而亡。隨後兩人一組，由服務員帶領撿拾垃圾、登記分類，共同為保護海洋，盡一份心力。

幼童軍們表示，實踐環保從自己做起，要學習減少使用塑膠袋、自備環保餐具、垃圾不落地，讓地球更美好。

● 09.17

紫雲寺舉辦禪修經典講座
果醒法師講《楞嚴經》

高雄紫雲寺於9月17日舉辦禪修經典講座，由禪修中心副都監果醒法師主講「楞嚴與禪宗直指人心」，引領南臺灣信眾，學習從經典和生活觀察中，找尋本來面目，共有三百多人參加。

研究《楞嚴經》多年的果醒法師，以波浪與海水為喻，波浪來去代表現象的生滅，而自性如同海水，不因外相而改變它的本質，所有外在世界都是被感知而產生的。

法師表示，以平等心看待「健康」與「不健康」的身體，只要不執著於色

果醒法師勉勵信眾練習「好的不喜歡，壞的不討厭」，淡化貪瞋癡。

身，因色身而產生的痛與不舒服，就不會影響我們的心，如果能不在意舒服和不舒服的感覺，而能將時間運用在修學佛法上，業報也無奈何。

講座中，果醒法師舉多則生活中「執我為實」的小故事，生動地為大眾解說五蘊「執我」的觀念，將心中的影像當真，就會有你我他的分別，而產生種種煩惱；妄心一起，就隨業流轉了。法師勉勵大眾不要落入「勤修貪瞋癡，息滅戒定慧」的顛倒，平常多練習「好的不喜歡，壞的不討厭」的平等心，可以慢慢淡化三毒，不讓心透過六根去執取外境。

有聽眾分享，《楞嚴經》直指真心，反妄歸真，雖然義理深奧，在法師以淺顯易懂的譬喻闡述，重新建構生命中對「我」的認知。

● 09.17

社大石門戶外教室歡喜採收
地瓜種植班實踐自然農法

法鼓山社大在石門自然環保戶外教室舉辦的地瓜種植班，於9月17日進行最後一次上課，由授課老師賴國林帶領採收成果，包括校長曾濟群，共有十多位學員參加。

曾濟群校長表示，社大戶外教室課程，以實踐自然農法來推動自然環保，引導大眾體驗自然農法種植，農作物不僅有豐碩的收成，也能友善大地，藉此學習以慈悲心對待眾生。賴國林老師說明，4月學員共同種下一千二百棵地瓜藤，經過一百三十五天的生長期，終可收成；並指導學員割開藤蔓、挖土，找出地瓜，共享學習成果。

有高齡七十五歲的學員分享，參與戶外農業課程，除

社大地瓜種植班學員歡喜採收學習成果。

了種地瓜，也學習種菜的方法，結交志同道合的好朋友，生活更快樂；還有年輕媽媽帶著孩子上課，讓自然環保理念扎根於下一代。

● 09.19

剃度大典法鼓山園區舉行
八位新戒法師圓滿頂戴如來家業

僧團於9月19日地藏菩薩誕辰日，在法鼓山園區大殿舉辦剃度典禮，由方丈和尚果東法師擔任戒和尚，副住持果暉法師擔任教授阿闍黎，果品法師、果祥法師等戒長法師擔任執剃阿闍黎，為八位求度行者披剃，並有四名新生求受行同沙彌戒，共有三百五十多位民眾觀禮祝福，氣氛莊嚴攝受。

法鼓山於地藏菩薩聖誕日舉辦剃度大典，為八位求度行者披剃。

方丈和尚以聖嚴師父對出家弟子的期許，期勉新戒法師養成宗教家精神：「以凡夫身修出離行，以人天身修淨梵行，以出世心修菩薩行，以入世心成就眾生。」果暉法師勉勵以地藏菩薩精神行四弘誓願外，並以僧團共住規約前三句「將煩惱消歸自心，以團體為重，以創辦人聖嚴師父的意願為意願」，做為修行根本原則，在僧團裡清淨和合、共住共修，用佛法淨化煩惱，行大乘菩薩道，弘揚漢傳禪佛教。

有新戒法師表示，從《戒律學綱要》中，感受到聖嚴師父對戒律的重視，期許自己成為一個實踐戒律精神的出家人；也有新戒法師感恩父母，能從不捨轉為成就他出家的祝福。

剃度大典前，僧大先於2日舉辦溫馨茶會，與親友們分享學僧在法鼓山上的學習和成長；並於10至11日舉辦「剃度大悲懺法會」，邀請俗家親眷及社會大眾以法會共修，祝福新戒沙彌、沙彌尼。

● 09.23～24

法青小林甲仙款款行
以佛法提昇生命願心

9月23至24日，青年院於高雄市甲仙區舉辦「生命‧心‧體驗──2017小林甲仙款款行」活動，由監院常炬法師、高雄紫雲寺監院常參法師帶領，共有一

甲仙青年與法青學員分享在地關懷。

百多位法青參加。

體驗營由悅眾與學員交流生命經驗，包括甲仙安心站前站長甘玲華分享服務奉獻的真諦，強調關懷和教育的前提是陪伴，即是回歸人與人之間最單純的對待方式；有了關懷和教育，人品的提昇和成長才有無限可能。

活動也安排多位當地青年分享在地關懷，如前甲仙愛鄉協會理事長陳敬忠推動農業轉型，以有機農業點亮農田新生命；由多位高雄法青組成的傑楓活動教育服務團隊，也介紹持續籌辦的兒童營，更發起防災營、竹山巷彩繪社區等活動，凝聚人心。

監院常炬法師提醒學員，生命故事不能複製，但能學習傾聽和同理；期勉學員在服務奉獻的過程中，點燃自己，照亮他人。

● 09.24～10.03期間

法鼓山分支道場慶中秋
禪悅法喜心團圓

9月24日至10月3日期間，法鼓山五處分支道場分別舉辦中秋活動，有逾兩千五百位信眾、義工及社區居民闔家團聚，在佛法的大家庭中，歡度佳節。

桃園齋明別苑首先於9月24日舉辦中秋晚會，內容包括影片觀賞、藝文表演、團康遊戲等，由副寺常雲法師帶領，期勉大眾以「四安」心法修福修慧，在生活中落實佛法。北投農禪寺在30日展開「農禪水月過中秋」，監院果毅法師開示，中秋團圓日，不但是與家人團聚，也在佛光普照中，和所有的法親眷屬團圓；上千位民眾也在法師帶領下，誦念《佛說施燈功德經》、《普門品》，並依序捧燈環繞水月池，祈願在佛法的滋養中，眾生身心平安與健康。

三峽天南寺與蘭陽精舍皆於10月3日舉辦中秋活動。天南寺中秋普門晚會，以復古環保餐點及自在奉茶揭開

祈福、點燈後，大眾依序捧燈環繞農禪寺水月池，在佛法的光輝裡，與法親眷屬團聚。

序幕，另有茶禪一味、鈔經淨心、拈花供佛、樂音饗宴等活動；監院常哲法師也帶領大眾誦念《普門品》，互相祝福身心如中秋的滿月，清涼自在。

蘭陽精舍的「蘭月‧賞月‧過中秋」，由副寺常法法師帶領近三百位民眾，向月光菩薩祈願供燈，並以祝福遊戲、世代訪談、《時光的腳步》戲劇表演等活動，共度清涼的中秋月夜。

● 09.29～11.05期間

禪文化研修中心舉辦研修體驗營
深化佛學與人文教育

法鼓文理學院禪文化研修中心於9月29日至11月5日期間，以聖嚴書院結業學員為對象，舉辦三場研修體驗營，引導體系內信眾進一步體驗大學院教育。

「佛教教理I」研修營於9月29日至10月1日首先展開，由副校長蔡伯郎，以及陳英善、藍吉富、施凱華等師長帶領學員初探唯識、華嚴、般若、天台等教理，扎實豐富的課程內容、深入淺出的講述，建立學員學佛的正知見。

「佛教教理I」研修營中，蔡伯郎副校長為學員授課。

10月20至22日展開的「環境關懷」研修營，課程內容包括野柳地質公園戶外教學，以及觀賞《看見台灣》紀錄片等，帶領學員重新建構「人」與「自然」之間的和諧關係；第三場「佛教史」研修營則於11月3至5日舉行，介紹印度佛教史、中國佛教史、西藏佛教史、佛學資訊的基本概說。

研修中心主任果鏡法師表示，體驗營課程期能廣化及深化佛學與人文社會的領域，提供大眾更多元的學習，讓佛法更廣泛、更深入生命場域。

● 10.01

土城共修處新址啟用
提供寬廣的共修空間

護法會土城共修處於10月1日舉行新址灑淨啟用典禮，由護法總會副都監常遠法師主法，包括北四區前轄召楊紀梅、榮譽董事會北四區召集人邱仁賢伉儷等，共有兩百多人參加。常遠法師期勉大眾參與共修，廣種福田、成就道業，

常遠法師頒贈感謝狀，感恩前轄召楊紀梅（左）長年的護持。

修福修慧、安己安人，就是邁向建設人間淨土的目標。

土城共修處成立二十五年來，由護法總會顧問楊正雄及楊紀梅伉儷護持，提供原在南天母路半山腰上的宅邸，作為信眾共修之用。2017年年初，覓得近捷運板南線永寧站的現址，於10月正式啟用。

遷移新址的土城共修處，空間寬廣，除了原有的禪坐、念佛、助念法器共修，並開辦長青班、快樂學佛人、心靈茶會等課程，接引大眾學佛、護法。

● 10.01～12.10期間

臺南分院舉辦《六祖壇經》講座
果醒法師分享無我的智慧

10月1日至12月10日，臺南分院週日舉辦「《六祖壇經》的生命智慧」系列講座，共四場，由禪修中心副都監果醒法師分享無我的智慧，共有一千五百多人次參加。

首場講座，於10月1日在臺南成功大學成功廳展開，講題「〈無相頌〉──說通與心通」，果醒法師從「好的不喜歡，壞的不討厭」觀念談起，以海水和波浪為喻，引導聽眾了解「性」與「相」的關係；性與相不一不二，但一般人不清楚性與相的關係，總是抓取波浪為「我」，而忽略了如同心性的海水。法

果醒法師於臺南成功大學講「六祖壇經生命智慧」，引導聽眾了解「性」與「相」的關係。

實踐篇【壹】大普化教育

143

師指出，佛法所講的「空」，不是什麼都沒有，而是在種種現象裡面，沒有一個實有的「我」。

10月22日於臺南分院進行的講座，以「定慧一體——無念、無住、無相」為題，法師以旋火輪、霓虹鐘和布袋戲偶等道具，說明一般人心對應外境的錯誤認知。11月12日，延續「性、相、空、有」的開示，法師以「〈無相懺〉——罪性本空將心懺」為題，講述無相懺悔「念念不被愚迷染、念念不被憍誑染、念念不被嫉妒染」，因此懺罪得以悉皆盡懺、永不復起，悔過能悉皆永斷，更不復作。

最後一場講座於12月10日舉行，主題是「〈機緣品〉——壇經＆祖師語錄」，果醒法師期勉大眾，經典的要義與智慧不易體會，即使不懂，還是要持續熏習，因為佛法是盡未來際、受用不盡的成佛種子。

● 10.02

淨海長老訪法鼓山
分享與聖嚴師父的法緣和道誼

美國德州佛教會會長暨休士頓玉佛寺共同創辦人淨海長老，10月2日帶領十三位弟子來訪法鼓山園區，方丈和尚果東法師、首座和尚惠敏法師，以及副住持果暉法師、果品法師等率僧眾迎接，並陪同長老參訪園區與法鼓文理學院校區。

長老與聖嚴師父法緣深厚，不僅是江蘇同鄉，也是留學日本初期的同窗，對於師父提供許多幫助與鼓勵，並且前後赴美弘法。2005年法鼓

方丈和尚（右）致贈淨海長老（左）《聖嚴法師年譜》，其中詳載了聖嚴師父與淨海長老深厚的同窗道誼。

山及2008年師父病重時，長老皆專程自美返臺。

五十年前，聖嚴師父與長老兩人發願共同編撰《世界佛教通史》，印度、西藏、日韓部分，由師父寫就，於1969年付梓；中冊《南傳佛教史》由淨海長老著手，於1975年出版；淨海長老日前以八十六歲高齡，完成《西方各國佛教略史》書稿，交付法鼓文化出版，圓滿與師父五十年前的共願。

淨海長老下午並造訪北投雲來寺，與文化中心的法師及專職分享與聖嚴師父的道誼。

● 10.05～19期間　10.28

齋明別苑念佛禪講座
常源法師分享佛號安定身心

　　10月5至19日，桃園齋明別苑每週四舉辦「念佛禪講座」，由僧團常源法師講授。連續三堂課程，從念佛禪概說、經典依據到生活運用，共有八百多人次參加。

　　課程中，常源法師首先說明念佛的起源極早，佛陀因教導弟子去除貪欲恐懼心，於是教導了念佛、念法、念僧、念施、念戒和念天的六念法門，其中以念佛最容易著手，而「念佛禪」是用念佛的方法達成禪修的效果，從有相而到無相，念到心中沒有煩惱、沒有雜亂，只有一句佛號。

　　法師依據《楞嚴經》中的〈大勢至菩薩念佛圓通章〉、《般舟三昧經》、《文殊師利所說摩訶般若波羅蜜經》等經典，進一步說明念佛禪的修行方法；也分享如何透過念佛讓心轉染成淨，在生活中實踐佛法，勉勵大眾以佛法熏習內在，化為自身真正的知見。

　　圓滿三次課程，齋明別苑於28日舉辦念佛禪一，一百五十多位學員學習運用禪修清楚、放鬆的方法，將佛號由口念至心念。法師提點大眾，要將方法帶回生活中，平日多練習，境界來時才能以佛號安定身心。

　　齋明別苑三次的念佛禪講座，多數聽眾都全程參與，有聽眾分享，上完課後體會到念佛與禪修是一體的，對於法師所說「六根圓通，接觸外境時，佛號就提起」的方法，反思自己過去慣性無意識地念佛，現在練習著讓六根覺知念佛，更懂得用方法，不斷精進。

念佛禪講座中，常源法師帶領學員體驗念佛禪。

● 10.07

社大友善農耕市集
推心靈環保友善農法

　　法鼓山社大於10月7日，在新北市三芝國中舉辦「2017自然環保友善農耕市集」，包括小農市集、環保手作、講座、音樂表演、學習列車展等多元內容，

校長曾濟群到場關懷，共有兩百多人參加。

當天活動包括小農市集、講座、環保手作、音樂表演、學習列車展等。「心靈環保農法與友善農耕」講座由僧團副住持果祥法師、樂土友善農業發展協會理事長李宗烈、理事王御庭進行對談，實際從事農耕的果祥法師，說明「心靈環保自然農法」以佛教緣起思想為基礎，世間是相互依存的，人們以自然方式耕種，不僅能獲

「心靈環保農法與友善農耕」講座上，果祥法師（右）、李宗烈（中）、王御庭（左）分享推廣自然農法的心路歷程。

得最好的食物，更可以復育土地和自然生態，使眾生和諧共存；李宗烈、王御庭也分享從事友善農耕的過程中，讓自己的心靈更加自在富足。

市集活動由當地小農分享地瓜、日曬米、筊白筍等當季農產品；社大師生手作芋頭粿、香椿捲餅、石花凍等，示範蔬食料理；學習列車成果展則以車廂形式，呈現社大十四年來的活動及學習成果。小農使用的包裝均為二手提袋，民眾則自備購物袋和環保餐具，無論生產者或消費者，共同落實生活及自然環保，以行動來愛地球。

曾濟群校長表示，開設心靈環保農法課程、舉辦講座和小農市集、成立石門自然環保教育園區，落實心靈環保和自然環保理念，廣獲民眾回響，社大將會持續投入推廣。

● 10.07　11.04

「讀書會共學培訓」課程寶雲寺舉行
透過共讀共學 落實心靈環保

10月7日及11月4日，臺中寶雲寺舉辦「讀書會共學培訓」課程，邀請資深讀書會帶領人方隆彰帶領，果雲法師到場關懷，共有兩百四十多人次參加。

果雲法師關懷時，說明心靈環保有助於觀念的導正，並能以健康的心態，面對現實、處理問題，當心靈有了防禦措施，無論身處任何狀況，便都能保持平靜、穩定、自主、自在的心境；「心靈環保讀書會」即是透過共讀、共學聖嚴師父的著作，建立對佛法的觀念和信心。

方隆彰老師在10月7日的課程中，分享讀書的「直覺閱讀法」與「結構式讀書法」，以掌握文章重點；並介紹「有效提問四層次」，說明經過提問、思考

方隆彰老師分享讀書會帶領人的角色及功能。

產生創意，閱讀後經消化、整理、吸收，可以創造更多的知識。方老師提醒，帶領人可引導成員與文章產生聯結，協助成員順利表達。

11月4日的課程，方隆彰老師就聖嚴師父著作《人行道》、《聖嚴法師教禪坐》中的〈隨相而離相〉、〈自我的消融〉兩篇文章，帶領學員展開大堂讀書會；也進一步歸納讀書會帶領人的角色及功能，提醒除了帶領風格，讀書會也會因成員人數、文章題材而有不同氛圍，引導眾人思考：「討論後對文章的了解、體會、感受，有無不同？」「參與過程中有哪些疑惑？如果是我來帶領，會怎麼做？」等問題。

有參與學員表示，可以運用讀書會帶領人心法於親子共讀，藉由家庭讀書會增進親子間的關係；也有學員分享，藉由課程及演練分享，更懂得如何熟讀文章，並運用在生活上。

● 10.14～28期間

聖基會「人間淨土與現代社會」講座
鄧偉仁談佛教的人間性與現代意義

聖基會「聖嚴法師經典講座」，10月14至28日每週六由法鼓文理學院佛教學系副教授鄧偉仁主講「人間淨土與現代社會」，有近三十人參加。

鄧偉仁老師從法鼓山「心靈環保」的核心理念，包括人間淨土的面向（如心六倫）與實踐方法（如心五四）談起，再追溯佛陀時代的托缽制度，指出當時出家眾乃透過乞食履行社會責任——度眾；並從經典以及聖嚴師父「提昇人的品質，建設人間淨土」的闡釋，進一步將淨土分為唯心、倫理與制度等三個層次，前兩者以修心為主，後者則可作為佛

聖基會經典講座，鄧偉仁老師從經典引證，探討在時代變遷中，人間淨土與現代社會實踐。

教入世的行動軌則。

　　鄧老師說明，佛陀的教法導向解脫，但也重視如何幫助現世社會建立良好制度，安樂眾生，多造善業，如《善生經》中，佛陀談及如何適當獲取、分配財富，聖嚴師父在當代則提出「四要」，既可落實於個人修行層面，從根本的價值觀來看，更是對資本主義過度發展的反思與對治。

　　在當代，許多佛教團體逐漸走向社會企業的模式，以佛典為本，提供現代社會另一種價值觀，例如非以營利、股東分紅為目標，用於創造更多福祉的經營方式，正是佛教人間性與現代意義的展現。

● 10.14～12.09期間

法青義工成長系列工作坊
帶領青年啟動生命心價值

　　10月14日至12月9日，青年院舉辦法青義工成長系列課程，以工作坊形式引領青年啟動生命的價值和智慧。

　　10月14、21日於臺北德貴學苑進行的首場活動，以「轉化生命價值的思惟及行為」為主軸，邀請具社工專業、長年投入偏鄉服務的黃憲宇，主講「林間的雲水——從小林村行動談義工願心與態度」。黃憲宇透過多幀照片及溫馨的小故事，分享對義工角色的反思，提醒學員別怕情緒或煩惱來襲，而要隨時覺察

楊蓓老師在課程中不斷向學員們提問，引導大家一步步深入探索內心世界。

心的狀態，才能適當回應瞬息萬變的活動現場。

　　第二場工作坊於27至29日，在法鼓文理學院展開，由校長惠敏法師、三學研修院男眾部副都監常寬法師、學群長楊蓓帶領，引導學員找到自己心中的法鼓山，當好自己的領袖，在奉獻的道路上，隨眾走得更長遠。

　　11月11日至12月9日，三堂「遇見高僧．遇見自己」，由弘化發展專案召集人果慨法師主講，法師以佛陀一生歷程的事蹟，闡述佛法的脈絡，鼓勵學員學習佛陀的慈悲與智慧，啟動生命心價值。

　　青年院監院常炬法師關懷時表示，來法鼓山當義工，不只是來出坡或辦活動而已，最珍貴的是佛法的滋養；期勉青年在各項奉獻服務中，不僅發揮所長，更能找到歸屬感和修行的著力點。

● 10.19

五祖寺、安國禪寺訪法鼓山
邀約佛教交流

　　中國大陸湖北省五祖寺方丈正慈法師、黃州安國禪寺住持崇諦法師等一行六人，於10月19日參訪法鼓山園區與法鼓文理學院，由首座和尚惠敏法師、副住持果暉法師、果興法師等代表接待，進行交流。

　　茶敘時，三度造訪法鼓山的正慈法師分享與法鼓山的法緣，並邀約僧團參加11月下旬於湖北舉行的佛教交流活動；適逢園區正籌備2017年大悲心水陸法會，惠敏法師向參訪團介紹法鼓山帶動環保、網路共修等法會創新做法。雙方也就如何兼顧環境保育，以及大眾心理、生活需求等議題，進一步交流。

正慈法師（左）在果興法師（右）陪同下，參訪開山紀念館。

　　一行人在果興法師陪同下，參訪園區主要殿堂、開山紀念館等；並旁聽文理學院佛教學系課程，體驗教學內容與師生互動模式。崇諦法師讚歎校區的禪悅境教與課程規畫，表示會推薦學僧，在法鼓山參學與學習。

● 10.21～22

讀書會帶領人基礎培訓課程開辦
推廣共學　分享佛法

　　10月21至22日，普化中心於北投雲來寺舉辦心靈環保讀書會帶領人基礎培訓課程，由副都監果毅法師、信眾教育院監院常用法師、資深讀書會帶領人方隆彰帶領，共有一百一十五位來自臺灣各地、香港、中國大陸的學員參加。

　　果毅法師首先介紹聖嚴師父的《法鼓全集》，並因應現代人忙碌的生活型態，分享如何運用時間閱讀《法鼓全集》；常用法師在「聖嚴師父眼中的心靈環保讀書會」課程中，說明師父期許參與讀書會的大眾，能即知即行，體驗多少佛法，就分享、奉獻多少佛法。

　　方隆彰老師則透過提問互動，引導學員了解讀書會帶領人的功能，如同扮演一位穿針引線的人，以平等心聆聽不同的聲音，創造一個安全的平台；並分享如何掌握材料內容，以及運用四層次的提問的方法引發讀書會成員思維。

方隆彰老師以提問互動，引導學員認識讀書會帶領人的角色功能。

方老師提醒學員，「讀書會不是在讀書，而是在『讀人』。」大眾藉由閱讀文章，相互交流，同時也傳遞淨化心靈、共同成長的力量。

培訓課程並安排海山和文山區讀書會帶領人，分享帶領讀書會的實務經驗。兩天的課程，有學員表示，讓成員「放心表達自己心得」的平台，正是讀書會真正的精神所在，也體驗到團體共修的難能可貴，希望能運用所學，推動心靈環保讀書會。

● 10.30

承先啟後行腳走師道
僧團尋根溯源　繼起漢傳佛法弘傳願力

10月30日，五十三位僧團法師與隨行義工，從法鼓山園區出發，行腳三十公里，歷經十二個小時，回到北投農禪寺與中華文化館，禮祖發願，繼起聖嚴師父弘傳漢傳佛法的願心和願力。

清晨四點半，僧眾齊聚園區祈願觀音殿，完成早課與發願後，由戒長法師先行，帶領戒小法師，以行禪方式，取魚路古道穿越陽明山國家公園；古道蜿蜒崎嶇的路程，僧眾們彼此護念扶持，也體會到前人開山闢路的艱辛。途中天氣轉為刮風陰雨，有的人專注佛號上，有的則用禪修方法，把心專注在腳步上，不管外境的干擾和考驗，僧眾以共修的力量，凝聚心力踏實走好每一步，完成行腳。

於農禪寺開山農舍，僧眾頂禮西方三聖與聖嚴師父法座；再前往文化館祖堂禮祖，聆聽師父開示影音，述說傳承東初老人的身教、建設法鼓山的艱辛

僧眾以感恩的心，從法鼓山園區出發，行腳至農禪寺、文化館，體驗聖嚴師父建僧的悲願。

和決心，期勉眾人，時時刻刻把法鼓山理念當成自己的生命來實踐。

有常字輩僧眾表示，在行腳走師道的過程中，體會、憶念、學習聖嚴師父建設法鼓山鍥而不捨的精神，即使弘法的道途遙遠，也能繼續向前。

● 11.02

寶雲寺應邀分享生活禪法
臺中稅務人員體驗禪式工作學

臺中稅務人員在僧團法師引導下，練習運用動中禪法覺察身心。

臺中寶雲寺應臺中市政府地方稅務局邀請，11月2日於總局舉辦「以禪式工作學迎接每一個挑戰」心靈講座，由監院果理法師與六位法師前往分享。除了現場學員，還有其他七個分局同步視訊連線，有近一百三十人參加。

講座由常慧法師主講，法師表示，一般人經常忽略運動，但靜下來時，又動腦想太多，導致身心內外環境不平衡，身體久而久之便會出狀況。如何在動靜中體驗放鬆？要訣就是「身在哪裡，心在哪裡，清楚放鬆，全身放鬆」。

講座中，常慧法師帶領眾人體驗立姿法鼓八式動禪，運用動中禪法覺察身心、調和身心；並引導放鬆休息；也分享聖嚴師父用正面解讀的思考，將壓力轉化成使命，便能主動接受，歡喜承擔。講座後，現場稅務人員在許願卡上寫下行動方針，做為期勉自己增上的動力。

為了協助稅務同仁紓解工作壓力，講座前，臺中稅務局局長陳進雄前往寶雲寺拜會果理法師，邀請前往該局分享禪法。果理法師說明禪法是放鬆身心的一帖良藥，除了學習方法，還要在日常生活中持續練習；期許陳進雄局長鼓勵稅務局人員持之以恆，一定能體會時時安定身心的好處。

● 11.03

社大舉辦悅眾成長營
禁語中體驗心靈環保

11月3日，法鼓山社大於宜蘭縣羅東林業文化園區，舉辦「悅眾成長營」，包括金山、北投、新莊三個校區，共有一百多位悅眾參加。

法鼓山社大悅眾由講師帶領,於戶外練習靜心拍攝,與自己內心對話。

成長營全程禁語,悅眾首先在林間的大草坪上打坐,練習立姿法鼓八式動禪、經行和吃飯禪,在動靜交替的活動中,體驗禪法的安定與放鬆。

營隊也安排「旅遊速寫」、「大自然體驗」及「攝影」三門課程,分別由李賜民、丁淑惠、梁庚寅三位老師帶領。悅眾依個人興趣選課,有人安靜拍攝,與自己內心對話;有的用心觀察,並快速地「寫」下景物;有的則透過聲音的聆聽,打開「五感」覺察,觀照身心感受。丁淑惠老師並帶領「心靈遊戲」,引導悅眾以清楚放鬆的心,欣賞不比較、不競爭的遊戲過程。

下午,大眾參訪蘭陽精舍,副寺常法法師、社大校長曾濟群出席關懷勉勵。最後的大堂分享,北投校區悅眾表示,禁語的體驗,讓人回歸自心,充分感受到「心靈環保」的意義。

● 11.03～05

禪燈院舉辦禪坐會組長成長營
引導悅眾從自我探索學習團體和合

11月3至5日,傳燈院於三義DIY心靈環保教育中心,舉辦全臺禪坐會組長成長營,由禪修中心副都監果醒法師、常願法師授課,共有四十多人參加。

成長營中,果醒法師藉由風火輪、霓虹燈閃爍的概念,說明「相信的世界」與「經驗的世界」、當下這一念與前一念的互動,並操作錄影放影,帶領學員思考業力造作的主因。

法師以「對討厭的人微笑,觀察他的優點」練習題,進一步引導學員練習「好的不喜歡,壞的不討厭」,認知一個一個的我,都是過去的影像,放

禪坐會組長們將自畫像拼成一張,從中體驗每個人對事情各有不同感受,學習設身處地去同理別人。

下經驗中的影像,就能找到真正的自我。

常願法師則於課堂中講說「四攝法」,法師表示,四攝法能用於發揮人我互助,進而攝化眾生;帶領學員練習「愛語」,觀察稱讚他人、被人稱讚時的心理狀態。

另一方面,課程安排學員分組創作自畫像,將五位組員的畫作拼成一張,再集合十一組的創作,從中體驗每個人對事情各有不同感受,學習設身處地去同理別人。常願法師鼓勵學員回到地區後,發揮所學,在團體中促進彼此的和諧。

有學員分享,課程多元,從自我內心探索,到團體和合共事,期待每年都能持續交流,在菩提道上互相增長和學習。

● 11.04

農禪寺首辦「水月禪跑」
將禪法融入運動中

「水月禪跑」活動,跑者依個人當下最舒適的速度,專注於身心的覺受,放鬆地跑步。

11月4日,農禪寺首度將禪修與運動結合,舉辦「水月禪跑」活動,共有兩百零四位跑者隨著鼓聲,環繞水月池連續跑一百零八分鐘;大殿及禪堂內,則有三百二十四位民眾在法師們的引導下,體驗禪坐、禪走。

監院果毅法師表示,運動風氣日漸興盛,慢跑已是全民運動,農禪寺推動水月禪跑,希望運動愛好者也能走入禪門,進一步體驗禪法的殊勝;活動開始前,關渡平原下起毛毛細雨,法師勉勵跑者,雖然一般人總期待好天氣,但學佛、禪修就是要學習接受各種因緣,並引弘一大師所言「鹹有鹹的味道,淡有淡的味道」,就是禪宗的精神。

活動除了臺北、高雄、花蓮、澎湖等地的跑者,還有來自日本沖繩、香港、新加坡的民眾響應。有闔家參與,父母親參加禪坐、禪走,孩子禪跑,也有同事、同學相約禪跑。

一百零八分鐘後,活動圓滿,與會者於齋堂用午齋,透過吃飯禪的方式,享

禪跑之前，法師與義工帶領大眾以法鼓八式動禪暖身與放鬆身心。

用大寮準備的健康餐點。首次來農禪寺參加禪走的上班族分享，以往參加路跑或大型活動總是相當吵鬧，水月禪跑結合了跑步和坐禪，卻互不干擾，吃飯也相當安定有序，值得大力推廣。

有別於一般的賽事，禪跑前的兩個月，農禪寺舉辦了四次團練，每次團練均有專業教練指導跑步要領，也安排坐禪、立禪、法鼓八式動禪、暖身健走等，引導大眾掌握「身在哪裡，心在哪裡，清楚放鬆，全身放鬆」的心法。

● 11.07

線上持誦專區全新上線
匯聚共修力量 為世界祈福

法鼓山全球資訊網全新改版的「線上持誦專區」，於11月7日正式上線啟用，期望能將自利利人的善念，透過共修的力量，轉化成對全世界的祝福。

全新的「線上持誦專區」，共有三區。在「關於持誦」，共有三十四篇釋疑說明；「線上持誦」則分為完整儀軌、單純誦念兩單元，總共收錄八種經文、七種咒語，五種聖號，供民眾長期修持；「祈福」專區，則與法鼓山官方臉書搭配，針對重大事故發起即時線上祈福，民眾可隨時上網持誦經文、聖號，將功德迴向十方。

2003年臺灣發生嚴重急性呼吸道症候群（SARS），法鼓山即發起「人心加油——心安就有平安‧世人共祈願，持咒億萬遍」活動，並在全球資訊網成立「家家戶戶持大悲咒、祈大平安」持咒網站，提供民眾一個持誦與學習〈大悲咒〉的平台，之後更將此線上持咒專

法鼓山全球資訊網線上持誦專區全新上線，匯聚共修力量，為世界祈福。

區列為長期活動，並於2017年完成改版建置「線上持誦」網站，擴大網站持誦內容。

　　法鼓山全球資訊網「線上持誦專區」網址：https://mantra.ddm.org.tw

● 11.08起

農禪寺推廣「半日＋半日禪」
隨時體驗好放鬆

民眾運用兩小時時間，於農禪寺體驗放鬆身心的禪法。

　　為推廣「半日＋半日禪」，北投農禪寺於11月8日起，每週三邀請社會大眾在禪堂內打坐，再到水月池畔經行，從農禪寺的境教中，體驗禪的自在。

　　活動分為上午場和下午場，各兩小時，上午場由禪坐會資深悅眾引導法鼓八式動禪、打坐、戶外經行。結束後，民眾可留下來用午齋，自由選擇是否參加飯後的經行及大休息。下午場除了八式動禪、水池畔打坐，還有拜佛、觀看聖嚴師父禪修開示等單元。

　　有來自新店的民眾分享，雖然知道禪修的法益，但經常抽不出時間來參加整天的修行活動，「半日＋半日禪」的安排正符合需求；也有上班族表示，曾參加過戶外禪，希望能複習禪修方法，半日禪的時間不長，活動內容兼顧動與靜，有助於現代人調適生活和工作的壓力。

● 11.10

齋明寺獲文化部肯定
活化宗教建築的優良範例

　　文化部於11月10日，在臺中文化部文化資產局舉行「106年度古蹟歷史建築管理維護獎勵計畫優良案例」頒獎典禮，桃園齋明寺獲頒「古蹟歷史建築管理維護優良獎」殊榮。

　　齋明寺建於1840年，1999年1月由法鼓山接續法務至今，除了針對古蹟展開全面修復工程，為妥善維護古建築及文物，另增建禪堂及齋堂，讓宗教活動移

出古蹟本體，減少古蹟的耗損與使用負荷。桃園市政府文化局依據古蹟歷史建築管理維護評鑑獎勵計畫，主動推薦齋明寺參加評鑑。

經書面資料初審和實地勘查複審後，評審委員均認為齋明寺歷史相關文物保存完整，並建立良好的

文化部肯定齋明寺為活化宗教建築、管理維護的優良範例。

古蹟管理維護制度，在環境清潔、導覽解說、日常管理維護與修繕等各方面，投入充足人力與資源，在宗教建築的活化再利用和管理維護上，堪稱優良範例，值得推廣。

● 11.15

神通寺住持參訪法鼓山
阿閦佛佛首回歸　啟發大眾學佛因緣

由於2002年阿閦佛佛首回歸中國大陸山東四門塔的盛事，與法鼓山連結起深厚法緣的神通寺，住持界空法師率同十四位僧俗代表，於11月15日參訪法鼓山園區，方丈和尚果東法師、慈基會祕書長果器法師等代表接待。

界空法師表示，聖嚴師父率眾回歸佛首，是神通寺得以復興的關鍵；隨行信眾亦分享，神通寺原已荒廢了數百年，非常感謝聖嚴師父捐贈佛首，接引界空法師發願修復佛寺，從拔草闢路開始，一直堅持至今，也啟發了當地民眾學佛的因緣。

適逢大悲心水陸法會即將啟建，參訪團除了巡禮多處壇場，並參觀法鼓文理學院、圖書資訊館、祈願觀音殿旁的「微笑‧禪生活館」，以及開山紀念館，團員們並透過心靈郵局，將祝福寄回給遠在山東的親友，分享法喜。

神通寺住持界空法師一行參訪法鼓山園區，適逢大悲心水陸法會即將啟建，也巡禮了多處壇場。

● 11.17　11.18　11.25　12.04

法鼓文化新書發表
單德興分享禪思與文思

單德興教授在知識與修行之間，真誠道出對生命的尋思、經驗和實踐，讀者深受感動和啟發。

法鼓文化11月出版《禪思‧文思》，並於11月17、18、25日，以及12月4日分別於臺中羅布森冊惦、青木和洋食彩、臺北誠品敦南店、高雄紫雲寺，舉行四場新書分享會，由中央研究院歐美研究所特聘研究員、聖嚴師父多本英文著作的中譯者、也是本書作者單德興教授，分享對閱讀、旅行與生活的省思。

《禪思‧文思》累積了單德興教授十一年來在學術領域外的文章，包含對閱讀、旅行與生活的省思。單教授說明，人生路上，每個人都有尋找楷模的階段，在文學和翻譯的領域裡，唐代玄奘大師是他的首要楷模，集留學生、旅行家、冒險家、翻譯者於一身，所翻譯的佛典《心經》，一千多年來，至今仍有無數人閱讀持誦；此外，就讀大學時的余光中教授、研究所時期的王文興教授，以及致力推廣臺灣文學英譯的齊邦媛教授，則啟蒙了對文學的興趣和熱情，而三位教授在寫作上的耐心和毅力，猶如力行百丈精神的「寫作勞動者」，同樣是學習的典範。

單德興教授表示，聖嚴師父曾言「學問的領域重在研究，經驗的範疇則為實踐」，身為人文學者與佛教徒，將所思所學與人交流分享，是學者對知識的實踐；自己的專長是英美文學研究，從文學的角度，加上個人的生命經驗，將所學、所思、所感寫下來與讀者分享，希望在紛雜的時代裡，為自己安身立命，也偕助他人安身立命。

四場新書分享會圓滿後，12月4日下午，單德興教授另於屏東大學民生校區進行專題講座，主講「書寫、翻譯與研究」，分享生命的尋思、經驗和實踐。

● 11.25～12.02

大悲心水陸法會邁向第二個十年
大眾同心精進　體現淨土在人間

11月25日至12月2日，法鼓山於園區啟建第十一屆大悲心水陸法會，共十二個壇場。本年於園區精進共修者，包括義工，有近六萬四千人次；海、內外分

處共修，約有兩萬兩千人次參與；雲端祈福登記消災超薦的資料，總數達八十多萬筆。

法會啟建當日，全山連線聆聽「總壇概說」，說法法師果毅法師提綱挈領地說明總壇各階段佛事的意涵，並提醒大眾以「至誠心、感恩心、平等心、布施心、無所求心」五種心來契入佛事，讓自己回歸初心，踏實修行；27及29日瑜伽

水陸法會期間，白天佛事圓滿後，信眾列隊前往焰口壇繼續用功，精進共修的氣圍，讓法鼓山園區彷如人間淨土。

焰口壇說法，首座和尚惠敏法師特別將施食儀式與飲食教育做一連結，勉勵大眾時時留心，對物質、飲食乃至於對知識的追求，應知審量，並建立正確如實的認知。

八天七夜的法會，壇場內，大眾精進用功；壇場外，各組義工秉持聖嚴師父的指導「盡心、盡力、盡可能學習；不勉強、不挑剔、不可能失望」，奉獻服務，共同成就法會。

「我在哪裡，淨土就在哪裡。」12月2日水陸法會送聖圓滿，現場七千多位信眾與網路連線的上萬民眾，隨著方丈和尚果東法師及僧團法師齊心發願，期將精進共修的清淨、安定，延伸到日常生活的分分秒秒，讓娑婆世界因彼此的善願善行而成為人間淨土。

● 11.26～12.02

2017水陸法會分處、網路共修
處處壇場　時時精進

2017年大悲心水陸法會，11月25日於法鼓山園區進行灑淨儀式後啟建，海內外各分寺院、道場、精舍、分會、護法會辦事處，自11月26日至12月2日，同步與園區視訊連線，各地信眾跨越時空，參與年度共修勝會。

於國內，北投農禪寺、臺中寶雲寺同步連線法華壇，每日皆有逾兩百位信眾參與共修，六天共持誦兩部《法華經》，並聆聽法師說法，掌握修行法要；當總本山信眾繞法華鐘經行時，兩地信眾也在法師帶領下，持誦「南無靈山會上佛菩薩，南無妙法蓮華經」繞行寺院，以念念佛號，與佛菩薩相會。

臺南分院、雲集寺、高雄紫雲寺與大壇連線，禮拜《梁皇寶懺》，三處共有

新州分會將贊普的食物，送至當地多處慈善機構，同霑法喜。

三千多人次參加共修；信眾除了禮敬諸佛、發露懺悔，並邀請累劫怨親眷屬聽聞佛法，願眾生出離煩惱、解脫生死、共成佛道。

海外方面，美國東初禪寺除了連線大壇共修，也參與三大士及五大士瑜伽焰口法會，並準備甘露法食，普施十方眾生；新澤西州分會則於法會圓滿後，將信眾供養贊普的食物，分裝分批送至東布朗士維克（East Brunswick）、邦德溪市（Bound Brook）等地的慈善機構，幫助有需要的人，落實無緣大慈、同體大悲的精神。

第四年舉行分處共修的馬來西亞道場，共有六百七十多人次參與大壇連線共修，多位全程參與的信眾分享，聆聽總壇概說，更了解大悲心水陸法會的殊勝莊嚴，即使每年參加一壇，也要十一年才能全部圓滿。

有在加拿大溫哥華道場共修的信眾表示，原本對《梁皇寶懺》的概念，只停留在拜懺消業障，經由聽聞說法、誦經、拜懺，才知道為自己和家人祈福消災之外，更要為六道眾生禮佛求懺悔，期許自己在生活中運用佛法，落實聖嚴師父「建設人間淨土」的期許。

2017 大悲心水陸法會 - 海內外分處共修一覽

區域		共修地點	壇別
臺灣	北部	北投農禪寺	法華壇
		臺北安和分院	法華壇、地藏壇
		三峽天南寺	地藏壇
		基隆精舍	瑜伽焰口壇
		蘭陽精舍	大壇
		護法會文山辦事處	法華壇
		護法會新店辦事處	地藏壇
		護法會新竹辦事處	地藏壇
	中部	臺中寶雲寺	法華壇
		護法會苗栗辦事處	大壇
		護法會豐原辦事處	地藏壇
		護法會員林辦事處	地藏壇

		護法會彰化辦事處	藥師壇
臺灣	中部	護法會南投辦事處	法華壇
		護法會竹山辦事處	法華壇
		護法會東勢共修處	地藏壇
	南部	臺南分院	大壇
		臺南雲集寺	大壇
		高雄紫雲寺	大壇
		高雄三民精舍	祈願壇
		護法會嘉義辦事處	大壇
		護法會潮州辦事處	大壇
		護法會虎尾共修處	地藏壇
	東部	護法會花蓮辦事處	法華壇
海外	北美	美國東初禪寺	大壇
		美國洛杉磯道場	大壇
		美國舊金山道場	大壇
		加拿大溫哥華道場	大壇
		美國新州分會	大壇
		美國西雅圖分會	大壇
	亞洲	香港道場（九龍會址）	大壇
		香港道場（港島會址）	瑜伽焰口壇
		馬來西亞道場	大壇

● 12.02～03

寶雲寺少年生活營
親近善法 學做觀音

　　臺中寶雲寺於12月2至3日在寶雲別苑舉辦一年一度的「寶雲少年生活營」，共有三十四位國小六年級至國中三年級的學員透過團隊合作課程，學習彼此照顧、尊重、包容和感恩。

　　首日課程，學員從認識環境、建設營地、準備飲食，建立信任和默契；3日清晨早課，繞念時，寶雲寺監院果理法師教導學員，身在哪裡，心就到那裡，心念清楚，就能與觀音菩薩相應，就是在學觀音、做觀音。

　　營隊並安排禪藝課程，「身書太極」由書法家陳建安指導，學員在安定身心後，合力用不同字體寫出古詩；「捏出心中的佛」由銅雕藝術家法成憲帶領學

少年營學員將手中的陶土，捏成小佛像，在聚精會神中體會清楚與放鬆。

員，用心將手中的陶土，捏成小佛像。在專注的過程中，體會清楚與放鬆。

有學員分享，團隊合作是最大的體驗；許多家長表示，在生活中熏習善法，非常適合青少年學習，也感恩讓孩子種下親近三寶的善緣。果理法師期勉學員將放鬆心法與互助精神帶回家裡和學校，為他人帶來正面影響。

● 12.03

夢參老和尚圓寂
果器法師代表出席荼毘法會

當代佛門耆宿夢參老和尚11月27日在中國大陸山西五臺山真容寺示寂；慈基會祕書長果器法師於12月3日代表僧團出席長老的追思及荼毘法會。

夢參老和尚生於1915年，1931年在北京房山縣上方山兜率寺出家，曾親侍虛雲、慈舟、倓虛、弘一等高僧大德，學通顯密，教通八宗，倡講華嚴，力弘地藏；復健道場，興辦教育。2013年更以百歲高齡，出版禪學系列書籍。

老和尚早年因不願放棄僧人身分，被捕入獄，又因在獄中宣揚佛法，繫獄三十三年。1982年平反出獄後，先任教於北京中國佛學院，後復辦閩南佛學院。1987年起應萬佛城宣化老和尚之邀，前往美國弘法，曾於1988、93年兩度造訪東初禪寺，也曾應信眾之請，多次往來臺、港弘法。

● 12.08～10

推廣校園禪修課程
臺大 EMBA 體驗放鬆與安定

傳燈院應臺灣大學企業經營管理碩士學程（EMBA）之邀，8至10日於法鼓山園區舉辦初級禪訓班校園禪修課程，由常願法師帶領，有近五十人參加。

除了坐禪的練習與體驗，常願法師也一再地引導放鬆，學員從各種動、靜的禪修體驗中，覺察全身的緊、鬆、放的感覺，同時練習收心、攝心、放心與安心，體驗打坐與呼吸的美好。

以禪心進行托水缽，讓托水缽的體驗有不同層次的感受。

練習走路禪時，法師帶領學員靜下心來，身心放鬆地踏出每一步，覺知每一次的移動，細心地感覺平凡動作中的安定與自在；進行托水缽時，常願法師提醒學員要將碗中的水，視為如自己生命一樣的珍貴，讓托水缽的體驗有不同層次的感受。

有學員表示，簡單的托水缽實則潛藏禪意，帶來不同的體悟；也有學員分享，練習「觀身受法」，透過移動的雙手，可以達到內心的安定。

● 12.09

佛教對話與現代弘化論壇
方丈和尚談佛法現代化

方丈和尚果東法師應中華維鬘學會之邀，於12月9日在臺北劍潭青年活動中心舉辦的「佛教對話與現代弘化」論壇，以「推動人間化的佛法——現代化、國際化與普及化」發表主題演說，包括中國佛教會副理事長明光法師、美國紐約莊嚴寺住持慧聰法師等長老，共有三百餘位海內外佛教漢、南、藏三系人士出席。

方丈和尚在演講中提及，淨化人心、淨化社會的人間化，是佛法最大的功能；借助資訊媒介及轉化時代語言的現代化，則是與時俱進的課題；在網路時代，日益整合的整體佛教視野下，國際化成了必然趨勢；而普及化，方能達到佛法深遠的關懷。

方丈和尚進一步說明，法鼓山將淨化身心的內涵整合為心五四：用「四要」來對治貪，用「四感」對治瞋，用「四它」面對因緣和合帶來的種種結果，用「四安」提昇人品，用「四福」莊嚴社會，人人以此點亮慈悲智慧的明燈，便能照亮黑暗，轉迷為悟。

方丈和尚出席中華維鬘學會成立十週年論壇，分享「推動人間化的佛法」。左為維鬘學會名譽理事長鄭振煌居士。

致力推廣居士菩薩道的中華維鬘學會，為慶祝成立十週年，特舉辦論壇，期能促進南北傳佛法交流融通、廣傳世間。

● 12.09　12.10　12.16　12.17　12.23

聖基會「兒童生活教育寫畫創作」頒獎
鼓勵學童寫畫美善世界

兒童生活教育寫畫創作頒獎典禮，藉由觀摩得獎作品，引導孩童打開心胸，彼此學習。

聖基會於12月9至23日期間，陸續在北投農禪寺、臺東信行寺、高雄紫雲寺、桃園齋明別苑及臺中寶雲寺舉辦「106年兒童生活教育寫畫創作」頒獎典禮，由主任呂理勝、常住法師與評審老師等擔任頒獎人，共有一千一百八十八位學生和家長參與。頒獎典禮同時展出得獎作品，希望藉由互相觀摩，鼓勵學童打開心胸，彼此學習。

各地區舉辦的頒獎典禮，融入了各種寓教於樂的活動，例如農禪寺與齋明別苑安排了「旅行童話」劇團串場演出，以趣味短劇，帶著小朋友學習懺悔、感恩和惜福；信行寺邀請馬蘭國小太鼓隊及位處偏鄉的永安國小直笛隊，以音聲供養大眾，學生們所展現的音樂天賦，令人讚歎不已；紫雲寺則由高雄法青策畫，以精彩的非洲鼓表演、歌曲教唱等，與孩子們打成一片。

本年共有繪畫四百六十七件、作文組六百四十六件，書法組四百二十五件作品參賽，除國內地區，海外亦有美國舊金山地區參與，回響熱烈。呂理勝主任表示，寫畫活動結合了心靈環保動畫觀賞與兒童創作，希望在孩子的心田種下菩提種子，練習將所學落實到家庭和校園之中，讓善的種子能夠萌芽茁壯。

● 12.12　12.28

緬懷性空長老、一誠長老
方丈和尚親往追思祝福

中國大陸江蘇蘇州寒山寺法主和尚性空長老、中國佛教協會名譽會長一誠長老，分別於12月12日、21日示寂，方丈和尚果東法師代表僧團，出席於18

日、28日在寒山寺、江西雲居山真如禪寺舉行的追思讚頌會，表達緬懷與追思。

性空長老是師公東初老和尚早年在中國大陸的剃度弟子，與法鼓山系屬同一法源法脈。聖嚴師父於1996年曾前往寒山寺拜會，性空長老感念受師公教誨之情，尤其感恩師父照顧師公晚年，特題贈「慈悲喜捨」四字墨寶予師父；1998年10月，性空長老偕同焦山定慧寺住持，亦為東初老人法子的茗山長老，訪臺北安和分院，聖嚴師父率僧俗四眾以大禮迎接。

一誠長老則與聖嚴師父法緣深厚。2002年，長老護送佛指舍利來臺，到訪法鼓山園區，師父親自接待敘談；同年10月，師父前往中國大陸禪宗古道場溯源巡禮，期間至寶峰禪寺參學，長老親自為眾勉勵；12月，師父護送山東神通寺四門塔阿閦佛佛首捐贈該寺，至北京拜會中國佛教協會，長老特地自江西至北京迎接。2003年、2005年，師父與一誠長老俱出席於於北京、海南三亞召開的「第二屆兩岸佛教教育座談會」、「海峽兩岸暨港澳佛教圓桌會議」，對兩岸佛教交流發展，提出建言。

● 12.22

聖基會《心靈環保動畫4》 入選兒少優質節目
動畫故事中體會心靈環保

聖基會製作發行的《心靈環保兒童生活教育動畫4》，入選臺灣媒體觀察教育基金會「106年度國人自製兒童及少年優質節目」。12月22日，頒獎典禮於國家圖書館舉行，由主任呂理勝代表出席受獎。

《心靈環保兒童生活教育動畫》透過一則一則活潑生動的動畫故事，分享聖嚴師

《心靈環保兒童生活教育動畫4》，共有二十二集，讓孩子們從生活中了解「心靈環保」的意義與實踐。

父所提倡的「心靈環保」理念，引導孩童了解「心靈環保」的意義，並能從生活中實踐，讓社會重回單純有禮、人心向善的美好境界。

在法鼓山網路電視台播出的《心靈環保兒童生活教育動畫4》，獲主辦單位「財團法人臺灣媒體觀察教育基金會」評為四個星等，共有二十二集。

● 12.24～2018.01.01

分支道場跨年共修
大眾以安定心迎新年

上百位學員於紫雲寺參加跨年念佛禪二，在佛號聲中感受平安法喜。

12月24日至2018年1月1日，法鼓山全球分院道場，分別以念佛、拜懺、禪坐的方式，共帶領逾三千位民眾一起點亮心燈，以安定心邁入嶄新的一年。

於臺灣，29日起，三峽天南寺、桃園齋明寺、臺南雲集寺與臺東信行寺先後舉辦精進禪二，共有三百多位學員以簡單、放鬆、無所求的心，跨入全新的一年。在雲集寺禪堂裡，監院常宗法師提點學員「禪無所求」，打坐時沒有期待、沒有追求，真實面對當下此刻，放鬆身心而不懈怠；齋明寺禪期圓滿時，總護常報法師期勉學員，將禪法與生活結合，時時保持愉快的心情、平穩的情緒、持續的毅力來修習禪法。

臺中寶雲寺於30日舉辦佛二，監院果理法師帶領三百多位信眾，一心繫念「阿佛彌陀」聖號，以念佛滌淨塵垢；高雄紫雲寺則於30日至2018年元旦進行念佛禪二，上百位學員在常願法師帶領下，以禪修的方法念佛，也在佛號聲中，感受到平安法喜。

北投農禪寺已邁入第五年的跨年祈福法會，不僅成為許多大臺北地區民眾跨年的新方式，今年還有來自新加坡、上海、桃園等海內外民眾參與。31日晚間，一千八百多人齊聚農禪寺，隨著法師禮佛拜佛、持誦《金剛經》、〈叩鐘偈〉。整點時分，大磬聲響起，金剛經牆大放光明，大眾在安定沉澱的氛圍中，以清淨心迎接2018年到來。

海外方面，美國東初禪寺於12月24至31日，啟建為期七天的地藏法會。每日誦兩部《地藏經》、地藏懺，並聆聽聖嚴師父影音開示，以佛法的清涼水，化解自己的煩惱心，學習地藏菩薩的悲願，為眾生祈福，同時祈願東初禪寺擴建工程順利。

馬來西亞道場因配合當地佛教團體合辦跨年活動，提前於30日舉辦歲末慈悲三昧水懺法會；香港道場則於31日起，一連兩日舉辦水懺法會，僧團副住持果品法師關懷時，勉勵大眾在新的一年，練習放下罣礙，便能活得自在。

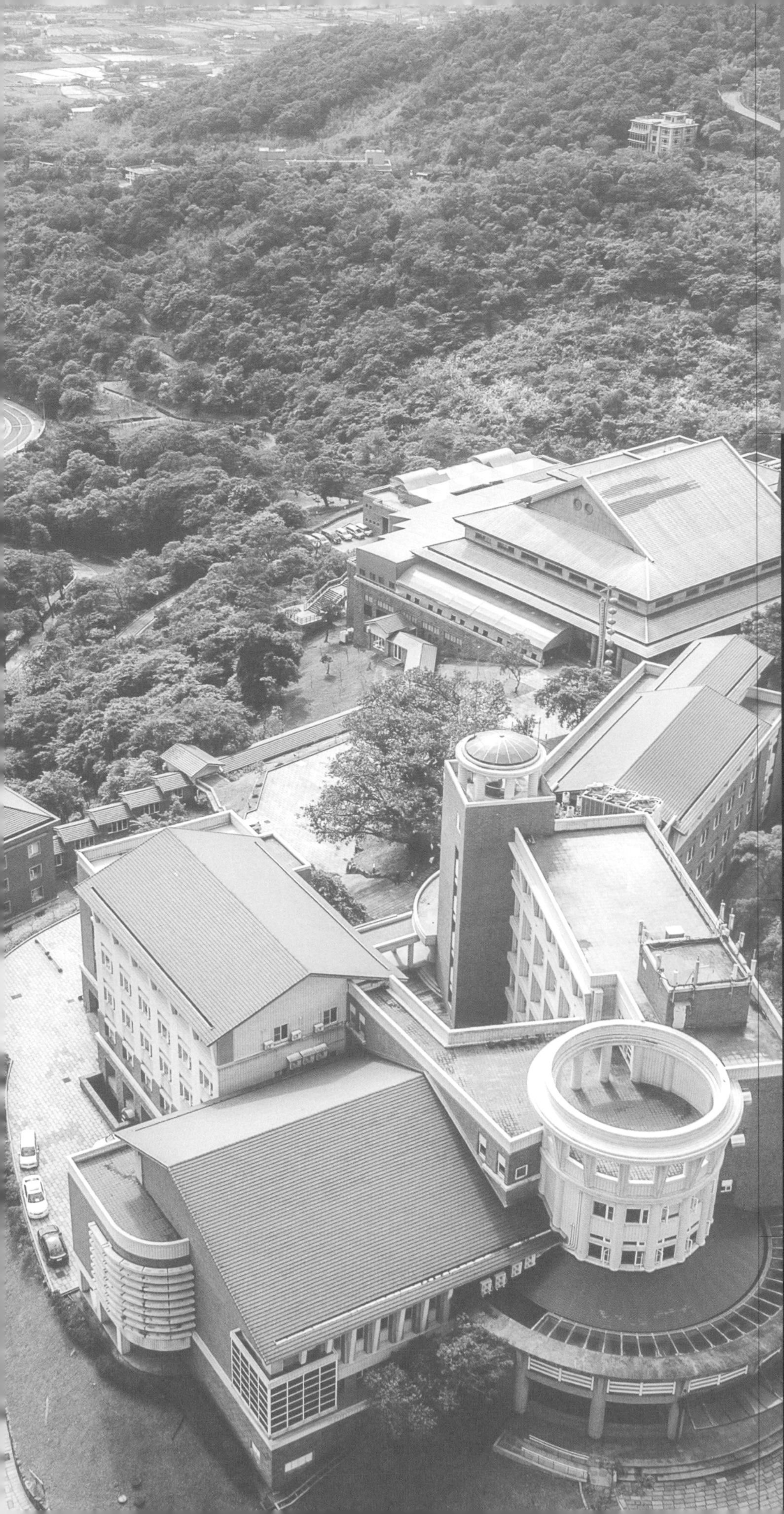

實踐

貳【大關懷教育】

從生命初始到生命終了，
以「心靈環保」出發，
落實各階段、各層面的整體關懷，
安頓身心、圓滿人生，
實現法鼓山入世化世的菩薩願行。

深耕社區
與眾共創幸福人間

以人間化的佛法，圓滿生命各個階段的需求，是大關懷教育的目標。
2017年大關懷教育實踐聖嚴師父的提醒：
「在從事關懷他人的行動之中，
感化自己、奉獻自己、成長自己、成熟眾生、莊嚴人間淨土。」
以福慧傳家，在急難救助、整體關懷、慈善公益及信眾關懷等面向，
將溫暖傳送到各地，讓大眾獲得身心的安頓及溫馨的慰懷，
深耕社區，為社會注入安定的力量，攜手共創幸福人間。

法鼓山大關懷教育以心靈環保為核心，落實「安頓身心、圓滿人生」的宗旨，2017年持續以對整體社會的關懷為著力點，無論是急難救助、慈善公益等層面，乃至以心靈環保為核心主軸所推行的各項生命教育、安心工程，皆秉持佛陀慈悲濟世的精神，普遍而平等的關懷每一個需要幫助的人。

同時，推展地方辦事處轉型為「心靈環保學習中心」，以教育、關懷、實作等全方位的開發，引領大眾從照顧好自己的家庭及生活環境做起，進一步以慈悲關懷人、以智慧幫助人，在奉獻中學習、成長，也是法鼓山入世化世、菩薩願行的具體實踐。

急難救助 風雨生信心

急難救助方面，首先是2月發生在國道五號的遊覽車翻落意外，造成三十三人罹難、十餘人受傷，法鼓山於第一時間啟動緊急救援系統，並設立網路持咒祈福專區，祈請大眾念佛祝禱；慈基會祕書長果器法師也偕同近百位助念團義工，前往臺北市立第二殯儀館帶領「追思祝福法會」，提供佛法支持與陪伴的力量，安己安人。

6月初全臺降下超大豪雨，北、中、南各地傳出重大災情，民宅及校舍淹水、山區土石崩落、橋樑斷裂等狀況不斷，僧團法師與慈基會義工深入受災地區勘災慰訪，並提供乾糧、飲用水等民生物資，協助受災民眾安心度過難關。其中於高雄，2009年莫拉克風災後，法鼓山匯集社會善款籌建的「茂濃防災暨社區教育中心」及時發揮作用，成為安置茂濃溪畔居民的重要場所。

另一方面，在法鼓山園區所在地的新北市金山區要道磺溪橋，被夾帶泥沙的

溪水沖斷，法鼓山除了關懷慰問受災民眾，並主動提供經費協助重建新橋；9月動土典禮中，方丈和尚果東法師出席為工程祈福，新北市市長朱立倫感謝法鼓山回饋鄉梓，援助橋樑復建。

8月初，尼莎、海棠颱風接連襲臺，造成臺東及南臺灣多處淹水，屏東救災義工前往災情嚴重的佳冬鄉、林邊鄉協助民眾清理家園；臺南分院監院常宗法師則帶領四十多位義工，前往賢北國小協助災後復原，讓校園得以在短時間恢復原貌，師生因此而有安心的教學與學習環境。

法鼓山捐建新北市金山區磺溪橋，方丈和尚果東法師出席重建動土典禮，為工程祈福。

整體關懷　全方位扎根

法鼓山關懷社會大眾的主要方式，是心靈環保體驗與實踐的分享，服務對象，也廣及社會各階層。「第二十二屆佛化聯合婚禮」於1月舉行，四十九對新人透過婚前講習、簡約隆重的典禮，共組佛化家庭，使家庭成為禮儀環保的實踐場域；9月，陸續於全臺各分支道場及香港道場共舉辦十場「第二十四屆佛化聯合祝壽」，有近兩千五百位長者在兒孫陪同下，歡度法喜充滿的祝壽活動，具體落實敬老孝親的家庭倫理。

校園方面，持續關懷偏鄉教育，本年捐助臺東三間國小新建圖書室、花蓮瑞穗國中體育裝備及器材、新北市三重商工烘焙教室更新設備等。3月於三間國小圖書室啟用典禮上，果器法師感謝政府及各界善心，期勉學童在明亮舒適的閱讀環境下，努力學習，期許自己成為有能力回饋社會的人，帶動良善的循環；也補助屏東武潭國小弱勢家庭學子營養午餐、臺東泰源國中假日體育經費等，並於大臺北、新竹、臺中地區小學辦理學習輔導班，透過陪伴、鼓勵以及支持，提昇學童自信與成就感。

鼓勵學子服務大眾，除安排百年樹人獎助學金高中組與大專組的學子，參與社福機關慰訪、海洋淨灘等活動，2017年並補助二十一所大專院校服務學生社團，共七十九個營隊活動，讓慈善與關懷的種子在校園扎根，引導年輕人在施與受的過程中，學習成長。

於社區，4月及11月於高雄甲仙地區展開的社區及營隊活動，法青學員藉由彩繪社區、清掃整理環境，同時與當地青年交流互動，培養彼此尊重、包容的心量，串起關懷暖流；5月起於六龜、美濃、杉林等地區開設樂齡班，在法

師與義工的陪伴下，長者以歡喜心熏習佛法，展現樂齡活力，也串起關懷鄉里的聯絡網。此外，為推廣減災備災的防災理念，全年也協助新北市、基隆市、臺東縣政府採購住宅用火災警報器，捐助弱勢家庭及獨居長者，充實居家安全。

第三場悅眾巡迴關懷於農禪寺舉行，地區悅眾熱烈分享與討論。

有關大事關懷課程的推廣，關懷院則於3月、7月在海山辦事處、臺南分院開辦系列課程，透過地區參與及推廣，分享正信佛法觀念，引導大眾認識生命的實相。

2017年，位於法鼓山園區內的金山環保生命園區，邁入啟用十週年。3月間，方丈和尚主持前副總統李元簇追思紀念會，並依遺願將其與夫人徐曼雲女士的骨灰植存於生命園區，不僅象徵法鼓山「四環」理念的實踐，聖嚴師父倡導多年的生死教育，也朝向生生不息的究竟圓滿。

慈善公益　關懷不斷線

慈善公益是大關懷教育的重點工作，年度系列活動由「105年度歲末關懷」揭開序幕，至2017年1月底圓滿，總計於各地分院、辦事處展開二十場，合計關懷近三千戶家庭，除了致贈慰問金與物資，並以祈福法會或念佛共修，傳遞佛法的祝福。4至6月期間，則於全臺展開端午關懷，除攜帶應景素粽前往關懷家庭，慈基會義工並至社福機關、安養機構，與院民歡度佳節，共計關懷近兩千人；端午及中秋、重陽的年節關懷，則分別於5月及9月起在各地舉行，共計關懷兩千八百多戶家庭和十六處社福、安養機構。

本年邁入第十五年的「百年樹人獎助學金」，第三十、三十一期共近三千位學子受獎，各場頒發活動結合在地特色，安排影片觀賞，或於法會、佛化祝壽活動中舉行，深化教育與關懷；同時也藉由分享卡的製作，學子展現創意，並表達感恩，讓愛在人間流轉。

慈善關懷亦跨國界、地域開展，2017年分別於菲律賓、中國大陸四川頒發獎助學金，提供學子安心就學、持續前進的動力；7、8月暑假期間，並於四川舉辦三梯次的「生命教育心靈環保體驗營」，以感受專注力量、從內心平衡做起、探索生命本質與內涵為主題，引導高中生與大學生學習「心靈環保」與

「心五四」的日常實踐。

大型活動之餘，還有地區性的義工定期前往關懷戶家庭，進行慰訪，也不定期至養護之家、康復中心、育幼院等社福安置機構，帶領美勞、藝文表演、團康遊戲與念佛、法鼓八式動禪等活動，傳遞關懷，如農曆春節前夕前往臺北市榮民服務處捐贈上千份即食調理餐，協助清寒、獨居的榮民，安心度過年關。

信眾關懷　凝聚願心與信心

本年在信眾的教育與關懷上，首場大型活動是護法總會與各地分院於1月共同舉辦的「歲末感恩分享會」，八千多位信眾以法相聚，方丈和尚果東法師勉勵眾人凝聚推廣法鼓山理念的信心、願心與恆心。「慈善護法悅眾成長營」、「正副會團長、轄召、召委成長營」分別於7月、12月，在法鼓山園區展開，多位僧團法師依循聖嚴師父的教導，帶領悅眾共同發想與討論，不僅凝聚向心力，也深化悅眾利己利人、接續護法弘化的使命。

各地分院2017年皆為勸募會員舉辦說明會或成長課程，包括臺中寶雲寺、臺南分院分別舉行的進階課程、成長營，安排悅眾分享勸募心法，也互勉學習佛陀的慈悲光、智慧光及清淨光，感化自己，進而感動他人。本年度「新勸募會員授證典禮」於9月舉行，共有一百四十九位新進勸募會員加入鼓手行列，方丈和尚果東法師期勉將勸募視為修行，承擔護法弘法的使命。

為提昇義工關懷的能力與內涵，2017年慈基會舉辦五場教育訓練課程，包括三場初階訓練與兩場分享會，讓學員更了解關懷救助的核心價值，提供適時、適切的關懷與服務；也應臺北市、新北市、新竹市、嘉義縣等公部門之邀，參與十七場防治災害會報、演習，建立與各災難防救組織合作默契與團隊精神。

結語

因應少子化與高齡化的社會，並擴大社會關懷層面，護法總會2017年啟動七場「悅眾巡迴關懷」，除感恩悅眾在地區推廣理念，也說明串聯僧團、各事業單位與地區資源，協助辦事處及共修處轉型，深耕社區、活化交流；護法總會副都監常遠法師、服務處監院常應法師出席每場關懷，期勉悅眾檢視當地需求，深化也廣化關懷層面，開發多元的善巧方便，接引更多人來學佛護法。

地區辦事處有以成立法青組，接引年輕族群；也有與法青學員合辦「兒童半日營」，讓青年與地區悅眾從中體驗、實踐禪修與佛法；另有多處辦事處舉行「經典共修」課程，帶領大眾以讀誦方式親近經文，領略般若智慧。

2017年法鼓山對社會的祝福是「福慧傳家」，大關懷教育呼應「福慧傳家」的實踐方針：「修福修慧，安心安家；六度萬行，傳心傳家」，用智慧與感恩心照顧自己，用慈悲和奉獻關懷他人與周遭環境，從心建設人間淨土。

● 01.03～22期間

105年度歲末關懷全臺展開
合計關懷近三千戶家庭

歲末關懷活動中,關懷家庭感受到佛法與社會的溫暖。

1月3日起,慈基會舉辦105年度「法鼓山歲末關懷」,延續2016年12月10日起展開的系列活動,至2017年1月22日圓滿,陸續於全臺各地分院、護法會辦事處展開,共同關懷當地低收入戶、獨居老人、急難貧病等民眾,共二十個據點,合計關懷近三千戶家庭。

匯集民眾的愛心,並結合地區資源,105年度的歲末關懷,除了準備慰問金與民生物資,並舉辦祈福法會或念佛共修,如法鼓山園區、北投農禪寺、北投文化館、桃園齋明寺、高雄紫雲寺、臺東信行寺,皆由法師帶領祈福;護法會辦事處、共修處則安排念佛共修,傳遞佛法的祝福。

其中,8日在紫雲寺展開的關懷活動,共有一百八十戶關懷家庭參與,法師關懷時,說明所有的援助都來自社會大眾,知福惜福才會人人有福,打開心胸迎接人群,便能走出生命中的冬天;9日於信行寺進行的歲末關懷,監院常全法師邀請眾人觀想「我是大家心中的觀音菩薩,大家是我心中的觀音菩薩」,勉勵大眾發願學習觀音菩薩聞聲救苦的慈悲心。

各地的關懷活動,也結合在地特色多元呈現,例如護法會豐原辦事處安排藝文表演,並帶領法鼓八式動禪,讓民眾體驗動禪的安定力量。另一方面,臺中寶雲寺以及護法會多處辦事處更提供「關懷送到家」服務,由義工直接將物資送至關懷戶家中,傳遞最直接的關懷。

透過歲末關懷活動,慈基會希望藉由物質與精神上的扶持,讓關懷家庭感受到佛法與社會的溫暖。

105 年度「法鼓山歲末關懷」活動一覽

區域	時間	活動地點	活動內容	關懷地區(對象)	關懷戶數
北部	2016 年 12 月 10 日	北投農禪寺	祈願祝福供燈、心靈饗宴園遊會、致贈禮金與物資	臺北市、新北市關懷戶	358
	2016 年 12 月 11 日	北投文化館	祈福法會、義剪、致贈禮金與物資	臺北市、新北市關懷戶	850
	2016 年 12 月 17 日	法鼓山園區	祈願祝福點燈、心靈饗宴園遊會、致贈禮金與物資	北海岸行政區、基隆關懷戶	164

區域	時間	活動地點	活動內容	關懷地區（對象）	關懷戶數
北部	2016 年 12 月 24 日	桃園齋明寺	祈福法會、合唱團及鼓隊表演、致贈禮金與物資	桃園市、新竹地區關懷戶	293
	2016 年 12 月 26 日	蘭陽精舍	致贈禮金與物資	宜蘭縣羅東鎮關懷戶	15
	2017 年 1 月 3 日	苗栗辦事處	關懷送到家	苗栗縣市關懷戶	35
	2017 年 1 月 12 至 18 日	宜蘭市安康托兒所	關懷送到家	宜蘭縣關懷戶	22
中部	2016 年 12 月 10 至 11 日	南投德華寺	祈願祝福點燈、義剪、致贈禮金與物資	南投縣魚池鄉、國姓鄉、仁愛鄉關懷戶	101
	2016 年 12 月 20 至 31 日	彰化辦事處	關懷送到家	彰化縣市關懷戶	15
	2017 年 1 月 7 日	南投辦事處	關懷送到家	南投縣市關懷戶	63
		東勢共修處	關懷送到家	臺中市東勢區關懷戶	65
		竹山共修處	關懷送到家	南投縣竹山鎮關懷戶	73
	2017 年 1 月 9 日至 2 月 11 日	臺中寶雲寺	關懷送到家	臺中市關懷戶	90
	2017 年 1 月 15 日	豐原辦事處	念佛共修、藝文表演、法鼓八式動禪、致贈物資	臺中市豐原區關懷戶	25
		員林辦事處	致贈物資	彰化縣員林市關懷戶	100
南部	2017 年 1 月 8 日	高雄紫雲寺	音樂藝文饗宴、致贈禮金與物資	高雄市關懷戶	183
	2017 年 1 月 9 至 15 日	臺南分院	關懷送到家	臺南市關懷戶	50
	2017 年 1 月 13 至 22 日	潮州辦事處	關懷送到家	屏東縣潮州鎮關懷戶	35
	2017 年 1 月 15 日	嘉義辦事處	致贈物資	嘉義縣、市關懷戶	55
		朴子共修處	致贈物資	嘉義縣朴子鎮關懷戶	37
東部	2017 年 1 月 7 至 15 日	花蓮辦事處	關懷送到家	花蓮縣、市關懷戶	30
	2017 年 1 月 9 日	臺東信行寺	致贈物資	臺東縣、市關懷戶	260
合計					2,919

● 01.08

「福慧傳家歲末感恩分享」全球展開
凝聚向心力　傳承新活力

護法總會及各地分院聯合舉辦「邁向2017福慧傳家——歲末感恩分享會」，1月8日於國內法鼓山園區、北投農禪寺、三峽天南寺、桃園齋明寺、臺中寶雲寺、臺南分院、雲集寺、高雄紫雲寺、臺東信行寺、蘭陽精舍以及護法會花蓮辦事處，與海外馬來西亞道場、新加坡護法會，共十三個地點同步展開，方丈

和尚果東法師於主現場寶雲寺,透過視訊同步連線,與各地八千多位信眾,彼此互道祝福,凝聚護法弘法的向心力。

方丈和尚表示,聖嚴師父一生實踐佛法、分享佛法,從建僧到創建法鼓山,都秉持著「急需要做,正要人做的事,我來吧」的精神,勉勵大眾提起奉獻利他的願心,以凡夫身修菩薩行,照顧周遭的環境和世界。

各地的感恩分享會充滿護法新活力,例如於法鼓山園區,近千位信眾及義工齊聚,由金山、萬里地區的法鼓幼童軍,以及基隆地區義工和小菩薩,帶來手語及話劇的問候;農禪寺有近兩千五百位鼓手透過祈福法會,為社會獻上祥和安定的祝福。

天南寺別具特色的生命故事單元,由悅眾分享因學佛發菩提心,改變生命困頓,走出自在歡喜;齋明寺藉由祈福法會和佛前供燈,一同為自己、為眾生祝福發願。

主場地寶雲寺,由中部各區召委帶領鼓手發願,齊心接引更多人來法鼓山學佛、護法;紫雲寺以「法鼓山尋寶趣」為主題,引導不同地區的人在活動中相遇,分享生活中運用最得力的法鼓山法寶;信行寺則安排讀書會成員演唱佛曲、長青班長者表演原住民舞蹈。

首度舉辦的蘭陽精舍,則由宜蘭、羅東的鼓手合作演出話劇「石頭湯」,分享施與捨的真義;花蓮辦事處由資深鼓手分享學佛心得,感恩眾人的同時,也歡迎新加入的勸募鼓手。

方丈和尚與全球護法信眾互道祝福,共勉凝聚願心願力,迎向2017福慧傳家年。

海外的馬來西亞道場,由老中青三代信眾接力表演,悲心班小菩薩演唱〈感恩歌〉,法青學員、合唱團表演手語及新年歌曲;新加坡護法會除了分享新址的發展近況與共修活動,並一起高聲發願:祈願在新的一年身體力行,延續聖嚴師父分享佛法的宏願。

● 01.15

佛化聯合婚禮法鼓山園區舉行
49對新人共創佛化家庭

1月15日,「第二十二屆佛化聯合婚禮」於法鼓山園區大殿舉行,邀請前副總統蕭萬長伉儷擔任證婚人,台新金控董事長吳東亮伉儷、護法總會總會長張昌邦伉儷分別擔任主婚人及介紹人,並由方丈和尚果東法師任祝福人,為四十

佛化聯合婚禮是淨化心靈和環境的幸福儀式。

九對新人授三皈依。

方丈和尚在祝福開示中，勉勵新人，順境、逆境都要珍惜，經營家庭之道，彼此需要理解現象、包容狀況、持續溝通、成就修行，才能真正安心自在；證婚人蕭萬長除以聖嚴師父的四感「感恩、感謝、感化、感動」勉勵新人，也期許將「心六倫」落實於家庭生活。

法鼓山自1995年舉辦佛化婚禮以來，迄今圓滿一千兩百一十三個佛化家庭，透過婚前講習、簡約而隆重的典禮，推廣並邀請新人們從建立家庭開始，一同實踐禮儀環保，擴及社會，共創幸福的人間淨土。

● 02.11

法行會參學寶雲寺
交流學佛護法的成長

法行會於2月11日舉辦春訪參學，會長許仁壽、副會長樂秀成及賴杉桂，率同六十多位會員參訪臺中寶雲寺，並與監院果理法師、護法總會副總會長陳治明、法行會中區分會會長卓伯源等中部悅眾，分享學佛護法的成長。

一行人跟隨導覽員的腳步，展開尋師尋根之旅，了解寶雲寺的沿革與演變。交流分享時，許仁壽會長讚歎寶雲寺的建築和空間設計，處處都在說法；卓伯源會長表示，希望各地分會分享經驗、修行奉獻，效法聖嚴師父悲願精神，共同推動法鼓山的理念。也有悅眾回憶從臺中分院鐵皮屋的草創，至今日的寶雲寺，看到中部四眾弟子護法弘法的用心，迅速地蛻變成長。

果理法師肯定法行會是推廣聖嚴師父理念的重要推手，期勉成員持續凝聚願心願力，護持法鼓山。

法行會參訪寶雲寺，並與中區分會交流，分享學佛護法的成長。

● 02.12

榮董會舉辦新春祝福活動
珍惜護法因緣　傳承菩提道心

新春祝福活動上，北六轄區合唱團和「悟寶熊」進行佛曲帶動唱。

榮譽董事會於2月12日在北投農禪寺舉辦新春祝福活動，內容包括祈福法會、聆聽聖嚴師父開示影片、藝文演出等，方丈和尚果東法師、榮董會會長黃楚琪、法行會會長許仁壽等到場關懷，共有一千一百多位榮董闔家出席，展現「大願力‧大家庭」代代相承的精神。

方丈和尚開示時，期勉大眾聽聞、護持佛法之餘，更重要的是實踐佛法，時時練習正面解讀、逆向思考，無論順境、逆境，都是成就自己修福修慧的善緣與法緣。

於「護法因緣‧代代相傳」單元中，在主持人一問一答的互動下，多位資深悅眾分享學佛護法的生命故事。有悅眾表示，看到新面孔，也有老義工，深刻感受榮董是一份責任與承擔；也有接引全家人成為榮董的悅眾表示，在朋友引薦下讀了聖嚴師父的書，深受啟發，三十年來不但發願推廣佛法，固定參與共修、助念關懷，還要接引更多人加入護持的行列。

● 02.13　02.15

法鼓山關懷國道意外事故
果器法師帶領「追思祝福法會」

國道五號於2月13日發生遊覽車意外事故，造成眾多民眾傷亡。法鼓山於第一時間啟動緊急救援系統，祈請大眾齊心念佛迴向罹難者及傷難家屬，並設立網路持咒祈福專區；方丈和尚果東法師除表達關懷，也勸請大眾自助助人，為臺灣及世界各

慈基會祕書長果器法師率僧團法師及義工，為國道事故罹難者助念，表達追思祝福。

地需要溫暖的民眾祈福。慈基會亦有上百位義工，前往殯儀館助念，期望透過關懷，安定喪親家屬的身心。

15日，慈基會祕書長果器法師偕同僧團法師、近百位助念團義工，前往臺北市立第二殯儀館進行「追思祝福法會」，帶領大眾虔誠誦念《阿彌陀經》、〈往生咒〉及阿彌陀佛聖號，協助傷亡者的親友安定心靈，也迴向罹難者往生佛國淨土。

● 02.19

法鼓山合唱團首辦悅眾分享會
以音聲接引大眾學佛

法鼓山合唱團於2月19日在臺南雲集寺首度舉辦悅眾分享會，臺南分院監院常嘉法師、常獻法師到場關懷，共有三十七位全臺九個合唱團團長、副團長、指導老師參加。

分享會首先透過分組傳球、童軍繩組合、抽積木等活動，讓悅眾在歡笑聲中認識彼此。「生命故事分享」邀

合唱團悅眾在分組傳球遊戲中，培養默契。

請聲樂家楊勝安講述自己從患病到治療，將苦痛歷程轉化為提昇心靈及生活的力量；楊勝安勉勵悅眾，透過自我的提昇，發大願心，共同護持佛法。

會中並安排觀看聖嚴師父開示影片，眾人再次回顧師父對成立合唱團的目的、任務及期許；交流分享時，悅眾除了交換團務上的經驗、曾遭遇的問題及處理方式，也提出對團務運作的建議。

常獻法師關懷時，感恩悅眾一路走來的護持，期勉合唱團以音聲接引大眾，共同修學及弘揚佛法。

● 02.26

勸募鼓手成長營臺南展開
募人募心 快樂學佛

護法總會於2月26日在臺南分院舉辦勸募成長營，主題是「募人‧募心‧快樂學佛」，護法總會服務處監院常應法師到場關懷，期勉鼓手們學佛改變自

己，持五戒、修十善，發願成長自己，利益他人，有近一百五十位來自雲林、嘉義、臺南地區的勸募會員參加。

課程由悅眾分享勸募心法，有悅眾引用聖嚴師父開示：「勸募，是勸人來學佛，募人來修行，人人都是建設人間淨土的工程師。」並以「三心」信心、熱心、恆心，以及「二意」誠意、善意，與鼓手共勉，做好對人的關懷；也有中部地區鼓手分享寶雲寺籌建期間，邀請地區信眾以團隊力量，護持寶雲基石專案，把握護法因緣。

護法總會服務處主任陳高昌提醒勸募會員平時多閱讀聖嚴師父著作、法語，或法師們的開示，以及《法鼓》雜誌，將受感動的話或小故事記起來放在「故事盒」，隨身攜帶，多多與人分享，就是在做勸募。

勸募成長營上，鼓手們一起合唱佛曲，願勸募學佛路上同願共行。

成長營中，並安排悅眾現場教導眾人做手帕拓染，以這份「傳心傳情」的禮物，鼓勵養成隨身攜帶手帕的習慣，以實際行動節省資源，落實環保。

大堂分享時，有鼓手表示，在成長營課程中，體會到分享學佛獲得的法益就是募人募心的最佳方式；臺南分院監院常嘉法師也期許學員們踏著聖嚴師父的足跡，關懷、接引需要佛法的人。

● 02.28　06.11

慈基會慰訪義工分享會
交流經驗　發揮善的力量

慈基會於2月28日及6月11日，分別於臺中寶雲別苑、北投雲來寺，舉辦慰訪義工分享會，祕書長果器法師、總幹事陳高昌到場關懷，共有近兩百位義工交流慰訪經驗，堅定服務的願心。

果器法師感恩資深與新進慰訪義工，齊心加入關懷的行列，期勉大眾透過互相觀摩，汲取經驗；陳高昌總幹事提醒，在慰訪過程中，抱持服務、謙卑、尊重的態度，提昇關懷的內涵。

分享會中，「百年樹人獎助學金活動規畫」單元，安排資深悅眾分享如何透

過細部分工、建立標準流程、善用通訊
軟體等方法，成就參與者近兩百人的頒
發活動。有學員建議，由高年級學生擔
任小組長，照顧低年級學生，並鼓勵學
生協助出坡、強化參與感與責任心；也
有學員表示，活動中加入「輕鬆禪」，
藉由禪修練習讓心安定，也能將方法運
用在生活中。

透過跨區交流，慰訪義工們為關懷工作注入新的巧思，更堅定
奉獻的願心。圖為在雲來寺進行的場次。

「提昇慰訪關懷內涵」方面，臺北市
文山區慰訪組分享該區為受關懷家庭舉
辦「圓緣心靈分享會」（讀書會）的經驗，藉由每月一次共讀，結合平時的慰
訪關懷，協助家長自我提昇、彼此分享，將善的影響力擴及到個別家庭中。

有新進慰訪義工表示，從學習辦理頒發活動中，發現體系內有許多豐富的資
源可運用，期許站在前人奠定的基礎上，與地區團隊共同努力，讓佛法光明照
亮更多需要關懷的家庭。

● 03.03

慈基會舉辦「新竹學輔班行前教育訓練」
學習以同理的角度來陪伴與關懷

3月3日，慈基會在交通大學舉辦「新
竹學輔班行前教育訓練」課程，共有二
十六位學習輔導的大學生及義工參加。

活動首先由慈基會專職介紹學習輔導
班成立緣由、關懷要點與願景，說明透
過陪伴、鼓勵以及支持，提昇學童自信
與成就感，趨向正向的成長。

課程並邀請心理諮商輔導師李倩華講
授學習輔導策略及溝通技巧，說明在關
懷過程中，如何放下自我，用同理心、
提起觀照力，體會孩童的感覺與情緒，

學輔班教育訓練課程中，學員學習以同理的角度來陪伴與關
懷該童。

再引領學習與人相處，培養一個健全的人格；也帶領進行角色扮演，體驗被帶
領者的心境。

有大學生分享，期許自己不求回報，以愛心、耐心、同理心陪伴學童成長。

● 03.05

義工團舉辦「悅眾交流分享會」
跨組經驗分享　彼此學習成就

義工團悅眾藉由堆疊黏土塊，增進團隊合作默契。

義工團於3月5日在北投雲來寺舉辦「悅眾交流分享會」，常獻法師到場關懷，共有七十五位來自接待、護勤、交通、醫護、攝影等組悅眾，以跨組交流的方式，分享關懷義工的經驗與作法。

上、下午兩場討論會中，悅眾就接引和關懷組員等面向，及身為義工團、僧團與組員之間的溝通角色，進行深入討論。有接待組悅眾表示，小組長不只需要了解自己組別的任務，也須對法鼓山有全盤認識，多充實自己，積極參加成長課程，知道哪些資源可運用，才能提供組員適切的關懷與幫助；護勤組悅眾分享，透過工作輪替，讓組員有更多元的體驗，出坡時，多給予組員鼓勵，隨時觀察其身心是否放鬆。也有多位悅眾分享可透過LINE群組、交通工具共乘、聯誼等方式，與組員保持互動，分享生活和學佛點滴。

常獻法師勉勵悅眾，從交流中相互學習更多好方法，不僅可運用在與組員、組長的溝通上，還可進一步改善與人互動的方式。

● 03.10

慈基會援助偏鄉國小新建圖書室
提供學子明亮舒適的閱讀環境

慈基會援助臺東縣長濱鄉三間國小新建圖書室，於3月10日舉辦啟用感恩會，祕書長果器法師、信行寺監院常全法師、護法總會副總會長柯瑤碧應邀揭牌，長濱鄉多所國中、小學校長也到場觀禮祝福。

果器法師感謝政府單位與各界善心，在2016年尼伯特風災過後，讓法鼓山僧團、義工，得以及時完成上百戶的慰訪、受災補助，並且在關懷中，與臺東教育界合作，完善校園的學習設備，期望能如春風化雨，吹拂出未來的新希望。

三間國小校長李秀琴感恩法鼓山的援助，提供學子明亮舒適的閱讀環境；期

慈基會援助臺東縣三間國小新建圖書室,讓學童享有優質的閱讀環境。

許學子們保持感恩的心,以回饋社會做為學習精神。

三間國小與市區距離八十三公里遠,閱讀資源不足,原有圖書室因風災而倒塌,設備與藏書毀損。慈基會協助援建新圖書室,讓學童享有優質的閱讀環境。圖書室每週六上午並開放長濱地區民眾使用,共享閱讀樂趣。

● 03.11　06.25

中山、文山辦事處「行動報師恩」
接續聖嚴師父興學願心

響應護法總會「行動報師恩——小沙彌回法鼓山」活動,3月11日、6月25日,護法會中山、文山辦事處各有一百多位信眾,帶著小沙彌,參訪法鼓文理學院,常一法師及「大願‧校史館」主任辜琮瑜到場關懷。

大眾首先從溪邊步道行過大願橋,體驗文理學院心靈環保的校園環境。走進校史館,辜琮瑜老師分享籌備校史館的過程,並講授心靈環保的理念與方法,勉勵大眾運用心靈環保淨化心靈,提昇人的品質。

辜老師也引領眾人體驗各項創新的互動式設計,在「聚沙興學‧微塵淨土」虛擬沙盤上,有悅眾從銀河般的平台中,看到熟悉的名字浮現,表示非常感動,也發願接引更多人走進聖嚴師父的願,繼續護持後代子孫的平安幸福。

常一法師關懷時,表示願心無大小,有願就有力,並感恩大眾捐出善款,接續聖嚴師父的興學願心。

文山辦事處並於活動中,安排慰訪組、勸募組、助念組悅眾,分別解說各組關懷與服務內容,邀請眾人一起參與,接引更多人親近法鼓山學佛、護法。

文山辦事處響應「行動報師恩」,參訪法鼓文理學院,並分組進行勸募聯誼。

● 03.16～06.01期間

海山辦事處大事關懷課程
了解生死莊嚴、建立正向生死觀念

3月16日至6月1日，關懷院週四於護法會海山辦事處舉辦大事關懷生命教育課程，共十堂，內容包括大事關懷七項服務、助念法器梵唄教學等，由監院常綽法師、助念團悅眾等帶領，共有一百多人參加。

常綽法師解說，死亡不是人生的結束，而是另一段新生的開始；生命從無始來、往無盡去，直到究竟解脫。法師說明大事關懷是廣結善緣的莊嚴大事，協助臨終者或往生者解除心中的恐懼，放下萬緣、往生淨土；也引導生者安定身心，感受到關懷的溫暖，更能從佛法開示中獲得安寧。

課程中，透過觀看《大法鼓》，學員學習正信、正知、正見、正行的佛法觀念；由助念團團長李純如導讀《生與死的尊嚴》一書，則是進一步認識生命的本質，體認生、老、病、死的生命事實。課程也安排學員們完成四次以上的行門功課，包括：病友慰問關懷、佛事諮詢、往生助念、誦念關懷、佛化奠祭以及後續關懷等，深化學習的體驗。

大事關懷課程中，學員們認真的學習執掌法器，敲出令人安心的莊嚴法音。

有學員分享，藉由解行並重的課程，學習到要及時把握生命，讓生命活得有意義、有目標；人生無常時，有佛法、有方法，就可以安定自己，也能幫助他人。

● 03.18～07.23期間

護法總會舉辦七場「悅眾巡迴關懷」
凝聚願力 深入關懷社區

為深入關懷社區，3至7月期間，護法總會於全臺北、中、南各分院，啟動七場「悅眾巡迴關懷」活動，副都監常遠法師、服務處監院常應法師、總會長張昌邦、主任胡正中等出席每場活動，感恩護法悅眾在地區推廣法鼓山的理念，並共同展望未來地區轉型的方向與作法，共有逾千位悅眾參加。

常遠法師說明，隨著體系各項建設逐一完成，期許各地辦事處轉型為心靈環保學習中心，接引大眾學佛、護法；張昌邦總會長鼓勵大眾先立下目標，從自

己的家人開始，進而接引更多長輩、年輕世代來學佛。

「回到初心再發願」單元，藉由觀看聖嚴師父開示影音「共結善緣」，悅眾領會到能跟隨師父弘揚佛法、對人產生影響力，乃是由於彼此共同結過善緣，發願度眾生、接引更多人來修福修慧，是最有福報的一件事；有悅眾表示，從親近法鼓山，到承擔悅眾，於執事過程中學習調心、凝聚共識，常常檢視自己

護法總會副都監常遠法師提出各地辦事處發展的明確方向，以擴大社會關懷的層面。

是否回到初發心，先感化自己、改變自己，才能感動別人，成為一位法喜的悅眾。

分組討論時，悅眾們集思廣益，除了發想關懷活動內容，並提出地區發展所需資源；常應法師回應，全力支持各地深耕社區，並成立「分享平台」，串聯僧團、各事業單位與地區的資源，並強化各區交流，促成共同成長。

另一方面，每場活動並安排僧團法師與法鼓文理學院助理教授辜琮瑜，帶領悅眾再次深入體會法鼓山的理念，文化中心常慧法師導讀《福慧傳家》時，引領大眾思考何為法鼓山的「傳家寶」，進而鼓勵眾人發展更多元的讀書會等共修活動，深入閱讀聖嚴師父的著作；辜老師帶領的「自我探索工作坊」，則以影片和小遊戲，引領學員更深層地認識心的作用，回歸初發心與發願。

許多悅眾分享，法師的關懷與精心安排的課程，再再讓自己重新提起願心，不論在修行上，或是未來推展社區關懷方面，會更穩健踏實。

2017 護法總會全臺「悅眾巡迴關懷」活動一覽

時間	地點	參與地區
3月18日	北投農禪寺	北二、北五轄區
3月19日	北投農禪寺	北一、北三轄區
4月16日	北投農禪寺	北四、北七轄區
4月23日	臺中寶雲寺	中部地區
5月21日	高雄紫雲寺	高雄、屏東、臺東
7月15日	蘭陽精舍	宜蘭、羅東、花蓮
7月23日	臺南分院	雲林、嘉義、臺南

● 03.22

高雄北區辦事處舉辦勸募說明會
常參法師分享勸募經驗

高雄北區辦事處舉辦勸募說明會，悅眾分享勸募心法。

護法會高雄北區辦事處於3月22日，在高雄紫雲寺舉辦新進勸募會員說明會，監院常參法師到場關懷，也分享勸募經驗，是抱著服務的態度，隨緣盡分協助他人，有近三十人參加。

會中安排多位資深悅眾分享勸募心法，有悅眾說明平日多參加念佛、禪修、拜懺等共修活動，讓自己成長，才能讓他人平安快樂；也有悅眾表示，勸募就是法布施，是分享人間淨土的成果，既可自利利人，又可廣結善緣。

說明會中，並由助念組悅眾介紹法鼓山的「大事關懷」，講解七項原則，提醒正確的關懷態度是「提供對方需要的，而不是我們想要的」。

有新進會員表示，深受悅眾的分享所感動，也對接引大眾學佛、護法，更有信心。

● 03.31

前副總統李元簇植存生命園區
落實低調樸實價值觀

前副總統李元簇先生捨報紀念追思會，3月31日由方丈和尚果東法師主法，隨後家屬依其遺願，將李前副總統與其夫人徐曼雲女士的骨灰植存於新北市金山生命環保園區。

在上百位觀禮民眾追思默禱中，家屬各分三次將李前副總統與夫人徐曼雲女士的

前副總統李元簇先生遺族家屬們，在義工引導下於生命園區圓滿植存。

骨灰植存,接著撒花覆土,回歸大地,現場莊嚴溫馨,令民眾更加懷念這位以「無住生心」做為人生座右銘的前副總統。

徐曼雲女士於1998年往生時,即在聖嚴師父與法鼓山助念團的協助下,以莊嚴簡樸的佛化奠祭,完成佛事。而今,在家屬的護持下,讓李前副總統伉儷低調樸實的價值觀,得以完全落實。

● 04.09～05.28期間 10.15～11.11期間

第三十、三十一期百年樹人獎助學金頒發
嘉惠近三千位學子

4月9日至5月28日及10月15至11月11日期間,慈基會於全臺分支道場及護法會辦事處舉辦第三十、三十一期「百年樹人獎助學金」頒發活動,全年共八十場,嘉惠近三千位學子。

「黑暗體驗」活動,鼓勵學子觀照看不見時的覺受,體會人與人之間互助的珍貴。

上半年在臺南雲集寺、高雄紫雲寺、臺東信行寺、臺中寶雲別苑與法鼓文理學院、南投辦事處展開的六個場次,邀請視障青年林信廷分享逆境中成長的生命故事,鼓勵受助學生肯定自我潛能,進而生起奉獻自己、回饋社會的願心;搭配主題演講舉辦的多場「黑暗體驗」活動,鼓勵大眾以禪修方法,清楚觀照「看不見時」的身心變化。

除了六場主題演講,各地的頒發典禮也結合寓教於樂的活動,包括臺中東勢共修處結合閱讀、心得寫作和闖關遊戲,引導學生相互分享學習經驗;臺北海山地區一百五十位學子、家長與義工先到三峽天南寺,練習以禪修的方法來出坡,再參訪鶯歌新太源農場,並DIY小禮物;中正萬華地區帶領眾人同遊北海岸,為心靈充電,學習為環境保護盡一份心力。

下半年於全臺各地舉辦三十六場,其中新莊、基隆、金山萬里、彰化、南投、竹山等地區,結合「直心禪畫」,邀請受關懷學生與家長,以「專注當下」的禪修方法,於紅包袋上作畫鍊心,作品並於2017年歲末感恩關懷活動中做為結緣品,傳遞對大眾的感恩與祝福。

除了禪繞畫教學,於高雄紫雲寺進行的頒發活動,法青引導學生參與遊戲闖關、帶動唱,歡喜的互動氛圍中,彼此互相打氣;監院常參法師以聖嚴師父從

小拜觀音開智慧、發願有成的故事，勉勵學子們做眾生的觀音，未來也能回饋社會。

2017 百年樹人獎助學金頒發人次一覽

學別／期別	國小	國中	高中	大學（大專）	總計
第三十期	362	328	400	393	1,483
第三十一期	285	324	379	381	1,369
合計	647	652	779	774	2,852
百分比（%）	22.69	22.86	27.31	27.14	100

● 04.15　11.11　12.17

榮譽董事頒聘典禮
體現大願力、大家庭的護法願心

　　榮譽董事會於4月15日、11月11日與12月17日在北投農禪寺、臺中寶雲寺及臺南雲集寺，共舉辦三場榮譽董事頒聘典禮，由方丈和尚果東法師為新任榮董頒發聘書，護法總會副都監常遠法師、榮董會長黃楚琪到場關懷，共有七百多人參加，許多榮董更是一家三代與會，體現大願力、大家庭的護法願心。

　　在「心願與新願」時刻，眾人觀看聖嚴師父開示影片，師父說明法鼓山推動三大教育，從著眼出生到臨終的大關懷教育，改變提昇人心的大普化教育，再到培養未來弘法人才的大學院教育，對後世及社會的影響，廣大而久遠；方丈和尚勉勵榮董悅眾修行六度，也接引家人親近道場、學習奉獻，並以「法鼓榮董‧福慧傳家」，感恩眾人以「知恩報恩利他行，盡心盡力第一行，布施功德清淨行，慈悲喜捨無量行」，給後代子孫大好的信心和希望。

　　活動最後安排「感恩分享」，由榮董分享學佛成長，有榮董表示從求觀音到學做觀音，不但自己獲益良多，更常與他人分享佛法，或請購聖嚴師父的著作贈予親友；也有榮董分享，皈依三寶後，常全家到法鼓山園區禮佛，看著子孫們在潛移默化中，長養對佛菩薩的敬仰之心，家庭生活也因佛法潤澤而和樂無諍。

於農禪寺，方丈和尚果東法師關懷新進榮譽董事及家人，期勉大眾實踐佛法，體現大願力大家庭的護法願心。

● 04.29～30　09.23～24

榮董會兩梯次禪悅營
堅定修行與奉獻願心

4月29至30日、9月23至24日，榮譽
董事會於法鼓文理學院舉辦兩梯次禪
悅營，由常獻法師帶領，學員藉由豐
富的課程，深入了解聖嚴師父建設人
間淨土的理念，堅定修行與奉獻的願
心，分別有近一百位、一百一十位榮
董參加。

禪悅營中，常獻法師帶領經行。

營隊第一天，文理學院副校長蔡伯
郎以博雅教育、大願興學為主題，介
紹文理學院發展的五個階段；常延法師講授「佛教的終極關懷」，說明如何關
懷自己的中陰身，並積極準備迎接美好晚年；禪修中心副都監果醒法師則透過
霓虹光影鐘與布袋戲偶，解釋現象、實體及空性的概念，提醒學員，莫讓自心
被「觸、受、愛、取、有」所掌控；弘化發展專案小組召集人果慨法師則引領
學員，從觀音道場走入聖嚴師父的內心世界，並提醒眾人學佛不是遇見佛，而
是開發自己的佛性。

第二天清晨，常獻法師帶領經行、立禪，在綠地上練習直觀。女眾副都監果
高法師講述心靈環保的理念與當代社會的運用；普化中心副都監果毅法師分享
法鼓宗風，勉勵大眾以關懷完成教育的功能，以教育達成關懷的任務，秉持奉
獻心與學習心，做一個菩薩行者。

大堂分享時，會長黃楚琪介紹榮譽董事會1989至2017年的護法歷程，期勉
眾人護法因緣，代代相傳，持續推動各項法務。

● 04.30～06.06期間

端午關懷全臺展開
近兩千人歡度佳節

慈基會於4月30日至6月6日期間，於全臺舉辦端午關懷活動，除攜帶應景素
粽前往關懷家庭表達祝福外，慰訪義工並分別至各地社福機關、安養機構，與
院民歡度佳節，共計關懷近兩千人。

其中，臺北文山區的慰訪義工，於5月24日前往萬芳醫院安寧病房進行慰

潮州地區的義工，引導養護中心的長者進行浴佛活動。

訪，與社工師、醫護人員，以〈人間有愛〉、〈祝你幸福〉等歌曲，為病友及家屬祝福，也邀請大眾一同手做艾灸條，學習以熏香淨化空氣、驅除蚊蟲，共度溫馨歡樂的時光；25日，則應萬芳醫院社區關懷活動之邀，與院方一同向安康平宅、景仁里、萬和里等社區榮民、獨居長者致贈愛心素粽，帶給長者佳節的團圓味。

南投埔里德華寺於5月28日展開端午關懷，邀請六十五戶家庭，共近一百三十人參加，除了精神關懷之外，也安排義剪、音樂演奏，並致贈民生物資；考量有些關懷家庭成員年紀較長、行動不便，義工們在活動結束後，便將物資直接送到家中，以行動落實關懷。

屏東潮州地區的慰訪義工，則於27日關懷屏東縣竹田鄉無量壽養護中心及琉璃光長照中心，結合浴佛暨母親節的端午關懷活動，以浴佛儀式、藝文表演，傳遞各界的祝福。

● 05.16起

慈基會、紫雲寺關懷偏鄉長者
開辦社區樂齡課程

持續關懷偏鄉長者，慈基會、高雄紫雲寺自5月起，陸續於六龜、美濃、杉林等地區開設樂齡班，藉由每月一至二次的課程，將佛法融入體能、禪藝、心靈茶會等活動中，陪伴長者從學習中成長，活出歡喜自在的樂齡人生。

首堂課程於16日在六龜寶來社區展開。紫雲寺監院常參法師首先帶領學員，誦念觀世音菩薩聖號，氣氛相當攝受；義工也帶領長者練習坐禪與法鼓八式動禪，體驗禪法的放鬆與安定。

在常參法師與義工的帶領下，寶來社區長青班長者，以歡喜心熏習佛法，展現樂齡活力。

高雄正興國中退休校長楊文慶，在「老得有智慧」講座中，說明日昇日落、花開花謝是亙古不變的道理，有生就有死，生老病死乃自然現象，期勉大眾透過修學佛法，做一個有智慧的幸福的長者。

有擔任關懷員的悅眾表示，首次走進六龜社區，看到長者與義工培養出的默契，以歡喜心來熏習佛法，了解到藉由關懷的機會，不但延續了善緣，更將社會資源帶入偏鄉，能以佛法幫助長者安心，持續提昇生命品質，也為整個社區和社會帶來正向成長的力量。

● 05.17

義工團醫護組交流分享
結合戶外禪、參訪蘭陽精舍

為凝聚共識與向心力，護法總會義工團醫護組於5月17日舉辦交流分享，活動結合戶外禪、參訪蘭陽精舍，由常獻法師帶領，共有四十多位醫護義工參加。

戶外禪於宜蘭龍潭湖展開，常獻法師引導大眾放鬆身心，分享「一次只走一步」的禪修方法，並帶領環湖經行。義工團副團長金曉燕等多位悅眾也分享學佛與修行心得，以及不同地區的護持勤務進行交流，互相學習並增進彼此的認識。

義工團醫護組於宜蘭龍潭湖進行戶外禪。

午後，大眾參訪蘭陽精舍，從分組導覽、與當地義工的互動中，認識蘭陽地區的護法歷程，體會以「心靈環保」為核心理念，所建設的如來家。

活動最後，有醫護義工表示，透過禪修、參訪和分享的交流活動，能讓彼此凝聚，奉獻中更能提起道心。

● 05.22

慈基會捐贈新北市金山區消防住警器
提昇居家防護安全

為持續推廣防災公益，慈基會結合各界關懷資源，5月22日於新北市金山消防分隊，捐贈一千五百顆「住宅用火災警報器」，以金山、萬里等北海岸區域之中低收入戶、獨居老人、弱勢兒少為主要捐助對象。

慈基會許哲銘顧問（右）捐贈消防住警器，由程昌興科長（左）代表接受。

捐贈儀式由新北市消防局火災預防科科長程昌興代表接受，程科長感恩法鼓山提供火災警報器，保障民眾居家的安全；慈基會顧問許哲銘表示，捐贈住警器，具體落實了法鼓山大關懷教育，期勉第一線的消防救災人員，執行勤務，關注人命安危，也勿忘保護自身安全。

捐贈儀式圓滿後，許哲銘顧問與金山分隊一行人，也實地走訪社區民宅，安裝住警器，提昇民眾的防災意識。

● 06.03～08

法鼓山關懷全臺豪雨災區
法師與義工各地勘災慰訪

6月2日暴雨強襲臺灣，各地傳出重大災情，法鼓山第一時間啟動緊急救援系統，僧團法師與慈基會義工於3至8日，前往北、中、南受災地區勘災慰訪，並提供乾糧、飲用水等民生物資，緩解居民需求，協助受災民眾安心度過難關。

北部地區，3日慈基會義工至北海岸四區和基隆勘災，並與國軍人員一同至新北市金山區永興里等地區提供民生物資；僧團法師於8日帶領義工慰訪受災家庭，持續關懷和提供協助。

中部地區，暴雨危及南投縣信義鄉神木村、同富村聚落，近十戶居民撤離安置於臺大實驗林管處及社營林區收容中心；8日上午，慈基會與當地義工前往關懷，引導民眾運用「四它」安定身心。

南部地區，高雄紫雲寺監院常參法師於5日帶領義工，慰訪六龜及桃源等偏鄉社區。部分鄰近荖濃溪的屋舍因溪水沖刷崩塌，民眾緊急撤離，所幸慈基會於八八水災後，廣集社會善款整建的「荖濃防災暨社區教育中心」及時發揮作用，成為安頓居民的地點之一。

高雄紫雲寺監院常參法師（右）帶領義工，前往六龜社區慰訪受災居民。

　　長期推動心靈環保農法的僧團副住持果祥法師，也於6日偕同北海岸當地社團，關懷多處受損嚴重的農園，並帶領眾人念佛迴向。法師於開示中慰勉受災民眾，大自然的無常示現，就像一面鏡子，提醒我們以謙卑的心愛護土地，以「生命共同體」相互扶持，生活中處處實踐環保，生命便能找出重生的力量。

● 06.10　07.29　08.05

初階慰訪教育訓練三地舉行
學員深入了解關懷內涵

　　慈基會於6月10日、7月29日及8月5日，在臺中寶雲寺、高雄紫雲寺及臺北德貴學苑舉辦初階慰訪教育訓練課程，並分別邀請靜宜大學教育研究所教授張學善、暨南國際大學社會政策與社會工作學系助理教授陳宜珍、心理師林凎增講解助人工作的基本技巧，以及同理心的認識與演練，共有三百二十多位慰訪義工參加。

　　課程首先由專職介紹慈基會成立的目的與宗旨、主要服務方案、服

慰訪員於教育訓練課程中，互勉時時回到初心。

務項目及慰訪作業流程、慰訪前的準備、慰訪義工的身、心、口儀等專業知識；藉由百年樹人獎助學金、安心家庭關懷、個人及特定群體關懷、相關公益慈善關懷、突發的社會乃至世界的急難與災害救助，落實安定人心、安定社會和世界的關懷工作。

　　張學善教授在課程中，闡述溝通是良好關係的橋樑，用心傾聽接納、不評價，以同理心站在他人角度思考，嘗試了解對方的感覺及想法，再協助解決問題，便能有效地達到助人目的；陳宜珍老師說明人與人的互動，以尊重及陪伴建立關係連結，涉入並觀照當下的狀態，本著相信、尊重、接納及察覺的原則，傳達溫暖與關懷；林凎增心理師提醒在慰訪過程中，細心觀察與體會案主非語言動作所傳遞的訊息。

　　課程圓滿前，副祕書長常隨法師到場關懷，期勉學員從事慰訪關懷工作時，藉由自我調適及學習，化個人的「小我」為團體的「大我」，進而以智慧慈悲、同理關懷，超越人我之間的界線，達到無我。

● 06.28　09.27

法鼓山回饋鄉梓
捐建新北市金山區磺溪橋

受到6月2日暴雨影響，新北市金山區連結中山路與三界壇路的要道磺溪橋，被暴漲的溪水沖斷。法鼓山隨即決議提供經費協助重建橋樑，由方丈和尚果東法師代表向新北市市政府表達捐贈意願，以回饋鄉梓。

捐贈儀式於28日上午在市府舉行，方丈和尚在慈基會祕書長果器法師、護法總會副都監常遠法師、護法總會總會長張昌邦、慈基會會長王景益等陪同下，與市長朱立倫相互致贈新橋示意圖，以及接受市府頒贈捐建感謝狀。

方丈和尚首先關懷與會的金山區區長、三界里與清泉里代表，並於致詞時表示，磺溪橋曾是出入法鼓山的要道，僧團與信眾抱持著「懷恩報恩恩相續，飲水思源源不絕」的願心，期盼能透過集結社會各界的善心，協助重建此交通要道，搭起連結居民的心橋，傳遞溫暖的關懷與安定的力量，同心協力走過水災後的復原。

金山磺溪橋重建捐贈儀式，由果器法師、常遠法師、張昌邦總會長、王景益會長等陪同方丈和尚（左）出席，朱立倫市長（右）與市府、地方代表致贈感謝狀。

9月27日，新橋復建工程舉行動土典禮，由方丈和尚、地區團體與民意代表共同為工程祈福，朱立倫市長也代表市民向法鼓山四眾弟子致謝，並勉勵民政局與工務局同仁，以最快的速度、最高的品質，完工新橋，圓滿社會大眾的期許。

● 07.01～08.31期間

百年樹人獎助學金分享卡聯誼會
受助學子揮灑創意學感恩

慈基會於7月1日至8月31日期間，在全臺各地分院、辦事處及共修處舉辦第三十一期「百年樹人獎助學金分享卡聯誼會」，共十七場，受關懷學子藉由卡片製作，分享生活經驗，也向身邊的人事物表達感恩。

7月13日於新北土城共修處舉辦的海山土城區聯誼會中，悅眾首先為學生說明分享卡的意義，再由關懷組義工指導繪製禪繞畫，以及製作信封與卡片，學生們以放鬆與專注的心，所描繪出的一筆一畫，皆忠於當下感受，不去分別好壞，發掘出更多創意巧思。臺北中正萬華區安排觀賞《搞笑的阿哲》短片，之後各組派代表上台分享，學生紛

南投區規畫環保袋DIY活動，發揮舊物再利用的巧思。

紛提到主角盲人阿哲展現出的幽默、勇氣、努力、尊重、感恩等特質，值得學習。

臺中東勢區、臺南區的聯誼會，由學子在紅包袋上，畫上象徵祝福圖樣，與慰訪家庭結善緣。東勢區並結合硬筆字與書法教學，帶領學子從寫名字開始練習基本工，並因應不同年齡層教學，讓不識文字的學齡前幼童，也能以圖畫方式完成作品；臺南區悅眾以聖嚴師父攀登梵蒂岡聖彼得大教堂的故事，勉勵學童學習師父只管「把現在這一步走好」的精神，完成圖樣看似複雜的手作紙磚，之後再製作成吊飾卡。

南投區規畫環保袋DIY活動，安排觀看《爸爸的環保袋故事》影片，引導學童了解重複使用環保袋，有助於塑膠袋與垃圾減量，再從回收衣物中挑選舊上衣，裁剪、縫製與彩繪成環保提袋，發揮舊物再利用的巧思。

各地活動皆加入各種趣味課程，巧妙融入惜福、護生、布施等觀念，讓學子帶著豐富的學習成果與感動，也更相信自己有能力奉獻他人。

●07.06～11.24期間

護法總會、普化中心推廣經典共修
接引大眾親近經文要義

為接引大眾以簡單的讀誦方式親近經文，護法總會、普化中心共同推廣「經典共修」，並於7月6日至11月24日，率先在海山與文山兩區辦事處，每週舉辦一次《金剛經》共修。在攝受的誦念聲中，大眾用心領略經中蘊藏的般若智慧，許多人並於共修結束後積極深入學習經典，回響熱烈。

「經典共修」由地區悅眾帶領，護法總會服務處監院常應法師不時前往關懷指導。共修中，悅眾先以禪法引導放鬆與靜坐；接著在維那與木魚的引領下，

護法總會推廣「經典共修」，完整的課程架構，接引大眾體驗誦經聞法的安定與法喜。

眾人攝心誦念《金剛經》，再進行十五分鐘的繞佛；而後觀看聖嚴師父講解《金剛經》的開示影片，並分組討論，交流心得，最後以大堂分享同霑法益。

有悅眾分享，承擔監香執事，責任重大，也成長最多；一位因病休養的女眾表示，隨著一次次讀誦經文，懂得以因緣觀看待生命，對於纏身的病痛逐漸釋懷，體驗到誦經聞法的法喜。

● 07.12～08.01　08.07～13

「生命教育心靈環保體驗營」四川展開
學子學習「心靈環保」、「心五四」的日常實踐

7月12日至8月13日暑假期間，慈基會與法青會於中國大陸四川舉辦三梯次的「生命教育心靈環保體驗營」，由僧團副住持果品法師、寺院管理副都監常寬法師、常悅法師及僧大學僧帶領授課，有近兩百位學員體驗「心靈環保」、「心五四」的豐富內涵。

高中營隊於7月12日至8月1日，在安縣綿陽中學舉辦兩梯次，營隊內容包括大地遊戲、影片心得分享、小組討論等。其中，大地遊戲結合「心五四」，學員們除了體驗四安、四感、四要、四它、四福，也學到團隊合作與信任。

除了豐富的課程、寓教於樂的遊戲，吃飯也是一門主題。在法師和小隊輔引導下，學員們一口一口地咀嚼，從中細細品嘗食物的味道，感恩種植食物者的辛勤付出，並體驗專注做一件事的力量。

8月7至13日，為大學生舉辦的營隊於江油羅漢寺展開，活動以禪修課程、聆聽聖嚴師父影音開示為主軸，帶領學子探索如何從「自我

學子在疊衣夾遊戲中，學習專注與放鬆。

肯定」進而達成「自我成長」與「自我超越」，並透過放鬆身心的活動，更深一層地認識自我與生命的本質與內涵。

有學員分享，聖嚴師父的三句開示：「把生命留在現在；不管妄念，回到方法；放鬆身心，放下身心。」了解到對於過去的回憶、未來的期待，都是一個個的念頭、妄念，不僅浪費時間，也會影響情緒起伏，專注於現在的動作，就是練心、調心，就是修行。

● 07.22～23

慈基會全臺悅眾成長營
跨區經驗分享　堅定助人初心

7月22至23日，慈基會於法鼓文理學院舉辦「慈善護法悅眾菩薩成長營」，由多位僧團法師授課，共有一百五十多位全臺召委、慰訪組長與正副總指揮跨區經驗分享，堅定助人的初心。

首日「慈悲的智慧」講座中，文化中心副都監果賢法師指出，佛教的智慧，不是世俗所指的聰明伶俐，而是穿透表相看見本質；慈悲不

成長營中，來自各地的慈善關懷悅眾，踴躍地參與討論，珍惜充電與交流的機會。

是憐憫，而是以平等心拔苦與樂，但要能做到真正的慈悲與智慧，仍須透過禪修來練習覺照的能力，才能給予他人真正所需的幫助，同時成就自己的修行。

常悅法師則在「直心禪畫」課程中，指導悅眾以安定、放鬆的身心來繪製禪繞畫；藝術治療師林純如也帶領學員，藉由寫畫回顧學佛歷程，重新認識自己，再經由相互自我介紹，以及體驗團隊創作的歡喜，建立起情誼。

第二日上午，首先由慈基會專職介紹從防災、備災、救災到災後復原等四階段的工作架構，再經由小組討論與大堂分享，鼓勵悅眾傳承經驗，悅眾也交流經驗、集思廣益，奉獻與修行的願心愈發堅定；下午「從慈善關懷遇見佛法」課程中，蘭陽精舍副寺常法法師透過救災案例研討，進一步引導大眾從中體會佛法，回歸內在的修行。

營隊期間，祕書長果器法師、副祕書長常隨法師與會長王景益皆到場關懷，

果器法師感恩長期護持的義工，表示「慈善」即是「護法」，期許大眾以聖嚴師父所言「常以眾生的安樂為安樂，以眾生的幸福為幸福」相互共勉，投入慈善工作的同時，也是借境練心的機會，不但要與眾生結善緣，更要回歸修行的初心。

● 07.29～08.02

慈基會關懷豪雨災後復原
法師帶領義工清理校園

　　強烈颱風尼莎、海棠接連於7月29至31日襲臺，造成臺東、高雄、屏東、臺南地區多處淹水災情，慈基會啟動緊急救援系統，於7月31日至8月2日，由法師帶領慰訪義工，協助清理校園及家園，並進行慰訪。

　　其中，7月31日至8月1日，屏東潮州區救災義工，前往淹水嚴重的佳冬鄉羌園村，關注受災地區民眾的需求，也拜訪林邊鄉仁和村村長，關懷淹水情況。當地居民表示，隨著雨勢趨緩，水也開始消退，三天淹水兩次，造成家中財物損失，身體也因連日忙著打掃非常疲憊，非常感恩法鼓山適時的關懷。

慈基會義工協助臺南市賢北國小清理校園。

臺南市多處校園亦因豪雨泥濘不堪，臺南分院監院常宗法師於8月2日，帶領四十多位義工前往受災嚴重的賢北國小，協助災後復原。校園因多處積水，且泥沙淤積嚴重，義工們先將泡水的課桌椅移出整理，再將教室環境復原。

　　為杜絕夏季容易滋生病媒蚊及傳染疾病，義工也協助課桌椅器具及地板的消毒，讓學童們有安心的學習環境。

● 09.10

護法總會舉辦「2017新勸募會員授證」
募人學佛護法　做大眾的善知識

　　護法總會「2017新勸募會員授證典禮」9月10日在北投農禪寺展開，由方丈和尚果東法師、護法總會副都監常遠法師、服務處監院常應法師為一百四十九

位新進勸募會員授證，包括總會長張昌邦等，有近三百人觀禮祝福。

方丈和尚開示時，說明法鼓傳心，傳的是慈悲心，不只自己得利，也要接引他人修學；期勉會員，將勸募視作修行，便能「在眾生中，學做觀音；學觀眾生，是我觀音」。張昌邦則分享，以法鼓山的各項「法寶」，包括心靈環保、心六倫等正信

方丈和尚關懷新勸募會員，期勉大眾學佛護法。

的理念、聖嚴師父的著作、禪法、佛法課程等，作為接引他人學佛、廣種福田的善巧方便。

有悅眾表示，典禮中播放聖嚴師父對勸募會員開示影片，師父談到：「布施不一定是有錢人的特權，而是有心人的事」，感到相當受用，雖然沒有機會親炙師父，但透過閱讀師父自傳，了解到布施的重要，因此發願成為勸募會員。

也有新勸募會員分享，在當義工與上佛學班的過程中，逐漸生起承擔勸募工作的願心，雖然正要起步，但願以佛法先感化自己，進而為社會帶來一份良善的力量。

● 09.16

護法會合唱團舉辦成長營
以禪法唱歌　自利利人

護法會合唱團於9月16日，在臺中寶雲寺舉辦成長營，共有兩百二十位來自臺北本部團、高雄、員林、羅東、屏東等地團員參加，凝聚為宣揚法鼓山理念而唱的願心及使命。護法總會副都監常遠法師、服務處監院常應法師、常獻法師，以及寶雲寺監院果理法師等都到場關懷。

活動首先觀看聖嚴師父開示影片，師父說明唱歌就是在禪修，一心一意唱、隨時隨地專注，就是禪修的方法；身心處於輕鬆愉快的狀態，就是禪悅。

常遠法師關懷時，以執掌法器為例，期勉悅眾不能只看重自己負責的部分，還要能配合大眾，整體音聲方能和合攝眾，如同用默照方法，清楚自己的身心狀況，擴大到清楚他人狀況，並能不受外境影響。

合唱團各地團員於寶雲寺祈願觀音殿合唱〈寶雲頌〉。

成長營課程，還包括各分團練唱、參訪寶雲寺、福田班講師張育嘉帶領團體動力課程、合唱團指導老師楊勝安分享生命故事。楊勝安老師期勉團員透過合唱共修鍊心，唱歌時也要用觀、照、提的方法，保持正念覺照。

有團員表示，合唱佛曲時，運用禪法收攝身心，正是學佛修行的一種好方法。

●09.17　10.10～28期間

第二十四屆家中寶佛化聯合祝壽
倡導禮儀環保、家庭倫理精神

9月17至10月28日，法鼓山陸續於全臺各分支道場及香港道場共舉辦十場「2017第二十四屆佛化聯合祝壽」，內容包括法師關懷、祈福法會、感恩奉茶等，有近兩千五百位長者接受祝福。

方丈和尚果東法師透過祝福影片，期勉長者先照顧好自己，沒有非做不可的事，能夠做的就去做，不能做的就放下；再來要照顧家人，常練習微笑布施，讓身體放鬆、心情開朗，就能時時感到安心自在。

各地祝壽活動中，擔任祈福法會的主法法師也向長者表達祝福。於法鼓山園區主法的果興法師，鼓勵長者成為「消災延壽藥師佛」，以人生的智慧為家人消災，以永遠存在於子孫心中的精神為自己延壽；也勉勵子孫多陪伴長者，因為陪伴就是報恩。

祈福法會後，各地區也安排各項表演，例如臺北安和分院由三十多位佛曲動禪的義工，帶動長者律動身心；臺南分院則由合唱團演唱〈四眾佛子共勉語〉、〈老菩薩之歌〉等多首佛曲，兒童心美學班也背誦〈四眾佛子共勉語〉及帶動唱〈菩薩有千手〉，純真的童稚

於臺南分院，常應法師與壽星代表一起切壽糕，祈願所有人平安、健康、快樂。

音聲，現場充滿法喜。

海外的香港道場，則首度於9月17日在九龍會所舉辦佛化聯合祝壽活動，僧團副住持果品法師到場關懷，共有七十多位長者在兒孫們陪伴下，回到如來家，接受三寶的祝福。

有連續三年擔任寶雲寺佛化聯合祝壽的義工表示，去年歷經一場大病，因父母、同修和女兒的照顧陪伴，平安度過生命難關，今年在祝壽活動中，親自向八十多歲的父母奉上感恩茶和擁抱，也祈願所有人平安與健康。

2017 法鼓山佛化聯合祝壽活動一覽

地區		活動日期	舉辦單位（活動地點）
臺灣	北部	10月10日	臺北安和分院
		10月15日	基隆精舍（法鼓山園區）
		10月21日	臺北中山精舍
		10月22日	宜蘭精舍
		10月28日	北投農禪寺
	中部	10月21日	臺中寶雲寺
	南部	10月10日	臺南分院
		10月22日	高雄紫雲寺
	東部	10月21日	臺東信行寺
海外	亞洲	9月17日	香港道場（九龍會所）

● 11.05～2018.05.27期間

護法總會、法青會共同推廣兒童半日營
將佛法傳遞給下一代

11月5日至2018年5月27日，護法總會與法青會於護法會新店、新莊、中永和、松山與中正萬華辦事處，舉辦十五場「兒童半日營」，藉由話劇、遊戲、唱誦等多元方式，引導國小中、低年級學童認識法鼓山、建立基本佛法觀念。5日於新店辦事處首辦，有近二十位學童參加。

活動以摺汽球揭開序幕，小學員原本擔心氣球爆破，在法青大哥哥、大姊姊的引導下，練習覺察自己的恐懼，進而調整心態，勇敢突破；也在相聲和話劇的表演中，認識法鼓山和聖嚴師父；最後由法師指導，練習敲木魚並唱誦〈讚佛偈〉。

「兒童半日營」，課程以自我認識、靜心、基本佛學、梵唄為主軸，每兩個月舉辦一次。由法青學員擔任隊輔、負責主持、話劇演出，新店辦事處悅眾身

兒童半日營中，法青會員引導學童輕鬆學佛。

兼數職，協助報到、音控、攝影、點心、環保、醫護等外護工作，共同護持活動，讓大、小朋友歡喜又感動。

有法青悅眾分享，儘管籌備過程出現不少難題，感到挫折、起退心，然而助緣也相應而生，每個人都主動承擔任務，從中體驗、實踐禪修與佛法。

● 12.09　12.10　12.16　12.23

四分支道場舉行歲末關懷
傳達祝福　創造共善循環

延續東初老人於年前溫馨送暖的傳統，慈基會於12月9至23日期間，分別於北投農禪寺、文化館、法鼓山園區與桃園齋明寺舉行歲末關懷，有近一千五百戶家庭參加。

12月9日於農禪寺進行的首場關懷活動，方丈和尚果東法師到場關懷，並邀請大臺北地區約四百戶關懷家庭，與北市社會局副局長黃清高、慈基會副會長柯瑤碧等共同點燈，祈願平安；現場除了北投國小太鼓隊、法鼓山合唱團與法青音樂演出之外，並結合心靈環保園遊會，寓教於樂。文化館於10日舉行關懷活動，由常住法師們致贈慰問金與物資，也提供義剪、熱食服務，傳遞社會的關懷與祝福。

16日於園區祈願觀音殿舉行的歲末關懷，祕書長果器法師、副祕書長常隨法師、僧團副都監常寬法師等，皆到場關懷，為近五百位基隆、北海岸四區慰訪戶代表帶來祝福；新北市社會局副局長呂春萍、金山區長陳國欽等也向社會各界致謝，在精神

農禪寺歲末關懷活動中，常寬法師關懷大眾，傳遞善種子。

與物質上支持民眾度過難關。現場也邀請碇內國小合唱團、金美國小傳統舞蹈團、萬里法鼓幼童軍團等一百多位學童，帶來精彩演出與溫馨祝福。

有在農禪寺當義工的關懷戶表示，法鼓山提供的課後輔導、百年樹人獎助學金，讓孩童在學業上無後顧之憂，因此護持活動，希望善行持續流轉、生生不息。

果器法師表示，歲末關懷結合社會資源，以「在地關懷在地」的方式，邀請鄰近學校和公益團體一同參與，讓孩子有機會奉獻、與社區民眾交流，傳遞生命的溫度。本年歲末關懷所使用的紅包袋，即是百年樹人獎助學金受獎學生為活動特別繪製，希望奉獻一己心力，創造美善的循環。

● 12.10

2017榮譽董事會全球悅眾聯席會議
海內外悅眾跨區學習堅定願心

榮譽董事會於12月10日在北投農禪寺舉辦全球悅眾聯席會議，方丈和尚果東法師、護法總會副都監常遠法師出席關懷，有近八十位海內外地區召集人及副召集人齊聚交流。

方丈和尚開示時，首先揭示2018年的年度主題為「平安無事」，以「六度萬行」勉勵悅眾，並分享平安無事的方法，強調法鼓山提倡的心五四，是對治貪、瞋、癡的良方，對外以「四福」莊嚴世界，對內則

方丈和尚分享2018年度主題「平安無事」的意義與方法，以「六度萬行」勉勵悅眾精進成就菩薩道。

用「四安」活出自覺的人生，成就菩薩道的修行。

榮董會會長黃楚琪期許眾人秉持初心，持續護持法鼓山，也要親身深入體驗寺院的境教與佛法養成，彼此鼓勵、堅定共同的願心，接引更多人從佛法中受益。

會中並回顧2017年禪悅營、感恩分享會、分寺院參學之旅、頒聘典禮等，海外悅眾也分別介紹各地分支道場的運作現況，除了相互觀摩、交流學習，更展現出法鼓山大家庭跨越國界的弘法願心。

● 12.14～17

護法總會悅眾成長營
凝聚道心與願心　承擔中實踐佛法

護法總會悅眾成長營中，法師帶領悅眾一起研修討論，共同依循聖嚴師父的指導，以利益眾生來同修福慧。

護法總會12月14至17日於法鼓山園區禪堂舉辦「正副會團長、轄召、召委成長營」，由護法總會副都監常遠法師、服務處監院常應法師、文化中心副都監果賢法師和北美護法會前會長張允雄授課，帶領一百七十三位悅眾和義工，依循聖嚴師父對護法悅眾的教導，再次回到學佛護法的初衷。

15日首先由常遠法師帶領禪一，結合禪坐和經行，引導悅眾們放鬆、安定身心，學習即使在護法任務繁重的狀況下，都能用上禪法，調和身心。晚間，果賢法師以「年譜中的護法故事」為題，分享聖嚴師父年譜中護法會發展軌跡，勉勵眾人，護法會成立的原始目的，是回到人品的提昇與人間淨土的建立，「勸」人學佛，「募」人修行。

16日，在張允雄帶領的工作坊中，學員們透過分組，從調柔身口意中，演練將佛法化為「適才適用」等管理方法，回響熱烈；常應法師則於17日的「佛法知見分享」課程，就地區實際面臨的情境，以自己領執的經驗為例，提出具體的化解之道，包括悅眾間的互補、合作，皆需要透過尊重執事倫理、充分授權、隨喜功德等，促成團隊和合成長。

張昌邦總會長在關懷時，勉勵眾人善用法鼓山的寶——閱讀師父著作、向法師請法等，接引更多人同修福慧。

大堂分享時，許多悅眾表示課程充實，也感恩義工的護持，讓眾人重新充電再出發；也有地區召委分享，藉此共修的契機檢視自己，深刻體認到在執事過程中，照顧好他人，比成果更重要。

成長營中，護法悅眾觀看聖嚴師父的開示影片，再次凝聚道心與願心。

參【大學院教育】

涵養智慧養分的學習殿堂，
以研究、教學、弘法、服務為標的，
培養專業的佛學人才，
開啟國際學術交流大門，
朝向世界佛教教育園區的願景邁進。

全球視野
人才培育接軌國際

2017年，法鼓文理學院人文社會學群首屆學子畢結業；
聖基會首度與歐陸研究機構合作，於法國設置漢傳佛教研究獎學金。
大學院教育開創高等教育的時代趨勢，
接軌國際，以舉辦論壇、研討會、跨領域合作等多元管道，
培養各領域裡具全球視野、並能啟迪觀念、引導大眾的宗教師，
以及學術與修持兼備的專門人才，
展現入世關懷的多元面貌。

2017年法鼓山大學院教育，持續以佛教高等教育培養跨領域學科素養、關懷生命、奉獻社會的人才，在現今全球逐漸重視宗教教育淨化人心的需求中，開創時代的趨勢。

接續與美、亞兩洲知名學府簽署學術交流的腳步，5月與法國「多學科佛教研究中心」簽署合作協議，成立「聖嚴博士後漢傳佛教研究獎學金」，開展歐洲漢傳佛教研究新氣象。9月舉辦第二屆「漢傳佛教青年學者論壇」，以世代接力的使命感，培育青年學者。12月的「第三屆近現代漢傳佛教論壇」，邀集皆經歷現代化過程的東亞國家，包括日本、韓國，泰國、中國大陸與臺灣的研究者，分享其佛教教育的現況與社會責任，對現有的漢傳佛教教育進行更寬廣的省思，探索可能的開展與契機。

跨地域的學術交流、跨世代的人才培

育、跨領域的學科合作與對話，2017年的大學院教育，豐富了漢傳佛教高等教育的生命力，更為漢傳佛教的未來，開創新局。

法鼓文理學院

落實「是一處善良動能的發源地，可為我們的社會培育出更多淨化人心的發酵種子」的自我期許，法鼓文理學院人文社會學群生命教育、社會企業與創新、社區再造、環境與發展四個碩士學位學程，於2015年首度招生，2017年6月第一屆學生圓滿畢結業，加上佛教學系博、碩、學士班畢業學子，創下歷屆人數最多的紀錄，進一步實踐聖嚴師父興辦教育的大願。

2017年，文理學院透過參與國際會議、舉辦學術研討會、專題講座，以多元的研習、參訪以及校園活動等，澆

灌人才種子。在國際學術交流方面，校長惠敏法師1月應邀於日本岐阜聖德學園大學進行專題演講，並與該校簽署學術交流合約；5月出席香港中文大學「佛教禪修在各種傳統和不同學科領域的理論與實踐」研討會。10月，前往波羅的海三國展開交流，於愛沙尼亞、拉脫維亞、立陶宛參加「信仰之樂

法鼓文理學院畢業典禮，由方丈和尚果東法師（前排左二）、校長惠敏法師（前排右二）頒發畢業證書。

土——臺灣的佛教與佛學教學」系列活動，分享禪修、念佛法門，以及佛教在臨終關懷的應用。

佛教學系主任果暉法師則於6、9月，參與香港中文大學「一帶一路上南北傳佛教研討會」、日本京都花園大學「第六十八屆日本印度學佛教學會議」，分別發表《小安般守意經》、《八正道經》的相關研究；鄧偉仁老師6月受邀於德國哥廷根大學舉辦的「全球視野中的中國禪法研究」研討會中發表論文，在全球化與跨學科研究的趨勢中，探詢禪修理論的深度與實踐的廣度。

在學術研討會的部分，4月，文理學院與義大利普世博愛運動宗教交談總中心等團體合辦「跨校宗教交談會議——交談中的佛教徒與基督徒」，全球學者就佛教、天主教與基督教的觀點，交流環保、倫理等普世價值，探討宗教對當世的奉獻。6月，與加拿大英屬哥倫比亞大學合辦「空間與虛擬空間工作坊」，來自美國、比利時、新加坡、中

國大陸與臺灣的學者與博士生學員，運用地理資訊軟體，實地勘查北海岸的宗教活動，促進跨學科的合作。

而根據新加坡學界的調查，臺灣安寧療護的照護品質為亞洲第一，因此11月於文理學院舉辦的「臺灣佛教臨終關懷與安寧療護」論壇，有來自全球二十多個國家地區的僧眾、學者參與，論壇迴響熱烈。

本年專題講座邀請多位國際學者專家蒞校演講，如日本立正大學名譽教授三友健容、「國際佛教善女人協會」暨美國聖地牙哥大學教授慧空法師、義大利佩魯賈大學哲學人文社會科學副教授黃曉星、日本岐阜聖德學園大學佛教文化研究所教授讓西賢等，拓展師生研究視野與多元思惟。

此外，文理學院師生3月前往敦煌進行學術之旅，從經教修行、佛教藝術、數位媒體、建築空間四面向實地考察，並與敦煌研究院交流，透過文化與藝術遺產，探尋研究與弘化的新契機；

6月，社區再造碩士學程與立凱電能科技合辦首屆「青年創意經濟與社區再造」，鼓勵青年關懷在地議題，並輔導團隊援引資源，永續發展，利己利人。

本年，也透過演講、研習營、參訪等活動，與大眾分享學術資源，回饋並實踐社會責任，包括邀請師父法子繼程法師、人文社會學群學群長楊蓓進行對談，鼓勵近千位聽眾從禪觀反思生命，在變動的環境中安定身心。而禪文化研修中心也分別舉辦佛教教理、環境關懷、佛教史研修營，邀請大眾於博雅校園體驗學術涵養。暑假期間展開的「心幹線——生命美學研習營」，則透過佛法、茶禪、書畫及團隊活動，引領高中生探索生命美學。

在校園生活中，4月的校慶活動除了與佛光大學展開各類友誼賽，也邀請京華日本文化學院團隊示範展演，從茶道的「和敬清寂」，反思「悲智和敬」的深度；並於臺大醫院金山分院展出「禪韻心悅」國畫師生聯展，與社區民眾共享教育成果，帶動學習的成長與活力。

法鼓山僧伽大學

培育漢傳佛教宗教師的法鼓山僧伽大學，2月舉辦第十四屆生命自覺營，包括臺灣、香港與中國大陸，以及來自美國、加拿大、荷蘭、東南亞等地的青年，齊聚法鼓山禪堂，展開探索生命的自覺之旅。

延續對生命的覺醒，3月舉行招生說明會，並首度以網路與馬來西亞道場連線，兩地六十多位青年，透過師長分享與互動，更加確認奉獻的心，發願順利入如來家。

2017年在例行的解門、行門課程之餘，為拓展學僧的國際觀，10月舉辦「世界公民工作坊」，由投入國際弘化事務多年的果禪法師、常濟法師授課，從全球氣候變遷議題切入，引領學僧將思考、修行與行動結合，創造實際的改變；11月另有「佛教禪修與佛教現代主義的審視」專題演講，由鄧偉仁老師解析禪修與弘化方式的現代性，及其對佛教的影響。

學習成果的呈現上，4月的講經交流會，弘講學僧分別以法鼓山的理念、心靈環保、《金剛經》等經典為主題；6月「105學年度畢業製作呈現」發表會，有五位畢業學僧參與，內容含括文獻整理、議題研究、運用科技研發弘化工具，完整而豐富的呈現「慧學」課業的成果。

本年共有八位畢結業學僧，完成階段性學習，進入僧團領職，荷擔弘法利生的如來家業。

中華佛學研究所

帶領漢傳佛教研究與國際接軌的中華佛研所，為鼓勵青年學者於紮實的基礎上尋求創新，2017年頒發的「漢傳佛教英文碩博士生獎助學金」，有六名來自美、德、加及香港知名學府的碩博士研究生獲補助，各項研究計畫均以多元觀點尋求跨學科的整合，例如從石窟藝

術、歷史、佛學等觀點，探究印度與中世紀漢傳佛教的宇宙觀，為佛教學術研究拓展新方向。

9月，與文理學院、聖基會聯合主辦第二屆「漢傳佛教青年學者論壇」，為海內外青年學者構築開放交流的場域。論壇共發表三十二篇論文，主題涵括性別、詩歌、法的療癒、明清佛教、日本禪學、東亞佛教、華嚴、中觀等，逾百位青年、資深學者齊聚，進行跨世代的分享與評論。「第二屆法鼓學校校友會論壇」的舉辦，更推動校友持續從事佛學研究的風氣，文理學院人社學群畢業校友亦提出論文，串聯起佛教學系與人社學群校友間的交流。

而香港中文大學於7月舉辦的「第十二屆佛教青年學者學術研討會」中，佛研所演德法師、呂文仁等受邀發表論文，分享漢傳禪法的推廣與運用；研討會中，研究法鼓山禪修體系的論文共五篇入選，顯見法鼓山於全球推廣禪修的成果，廣泛受到國際學界的肯定。

學術出版方面，2017年出版當代漢傳佛教論叢《近代佛教改革的地方性實踐──以民國南京的寺廟、組織、信眾為中心》，以及中華佛學研究所論叢《承先啟後的孤僧──東初法師佛教文化學行略探》、《〈破魔變〉中英對照校注》等三本書籍；以英文發行的《中華佛學學報》（*Journal of Chinese Buddhist Studies*）更榮獲國家圖書館「最具影響力人社期刊：哲學宗教研究學門」第三名肯定。

結語

聖嚴教育基金會於5月，與法國「多學科佛教研究中心」簽署合作協議，成立「聖嚴博士後漢傳佛教研究獎學金」，為漢傳佛教研究在歐洲的深化，揭開新的一頁。以2006年於美國哥倫比亞大學設立「聖嚴漢傳佛教講座教授」為開端，十年來陸續與加州柏克萊大學、佛羅里達州立大學，以及加拿大英屬哥倫比亞大學、臺灣大學、政治大學等知名學府合作，已持續培育出近百位優秀佛教青年學者，裨益於漢傳佛教能見度的提升。

12月，聖基會「第三屆近現代漢傳佛教論壇」於臺北展開，接續2016年以歷史、時間為縱軸，回顧、梳理近代佛教教育的傳承與現代化新契機，2017年更開拓橫幅視野，探討東亞五國的佛教教育及佛學研究現況，包括學科建置、跨文化整合、佛教教育如何回應當代社會需要等面向，不論是實踐面或思想面，均有深刻剖析，並提出建言及反省。

佛法的本質是教育，佛教教育應與時俱進，平衡義學與世學，以回應時代及人心的需求。回望聖嚴師父於2001年創辦僧伽大學時的期許：培養出「洞悉新時代的要求，足以代表漢傳佛教的精神與內涵，並在國際宗教界和學術界占有一席地位的僧眾人才。」無論是僧眾或是在家眾，法鼓山的大學院教育，正以此為舵，航向奉獻利他的菩薩道。

● 01.12

法鼓文理學院禪修講座
繼程法師分享禪觀生死

四百多位聽眾於德貴學苑聆聽繼程法師分享禪觀生死。

法鼓文理學院於1月12日在臺北德貴學苑舉辦禪修講座，邀請聖嚴師父法子繼程法師主講「禪觀生死」，分享解脫生死的佛法知見與修行方法，共有四百五十多人參加。

繼程法師點出佛教的生死觀即是三世輪迴，所謂解脫生死，不是沒有生死，而是指心不被生死束縛、迷惑；生死只是一個過程，「因緣生滅是本然性、不變性的法則，是不可能破的，要破的是我見。」法師表示，禪修時對於因果法則的運作，看得特別透徹，任何障礙現前，都與自我執著所造下的業有關，從而看到輪迴背後的動力——無明，要破除無明，必須先信因果，當果報現前時，才能做到面對它、接受它、處理它、放下它，這就是「明」的作用。

法師說明，生死只是一個過程，無常並不苦，只是多數人尚未體證真理，心的迷惑依然存在，面對生死仍感到不安。繼程法師勉勵大眾，最安全的地方就是有佛法的地方，佛法教人培福、守戒、念佛，都能幫助在生死流轉中，不至於墮入三塗；以禪修對治貪瞋癡等習氣，幫助從根本斷除無明煩惱，就能用更坦然的心面對生死大事。

● 01.16

惠敏法師赴日演講締約
推展臨床宗教師的養成

法鼓文理學院校長惠敏法師於1月16日，應日本岐阜聖德學園大學之邀，以「安寧療護臨床宗教師說法實例」為題，於該校進行專題演講，並與校長藤井德行共同簽署學術交流合約，增進合作發展。

演講中，惠敏法師介紹與臺大醫院合作之「佛法在安寧療護、緩和醫療應用之研究」及「安寧療護、緩和醫療佛教法師養成計畫」，指出病症的解除由醫師負責，臨床宗教師的責任是協助病人的心性成長，並以一位肝癌末期四十歲

患者接受臨床開示的錄影短片，呈現如何協助臨終者與親友「道謝、道歉、道愛、道別」，以及應患者要求，為其授三皈依。

影片中，病人向父母表示不捨及無法盡孝的遺憾，宗教師則隨機提醒病人，「生死旅途」是每個人都需要面對的，若能示範如何安心走完這一段路程，是對父母所盡最大的孝道，也是留給人間最好的禮物。

惠敏法師與藤井德行校長（右）簽署學術交流合約，增進彼此的合作發展。

● 02.08～18

「第十四屆生命自覺營」法鼓山園區舉行
啟發青年善根與僧命

僧大於2月8至18日舉辦「第十四屆生命自覺營」，由常襄法師擔任總護，共有一百三十七位來自臺灣、美國、加拿大、荷蘭、東南亞，以及中國大陸、香港等地青年學員，於法鼓山園區禪堂展開探索生命的自覺之旅。

營隊規畫以戒、定、慧三學為基礎，解行並重為方向，帶領學員認識出家戒律、行儀與梵唄，藉由禪修沉澱身心，在課程中學習出家觀念，並從早晚課誦、過堂、出坡等寺院生活作息中，體驗出家生活與法鼓山的境教。

課程中，僧團副住持果暉法師以「發菩提心，行菩薩道」期勉學員，從普賢十大願中找到相應的願心，做為自己實踐的法門；禪修中心副都監果醒法師幽默風趣引導思考什麼是「我」；弘化發展專案召集人果慨法師在「佛教生命觀與自我覺醒」課堂中，鼓勵行者聆聽心聲，找出生命的意義與目的，學做自己的主人。

11日的正授典禮，由方丈和尚果東法師擔任得戒和尚，果醒法師擔任教授阿闍黎，學員在典禮中虔誠懺悔、恭敬發願，納受清淨戒體。

另一方面，僧團寺院管理副都監常寬法師講授「創辦人的心行與悲願」，帶領學員深入認識聖嚴師父的思想行誼；

海內外青年在自覺營課程中，展開探索生命的自覺之旅。

「在生命轉彎處」座談會，由文化中心副都監果賢法師主持，果醒法師與常慧法師分享學佛及出家歷程；果禪法師「高僧行誼」、法鼓文理學院助理教授辜琮瑜「願願相續」課程，則引導學員思考如何在生活中延續願心，自利利人。

最後一日的大堂分享，有加拿大籍學員表示，朝山時，心中突然浮現戰爭、難民的畫面而淚流不止，除了感恩自己的福報，也祝福所有受苦受難的人，能夠離苦得樂；也有學員分享，與各個不同生命相遇的體驗，是一場珍貴的生命自覺與反思之旅。

● 02.19

法鼓文理學院「人文關懷工作坊」
概覽心靈環保為核心的博雅教育

2月19日，法鼓文理學院於德貴學苑舉辦人文關懷工作坊，由生命教育學程主任辜琮瑜、社區再造學程主任章美英、社會企業與創新學程主任陳定銘、環境與發展學程張長義，分別帶領探討心靈環保在生命教育、社區再造、社會企業與創新、環境與發展等四面向的落實與應用，有近六十位學員參加。

辜琮瑜主任首先以工作坊的形式，引領討論生命教育的內涵，說明生命教育的理論與實務，從自我觀照與省思出發，落實人文關懷及社會實踐能力，終極目標是體悟生活智慧，創發生命價值；章美英主任以生活共同體為起點，聚焦探索發掘社區生命力，創造社區新視界、實踐社區樂活。

下午的課程，陳定銘主任介紹社會企業是通過市場機制來調動社會力量，將商業策略最大程度運用於改善人類和環境生存條件，而非為外在的利益相關者謀取最大利益；張長義主任概說環境與發展，是以永續發展為核心，鏈結全球脈絡及本土關懷，反思人地關係。

與會學員分享，透過工作坊課程，領略人文社會學群課程概貌，進一步認識了博雅教育的內涵。

● 03.05～10

立正大學三友健容教授來訪
分享佛學研究成果

法鼓文理學院於3月5至10日，邀請日本立正大學名譽教授三友健容來訪，除了發表三場演講、進行禪修體驗，並由僧團副住持果暉法師陪同參訪法鼓山園區，校長惠敏法師導覽校園環境及設施。

6日,第一場演講以「聖嚴法師與日本佛教」為題,校長惠敏法師、中華佛研所名譽所長李志夫,有近八十位師生參與,由果暉法師翻譯。三友教授引用《大方等大集經》中的末法思想,做為最澄、日蓮等日本佛教大師,所持末法時代無戒比丘仍能為黑暗時代帶來光明,

三友教授(中)在惠敏法師(左)與果暉法師(右)的導覽下,參訪大願‧校史館。

因此亦應受到尊敬的觀點依據,爬梳日本僧侶演變至食肉娶妻的主流現狀,其背後的特殊時空文化因緣。

三友教授並分享聖嚴師父對日本佛教的超然觀點:「沒有戒,就不能生定;沒有定,就不能發慧。然而,智慧有種種不同。末法時代,由於修行與生活方式歧異極大,因此,自視有智慧而輕視他人是要不得的。在智慧之外,更重要的,是對眾生的慈悲。」

8日的主題是「天台四教儀的問題點」,三友教授從《天台四教儀》的作者論證切入,以《法華經》超越二元思想的智慧,提醒人類史上許多悲劇,都是由於神與魔、善與惡二元對立所導致。10日則發表「原始佛教教團的失策與大乘──以阿毗達磨燈論為線索」,指出原始佛教、部派佛教及大乘佛教各自傳承的經論中,對於異己充滿敵視、貶抑,已經偏離佛陀慈悲的教說,期許佛教內部超越對立,進而將此寬容的精神,擴及各宗教。

三友教授是聖嚴師父留日時期的學長兼助教,曾多次來訪,此行是文理學院落成後,首次見到法鼓山世界佛教教育園區全貌。三友教授表示,聖嚴師父曾以模型介紹未來的法鼓山藍圖,如今見到大願成就,深受感動,也感受到後繼者對弘揚正法的努力。

● 03.12

僧大舉辦「106年度招生說明會」
首度海外連線馬來西亞道場

僧大於3月12日在法鼓山園區教育行政大樓舉辦「106年度招生說明會」,由副院長果肇法師、常順法師等師長介紹辦學精神及課程規畫,有近五十位有意報考青年參加,方丈和尚果東法師也到場關懷。

說明會中，小組分享與關懷，讓青年學員與僧大法師近距離互動。

常順法師說明，出家是一條終生學習的道路；並分享出家的殊勝，在於能夠充分發揮生命力，為眾生服務，為社會奉獻。

說明會以小組分享方式進行，讓青年們近距離與僧大法師互動請益。大堂問答中，針對與會青年的諸多提問，男眾部學務長常澹法師表示，出家首先要適應團體生活，以及不同的生活習慣與價值觀，藉此練習開放心胸，消融自我；果肇法師則勉勵學子，修行是發自內心的選擇，在修行的路上，就是不斷回到初發心，尊重自己的選擇。

2017年的招生說明會，並首度以網路連線馬來西亞道場，共有十多位馬來西亞及新加坡青年參與，了解僧大的辦學理念。

● 03.20～04.04

法鼓文理學院師生學術考察
古絲路、敦煌深度覓行

弘化發展專案召集人果慨法師，帶領法鼓文理學院師生與法鼓山水陸小組成員共三十四人，於3月20日至4月4日，前往中國大陸陝西省西安、甘肅省敦煌等地，展開「佛教藝術流轉迴映——古絲路、敦煌深度覓行」學術考察，並與敦煌研究院進行學術交流。

學術考察課程由果慨法師與法鼓文理學院助理教授鄧偉仁共同籌辦，在敦煌研究院教授陳海濤協助下，分組以經教修行、佛教藝術、數位媒體、建築空間四個面向，至莫高窟、榆林窟實地考察後，再由研究院教授群分別從石窟歷史、壁畫圖像、石窟保護及數位媒體闡釋與文創發展等面向，深入淺出地講解說明。

期間並進行五場學術講座，包括敦煌研究院院長王旭東以「千載凝華、恆久共享——敦煌石窟藝術的保護

法鼓文理學院師生敦煌實地踏查後，於莫高窟九層樓前合影。

與傳承」為題演講，從敦煌的歷史地位、石窟的藝術價值特色、中西建築元素比較等開演，分享石窟藝術；陳海濤教授則從「敦煌研究經典的數字闡釋」，說明如何以現代化的數位科技，永久保存千年的文化遺產；果慨法師演講「法華經與改變的力量」，說明佛學是知識、學佛是智慧的分野，並帶領大眾實際體驗禪法。

此行學術考察，期能建立佛學與藝術的跨領域對話平台，從佛教文化遺產中，探尋佛法的創意思維，以及現代科技運用，開展解讀佛教的嶄新視野。

● 03.22

聖基會、法國佛教研究中心確定合作意向
鄧偉仁老師代表出席中心啟用儀式並演講

3月22日，法鼓文理學院助理教授鄧偉仁代表聖基會，應法國首度設立的國立佛教研究中心「多學科佛教研究中心」（Centre d'Etudes Interdisciplinaires sur le Bouddhisme, CEIB）之邀，出席該中心啟用儀式，並以「法鼓山佛教及佛教教育之全球化」為題，發表演講。

鄧偉仁老師分享，法鼓山創辦人聖嚴師父代表漢傳佛教在促進國際和

鄧偉仁老師應法國多學科佛教研究中心之邀發表演講，分享聖嚴師父及法鼓山對國際的貢獻。

平、環保、心靈淨化等議題上的貢獻，以及在國際弘化、佛學教育上所奠定的基礎，與目前教團的努力與成果；並探討法鼓山大學院教育所發展出特色、優勢及影響力，進而在國際上成為重要的佛學研究與教育中心。

東方語文學院副院長余曦（Jean-François Huchet）與多學科佛教研究中心主任汲喆於致詞中，讚譽聖基會對於漢傳佛教研究的大力支持，期盼開展更多的合作交流。

多學科佛教研究中心是由法國三個極富聲譽的學術單位：國立東方語文學院（Institu National des Langues et Civilisations Orientales）、法蘭西公學（Collège de France），以及法國高等學術院（École Pratique des Hautes Études）共同成立，研究領域以漢傳佛教為主，並跨出歐洲佛教研究所擅長的文獻學，因應時代需要，以多元視野如社會學、人類學、心理學等觀點，探討佛教發展及應用。

● 03.31

《中華佛學學報》獲學界肯定
最具影響力人社期刊第三名

中華佛學研究所發行的《中華佛學學報》（*Journal of Chinese Buddhist Studies*），榮獲國家圖書館「106年臺灣最具影響力學術資源」評選「最具影響力人社期刊：哲學宗教研究學門」第三名，所長果鏡法師於3月31日出席頒獎典禮，感謝學術界的肯定，並鼓勵學報編輯團隊持續學習，朝向「立足中華，放眼世界」的創辦目標邁進。

《中華佛學學報》為一份國際性的漢傳佛教期刊，自第二十一期起，正式定位以英文出刊，收錄歷代與當代的中國佛教相關研究論文，法國遠東學院圖書館（EFEO Library）與德國柏林國立圖書館（State Library Berlin），均主動來函表示收藏學報的意願。

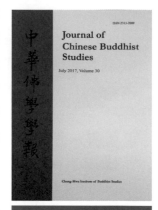

《中華佛學學報》獲學界肯定。圖為2017年11月出版的第三十期。

「106年臺灣最具影響力學術資源」評選，評選資料來源為國圖的「臺灣博碩士論文知識加值系統」、「臺灣期刊論文索引系統」、「臺灣人文及社會科學引文索引資料庫」，《中華佛學學報》於1998至2015年間，在哲學宗教研究學門，被引用次數排名第三。

● 04.06～06.30期間

法鼓文理學院校慶活動
展現博雅教育的豐碩成果

法鼓文理學院於4月6日起，舉辦校慶系列活動，包括與佛光大學聯合舉辦的校際友誼賽、博雅茶會、綜合語言競賽等，體現博雅教育的豐碩成果。

6日晚間首先展開綜合語言競賽，共有中、日、英、巴、梵、藏等六種語言、八個組別參加，其中藏文組唱誦〈喜馬拉雅〉，並邀請大眾加入〈敬語歌〉合唱，隨著不同語言與主題，彷彿遊歷於不同時空，氣氛歡欣。

佛光大學佛教學院院長萬金川率百餘位師生於7日來校交流，並展開球類、廚藝、趣味競賽、五分鐘書評及樂團表演等活動。在五分鐘書評中，有參賽者介紹繪本《我喜歡你》，之後每位同學上台時，全場都異口同聲高喊「我喜歡你」，為參賽者打氣。

8日校慶當天，方丈和尚果東法師、校長惠敏法師共同於「大願・校史館」為「心靈拼圖——淨心淨土・發現校園之美」攝影比賽頒獎，法鼓學校校友會也頒發獎學金，鼓勵後學。活動圓滿後，並首度舉辦「博雅茶會」，邀請京華日本文化學院茶道老師鄭姵萱帶領

法鼓文理學院慶祝校慶，舉辦廚藝競賽。

專業團隊，展演茶道的禮節之雅及器物之美，眾人專注體驗茶席的每個細節，感受濃濃禪意，惠敏法師表示茶道的基本是「和敬清寂」，與校訓「悲智和敬」及法鼓山提倡的「四種環保」相呼應。

另一方面，「禪韻心悅」國畫師生聯展，則於臺大醫院金山分院北海藝廊展至6月底，以禪意書畫接引大眾親近佛法。

● 04.16

僧大舉辦講經交流會
講評中更上層樓

為提昇學僧弘講能力，僧大於4月16日在法鼓山園區舉辦第九屆講經交流會，副院長常順法師到場關懷，共有八位學僧參加。

弘講學僧分別以「法鼓山的理念」、「心靈環保」，以及《金剛經》等經典為主題，聽講的學僧除了勤作筆記，也踴

講經交流中師長的回饋，是提昇學僧修行的資糧。

躍提問，給予講者回饋。講評師長則提醒學僧，講經時要能站在社會、聽講者的立場，學習佛陀應機說法，以貼近生活的例子，讓聽眾更容易理解。

常順法師則以團隊和合、互相鼓勵的雁行理論，鼓勵學僧們藉由僧團的帶領，成長自己，與團隊一起飛得更高更遠；舉辦講經交流即是提供機會，讓學僧帶領同學，一起邀遊於佛法，透過講評法師的指導，更能將此寶貴體驗，轉化為日後學習弘法的資糧。

● 04.21

法鼓文理學院專題講座
慧空法師探討佛教女眾地位

法鼓文理學院於4月21日舉辦專題講座，邀請「國際佛教善女人協會」（Sakyadhita）暨美國聖地牙哥大學（San Diego State University, SDSU）教授慧空法師（Venerable Karma Lekshe Tsomo）主講「女性在佛教變遷的時代與全球交流」，有近五十人參加。

慧空法師首先從女性主義的觀點，分析佛典中的女性形象及地位，引述達賴喇嘛之言，「一個完整的佛教社會，應該有比丘、比丘尼、優婆塞、優婆夷四眾，沒有比丘尼，不能稱之為完整的佛教社會。」表示國際佛教善女人協會多年來致力於不同傳承比丘尼的交流，並協助重建上座部、藏傳比丘尼傳承，希望藉由教育入手，促進性別平等，以普遍提高國際間比丘尼的地位。

法師讚歎漢傳比丘尼的傳承能持續千年以上極為不易，做為臺灣的女性出家眾更是有福報，然而許多發展中地區的比丘尼身分未能獲得承認，處境邊緣且貧窮，期待大眾能打開視野，多關注國際上其他女性出家眾的困境。

● 04.26～28

佛教、基督教跨宗教對談
聯合為世界人類福祉祝禱

義大利普世博愛運動（Mary-Focolare Movement）宗教交談總中心、上智大學學院（Istituto Universitario Sophia）與臺灣法鼓文理學院、輔仁大學、靜宜大學共同舉辦的「跨校宗教交談會議──交談中的佛教徒與基督徒」，第二階段「對痛苦與環境危機的回應」於4月26至28日在法鼓文理學院展開，共有三十多位學者及宗教人士進行論文發表與分享，來自世界各地七十多人與會，並舉辦佛教、基督教與天主教的聯合祈福儀式，共同為世界人類福祉祝禱。

在26日的開幕儀式中，教廷駐華大使館薛維義神父（Reverend Father Giuseppe Silvestrini）致詞指出：「對話的基石是尊重，如果缺乏生命共同體的體認，遑論與大自然和諧與共。」普世博愛運動代表羅貝托·卡塔拉諾（Roberto Catalano）則引述聖嚴師父「沒有實踐，信仰只是理論；信仰的實踐，也須有知見為基礎，而宗教學術研究是為了深化各項教育，為社會作出更多貢獻。」揭櫫會議主要精神。

27日議程聚焦於「對現代普世痛苦的回應」，上午的座談會有泰、美、日、

韓、義、臺等國代表，分享「面對痛苦的心靈力量」及「宗教面對現代社會危機所扮演的角色」；下午則由各國宗教團體及專業人士從心理學理論及實務面向，分六場次，發表對苦難的實際關懷行動與反思。

不同信仰的代表交流對話，齊心探討如何幫助人類從痛苦中超越。

28日的議程，以「環境危機與宗教」為主軸，文理學院環境與發展學程主任張長義、助理教授黃信勳，發表以心靈環保為核心的教育理念；副住持果祥法師透過農耕照片，分享心靈環保融入日常生活的心得；清邁大學教授詹派帝（Wasan Jomphakdee）分享，泰國北方村落成功地以灌溉、種樹取代燒墾，並由僧侶為樹木「受戒」，成功保存了森林資源。

綜合座談時，校長惠敏法師引導大眾反思，唯有改變個人，才能真正強化社群的力量，達到社會淨化、地球永續。

「跨校宗教交談會議——交談中的佛教徒與基督徒」共有三階段，第一、第三階段分別於24、29日，在輔仁大學、靜宜大學舉行，藉由跨宗教對話，提昇友誼。

● 05.01

漢傳佛教研究歐陸開展新氣象
聖基會於法國設立研究獎助學金

聖基會與法國「多學科佛教研究中心」於5月簽署合作協議，於該中心成立「聖嚴博士後漢傳佛教研究獎學金」，開展各項與漢傳佛教相關的學術研究活動。

「多學科佛教研究中心」是法國第一、也是目前唯一一所專門的佛教研究中心，中心主任國立東方語文學院副教授汲喆表示，就漢傳佛教而言，法國與日本、美國同為漢傳佛教研究的重鎮，而法國研究問題之新穎、學科之會通，尤為特出，但因語言隔閡，以致華人教界、學界與法國學界交流不足，因此中心致力於整合法國的學術力量；而與聖基會的密切合作，可望對法國乃至全球的漢傳佛教研究，產生深遠影響。

聖基會執行長楊蓓說明，法國政府為保持學術中立，對於來自外國組織的資

助，一向保持謹慎態度，期許透過雙方合作，未來能為彼此開展新氣象。

聖基會自2006年12月首次於美國哥倫比亞大學（Columbia University）設立「聖嚴漢傳佛教講座教授」後，與加州柏克萊大學（University of California, Berkeley）、佛羅里達州立大學（Florida State University），與加拿大英屬哥倫比亞大學（University of British Columbia）等知名學府合作，持續培育碩博士、博士後研究等優秀佛教青年學者，讓漢傳佛教在國際的能見度大為提昇。

● 05.17

法鼓文理學院舉辦專題講座
義大利學者黃曉星講「瑜伽菩薩戒」

法鼓文理學院於5月17日舉辦專題講座，邀請義大利佩魯賈大學（University of Perugia）哲學人文社會科學副教授黃曉星（Ester Bianchi）主講「瑜伽菩薩戒與近現代的中國佛教」，有近四十人參加。

研究領域為中國佛教的黃曉星表示，戒律在當代有復興的趨勢，不僅是聲聞戒和羯磨法，也包括了菩薩戒，「梵網經菩薩戒」於中國取得優勢，源於唐代道宣律師的支持，在三壇大戒儀範中使用《梵網經菩薩戒本》。

二十世紀上半葉，「瑜伽菩薩戒」隨著瑜伽行派在中國的發展，受到廣泛重視，包括歐陽竟無、呂澂、太虛大師、能海法師等，都支持恢復，其中尤以自述「志在整興佛教僧會，行在瑜伽菩薩戒本」的太虛大師最具影響力。太虛大師重視瑜伽菩薩戒，除了彌勒菩薩信仰、人間淨土理念，以及有心復興瑜伽行派，也認為梵網經菩薩戒雖受推崇，但難以受持和落實，特別是有些戒條只為出家人而設，如「受別請戒」、「故別請僧戒」，相較之下，瑜伽菩薩戒較具善巧與彈性，不論出家、在家都適合受持。

● 05.20～21

惠敏法師出席香港佛教禪修研討會
發表瑜伽行派論文

法鼓文理學院校長惠敏法師於5月20至21日，出席香港中文大學「禪與人類文明研究中心」主辦、廣東省六祖寺協辦的「佛教禪修在各種傳統和不同學科領域的理論與實踐」國際研討會，共有來自十個國家、二十四位學者發表論文。

惠敏法師發表〈瑜伽行派「唯」之禪修意義考察〉，探討「聲聞地」的「相

似」所緣（禪定對象）之「唯智、唯見、唯正憶念」，與《大念住經》的關鍵禪修層面「唯知、唯念」的關係。法師指出，這三個「唯」的使用，是用來說明禪定中的對象（所緣），是意識的作用對象，有別於五識藉外感官所認識的外界對象。從南方上座部系統的《解脫道論》、《清淨道論》等所述「彼分相、似相」等用語的比較研究中，也可得到證明。

研討會中，德國心理與心智科學學者馬克‧惠特曼（Marc Wittmann）發表〈禪修中意識時間與自我之改變狀態〉（Altered states of conscious time and self during meditation），透過「功能性磁共振成像」（fMRI）儀器，就「腦島」（insula）與時間編碼（encoding of time）的關係，探討禪修的自我與時間消解狀態。不同學科的研究，為禪修的理論與實踐注入更多面向的詮釋。

● 06.02

法鼓文理學院首屆「創意經濟與社區再造」評比
青年發揮創意　再造社區活力

鼓勵青年以永續共享經濟模式，投入社區生活的提昇和創新，法鼓文理學院舉辦首屆「青年創意經濟與社區再造」活動，6月2日由社區再造碩士學程、立凱電能科技邀集學界、科技、金融、建築、會計、法律等各領域專業人士，為活動擔任總決賽評選。

入選「青年創意經濟與社區再造」的團隊，上台發表富有創意和夢想張力的創業提案。

入選決賽的青年團隊，來自臺灣大學、師範大學、中央大學、成功大學、輔仁大學等大專校院，以及兒童福利聯盟，所提出的「Tuesday老齡語言交換陪伴」、「成為社區和街友的橋樑」、「Green Life 綠道」、「新型態親子共學空間」、「大師擂台APP」、「CSR網路平台」等六項創業提案。

入選團隊除了上台發表，還須接受扮演「創投者」的全場來賓隨機提問，台上台下來往陳述，互動熱烈。擔任評審的臺灣大學社會工作學系教授馮燕表示，看到青年對運用網路實現夢想的共通性，以及現代學生少見的自信，肯定法鼓文理學院社區再造課程，讓年輕人能夠帶著想法，得到輔導和實現的機會；另一位評審新光人壽慈善基金會副執行長陳彥名，也傳承工作和演說的經

驗，鼓勵年輕人享受學習，了解現實和理論的差距，但為了利益眾生，心中的熱情永遠不要消逝。

評選結果，由心齡感生活、柏青和兒童福利聯盟等三隊脫穎而出，優勝隊伍獲有獎金補助，並至海外實地考察。

● 06.04

僧大「105學年度畢業製作呈現」
學僧展現學習成果

僧大畢業製作呈現，學僧展現學習成果。

僧大6月4日於法鼓山園區海會廳舉辦「105學年度畢業製作呈現」發表會，副院長常順法師及弘化發展專案召集人果慨法師等多位指導師長到場關懷，共有五位佛學系畢業學僧運用多元媒材發表學習成果。

演寶法師發表「法鼓山傳戒會儀軌特色之初探」，介紹聖嚴師父掌握佛法根本精神，轉化成為適應當代時空的傳戒儀軌精神與特色；演潔法師借助法鼓文理學院的空間研究，邀請香港、臺灣的義工參與，開發出結合即時導覽、禪修與生活的「導覽法鼓山App」；演欣法師提出「行住坐臥・語默動靜之八正道」；演虔法師呈現「翻譯原則初探——以Setting in Motion the Dharma Wheel（四聖諦講記）為文本」；演懷法師分享「美好的晚年——『活得快樂、病得健康、老得有希望』」。

常順法師表示，畢業製作是慧學課程的展現，引導學僧以「聞慧」按部就班、達到目標，以「思慧」接受指導、引發思考，以「修慧」循環三學、身心修行；法師也期勉學僧運用所學，展現宗教師的弘化能力。

● 06.05～16

法鼓文理學院參與跨國合作計畫
踏查北海岸宗教聖跡

加拿大英屬哥倫比亞大學（University of British Columbia, UBC）主辦、法鼓文理學院參與協辦的「空間與虛擬空間工作坊」（Space and Cyberspace

Workshop Program），6月5至16日於文理學院展開，有近二十位來自新加坡、比利時、美國、中國大陸、臺灣等地學者及博士生參與。

工作坊邀請美國天普大學（Temple University）宗教系助理教授馬德偉（Marcus Bingenheimer）、史丹佛大學（Stanford University）博

參加「空間與虛擬空間工作坊」的學者與博士生，在文理學院發表踏察金山、石門一帶的宗教活動成果。

士候選人魏希明（Simon Wiles）、高雄大學西語系副教授奧利華（Oliver Streiter），以及文理學院圖書資訊館館長洪振洲授課，學員也學習地理資訊軟體，如QGIS、PostGIS等，並分組前往新北市金山、石門地區做田野調查，彙整並分析北海岸的宗教活動。

16日的成果發表會上，各組學員透過地圖、照片，以及影像紀錄，分享兩週來的觀察，不僅呈現臺灣宗教的多樣性與涵容性，也呈現出跨學科合作與互動帶來的新思惟。有美國哥倫比亞大學（Columbia University in the City of New York）宗教系博士生分享，自己的研究領域是宋代禪宗，地理資訊系統看似無關，卻可協助了解佛教與道教人物互動往來的情形與影響，是值得善用與推廣的研究工具。

洪振洲館長表示，工作坊舉辦緣起於2016年文理學院受邀加入加拿大英屬哥倫比亞大學發起的跨國研究計畫「造端倡始——佛教與東亞宗教」（From the Ground Up: Buddhism and East Asian Religions），該計畫主要透過東亞宗教現場的田野調查，培植青年學者。

● 06.17

法鼓文理學院、僧大分別舉辦畢結業典禮
師長期勉菩提道上實踐菩薩大願

6月17日，法鼓文理學院、僧大分別於園區第三大樓國際會議廳舉辦畢結業典禮。上午，文理學院佛教學系學士、碩士班及人社學群，共五十一位學生圓滿畢結業，創歷屆人數最多紀錄。

文理學院的畢結業典禮由方丈和尚果東法師、校長惠敏法師、副校長蔡伯郎、佛教學系主任果暉法師，為佛教學系畢結業生依序搭菩薩衣、傳燈發願；

人文社會學群學群長陳伯璋，則為兩位人社學群畢業生撥穗、頒發畢業證書。

惠敏法師以畢業服「海青」寓意祝福，說明海青也稱海東青，「翩翩舞廣袖，似鳥海東來」希望畢結業生日後能翩翩揮廣袖之舞如海東青；並由一則剩食新聞，提醒大眾飲食不是理所當然的事，世界上還有許多人遭受飢餓之苦，每個人應從自身的「食育」開始，落實「心靈環保」與「身土不二」的觀念，感恩每一口飯得來不易，藉由改變飲食進而改變世界。

有畢業生表示，雖無法像他校畢業生，以金錢物質回饋母校的培育之恩，但自許向社會大眾推廣法鼓山理念，以及奉行身心健康五戒、終身學習五戒，進行社會淨心教育，更符合創辦人聖嚴師父的辦學理念。

法鼓文理學院佛教學系、人社學群畢結業生與師長合影，期許邁入人生下個階段，實踐菩薩大願。

下午，僧大亦於國際會議廳歡送六位佛學系、兩位禪學系畢結業僧，加入僧團領執，發願為如來家業奉獻，共有兩百二十多位師生、親友觀禮祝福。

方丈和尚分別在兩校典禮中期勉畢結業生，有別於他校的畢業生，有佛法為立基，終生有無窮的寶藏，若能以聖嚴師父的「行事六要領」與「人生十理」，當成為人處世的原則，必能廣結善緣，以菩薩行自利利他。

● 06.22

繼程法師、楊蓓老師禪觀生命哲思
「生命教育對話」從佛法觀照世間萬象

法鼓文理學院6月22日於臺北安和分院舉辦「禪與生命反思」對談會，邀請聖嚴師父法子繼程法師、聖基會執行長楊蓓進行對談，楊蓓代眾扣問，法師智慧應答，幽默逗趣的互動，睿智深刻的對話，為現場近千位聽眾帶來一場充滿法喜的精神饗宴。

繼程法師說明，禪宗公案的由來，就是因為生命有疑情，在不斷受外界影響、追逐外境之餘，我們會停下來往內探問生命的本質——禪宗稱之為「本來面目」；法師點出，禪不是向外追逐，更不是表相禪味所能模仿，而是一種內省的智慧，回歸佛法，發現自性本是清淨，而清淨就是空。

楊蓓老師談到熱門的機器人話題，以及人類如何面對被機器人取代的危機，法師指出，起重機的發明曾經讓搬運工人失業，卻也讓更多人力投入重工業；一個社會制度產生偏差，便會有另一個制度取而代之，因此無需過度擔心；社會本來就處於不斷平衡的過程，這就是緣起，而緣起法則是不變的，因為這個「不變」，所有的變化就有了一個安定的內在力量。

繼程法師（右）、楊蓓老師（左）對談「禪與生命反思」。

繼程法師表示，聖嚴師父要我們感恩所有的因緣，因為我們會反省，就是因為看到不平等、不平衡的現象，而這些是要由某些人來承擔、示現。如果能用這樣的態度，並回到自心來用功，身心就會很穩定，因為這眾多因緣，都在成就我們的修行。

法師勉勵大眾，在變化與尋求平衡的過程中，佛法與禪修是安心安世界的重要力量。

● 06.27～28

「中國禪法研究」研討會德國舉行
鄧偉仁老師出席發表論文

6月27至28日，法鼓文理學院助理教授鄧偉仁於6月27至28日，受邀出席香港中文大學禪與人類文明研究中心與德國哥廷根大學（Georg-August-University of Göttingen）現代東亞研究所共同於哥廷根（Göttingen）舉辦的「全球視野中的中國禪法研究」國際學術研討會，二十多位學者從詮釋學、語言學、歷史學、心理學、醫學等不同領域，研究漢傳禪法的應用實踐。

鄧偉仁老師發表的研究主題，為七世紀唐朝武則天時期所出的《修禪要訣》，此為中國僧人明恂與印度禪師佛陀波利的禪修問答，卻不見記載於中國各藏經，恐於唐朝傳入日本後，即在中國佚失，至今尚無人深入研究；文獻有助於了解當時中國僧人修禪的具體問題，以及印度的大乘禪法。

研討會是中國大陸廣州六祖寺在哥廷根成立德國六祖寺的系列活動之一，六祖寺並與哥廷根大學合作，成立了中國禪研究中心。鄧偉仁老師指出，近年來，漢傳佛教受到歐美大學與社會的高度關注，與聖嚴師父推動漢傳佛教教育理念不謀而合，期許文理學院能為漢傳佛教國際發展盡一份心力。

● 06.29～30

果暉法師出席香港南北傳佛教研討會
論證《小安般守意經》實存

法鼓文理學院佛教學系主任果暉法師於6月29至30日，應邀出席香港「一帶一路上南北傳佛教研討會」，共有二十多個國家地區、一百六十多位南、北傳佛教法師、專家學者參加，發表九十九篇論文。

開幕式對談上，與談人之一香港佛教聯合會執行副會長、西方寺方丈寬運法師表示，香港是南、北傳佛教交流的重要紐帶，特別提及香港佛教界曾多次邀請法鼓山創辦人聖嚴師父來港演講，師父以深入淺出的方式演說佛法，廣受歡迎。

果暉法師以「從敦煌文獻S4221到佛說大安般守意經T602」（From the Dunhuang Manuscript S4221 to the Da anban shouyi jing T602）為題，發表從敦煌文獻斯坦因第4221號中，發現《小安般守意經》的註解，證明《小安般守意經》確實存在。法師以安那般那念的教義研究，以及文本定型句、語彙內部證據等研究方法，證明日本金剛寺《安般守意經》手稿即為安世高所譯的《小安般守意經》，並論證大篇幅的《大安般守意經》，即使經過陳慧、康僧會的編輯與註疏，仍保有與《小安般守意經》相對應的核心內容，也反映了安世高曾對《小安般守意經》加以再度編輯或講解敘述。

果暉法師於研討會中，發表對大、小《安般守意經》的研究論文。

研討會由香港寶蓮禪寺聯合香港大學佛學研究中心、泰國摩訶朱拉隆功佛教大學等學術機構共同舉辦，就「絲綢之路」對人類文明交流的歷史貢獻、現實意義，及當代南、北傳佛教的機遇與挑戰，進行多方探討。

● 07.04～08

法鼓文理學院舉辦高中營
「心幹線──生命美學研習營」園區展開

法鼓文理學院於7月4至8日舉辦「心幹線──生命美學研習營」，以生命及美學教育為主軸，由文理學院師資群，包括校長惠敏法師，以及果鏡法師、楊

蓓、辜琮瑜等多位師長，帶領近六十位高中生淨化心靈、探索生命美學。

營隊以佛法、茶禪、書畫三大主題，在「書畫之美」、「和樂之美」以及「喫茶樂趣」等活動中，學員們以毛筆作畫、玩和樂球及茶禪中，體會到無論動靜，只要用心就無處

除了靜態的課程，精心設計的遊戲，讓學員與自己、與他人心心相連。

不美；「大地遊戲」則融合了佛法、動腦與團隊合作的闖關遊戲，如模仿桌遊「大富翁」的「大富長者」、用扇子托乒乓球的「眾生平等」，以及全組合力寫毛筆字的「大書法家」等，青春活力展現無遺。

另一方面，由楊蓓老師帶領的「成人之美」課程，學員從自拍看見外表下真實的自己；「大願興學──心靈環保心心相印」單元，辜琮瑜老師從高中生的感情、同儕、生死問題等切入，引導學員們認識聖嚴師父的大願之美；惠敏法師則在「禪飲食之美」中，分享佛教的飲食哲學。

營隊圓滿前一夜，由僧團副住持果暉法師帶領「傳燈」，學員們將不捨的心情，轉為祝福、感恩，以及與他人分享收穫的願力。有學員分享，從楊蓓老師課程中的自拍，學會覺照心念與心情的變化，是最特別的收穫；也有小隊輔表示，在照顧學員的同時，自己也一起學習成長。

● 07.20

法鼓文理學院參與「北海英雄」平台
為北海岸四區長照注入安心力量

法鼓文理學院受邀參與臺大醫院金山分院「北海英雄」平台，串連並提供北海岸四區健康與長照服務資源。成立記者會於7月20日於金山分院舉行，方丈和尚果東法師、新北市長朱立倫、金山分院院長譚慶鼎、新北市衛生局局長林奇宏、社會局長張錦麗等皆出席觀禮，盼集結眾人之力，一同促進居民的身心健康。

方丈和尚致詞時，以快樂八層次「知足常樂、行善快樂、自得其樂、平安喜樂、清淨安樂、無諍和樂、離苦得樂、寂滅最樂」，勉勵眾人，以菩薩的悲智精神來奉獻自己、利益眾生，便能逐漸出離煩惱，得到快樂；而有願就有力，

照護團隊在向老病死學習的過程中，練習消弭彼此的分別心，就能凝聚向心力，願力也會無窮。

譚慶鼎院長說明，北海英雄團隊的成員來自區公所、衛生所、仁愛之家、社福團體、照護機構、法鼓文理學院及社區發展協會等十九個公家與民間非營利機構，有著各自的專業領域，透過整合有限的資源，即能發揮一加一大於二的功效。

方丈和尚、臺大醫院金山分院院長譚慶鼎、辜琮瑜老師（左四至左六），與北海英雄團隊成員合影。

北海英雄一員的文理學院生命教育學程主任辜琮瑜表示，數年來帶領學生參與居家陪伴與安寧關懷，了解不論是病人、家屬或照護團隊，皆需要身心安定的力量；法鼓山長期投入心靈環保與生命關懷，正可為長照注入安心力量。

● 07.28～30

法鼓山出席香港「佛教青年學者學術研討會」
發表漢傳禪法推廣運用成效

7月28至30日，法鼓山受邀出席香港中文大學禪與人類文明研究中心於該校舉辦的「第十二屆佛教青年學者學術研討會」。主辦單位從八十多篇論文選出二十餘篇，其中，來自法鼓山體系，以及與法鼓山相關的研究計有五篇，中華佛研所演德法師、呂文仁等受邀發表。

研討會以「佛教禪修方法及體驗研究」為主題，演德法師以「漢傳佛教禪修方法在當代校園中的運用——以一所臺灣中學為案例」為題，對執行三年的禪修進校園專案進一步訪談研究。專案以法鼓八式動禪心法為核心，針對中學生安定身心需求，設計靜心課程，研究顯示，參與學生情緒安定度提高，更會在比賽或會考前，主動使用靜心技巧，幫助自己放鬆及專注。演德法師並受邀現場示範帶領法鼓八式動禪，多數與會學者首次體驗，便能感受到安定放鬆。

呂文仁以外籍人士為對象，探索不同語言文化的禪修者，對傳統禪宗語彙概念的理解和掌握；雲林科技大學助理教授紀俊吉深入「中華禪法鼓宗的方便法門——釋聖嚴『四它』內涵探釐」。

北京大學心理系博士候選人黃儀娟，以法鼓山人基會、社大及群馨基金會聯

合開辦的新住民關懷課程「幸福廚房班」為對象，研究禪修在飲食及烹飪上的應用成效。研究發現融入禪修心法的課程，為課堂帶來和諧氛圍，達到族群融合效果；而禪修中的自我覺照，也為學員帶來更多由內而外的幸福情緒，

佛教青年學者齊聚香港中文大學，交流佛教的禪修方法及體驗。

並能將覺照方法運用至日常生活。

　　法鼓山大普化、大關懷、大學院三大教育，以及心靈環保、「四它」的觀念與應用，在研討會中皆有呈現，受到與會學者肯定與注目，也為禪修在當代應機的實用活用，帶來啟發。

● 08.04～13期間

惠敏法師受邀東南亞演講
分享佛學的博雅運用

　　法鼓文理學院校長惠敏法師於暑假期間，前往東南亞進行多場演講，分享佛學的博雅運用。

　　法師首先於4至6日，應馬來西亞檳城三慧講堂繼傳法師之邀，於《大乘莊嚴經論》「供養與師事」研習營，以及「二時臨齋儀之飲食教育」演講，期勉學員學習菩薩道的「六度」與「四攝」，自利利他圓滿，如果貪著自身受用，會成障礙，因此應修「供養」諸佛與一切眾生，與「師事」善友對治貪著；若修「四無量心」，視一切有情如獨子，則利他行可不退轉。

　　8至9日，參與馬來西亞亞庇寂靜禪林「心智科學」座談會，與檳安醫院心臟專科醫生陳昌賜對談，法師介紹心智科學對宗教經驗的近代史，說明宗教與科學合作，可進一步了解心智運作機轉與評量準則，有助於人類心智發展；並於「四念處與唯識觀」講座中，解說《瑜伽師地論》。

　　12至13日，則應新加坡漢傳佛學院（Institute of Chinese Buddhism）之邀，參與「在驟變時代釋放內性」論壇（Unleashing Intrinsic Qualities to Succeed in This Era of Disruptions），勉勵大眾打破慣性思惟，重新設定自己心智的導航系統，以「身心健康」五戒、「博學多聞」五戒，建構雅健生活。

● 09.02

果暉法師出席日本印度學佛教學會議
論證安世高所譯《八正道經》

果暉法師於日本印度學佛教學會議發表論文。

法鼓文理學院佛教學系主任果暉法師於9月2日，出席在日本京都花園大學舉辦的「第六十八屆日本印度學佛教學會會議」，發表「安世高的譯經風格——以佛說《八正道經》為例」論文，論證七百多字的《八正道經》，內容除了原始經文外，還包含了註解，為安世高的譯經風格之一。

法師指出，八正道的「正」字，安世高在此譯為「諦」字，如「正見」譯為「諦見」，然而在其他經中，安世高則多用「直」字，如「直見」。這也呈現安世高一義多語的譯經特徵，並顯示出譯經初期，佛經翻譯詞彙不穩定的現象。此外，由於安世高的譯文，相對而言較為艱澀，法師也因此論證，此經極可能經過精通漢文的支謙追加修改，而較淺白易懂。

日本印度學佛教學會是日本學界規模最大的佛教學術會議，博士生以上的研究者皆可申請入會，聖嚴師父赴日留學第一年即加入該學會；個人會員之外，共有六十八個佛教創辦的大學，或設有佛教科系的公私立大學及研究機構參與該學會，法鼓文理學院於2016年加入，成為團體會員。

● 09.08～09

漢傳佛教青年學者論壇於園區展開
跨國組隊　開拓佛學多元視野

為獎掖新生代學者，由中華佛學研究所主辦，法鼓文理學院、聖基會協辦第二屆「漢傳佛教青年學者論壇」，於9月8、9日在法鼓山園區展開第一階段入選論文發表，包括海內外青年學者及二十餘位資深教授、評論人等，就三十二篇論文，進行切磋交流，有逾一百五十人與會。

方丈和尚果東法師於開幕致詞時，以佛研所所訓「解行互資，悲智雙運；實用為先，利他為重」勉勵與會者，藉由研究彼此融合、互相成就，成為生命共同體，體現華嚴精神。文理學院校長惠敏法師則鼓勵大眾，以「博雅」精神終

佛教學者和青年學者展開交流，體現世代相傳的精神。

身學習，重新設定自己的心智導航系統，以因應快速變遷的「驟變時代」。

論壇總召集人、佛研所所長果鏡法師表示，論壇的舉辦期望為研究佛學的青年後進，建立交流合作平台，並提供移地研究、補助出版等，達到資源互補、成果共享。

此次論壇共有九場次論文發表，研究主題涵蓋多元，包括性別議題、法的療癒、明清佛教、日本禪學、東亞佛教、華嚴、中觀、詩歌等面向；並首度有韓國、越南青年學者加入相關論文研究，顯示已逐漸開拓出地域廣度。

連兩日的發表，評論人及與會教授則是以提攜後進的心，給予精闢評論與指導，讓青年學者皆感覺獲益匪淺，並表達對法鼓山設立此一論壇的感恩，得以在各項支持下，更能無後顧之憂地投入研究。

「漢傳佛教青年學者論壇」於2015年舉辦第一屆，受到熱烈回響，顯示此項以三階段——研究計畫發表、移地研究、出版論文——次第性的青年學者培育計畫，契合青年學者所需。

● 09.15

學誠和尚率團參訪法鼓文理學院
茶敘交流延續善緣

9月15日，中國大陸中國佛教協會會長學誠和尚率同二十二位教界、宗教部門人士參訪法鼓文理學院，方丈和尚果東法師與僧團法師、文理學院校方代表接待，雙方並進行茶敘交流。

細數與聖嚴師父的深厚因緣，學誠和尚說明，聖

中國佛教協會會長學誠和尚（前排右五）率大陸教界、宗教部門人士參訪法鼓文理學院，與方丈和尚果東法師（前排右六）、惠敏法師（前排右七）等合影。

嚴長老的《戒律學綱要》、《正信的佛教》等著作,在大陸地區流傳甚廣,也是許多佛學院的教材;而法鼓山在學術、禪修、僧團管理等方面,都有良好的傳承發展,因此特意率團參訪。

首次造訪的福建省民族與宗教事務廳廳長黃進發表示,方丈和尚日前在海絲論壇分享法鼓山心靈環保理念,非常啟發人心,歡迎法鼓山僧團與文理學院參與2018年在福建莆田市舉辦的「第五屆世界佛教論壇」,延續交流的善緣,為佛教發展與人心安定而奉獻。

參訪團一行並實地走訪圖書資訊館、校園、宿舍,對於清淨、明亮的校園空間,煙嵐迴繞的觀音道場,留下深刻的印象。

● 09.26

第二屆法鼓學校校友會論壇
思想與時代話題並呈

第二屆法鼓學校校友會論壇,串聯校友與在校師生良好的學術互動。

法鼓學校校友會於9月26日,在法鼓山園區舉辦第二屆校友論文發表論壇,共有三篇論文入選發表,共有四十多人參加。

其中,法鼓文理學院佛教學系博士班的陳宗元,發表〈《成唯識論》中陳那唯識思想的繼承與展開——從「所緣緣」的觀點來論述〉,對陳那唯識思想有獨特的解讀與深入的分析;佛教學系碩士班畢業校友黃舒鈴,則發表〈MBSR融入佛教學系課程對「慈悲」之影響〉,探討在正念減壓融入佛教學系課程後,如何影響學生對「慈悲」的理解和體驗。

社會企業與創新學程第一位畢業生黃亮鈞,探討〈「心靈環保」經濟學之SROI範圍界定分析——以法鼓文理學院校園境教為例〉,由文理學院校園建築與景觀的境教,比對出「心靈環保」的經濟效益,藉此進行社會投資報酬率範圍界定的討論分析。

現場提問熱絡,蔡伯郎、吳正中、張志堯三位師長肯定發表論文領域迥異,皆具見地,也串連校友、在校生,及佛教學系與人社學群學程之間良好的學術互動。

● 10.09～13

惠敏法師波羅的海學術交流
出席「臺灣的佛教與佛學教學」系列活動

10月9至13日，法鼓文理學院校長惠敏法師接受拉脫維亞大學（Latvija University）及駐拉脫維亞臺北代表處邀請，前往波羅的海三國愛沙尼亞、拉脫維亞、立陶宛參加「信仰之樂土——臺灣的佛教與佛學教學」（The Island of Faith: Buddhism and Buddhist Teaching in Taiwan）系列活動，拉脫維亞大學中文漢學系教授柯世浩（Frank Kraushaar）全程陪同，並擔任活動主

惠敏法師赴波羅的海三國，分享佛法如何讓人止息煩惱，生起禪定。

持人，駐拉脫維亞臺北代表處吳榮泉大使等外交人員，亦前往參與。

惠敏法師9日於愛沙尼亞首都塔林大學（Tallinn University），以「〈聲聞地〉中「唯」之意涵與佛教禪修關係之考察」（An Examination of the Meaning of "Mātra" in Relation to Buddhist Meditation in the Śravakabhūmi）講演，說明〈聲聞地〉之「相似」（鏡像、影像）所緣（禪定對象），是以「唯智」、「唯見」、「唯正憶念」等用語來表達，並與《大念處經》反覆觀察之「唯知、唯念」的關鍵層面有關。法師分析，禪修時把握此「意象」之鮮明度和純粹性，可鎮伏五蓋，止息煩惱，生起禪定。演講中，惠敏法師特別以下楊旅館浴室鏡子的標語「您在我（鏡子）所見的美麗是您的反映」（The beauty you see in me is a reflection of you）為例，說明所謂「相似」（鏡像、影像）所緣（禪定對象）的意涵。

10日，惠敏法師轉往拉脫維亞，於國立博物館演講「慈心禪修及所緣境之獲得」（Loving-kindness Meditation & How to Attain the Meditative Object），分享禪修內涵；11日則於研討會中發表「『正念』於臺灣臨終關懷及安寧療護的應用」（The Role of Mindfulness in Hospice & Palliative Care in Taiwan），晚間並指導禪修與念佛課程二小時。

13日，法師於立陶宛維爾紐斯大學（Vilniaus University），主講「《大乘莊嚴經論》中「唯」之意涵與佛教禪修關係之考察」（An Examination of the Meaning of "Mātra" in Relation to Buddhist Meditation in the Śravakabhūmi），圓滿此行。

● 10.25

文理學院邀請新生代學者演講
簡凱廷講從藏外文獻看佛教研究

簡凱廷博士受邀演講，說明藏外文獻為明清佛教研究開發新視域。

10月25日，法鼓文理學院佛教學系舉辦專題講座，邀請新生代佛教學者簡凱廷主講「從藏外文獻看近世東亞佛教研究」，說明藏外文獻如何為明清佛教研究開發新視域，並分析晚明佛教，對日本江戶時代的佛教產生的影響，共有四十多人參加。

簡凱廷指出，由於近年有豐富的古籍與文獻面世，研究明清佛教，除了通行的續藏經及嘉興藏外，更可擴大運用一手文獻，包括石刻史料、方志、寺志、文人別集，以及藏外佛教典籍等，開展出不同的研究面向。

講座中，簡凱廷表示，佛學研究中，漢傳佛教向來冷門，尤其明清佛教更是未被重視，以致明清佛教典籍迄今未獲良好的文獻學梳理；而十四世紀後的東亞，佛教仍為文化交流中的重要載體，近世東亞佛教研究若能受到重視，更能彰顯佛教在文化交流的意義與價值。

有參與聽講的研究生回饋分享，每個時代的佛教都有其時代意義，值得被正視發掘，建構出更豐富完整的面貌。

● 10.29

僧大舉辦「世界公民工作坊」
從「我」做起 改善世界

僧大於10月29日舉辦「世界公民工作坊」，由投入國際弘化事務多年的果禪法師、常濟法師授課，共有三十多位學僧參加。

課程首先從「氣候變遷」、「水資源」等全球議題切入，常濟法師表示，一般人總習慣從自己的角度看世界，造成各種錯誤認知；果禪法師則分享，透過禪修對內心的反思，可以看到自我的保護機制，進一步改變自身行動，而改善世界的力量，就是從「我」做起。

下午課程以「世界咖啡館」（World Café）形式進行，學僧分組討論法鼓山

的使命，再到不同組別展開交流，透過一次次「遊歷」匯集眾人智慧。

有學僧分享，原本只有概念雛形，藉由不同人加入討論，漸漸有了完整架構，過程中體驗到群體力量；也有學僧將「小止觀」中「懺悔十法」與之做連結，以「深信因果」面對人類活動對地球的影響，以「發大誓願度脫眾生」開始創造善行，讓行動與修行產生連結。

學僧於「世界公民工作坊」課程中，培養國際視野與胸懷。

● 11.03

僧大舉辦專題講座
鄧偉仁解析禪修與佛教現代主義的影響

僧伽大學於11月3日舉辦專題講座，由法鼓文理學院副教授鄧偉仁主講「佛教禪修與佛教現代主義的審視」，解析禪修的現代性與弘法方式的現代化，對佛教的影響，共有三十多位學僧參加。

鄧偉仁老師以西方正念減壓（Mindfulness）為例，說明許多人認為正念減壓，只需活在當下，療癒便會自然發生，但禪修並不只是活在當下而已，舉凡學習禪修的過程中，禪堂的空間、規矩、師徒關係等，都具有祖師所傳承的智慧。

禪修的現代性還包括許多「禪」的商品應運而生，鄧偉仁老師指出，當禪成為休閒娛樂，便失去了佛法的修行精神；鄧老師引導學僧思考，當佛教受到全球化的影響，現代性的種種方便法，是否真正符合佛陀本懷。

有學僧分享，釐清佛教現代化所帶來的正反影響，有助於未來弘法之路，走得更穩健踏實。

● 11.18

惠敏法師出席大馬企業論壇
分享心企業的價值觀

法鼓文理學院校長惠敏法師應邀出席由馬來西亞佛教發展基金會、馬來西亞佛教青年總會主辦，11月18日於雪蘭莪州蒲種舉行的「2017心企業‧新世界」

法鼓文理學院校長惠敏法師應邀出席「2017心企業‧新世界」企業論壇。

企業論壇，並以「一切唯心造──新的企業價值觀」為題發表演說，有一百五十位企業人士參與分享交流。

惠敏法師從經濟的基本環節：生產、流通、消費、分配，以及社會創新等，分析達到企業價值與社會價值平衡的可能及實例，並提出生產過程透明化，以及全面性的數字管理、歸零等建議。法師指出，透明化可減少問題的發生；全面性的數字管理，不只關心財務數字，可更全面顧及環境、家庭、人際關係等價值；定時歸零重新開始，則能達到更好的永續性。

法師從「一切唯心造」回歸思考，表示心的議題即是習慣問題，心的管理也如同企業管理，須建立良好的學習與健康習慣，如實觀察、如理思惟，才能不斷提昇。

● 11.22

臨終關懷與安寧療護論壇法鼓文理學院舉行
宗教師、學者分享臺灣經驗

惠敏法師以金山環保生命園區的經驗為例，分享在地化的佛教臨終關懷模式。

「臺灣佛教臨終關懷與安寧療護」論壇，11月22日於法鼓文理學院舉行，包括臺灣佛教界、安寧療護實務界人士，以及來自加拿大、美國、英國、日本、泰國、澳洲、中國大陸等二十多個國家地區，有近兩百位僧眾及學者共同參與。

日本京都花園佛教大學前校長河野太通致詞時，感謝能借鏡臺灣佛教於臨終關懷、安寧療護上的經驗，並憶及十年前與創辦人聖嚴師父初次見面晤談，如今再度造訪，法鼓山已成為清淨、莊嚴的教育園區。

　　論壇引言由佛教蓮花基金會董事長陳榮基醫師介紹「臺灣佛教安寧療護之緣起」；法鼓文理學院校長惠敏法師、臺大醫院臨床佛教宗教師督導恆礎法師、臺大醫院家醫科名譽教授陳慶餘、大悲學苑住持宗惇法師、智慧法師，分別就臺灣推動臨終關懷與安寧療護時，如何協助病人「善終」等議題的發展歷程及現況進行分享。

　　惠敏法師主講「如何建立在地化的佛教臨終關懷模式」，引用新加坡的調查，顯示臺灣安寧療護的照護品質為亞洲第一，並分享法鼓山「新北市金山環保生命園區」的經驗；多位主講者也從過去臨床照護的實務經驗及統計數據，說明當佛教宗教師參與安寧緩和醫療、投入臨終照顧時，不論病人清醒或昏迷，法師都能以皈依、念佛、禪修、懺悔、臨終說法與助念等方法的運用，對協助病人減輕痛苦，學習面對死亡、提昇心性，對於家屬的生死教育也扮演積極、正向的角色。

　　論壇回響熱烈，來自中國大陸、不丹的僧眾表示，希望能進一步在自己國家中，推廣臨終關懷與安寧療護的觀念與做法。

● 12.02　12.27

法鼓文理學院教師獲頒獎項
楊蓓、謝清俊分獲專業肯定

　　法鼓文理學院人文社會學群學群長楊蓓，於12月2日獲頒第十四屆臺灣心理治療與心理衛生聯合年會終身成就獎，表彰長期對心理治療與心理衛生領域的貢獻。

　　楊蓓老師致力將心理學結合禪修方法，轉化為大眾身心安頓之道，透過著作、演講、影片，從生活中推動心理衛生的普及化。除嚴謹的教學與研究外，也著力於實務工作者的培訓；近年來許多重大的災難現場，楊老師也實地投入救災與復原工作，尤其是災區工作者的心理支持與災後民眾的心靈修復，將「心靈環保」的精神落實到各層面。

楊蓓老師（左）獲頒臺灣心理治療與心理衛生聯合年會終身成就獎，表彰長期對心理治療與心理衛生領域的貢獻，由理事長張達人醫師（右）頒獎。

　　27日，「2017年行政院傑出科技貢獻獎」於行政院大禮堂舉行，文理學院名譽教授謝清俊獲頒獎項，由院長賴清德頒發，校長惠敏法師、圖書資訊館館長洪振洲等亦到場觀禮。

謝清俊教授（右）是臺灣人文資訊學的開拓及奠基者，
2017獲頒「行政院傑出科技貢獻獎」，由賴清德院長（左）
頒獎。

謝清俊教授曾任職中華佛學研究所，長期推動與指導佛典資訊化工作，並擔任中華電子佛典協會（CBETA）顧問，提供技術協助。謝教授擅長開發跨領域的資訊系統，研究項目涵蓋：中文資訊交換碼的設計與應用、二十五史全文資料庫的研究開發等，規畫推動數位博物館專案計畫、數位典藏國家型科技計畫等，是臺灣人文資訊學的開拓及奠基者，也是國家文物典藏數位化工程的重要推手。

● 12.13

日本讓西賢教授演講
講析淨土教義中的預防諮商

12月13日，法鼓文理學院舉辦專題講座，邀請日本岐阜聖德學園大學佛教文化研究所教授讓西賢主講「從淨土教來看預防性諮商的意義」，共有五十多人參加。

身兼臨床心理師的讓西賢從一連串的日本社會問題切入，包括自殺、家暴、虐童及無差別傷害事件等，說明問題背後的共同原因，是個人精神受到高度壓力，並且每個人都可能發生；也從心理諮商的觀點，探索淨土真宗教義內涵，表示淨土真宗的教義，提供了一種與苦共存而活下去的救濟法，並非試圖去滅苦。基於這個信念，臨床諮商的著力點就從原本解決求助者的問題，轉為協助對方透過煩惱了解內心，並接受自己。

讓西賢指出，阿彌陀佛誓願中的「荷負群生，為之重擔」、「於諸眾生，視之若己」、「令諸眾生，功德成就」，與美國人本心理學家卡爾·羅哲斯（Carl Rogers）的「個人中心治療」提出的治療核心條件相應，包括真誠的傾聽、無條件的關懷，以及共感的理解。若能做到這三點，

讓西賢教授從淨土的觀點，談現代預防諮商的意義。

不管是否為專業人士，甚至是家人、同伴、同事，都能對身邊的人達到預防性諮商的效果。

佛教學系系主任果暉法師結語表示，欣見佛教的教義可在諮商中落實，不但可以利他，也可以療癒自己，具有雙重功能。

● 12.18～27

法鼓文理學院「圖書館週」展開
從心開始愛閱讀

2017年法鼓文理學院圖館週活動，自12月18至27日展開。本年主題是「從『心』開始」，內容包括電影欣賞、書展、好書大放送、中西參大賽、五分鐘書評及電子資源課程等。

廣受歡迎的「五分鐘書評」今年共有十四人參與，除文理學院師生、專職外，來自園區的專職、義工，也加入說書的行列，以書會友。有分享《壇經講記》的佛教學系學生回饋，選擇《壇經講記》，是因為在文理學院學習，接

文理學院學生參加中西參大賽，充分運用圖資館整合介面檢索系統，藉此熟悉操作方式。

觸禪修，而想深入禪宗源頭，讀後最相應「自性清淨」的概念，從中體認到每個人本質都是清淨如水，所以也有能力回到本來面目。

往年的「中西參大賽」，皆以紙本型式出題及應答，2017年則結合科技通訊方式進行，參與者只需透過雲端分享和FB即可答題，使得參與人數增多，共有四百人次參與各項活動。

文理學院表示，希望師生善用圖書館，輔助學習，拓展視野，使圖書館成為學校的教學資源中心。

● 12.22～23

聖基會舉辦「第三屆近現代漢傳佛教論壇」
展望現代佛教教育新契機

聖基會於12月22至23日，在臺大集思會議中心舉辦「第二屆近現代漢傳佛教論壇」，共有十四位來自臺灣、中國大陸、日本、韓國等地學者專家發表論

文，有近五百人參加。

本年論壇主題「近現代漢傳佛教與現代化──佛教教育 II」，圓桌論壇以佛教研修學院的特色、教育目標與發展，提出推動佛教教育新契機的展望。日本駒澤大學佛教學院副教授山口弘江介紹日本佛教教育學會發展歷程，說明該學會成員近三百

論壇中，漢傳與南傳佛教的宗教師相互交流，探索未來的開展與契機。

人，包括從事幼兒教育等多種行業，每年均舉行會員研究發表學術會，刊行學術雜誌、會報，交流佛教教育的推廣。

熟悉東南亞佛教發展的中國大陸上海復旦大學副教授劉宇光，以泰國僧伽教育為例，評析在歷經1840至1960年代大規模改革後，現代泰國有異於同屬上座部其他傳統的僧團特質，也對官方政權過度介入、排除女眾出家接受佛教正規教育等現象提出反思；韓國東國大學教授朴永煥從佛教宗立大學、中央僧伽大學、一般叢林、圓佛教界等四體系，介紹韓國佛教界建立的多所代表性大學教學概況。

法鼓文理學院副教授鄧偉仁，則從西方宗教研究、神學院傳統對照佛教義學，觸類旁通的比較引發熱烈回響。鄧老師以宗教教育面臨的挑戰，思索佛教未來開展教育的契機，期許臺灣的佛教研修學院不僅是大學眾多科系中的佛教

第三屆近現代漢傳佛教論壇，對於佛教如何回應時代及現代人心需求，有熱烈的研討。

學系，更是培育宗教師，兼具佛教學術專業以及體現宗教社會責任的教育場域，進一步與國際佛教接軌合作，貢獻國際社會。

論壇圓滿前，法鼓山方丈和尚果東法師到場關懷，感謝參與學者共同為展望佛教教育而奉獻；聖基會執行長楊蓓期盼佛教教育成為人文社會學科的活水泉源，論壇亦成為佛教教育從古典到現代的橋樑。

寶踐、

肆【國際弘化】

為落實對全世界、全人類的整體關懷，

透過多元、包容、宏觀的弘化活動，

經由禪修推廣、國際會議、宗教交流……

消融世間的藩籬及人我的對立與衝突，

成就普世淨化、心靈重建的鉅大工程。

穩健踏實
多元弘化漢傳佛教

承續聖嚴師父將漢傳佛教種子播撒至世界的願心，
2017年法鼓山的國際弘化腳步仍是穩健而踏實，
無論是積極參與國際社會、深耕社區，
依不同社會、文化的需求而提出安心之道，
善用漢傳佛教多元包容的特性，讓佛法在西方生根茁壯。

2017年法鼓山於世界各地，持續為心靈環保的推廣與漢傳禪法的弘揚而努力，透過參與國際事務、海外分支道場舉辦的各式活動，皆契入當地社會、世代的需求，讓不同文化與宗教信仰的族群，消融彼此藩籬，了解與學習佛法的慈悲與智慧。

另一方面，歷經多年的努力，美國佛羅里達州塔城分會於本年10月正式落成啟用，方丈和尚果東法師親往主持揭佛縵儀式。延續了聖嚴師父的願心，讓漢傳佛教更進一步在西方社會弘傳。

國際交流 超越人為藩籬

國際參與方面，美國法鼓山佛教協會聯合全球女性和平促進會、地球憲章於1月和11月，分別在哥斯大黎加、德國舉辦「氣候變遷的內在面向」會議，11月進行的會議，並與聯合國氣候變化綱要公約的第二十三次締約國大會，同步於德國波昂舉行。在兩場會議中，果

禪法師、常濟法師帶領來自不同背景的國際青年們，就自然環境與工業發展之間，尋求平衡與再生的可能，勉勵青年反思現有的世界觀與價值觀，以超越人為、種族與專業領域的界限，喚醒內在的平靜，為地球永續奉獻。

發生於2001年的美國「911事件」屆滿十六年，國際間恐怖攻擊事件仍未停歇，法鼓山9月受邀參與紀念「911事件」的「為愛分糧、濟救苦難」活動，象岡道場住持果元法師、東初禪寺監院常華法師分別帶領祝禱，為世界和平祈福。10月，東初禪寺、北美護法會亦受邀參與佛教環球賑濟發起的「健行救飢民」活動，由常華法師、常灌法師帶領以禪修的方法健行，促使大眾重視飢餓問題，進而提供援助。

其他的國際交流，還包括：5月參與聯合國衛塞節暨第三屆IABU國際學術會議，僧大副院長常順法師與南傳、漢傳與藏傳佛教代表交流互動，建立情

誼；8月方丈和尚果東法師出席中國佛教協會舉辦太虛大師圓寂七十週年紀念大會，致詞感念太虛大師對漢傳佛教現代化的貢獻。

馬來西亞道場8月應當地教界邀請，監院常藻法師於「清流論壇」中發表演講，與會者均認同應加強正信佛法的傳播與教育，接引大眾辦別正信團體的能力。9月底，加拿大溫哥華道場與英屬哥倫比亞大學、卡加利大學共同舉辦「佛教女性的修行與弘傳」學術論壇會議，以論壇結合教界與學界，交流不同文化中，佛教女性修持的典範，以及對佛教發展的影響。

接引新世代　佛法多面向扎根

2017年法鼓山全球各道場，除原有的法青活動與兒童心靈環保體驗營之外，更加強各項課程與活動的深度與廣度，帶領學子安定身心，建立正向的價值觀，開發生命的潛能。

在臺灣，暑假期間，百年古剎桃園齋明寺與國際扶輪社合作，舉辦「宗教體驗營」，來自歐、美、亞等十九國青少年認識佛門禮儀、基礎禪修觀念，也在吃飯禪、托水缽等練習中，體驗動禪的安定與放鬆；日本福島縣國小及國中學童來訪北投農禪寺，期盼將安定的力量帶回福島。

素有小奧運之稱的第二十九屆夏季世界大學運動會，8月在臺北舉行，法鼓山於新北市林口選手村中的宗教中心，提供禪修引導、禮佛、茶禪等服務。在競爭激烈的賽事外，法師、義工與各國選手及工作人員以禪結緣，在漢傳禪文化清淨的氛圍中，點亮求法的心燈。

亞洲的馬來西亞道場累積多年兒童生命教育經驗，於3月至10月，以「心六倫」、「心五四」為核心，舉辦「兒童生命教育課程」，課程內容包括禪修、人文、藝術、戶外探索、環保體驗等活動，帶領小朋友啟發生命，學習愛護環境、關懷他人；並邀請家長參加「心靈環保父母成長工作坊」，同時規畫課後作業，讓親子一起練習於生活中實踐心靈環保。

於北美，美國舊金山道場開辦的兒童心靈環保課程，以四種環保為主軸，引導學童培養良善的生活習慣、愛護自然環境；東初禪寺、西雅圖分會以及加拿大溫哥華道場皆於8月舉辦親子生活營，在活潑有趣的多元活動中，大、小朋友一同體驗禪修的方法與智慧。

深耕與落實課程的影響力，也展現在培育青年的活動中，4月，馬來西亞道場舉辦「Better Youth, Better World青年領袖工作坊」，由常濟法師帶領，從自我探索與世界公民的主題中，探討如何轉化內心，為世界帶來不一樣的轉變；7月初，香港道場於中文大學舉辦青年五日禪，帶領學員認識禪修的基礎觀念和方法，並藉由動靜兼備的活動，體驗禪法如何運用在生活中，學習以佛法轉念，度過人生的關卡。

本年馬來西亞道場也應北方大學、雙溪龍拉曼大學、馬來西亞大學等多所大

學之邀，前往帶領佛學課程、培訓營、禪修活動，在年輕世代的心田裡，播下良善種子，更賦予傳承佛法的期許。

觀察在地　生活佛法多元開展

海外各地道場亦聚焦於西方社會關注的議題，透過對談、講座、禪藝活動與心靈成長課程，走入社區、走向人群。對談部分，舊金山道場舉辦「自在和諧，擁抱幸福」座談，由方丈和尚果東法師與萬佛聖城恆實法師對談，以東、西方宗教師的觀察，帶給聽眾消融煩惱的智慧法語。

佛法與各領域的對話，還包括常華法師應美東華人學術聯誼會的邀請，於年會開幕式中演講「禪修如何影響科學的生命觀？」分享佛法體驗與科學研究的成果；馬來西亞道場「踏曲尋佛，一路走下去！」談彈暢唱座談會，邀請音樂人分享佛曲創作的心路歷程；香港道場「當佛陀遇上丘比特」專題講座，由演清法師與作家張小嫻對談，分享如何運用禪修向內觀照的方法，認識感情中自我身心的狀態，進一步運用佛法的觀念，健康地面對、處理人生不同階段所遇到的感情問題。

為跨領域地接引專業人士領略禪修的法益，本年度馬來西亞道場舉辦的「心靈環保禪修營」、洛杉磯道場舉辦的「360度禪修營」，邀請當地各產業的管理階層與專業人士參加。其中360度禪修營全程以英文進行，學員包含東、西方人士，族裔及宗教信仰多元，在象

岡道場果元法師帶領下，體驗禪修的放鬆與安定，將禪的智慧帶入生命，提昇生活與工作品質。

各地道場也藉由節慶，接引大眾從文化的體驗與交流中，認識漢傳禪法，如溫哥華、舊金山、洛杉磯道場的新春活動，安排結合了禪意的手作、遊戲、音樂與書法，與西方人士共享豐富而趣味的文化饗宴，感受佛法中的平安與祝福。香港道場順應當地飲茶的風氣，除於新春活動中安排以茶禪相聚，5月浴佛活動，舉辦「約咗佛陀喫茶去」，以生活講座、茶席禪話、巡茶淨心等，廣邀大眾分享佛法與生活；9月，溫哥華道場法鼓隊應當地臺灣文化節之邀，於溫哥華美術館廣場演出，並以法鼓八式動禪引導大眾體驗動禪的專注與放鬆。

弘揚漢傳禪法　全球持續

繼起聖嚴師父世界各地弘傳漢傳禪法的足跡，禪修中心副都監果元法師與聖嚴師父法子繼程法師，2017年分別前往墨西哥、印尼與波蘭指導禪修；西方法子查可・安德列塞維克，4月前往澳洲墨爾本主持佛學講座及禪修營，10月於加拿大溫哥華道場帶領默照禪七，並於班揚書店舉辦專題講座，分享漢傳禪法的智慧。

5月應伯恩禪修中心邀請，僧團常悟法師、常慧法師、常藻法師，首度於瑞士帶領話頭禪七；禪期圓滿後，常悟法師續往盧森堡舉辦禪修工作坊與講座，帶領宗教、文化背景皆不相同的歐洲人

士，實際體驗漢傳禪法的觀念與方法。

除了僧團法師、聖嚴師父法子應邀主持禪修，各地道場均密集地以禪訓班、戶外禪、半日禪等各種初級禪修活動接引大眾，北美的溫哥華道場、西雅圖分會，則分別嘗試於道場之外的宏比島、柏頓營地，舉辦禪修活動，

美國塔城分會於2017年正式落成啟用，為法鼓山西方弘化工作，增添新據點。

體驗在大自然中身心的覺受。東初禪寺、洛杉磯道場、舊金山道場、溫哥華道場，以及塔城分會、西雅圖分會，更舉辦禪三、禪五、話頭禪七、默照禪七等精進禪期，引領各國禪眾深入禪法。

護法關懷 深耕推廣

本年度各地道場和分會的各項弘法、關懷活動，包括節慶的新春、傳燈、清明報恩、浴佛、中元地藏等大型法會，以及例行的念佛、禪坐、法會等共修皆如期展開，而方丈和尚果東法師至北美、亞洲巡迴關懷之際，對護法信眾多所期勉，勉勵大眾回到學佛護法的初心，建設人間淨土。

2017年亦有多位僧團法師前往海外關懷，包括果元法師於美南達拉斯、亞特蘭大帶領禪修；常啟法師、常源法師分別於美西洛杉磯、舊金山道場與西雅圖分會進行佛學講座；僧團都監果光法師、女眾副都監果高法師等，於8至9月巡迴美、加各道場與分會，舉行佛法講

座與關懷座談。11月，護法總會副都監常遠法師、常順法師，則至澳洲雪梨分會、墨爾本分會弘法，凝聚海外信眾的共識與願心。

於義工和信眾成長課程上，7月新州分會、多倫多分會，先後舉辦悅眾成長營，將經典的意涵融入在成長營中，引領悅眾在學佛路上持續精進；10月北美護法會的「東岸暨中西部悅眾交流聯誼會」，分享護法經驗及資源，探討建立西方修行社群，以接引不同族群。

結語

2017年，法鼓山國際弘化的腳步，更加多元而寬廣。從走入當地社區、學校，適應當地社會的需要，將佛法以生活化的方式，讓不同種族、文化背景的人們皆能運用；或是從學術、教育文化層面深入漢傳禪法的義理；或以精進禪修提昇修行的深度，都可見漢傳禪佛教高度適應性的特質。秉持聖嚴師父教誨，在四眾弟子的齊心願力下，弘揚漢傳佛教的腳步，穩健踏實向前開展。

● 01.14～18

馬來西亞道場結合校園力量
推廣漢傳禪佛法

馬來西亞道場於1月14至18日，為當地北方大學（Northern University of Malaysia）佛學輔導班「北緣之家」舉辦傳承營，由監院常藻法師擔任駐營及課程講師，共有三十位新舊執委參加。

課程安排佛學基礎課，包括：什麼是宗教、正信的佛教、因緣因果觀、學佛的次第；並安排禪修悅眾帶領法鼓八式動禪、禪坐和禪修教學。營隊第三天，

傳承營的課程為學員建立承擔的正確心態，也提昇年輕心力量。

並有二十一位學員求受三皈五戒，成為三寶弟子。

「北緣之家」主席黃心柔表示，希望藉由傳承營的課程，為新執委建立承擔的正確心態，讓心更有力量去面對和解決問題；也有新任執委分享，在禪修過程中，發現自己的生活習慣影響身體狀況，導致無法好好放鬆和數息，進一步了解到平衡身心和生活的重要性，才能提昇心的力量。

● 01.18～23　11.10～14

「氣候變遷的內在面相」會議美、歐舉行
期許青年以心靈環保永續地球未來

為了喚醒全球青年找回永續自然環境與人性的平衡點，美國法鼓山佛教協會（Dharma Drum Mountain Buddhist Association, DDMBA）、全球女性和平促進會（The Global Peace Initiative of Women, GPIW）和地球憲章（Earth Charter International）於1月18至23日、11月10至14日，分別在哥斯大黎加、德國舉辦「氣候變遷的內在面向」（Inner Dimensions of Climate Change）會議，就永續地球未來議題，由果禪法師、常濟法師帶領美、歐青年討論與分享。其中，於11月進行的會議，與聯合國氣候變化綱要公約（United Nations Framework Convention on Climate Change, UNFCCC）的第二十三次締約國大會（COP23），同步於德國波昂展開。

常濟法師分享，出席多次國際會議中，觀察到因應世界危機，一個由年輕人

推動的共享、結合的全球社會正在興起，青年們來自不同背景，卻能打破人為、族群及專業領域的藩籬，認同自己是「地球公民」；也超越狹隘的意識型態，對生命賦予新義及心靈的探索。

常濟法師呼籲，值此蛻變的關鍵時刻，應以智慧和慈悲來取代暴力與仇恨，開創一個奠基於相互連結與更平等的全球社會，在多元化中求同存異，異中存同；身為二十一世紀的佛

常濟法師前往德國波昂，與來自不同背景的青年代表交流、分享，為全球社會注入更多和平力量。

教徒，更著眼於如何重新詮釋歷史久遠的佛法，來因應現今社會的現況，提供當前人們真正的需要，讓佛法的實用性為社會帶來更全面性的奉獻。

● 01.28～02.06期間

海外分支道場共修迎新春
以文化體驗接引西方人

慶祝新春年節，除了全臺各分支道場展開系列新春活動，海外包括美國東初禪寺、洛杉磯道場、舊金山道場、加拿大溫哥華道場、馬來西亞道場與香港道場，以及北美、亞洲各護法會，也於1月28至2月6日期間，同步舉辦祈福法會、敦親睦鄰交誼等活動，廣邀信眾共度法喜自在的好年。

北美地區，東初禪寺首先於1月28日初一舉辦普佛法會與藥師法會，29日初二，由住持果元法師分享「雞同鴨講說智慧」，藉由禪宗公案，鼓勵大眾遇到困境時，提起信念、轉化心境，外境與心就不會「雞同鴨講」，而能日日是好日。

除了節慶的普佛、藥師及大悲懺等法會，洛杉磯道場於新春期間舉辦禪意插花展、敲鐘祈福、法寶御守、親子手作天燈等活動；舊金山道場也規畫書法揮毫、迎福創意手作、鈔經、茶禪等體驗，帶給大眾淨化心靈的饗宴，參與的西方人士也認識到中華文

新春普佛法會，東初禪寺大殿滿是共修的信眾。

化的內涵。

連續三年以中、英雙語舉辦賀歲活動的溫哥華道場，於29日安排傳統的舞龍舞獅，及法青以小提琴和吉他伴奏演唱〈四弘誓願〉，共有五百多位東西方人士一起歡度新年，有當地詩人寫詩讚歎活動超越種族、文化差異，帶給社會安祥與融合，正是當今世界所需要的。

美國普賢講堂於28至29日舉辦新春普佛法會，法師勉勵大眾開啟本自具足、清淨光明的佛性；新澤西州分會以禮拜八十八佛、持誦《金剛經》，以及茶禪、包餃子、搓湯圓等親子活動，團圓過春節。

西雅圖分會及加拿大多倫多分會則由僧團果界法師、常格法師進行佛法講座與法會，法喜過新春。

亞洲地區，馬來西亞道場於28日舉辦普佛法會，監院常藻法師以年獸比喻內心的貪瞋癡，提醒大眾練習調伏內心情緒，先安心，進而就能安身、安家、安業；香港道場也於同日舉辦普佛法會，法會圓滿後，信眾以茶禪相聚，僧團副住持果品法師並以茶為題，分享人生不一定常常有機會遇上好茶，但無論好壞，都可敞開心胸去欣賞，用好心情去接受。

2017 海外分支道場新春主要活動一覽

區域	地點	日期	活動名稱／內容
北美	美國東初禪寺	1 月 28 日	新春普佛法會、藥師法會
		1 月 29 日	新春特別講座
	美國洛杉磯道場	1 月 28 日	《金剛經》持誦共修
		1 月 28 日至 2 月 1 日	禪意插花展、叩鐘祈福、法寶御守等
		1 月 29 日	藥師法會
		1 月 30 日	大悲懺法會
	美國舊金山道場	1 月 28 日至 2 月 1 日	新春祈福法會、書法揮毫、迎福創意手作、鈔經
	美國普賢講堂	1 月 28 至 29 日	新春普佛法會
	美國新澤西州分會	1 月 28 至 29 日	禮拜八十八佛、《金剛經》共修、茶禪
	美國西雅圖分會	2 月 3 至 6 日	佛法講座
		2 月 5 日	藥師法會
	美國芝加哥分會	2 月 4 日	念佛共修、茶禪
	加拿大溫哥華道場	1 月 28 日	新春普佛法會
		1 月 29 日	藥師法會、藝文表演
	加拿大多倫多分會	1 月 28 日	大悲懺法會、佛法講座
亞洲	馬來西亞道場	1 月 28 日	新春普佛法會
	香港道場	1 月 28 日	新春普佛法會、茶禪

● 01.28

舊金山道場舉行兒童寫畫創作頒獎
透過創作領略心靈環保

美國加州舊金山道場於1月28日舉辦「2016年聖基會兒童寫畫創作頒獎典禮」，由監院常惺法師頒發印有個人作品的獨特獎狀，肯定得獎的小朋友，並表達祝賀與關懷。

適逢農曆春節，許多獲獎的小朋友身穿年節喜慶的服飾，也有越南孩童穿著傳統長衣出席領獎；連續參加兩年的華裔中年級學童表示，很喜歡觀看《心靈環保兒童生活教育動畫》，希望自己每年都能參加寫畫比賽，無論得不得獎，都是一件很有意義的事。

頒獎典禮中，身穿越南傳統長衣領獎的越南學童，接受常惺法師的祝福。

聖基會舉辦「2016年兒童生活教育寫畫創作」，海外地區繪畫組共兩百零二件、作文組一百二十二件、書法組四十件參加，第二年參與活動的舊金山道場，除於道場兒童班徵件，更增加南灣書局為代收稿件的據點，鼓勵當地中文學校學童參加。

參與活動的過程中，不論是老師、家長或孩童，都能從中獲得佛法的觀念，讓心靈環保在心中發芽、茁壯。

● 01.29～02.19期間

海外分支道場舉辦法鼓傳燈
禪修、法會、座談緬懷師恩

聖嚴師父圓寂八週年，法鼓山海外分支道場於1月29日至2月19日期間，除了舉辦傳燈法會，並透過禪修、法會以及座談分享等方式，四眾弟子互勉踏實修行，以報師恩。

美國東初禪寺於2月4至10日，展開「法鼓傳燈禪修週」，由監院常華法師帶領禪坐、經行，並觀看聖嚴師父開示影片，深入了解修行的觀念與方法。西岸的洛杉磯道場，於2月4日進行禪坐共修、傳燈儀式，多位悅眾也分享親近法鼓山的因緣，以及學佛後的生命轉變；舊金山道場亦舉辦大悲懺法會，緬懷師

香港道場傳燈法會，大眾互勉傳續師願。

恩，監院常惺法師勉勵大眾找回初發心，時時提起菩提心、實踐菩薩行。

另一方面，西雅圖分會也於4日舉辦禪一，由果界法師擔任總護，並於傳燈前舉辦佛法講座；新澤西州分會於4至5日，由象岡道場住持果元法師主持「法鼓傳燈禪修」，引導大眾放鬆、自我觀照，體驗身體的覺受及念頭的生滅。芝加哥分會則於5日展開半日禪，再進行傳燈儀式，二十多位東、西方眾感念生命中得遇明師，發願學習佛陀的智慧，點亮自性光明；位於波士頓的普賢講堂也於5日，由果啟法師帶領「報師恩念佛禪」，大眾專注念佛、拜佛。

亞洲的香港道場，於3日在九龍會址舉辦傳燈法會，由寺院管理副都監常寬法師主法，期勉大眾效法聖嚴師父年幼時分享香蕉的精神，也要與人分享佛法；馬來西亞道場的傳燈法會，於5日舉行，監院常藻法師以「心無私，就有心五四」為主題，分享「心五四」的實踐關鍵，是以一顆無私無我的心，以成就他人來提昇自己，共創人間淨土。

澳洲雪梨分會於5日，在雪梨佛教徒圖書館（Buddhist Library）舉行「大悲心起‧願願相續」傳燈法會，主法常續法師勉勵大眾，只要能夠用上佛法、分享佛法，就是對聖嚴師父最好的供養。

2017 海外分支道場「法鼓傳燈日」活動一覽

區域	主辦單位	日期	活動內容
北美	美國東初禪寺	2月4至10日	念佛共修
	美國洛杉磯道場	2月4日	禪坐共修、傳燈儀式、佛法分享
	美國舊金山道場	2月4日	大悲懺法會、傳燈儀式
	美國新澤西州分會	2月4至5日	半日禪、禪一、佛法講座
	美國西雅圖分會	2月4日	禪一
	美國普賢講堂	2月5日	念佛禪
	美國芝加哥分會	2月5日	半日禪
	加拿大多倫多分會	1月29日	半日禪、佛法講座
亞洲	香港道場	2月3日	傳燈法會
	馬來西亞道場	2月5日	傳燈法會、佛法分享
大洋洲	澳洲雪梨分會	2月5日	傳燈法會
	澳洲墨爾本分會	2月19日	傳燈儀式

● 02.19

馬來西亞道場「談彈暢唱」座談會
分享以音樂弘法的心路歷程

馬來西亞道場於2月19日舉辦「踏曲尋佛，一路走下去！」談彈暢唱座談會，邀請音樂創作專輯《和心在一起》製作人黃康淇、陳炯順、馬修測現場彈唱，並分享佛曲創作的故事，共有六十五人參加。

從如何克服各種障礙堅持走在音樂路上，到踏上佛曲弘法之路的因緣，三位音樂人回顧成長歷程與體會，暢談作詞作曲、編曲技巧、及錄音室的趣事，並分享佛法的感動。

三位佛曲創作者陳炯順（左起）、馬修測、黃康淇，現場演唱佛曲，分享以音樂弘法的心路歷程。

監院常藻法師感恩合作出版專輯的因緣，三位音樂工作者無私的專業指導與協助，讓專輯在短時間內圓滿完成，更讚歎三人持續以佛曲創作與傳承，開發心的力量。

● 02.25　03.11

溫哥華道場首開梵唄課程
以梵唱消融自我　培養道心

加拿大溫哥華道場於2月25日、3月11日，首度舉辦「梵唄與修行」課程，內容包括認識梵唄威儀和精神，介紹各種法器、板眼與節拍等，由監院常悟法師、常惟法師帶領，有近七十位學員參加。

常惟法師首先介紹梵唄的起源、特色和意義，說明從佛陀時代即有唱誦的傳統，漢傳佛教更進一步發展出豐富而有特色的梵唄，不僅透過音聲佛事，讓法會儀軌的進行更莊嚴流暢，

溫哥華道場首開梵唄課程，學員學習專注攝心。

也幫助修行者止息妄念、斷除外緣。

法師強調,唱誦和執掌法器,最重要的是要回歸禪修的要訣——放鬆,清楚身在哪裡,心在哪裡;而梵唄具備和雅、正直、清澈、深滿和遍周遠聞五種特質,因此,不能帶著情緒來唱誦,而是以恭敬心供養諸佛、合眾消融自我的心態,在音聲佛事中修行,培養道心。

第二堂課於3月11日大悲懺法會後展開,期許學員解行並重,深入掌握梵唄與修行的殊勝。

有資深悅眾表示,參加多年的法會共修,參與課程後,不但懂得唱誦和數拍子,更了解梵唄深遠的意義,十分法喜。

● 03.02～05

方丈和尚香港弘法關懷
勉勵廣修六度萬行 實踐「福慧傳家」

方丈和尚(前排中)至香港弘法關懷,廣邀大眾共同實踐「修福修慧,安心安家,六度萬行,傳心傳家」。

方丈和尚果東法師於3月2至5日,在香港展開系列弘法關懷行程,包括「與方丈和尚有約」、主持祈福皈依典禮與佛法講座等。

4日,方丈和尚於香港道場九龍會址「與方丈和尚有約」活動中,關懷各界人士與信眾,並為新勸募會員授證。方丈和尚廣邀大眾共同實踐「修福修慧,安心安家,六度萬行,傳心傳家」。

5日適逢農曆2月初八佛陀出家日,一百多位民眾把握殊勝因緣,在方丈和尚、僧團副住持果品法師,以及眾多觀禮來賓祝福下,正式成為三寶弟子。方丈和尚期勉新皈依弟子受五戒後,不僅「諸惡莫作」,更要「眾善奉行」,透過學佛一步步放下自我中心,用佛法來提昇自己,使自己更平安、健康、快樂,還要學觀音、做觀音,成為照亮眾生的菩薩。

皈依典禮圓滿後,方丈和尚與大眾分享「人生要有理」,談到與人互動溝通時,要站在他人的立場,並願意協調,而不是去說服對方;若對方不願溝通,也不要起煩惱,心平氣和地面對,暫時把它放下,先結善緣,不結惡緣,等待因緣條件成熟了再處理,便能心安平安。

方丈和尚鼓勵大眾起煩惱的時候，就念阿彌陀佛，前念後念下一念，念念都是阿彌陀佛；從自己的意念、語言、行為著力，就容易與人結善緣。

● 03.04

鶴鳴禪寺參訪馬來西亞道場
與僧眾、義工交流護法心行

馬來西亞鶴鳴禪寺住持傳聞法師帶領僧眾、義工近四十人，於3月4日參訪馬來西亞道場，由監院常藻法師代表接待，進行交流。

一行人首先聆聽聖嚴師父影音開示「當義工的正確心態」，了解萬行菩薩的意義；常藻法師進一步說明，萬行是指義工學習做不同的工作，突破和放下自我，會的做，不會的學，放下自己，成就大家，在做義工的奉獻中同時實踐佛法。

馬來西亞道場與鶴鳴禪寺義工交流護法心得。

雙方義工並以小組方式進行交流，分享學佛因緣、擔任義工的成長。傳聞法師說明，鶴鳴禪寺稱義工為「行者」，透過「行者培訓營」學習佛法，以行願茶會的方式維持共修；也分享曾參加聖嚴師父主持的禪四十九，及參與師父於馬來西亞的弘法活動。

常藻法師則感謝鶴鳴禪寺來訪，讓彼此有機會互相學習，以佛法一起為世界奉獻。

● 03.04

馬來西亞道場專題講座
繼程法師演講「入禪門，過禪關」

馬來西亞道場與思特雅大學（University College Sedaya International, UCSI）佛學會、馬來西亞佛教青年總會，於3月4日在該校禮堂舉辦專題講座，邀請聖嚴師父法子繼程法師主講「入禪門，過禪關」，有近六百人參加。

法師首先帶領大眾放鬆身心，說明習禪並不困難，但生活中的忙碌和壓力，使身體經常處在緊繃的狀態，禪修讓身心放鬆，進而讓身體發揮療癒的作用，

繼程法師分享如何度過禪修過程中的關卡,勉勵大眾持續精進。

因此打坐時會有麻痺、疼痛等狀況,許多初學者不理解這個過程,因而起了退心。

而能長期堅持禪坐的人,又會遇到什麼關卡?「禪修成了慣性,就缺少了自我覺察。」法師表示,禪修時,好與不好的念頭都會浮現,無論是追逐好的念頭而增長貪,或是抗拒不好的念頭而增長瞋,都是禪修的障礙;最有效的方法,就是回到呼吸,只要持久的訓練,妄念就不會是一種干擾,而安住當下,心就會變得安定、敏銳,智慧才能發揮力量。

繼程法師鼓勵大眾,學禪修,必須每個關卡都通過,達到「無事不辦」,才是真正的完成禪修。

● 03.11～10.07期間　03.12～10.08期間

馬來西亞道場兒童生命教育課程
親子協力探索生命學佛趣

馬來西亞道場於3月11日至10月7日、3月12日至10月8日,週六、週日開辦兒童生命教育課程「慈心班」、「悲心班」,分別以「心六倫」、「心五四」為主軸,邀請專業師資帶領探索生命學佛趣。其中,慈心班有十三位小學員和二十六位家人親子共學,悲心班有二十多位學童參加。

「慈心班」第一堂課以遊戲設計,帶領小學員認識臺灣總本山與道場中的環境;並將慈悲心、隨緣心、願心、懺悔心與同理心這五項好品德,化為「五樣見面禮」,鼓勵小學員時時練習提起這五顆心。第二堂課介紹生命的源起,也透過繪本故事,體會父母的辛勞,以及家庭倫理的意義;第三堂課的「孝親奉茶」,小學員認真地親手準備茶點、學習奉茶的禮儀,正式進行奉茶禮時,家長們都感動孩子的

慈心班孝親奉茶,場面溫馨。

成長。第四堂課將自然倫理化為小學員可實踐的環保生活，學習愛護地球；第五堂課是戶外教學，小學員練習身在哪裡，心在哪裡，從禁語中全然地體驗大自然。

「悲心班」第一堂課，在「異中求同，同中存異」的觀念引導下，以互相尊重的態度，師生共同制定了「和樂學習公約」。第二堂課以活潑的情境教學，引導小菩薩深入地辨別與實踐「四要」。第三堂課以遊戲帶領小學員走向世界，反思自己所擁有的幸福，進一步學習「給予他人的需要，而非自己想要」的布施觀念。最後的結業典禮，除了回顧課程，學童也分享「讓世界更美麗計畫」，展現成為世界公民的努力和作為。

另一方面，「心靈環保父母成長工作坊」，亦同步開課，由演祥法師分享心靈環保理念於親子關係中的應用，引領學習實踐生活中的佛法；並分組討論教養經驗。法師鼓勵親子共學共長，為家庭攢積資糧，讓生命影響生命。

● 03.12

緬懷聖嚴師父法門師友印海長老
果見法師帶領僧俗四眾出席追思法會

緬懷聖嚴師父法門師友印海長老，美國加州洛杉磯道場監院果見法師於3月12日帶領僧俗四眾，至當地玫瑰崗（Rose Hill）的大禮堂出席長老追思讚頌法會；長老於2月25日安詳示寂，法師亦與僧俗四眾同至法印寺念佛祝福。

印海長老1927年生於江蘇如皋，具曹洞宗傳承，與聖嚴師父有深厚的道情。1967年，師父於臺北慧日講堂演講，即是應長老邀請；1992

果見法師帶領法鼓山僧俗四眾出席印海長老追思讚頌法會。

年法鼓山於洛杉磯成立聯絡處，開始在美西推廣漢傳禪法，長老提供法印寺的場地讓大眾禪坐共修。

長老對法鼓山護念有加，2009年聖嚴師父捨報，長老特地前來關懷慰勉；2012年洛杉磯道場啟用，恭請長老開光說法，為佛像揭幔，長老並以「法鼓」的命名與意涵，鼓勵大眾秉持師父的理念精神，在南加州弘揚佛法，不僅要自己成佛，還要在人間廣度眾生。

● 03.16～11.09期間

馬來西亞道場佛學課程
常藻法師主講《學佛五講》

《學佛五講》課程中，馬來西亞道場特別設置不同高度的座位，讓學員們都能看到白板或投影，專心上課。

馬來西亞道場於3月16日至11月9日期間，週四開辦《學佛五講》課程，由監院常藻法師主講，有近一百五十人參加。

《學佛五講》課程內容多元，除了法師講授，並有動畫觀賞、小組分享、交流互動，許多研讀佛法已久的學員，再深入探索更多未開發的智慧空間；初學學員則初探佛法的博大精深，了解何謂正信的佛教；因此在班上，學員之間沒有資歷、層次不同的隔閡，有的是共修、互相成就的法喜融和。

除了上課，學員在增慧之餘，也藉由出坡、班務活動來培福與種福，真正落實福慧雙修。常藻法師期勉大眾，佛法要在生活中落實，才會真正獲益，也唯有把佛法當成像呼吸一樣重要的「必需品」，才能堅持用心學習，把佛法內化，成為生命的智慧。

● 04.01～02

馬來西亞道場舉辦青年領袖工作坊
常濟法師帶領學員探討轉化內心

4月1至2日，馬來西亞道場舉辦青年領袖工作坊，主題是「Better Youth, Better World」，由美國法鼓山佛教協會常濟法師帶領，「根與芽計畫」（Roots & Shoots Program）大馬負責人林忠彪也應邀分享，近三十位法青學員從自我、世界公民等面向探討如何轉化內心，為

馬來西亞法青學員於青年領袖工作坊中，探討如何轉化內心，為世界帶來不一樣的轉變。

世界帶來不一樣的轉變。

兩天工作坊包含「自我探索」和「世界公民」二系列。在「自我探索」主題中，常濟法師表示，改變的第一步是踏出舒適圈，探索未知的範圍，法師從個人問題、感受、產生感受的原因，引導學員發現自我本質，進一步探索個人志向，實踐生命的價值。

而如何能於生活中落實自然倫理？在「世界公民」中，林忠彪分享「根與芽計畫」創辦人珍古德（Jane Goodall）的理念，生活裡隨手做環保，就是對大自然的尊重，這是一種生活的習慣和態度。

透過課程，學員得知許多人默默在世界各角落努力，對於改善自然環境，抱持著正向希望。

● 04.05

馬來西亞道場環保講座
保護地球 從我做起

馬來西亞道場於4月5日在八打靈再也精武華小舉辦專題講座，由常濟法師主講「兩個未來的故事──氣候變遷下的地球現實主義」，勉勵大眾提昇環保意識並落實行動，為地球的永續發展盡心力，有近一百二十人參加。

常濟法師首先以發人深省的國家地理頻道（National Geographic Channel）影片《改變世界的6℃》（*Six Degrees*）切入，講述每一度的氣溫上升對地質、生物與人類所帶來的不良影響，藉此警惕數字背後所能造成人類歷史上的浩劫。

常濟法師期勉大眾落實環保行動，為地球的永續盡心力。

與會聽眾向法師提問：單靠個人微薄的力量是否能減緩氣候變遷？法師引用美國的消費數據為例，人們為了生活的便捷，每五分鐘就有兩百萬個塑膠瓶飲料被消耗，如果當中有一人決定響應環保而不購買塑膠瓶裝飲料，進而開始影響家人、朋友，甚至推廣到整個社區，就會對環境保護做出巨大的貢獻。

講座中，常濟法師說明人人有責任保護環境，藉由一些簡單的日常習慣開始，例如：以腳踏車或公共交通取代開車、使用節能減碳電器產品，以及支持在地的農業經濟、減少運輸時所造成的污染、採用太陽能系統等方案，期勉大眾轉換心態，盡一己之力來拯救地球。

● 04.07～19

果元法師美西指導漢傳禪法
主持禪修講座、禪一及佛學課程

果元法師於舊金山帶領英文禪一，引導禪眾踏實做好每個步驟。

僧團副住持果元法師於4月7至19日赴美西弘法，以禪修講座、禪一及佛學課程等，與當地民眾分享法鼓禪風，為緊張忙碌的現代人，提供安定身心的觀念與方法。

法師首先於7日，在加州舊金山道場舉辦英文禪修講座，弘講「禪宗的源流與演變」（The Origin and Evolution of Chan School），介紹禪宗初祖菩提達摩、六祖惠能等大師的生平與思想，並以大磬音聲，引導體驗攝受耳根、安定心念、身心放鬆；講座最後的問答，大眾提問熱烈。8日的英文禪一，法師帶領六十多位禪眾練習法鼓八式動禪、禪坐、戶外經行，並說明放鬆的步驟與心法，表示基礎的身心放鬆之後，方法才用得上。

9日中文佛學課程中，果元法師講授「風雲一奇僧──虛雲老和尚」，介紹虛雲老和尚德行高遠、嚴守戒律，而且壽命長、相關文獻多，可讓人清楚感受禪宗祖師的風格、風貌、學習過程，以及令人景仰的無我精神。由於聽講學員眾多，道場於觀音殿加設桌椅，運用視訊同步上課。

果元法師於11日轉往華盛頓州西雅圖，12至19日在西雅圖分會帶領初級禪訓密集班與禪三，弘揚漢傳禪法。

2017 果元法師美西弘法行程一覽

時間	地點	內容
4月7至9日	美國舊金山道場	·英文禪修講座 ·英文禪一 ·佛學課程「高僧行誼」
4月12至19日	美國西雅圖分會	·初級禪訓密集班 ·禪三 ·佛學課程「高僧行誼」

● 04.09～06.25期間

香港道場開辦「茶主人培訓」課程
藉茶入禪　專注同時放鬆

香港道場於4月9日至6月25日，週日開辦「茶主人培訓」課程，共七堂，邀請舞台設計師曾文通、舞蹈家梅卓燕、劇場導演張藝生設計帶領，共有二十五名學員參加。

透過巡茶動作，學員練習將心持續放在一個所緣上，感受身心的狀態。

茶會以巡茶形式進行，由茶主人提起茶壺慢步為參加者奉茶。如何藉茶入禪？常展法師說明禪修是專注同時放鬆，但一般人只能做到專注而緊張、放鬆且散亂，透過巡茶動作的練習，將心持續放在一個對象上，便能逐漸進入身心平穩的狀態。

課程中，三位老師運用舞台環境營造禪的氛圍，透過動作訓練、劇場工作坊、覺知內心訓練等，引導學員探索身心，開拓寂靜安定的心靈空間。

有學員分享，參加茶主人培訓，明白禪修除了打坐，也可於行住坐臥中體驗，希望藉由奉茶，為他人送上一份溫暖的祝福，同得佛法的喜悅。

● 04.19　04.25

常藻法師馬來西亞泰萊大學、無語良師學院演講
與學子分享心靈環保、禪修的生死觀

馬來西亞道場監院常藻法師於4月19日，應邀前往當地泰萊大學（Taylor's University Malaysia），主講心靈講座「聽見自己，世界才會聽見你」，與青年學子分享煩惱產生的原因，以及正面處理煩惱的方法。

法師表示，表面上，煩惱看似來自外境，因此當煩惱出現的時候，怪罪別人和環境，似乎就可以不用面對自己，但也因為如此，煩惱從未被真正處理；而一般人常對因果觀念有誤解，認為遇到了逆境，是業力使然。常藻法師強調，真正的因果是「重因不重果」，凡事都是多因多緣，我們可以讓心回歸到自己身上，而不是隨外境而轉變，如此，才有力量做自己生命的主人。

25日，常藻法師應無語良師學院之邀，於該校禮堂進行的「善念迴向，生命之終」系列講座中，主講「禪修，讓我們從容面對人生最後一刻」，分享禪修

常藻法師馬來西亞泰萊大學演講，分享正面處理煩惱的方法。

的生死觀。法師指出，禪修能夠讓身心安定沉澱，了解生命的覺受，是因緣和合的結果，也讓心有更大的包容力，重新詮釋生命中的每一個苦。

針對聽眾提問，面對生離死別，該如何處理無法自制而產生負面情緒？法師分享，真實地面對心與情緒，而非壓抑，以禪修提昇對起心動念的覺察能力，適時放鬆疏導，才是最好的解決方法；期勉大眾，確定自己每一天都種下善因和善業，就不會害怕無常，反而會善用生命，讓生命了無遺憾。

● 04.30～05.21期間

海外道場浴佛活動
大眾以法浴心 以心浴佛

感念佛陀與母親的雙重恩典，4月30日至5月21日佛誕節期間，法鼓山海外分支道場接續舉辦多元浴佛報恩祈福活動，大眾以法浴心、以心浴佛，體驗禪悅的清涼。

亞洲方面，香港道場首先於4月30日舉辦浴佛法會，5月1日並於饒宗頤文化館舉辦「約咗佛陀喫茶去」佛誕活動，包括生活禪系列講座、茶席禪話、巡茶淨心等，講座邀請香港文化、藝術等領域的專家，與民眾分享佛法與生活。講座中演清法師以互動形式，與大眾分享工作禪、立禪、行禪和坐禪，感受「心靈環保SRE」的清楚放鬆。

泰國護法會於7日舉辦浴佛法會，由果徹法師主持，8日並舉行「幸福滿分的人生」講座，帶領信眾體驗漢傳禪法；馬來西亞道場於10日衛塞節公共假期，舉行浴佛法會暨皈依典禮，監院常藻法師期許眾人向佛陀學習，照顧好自己與他人。

香港道場以「約咗佛陀喫茶去」為主題進行佛誕活動。

於北美，加拿大溫哥華道場、美國舊金山道場分別於5月6、7日舉辦浴佛活動。溫哥華道場安排童趣班義工陪伴小朋友製作佛誕卡和母親卡，分享佛陀的故事、浴佛節的意義；舊金山道場則結合親子園遊會，除了禪修體驗遊戲，大眾並藉由「祈願卡」凝聚祝福力量，迴向眾生。

美國東初禪寺於5月21日在當地麋鹿俱樂部（Elk Lodge）舉辦浴佛法會，由僧團副住持果醒法師主法，適逢方丈和尚果東法師至美弘法，方丈和尚勉勵大眾，將所聽聞的佛法分享家人，一起點亮內心的明燈、福慧傳家。

2017 海外分支道場浴佛節暨母親節活動一覽

地區	主辦單位／活動地點	時間	活動名稱／內容
北美	美國東初禪寺	5月21日	浴佛法會
	美國舊金山道場	5月7日	浴佛法會、親子園遊會
	加拿大溫哥華道場	5月6日	浴佛法會
	美國普賢講堂	5月7日	浴佛法會
	美國西雅圖分會	5月14日	浴佛法會
	美國新澤西州分會	5月20日	浴佛法會
	美國芝加哥分會	5月21日	浴佛法會
亞洲	香港道場	4月30日	浴佛法會
	香港道場（饒宗頤文化館）	5月1日	「約咗佛陀喫茶去」佛誕活動
	馬來西亞道場	5月10日	浴佛法會暨皈依典禮
	泰國護法會	5月7日	浴佛法會

● 05.06～08

法鼓山出席2017聯合國衛塞節
常順法師等代表參加

聯合國衛塞節（Vesak）暨第三屆IABU國際學術會議（The 3rd International Association of Buddhist Universities Conferences），5月6至8日分別於泰國曼谷、大城府舉行。三天會期中，有來自三十多個國家、一千多位各國佛教領袖代表、外交使節、佛教學者及僧眾參加，法鼓山由僧伽大學男眾部副院長常順法師、演禪法師代表出席。

IABU國際學術會議首先於6至7日，在大城府內的摩訶朱拉隆功佛教大學（Mahachulalongkornrajavidyalaya University）舉行，以「正念——其傳統與慈悲的應用」為主題，分以「文獻」、「生活傳統」及「現代實踐」三個子題進行交流研討。大會也藉由此次活動，發表了費時八年，結合南傳、漢傳與藏傳

常順法師（右二）與摩訶朱拉隆功佛教大學校長達磨俱舍蒣法師（Most Ven. Prof. Dr. Phra Dharmakosajarn，左二），於聯合國亞太總部會場內合影。

三大佛教傳統文獻，所編撰而成的現代佛教聖典《通用佛典——佛陀的教法與智慧》（*Common Buddhist Text: Guidance and Insight from the Buddha*），並舉行摩訶朱拉隆功大學國際佛教大學協會大樓的落成典禮。

8日，於曼谷聯合國亞太總部進行衛塞節慶典系列活動，當日除了有來自泰國總理帕拉育·詹歐查（Prayuth Chan-ocha）與聯合國祕書長安東尼歐·古特瑞斯（Antonio Guterres）的祝詞之外，泰國皇室的成員頌莎瓦莉公主（Princess Soamsawali）出席並供養僧眾，常順法師代表法鼓山致贈創辦人聖嚴師父的「福慧傳家」墨寶，祝福泰國人民能透過「四安」心法的練習，帶來平安與幸福。

● 05.06～08

果醒法師香港弘法
帶領禪修工作坊、禪解《楞嚴經》

5月6至8日，僧團副住持果醒法師前往香港弘法，內容包括禪修講座與工作坊，共有三百四十多人次參加。

果醒法師首先於6至7日，在香港道場廣島會址主持禪修工作坊，法師以快速運轉的霓虹扇鐘為例，說明人的妄念及身體的細胞，是剎那剎那地變動著，但由於太快，以至於我們覺察不到剎那生滅，因此誤以為有「我」的存在；然而，開悟的人體悟到身體和念頭是生生滅滅的，中間沒有一個「我」，所以不會和前念互動。

工作坊中，法師以布袋戲偶比喻，戲偶由手操作，因此看起來像是有生命；同樣地，令我們的身體會動、會感知的是心，不是身體。心是無來無去的，但凡夫卻以身體、妄念為我，誤以為身體停止運作，便是「我」死了。《楞嚴經》中佛陀用大海和波浪比喻「心」，指出波浪是大海表層波動時產生的現象，但凡夫卻抓著波浪為「我」，當波浪生生滅滅，凡夫便以為自己生了又死，卻不知自己原是大海。

「楞嚴空義」講座於8日在九龍會址進行，果醒法師提醒大眾時時刻刻覺察「記憶的假相」，例如執取不快樂、受辱罵和生氣的相為對方，把自己感受到的委屈相當成是自己，其實我們是跟記憶生氣。所以，念頭的生起生滅，並非真正的我。法師鼓勵大眾精進禪修，讓自己能夠清楚感覺念頭的變化，才容易放下執著。

有信眾表示，經由果醒法師生動風趣的開示，了解到真正的心是佛性、是空性，生活中便不會執取外相的變化而煩惱憂傷。

果醒法師帶給香港信眾《楞嚴經》中的智慧，以及如何在生活中實踐的方法。

● 05.12～13

西雅圖分會禪淨雙修講座
常惺法師講授禪修、淨土法門

美國西雅圖分會於5月12至13日舉辦「禪淨雙修怎麼修」佛學講座，由舊金山道場監院常惺法師主講，帶領學員認識禪修、淨土兩種修行法門的傳承，以及聖嚴師父教導禪淨雙修的觀念和方法。

講座第一個主題是「漢傳佛教禪宗發展與修行的演變」，法師藉由禪師故事與公案，分別闡述純禪時代、禪機時代、禪宗的爛熟時代，到禪的衰落與復興等不同時期的禪修方式、演變及法脈傳承。在第二個「漢傳佛教

常惺法師於西雅圖講授「禪淨雙修怎麼修」，帶領學員認識禪修、淨土二種修行法門。

淨土思想的演變」主題中，法師以「什麼是念佛？什麼是淨土？」打破傳統對「淨土」與「念佛」兩者關係的刻板印象；說明念佛是方法，淨土是依歸，念佛是往生淨土的正因之一，但不是唯一；也介紹往生彌勒淨土的修行方法，釐清一般大眾將淨土法門與彌陀淨土畫上等號的觀念。

第三個主題是「禪淨雙修的修行方法」，常惺法師指出，隨著時代因緣的變化，禪與淨土為目前漢傳佛教中主要的修行法門，而禪淨雙修的方法也有多種，而聖嚴師父教導的禪淨雙修，是以念佛禪的方式，將念佛結合禪修法門，禪淨雙修是自力與他力相輔相成，人間淨土是修行的著力點，自心淨土則是最終目標。

課程中，法師還穿插聖嚴師父帶領五百位弟子到禪宗道場朝聖的影片，藉由走訪的寺廟與祖師大德的介紹，搭配課程所述的禪宗與淨土思想的歷史演變，讓學員對修行的方法更有信心，修行的目標也更加明確。

● 05.12～20

僧團瑞士弘揚漢傳禪法
首度帶領話頭禪七

法鼓山僧團首度在瑞士帶領話頭禪七。前排左起：常悟法師、常慧法師、常藻法師。

繼創辦人聖嚴師父2004年赴瑞士弘法、帶領默照禪七，5月12至20日，法鼓山僧團再度受邀至瑞士，由常慧法師、常悟法師和常藻法師前往進行禪修演講、帶領話頭禪七。

12日，首先由常悟法師於「宗教對話文化中心」（Haus Der Religionen Dialog Der Kulturen）以英文進行公開演講，與近二十位聽眾分享如何在生活中運用禪修的觀念與方法，做到「放下與提起」。

話頭禪七於14至20日，在聖加侖區（St. Gallen）的塔爾（Thal）禪修道場舉行，共有九位來自瑞士、德國的禪眾參加。常慧法師在每天兩場開示中，依循禪修的修行次第，從基礎放鬆開始，進而講說話頭禪法的四個層次，並以聖嚴師父的童年故事為例，引導禪眾結合生命的經歷來體驗話頭禪。雖是第一次學習話頭禪法，多數禪眾都覺得非常安定受用，希望未來能再深入體驗。

此趟瑞士行，緣於瑞士籍常捨（Hildi Thalmann）居士的邀請，他曾於2004年參加聖嚴師父主持的默照禪七，近年來陸續邀請師父法子查可·安德列塞維克（Žarko Andričević）、繼程法師到瑞士主持禪七，此次則是僧團首度在瑞士帶領話頭禪七。

● 05.17～21

方丈和尚北美弘法關懷 —— 美國紐約
期勉浴佛洗心 福慧傳家

5月17日至6月11日，方丈和尚果東法師於美國紐約、新澤西、芝加哥、洛杉磯，以及加拿大多倫多等地，展開弘法關懷，內容包括帶領法會、弘講、主持皈依典禮等。

方丈和尚首先於5月17日，在東初禪寺關懷信眾、分享學佛心得，說明學佛首要在於消融自我中心的執著，奉獻服務則是轉化自我中心的方便利行；21日出席於麋鹿俱樂

方丈和尚於新州分會分享安心之道。

部（Elk Lodge）舉行的浴佛法會，勉勵大眾將所聽聞的佛法分享家人，一起點亮內心的明燈、福慧傳家，共有兩百五十多人參加。

20日，適逢新澤西州分會新址啟用週年，方丈和尚除參與浴佛法會暨週年慶祝活動，並以「安心自在，福慧傳家」為題，分享安心首先要建立正確的因果觀，自利利他，無我奉獻；並以持戒修行為安心的方法，時時關照自己起心動念，化染為淨，讓心平靜安和。

方丈和尚表示，家家有本難念的經，正是修習般若智慧的著力點，遇到紛爭問題時，以健康的心態，善用「四它」來處理，以期「修福修慧，安心安家；六度萬行，傳心傳家」。

啟用週年活動中，並有惜福市場與園遊會，方丈和尚一一關懷各組義工，感恩大眾護法的熱忱。

● 05.19～20

常寬法師舊金山道場弘法
分享佛典的生活智慧

19至20日，寺院管理副都監常寬法師於美國舊金山道場弘法，進行兩場佛法講座，並講授佛學班課程。

19日進行第一場講座，法師以「中觀心髓」為主題，講說中觀是不執著的態度，不會因為現象而起煩惱，並引用聖嚴師父開示：「捨兩邊而不取中間」，

常寬法師於舊金山道場，分享中觀的生活智慧。

才是真正的「中道」，就是對任何事物不要有分別心，放下對立的觀點，也不以結果論為前提，把自己限制住而起煩惱。

法師進一步說明，佛法所講的「不執著」，是處事要確定方向、完善規畫，但是心態上要容許意外的可能，不執著於自己的規畫，以遊刃有餘的心情接受無常及變化，並持續朝著方向前進。

在「楞嚴心語」講座中，法師說明《楞嚴經》是一部修行的百科全書或工具書，可以先就個人需要找出經中相關的修行指導，循序漸進讓身心不受迷惑而起煩惱，乃至返妄歸真，覺悟成佛。

常寬法師並在20日的佛學課程中，講授「高僧行誼」，介紹弘一法師的生平事蹟，前半生的「李叔同」、出家後的「弘一法師」，勉勵學員學習弘一法師的提起與放下，皆是平常心。

● 05.21～23

盧森堡聯絡處舉辦系列弘法活動
常悟法師主持工作坊與講座

為推廣安定身心的漢傳禪法，歐洲盧森堡聯絡處於5月21至23日舉辦系列弘法活動，由加拿大溫哥華道場監院常悟法師前往帶領，內容包括禪修工作坊與講座等。

21日於普慈方濟修女會（Sisters of Mercy of St. Francis）舉行的禪修工作坊中，常悟法師從解說基本坐姿，再到法鼓八式動禪，經由每一個細微動作，引導學員自頭至腳、體驗全身的觸受，共有三十五位來自盧森堡、比利時、法國、德國、英國、

常悟法師於盧森堡的普慈方濟修女會，為來自歐洲各國民眾指導基本的禪修方法。

西班牙、羅馬尼亞等地的社會人士參加。

22至23日，常悟法師先後以英文、中文主講「提起與放下」，兩場聽眾的國籍文化背景不同，但經由法師善巧譬喻的演說，對於禪法與生活的連結都能有所領略。

活動圓滿後，有修女表示重新認識了漢傳禪法，禪坐的每個步驟都讓她很受用；也有禪眾期待法師再來盧森堡弘法，引領眾人繼續修學漢傳禪法。

● 05.26～28

方丈和尚北美弘法關懷 —— 美國洛杉磯
期勉回到初心　自護護他

方丈和尚北美巡迴關懷期間，5月26至28日，適逢洛杉磯護法會成立二十五週年暨道場啟用五週年，特別舉行法鼓山榮譽董事及信眾聯誼會、朝山、感恩會、茶禪心體驗等系列活動。方丈和尚並主持皈依典禮、進行專題演講。榮董會會長黃楚琪、北美護法會會長王九令、法行會執行長王崇忠等，也分別從臺灣、美東地區前來關懷鼓勵。

方丈和尚於洛杉磯專題演講中，期勉大眾「回到初心，自護護他」。

27日「回到初心，有你真好」感恩會上，王九令會長致詞時表示，聖嚴師父曾提到美國社會什麼都不缺，唯一缺的是佛法，實現漢傳佛教在西方扎根的悲願，需要大眾共同努力；歷任召集人李寧元、林博文、江秀鳳也分享法鼓山在洛杉磯地區，從1992年成立美國第一個聯絡處，到成為分會、永久道場，二十五年篳路藍縷的歷程，正如同一部海外推廣漢傳佛教的奮鬥史。

28日皈依典禮後，方丈和尚以「回到初心，自護護他」為題進行演講。方丈和尚說明，初心即是利益他人的心，是清淨的菩薩願心，而覺性是眾生本具的佛性，雖然我們還無法念念清淨自覺，但一念清淨，一念覺他，一念即是佛，前念煩惱是眾生，後念覺醒是菩提；隨時發心，就能隨念清淨。

方丈和尚勉勵大眾每天都要修心，善護道業及身語意的清淨，時時以佛法慧命為念，念念以大眾道業為首，日日生起光明的福德智慧，以心靈的淨化建設人間淨土。

● 05.27～06.11

果元法師墨西哥指導禪修
帶領西方眾修學漢傳禪法

　　僧團副住持果元法師受邀前往墨西哥指導禪修，首先於5月27日至6月3日，於納亞特州（Nayarit）的玉堂海灣禪修中心（Mar de Jade Holistic Center）帶領默照禪七，由該禪修中心負責人蘿拉（Laura Del Valle）擔任西班牙文翻譯，共有三十多位學員參加。

　　雖然是默照禪七，果元法師根據禪眾的情況和提問，也適時介紹話頭等其他禪修方法，開示時穿插的禪宗故事，也引發學員的興趣。除了固定作息，法師還增加了海邊經行、草地拜佛和戶外禪、直觀練習等不同的禪修體驗。解七時，有十四位學員由法師授三皈五戒，成為三寶弟子。

果元法師第八度前往墨西哥，帶領西方眾修學漢傳禪法。

　　6月9至11日，果元法師於墨西哥市，為三十位學員指導初級禪訓班和禪一，講解正確的禪修觀念和方法，並帶領學員認識禪修的安定與放鬆。

　　多位首次參與禪修體驗的學員表示收穫豐碩，希望法師能再度前來帶領禪修。

● 05.28～06.01

馬來西亞教師佛學研修班
常藻法師分享悅教悅輕鬆

　　5月28日至6月1日，馬來西亞道場應當地太平佛教會之邀，於該會舉辦的全國教師佛學研修班中，由監院常藻法師擔任禪修課程講師，道場禪修組師資群並帶領禪修活動，與四十一位學員分享放鬆身心、轉化壓力的觀念與方法。

　　課程中，常藻法師循序漸進講授正確的佛法觀念。如何能有真正的快樂？法師說明一般人總是用盡生命，為自己打造理想中的依報，希望所有人事物都要如己所願，但是真正影響生命快樂的不是依報，而是正報。

　　常藻法師進一步以地藏菩薩的精神為切入點，透過三個主題，鼓勵學員開啟內在的寶藏，學做自己生命的主人。第一個主題是「學習打開心量」，當心量愈大，自我就會愈小，練習去感受每個人的內在需求，也會讓人打開心量；第

二個主題談到「學習承擔」，能讓人面對繁重的工作壓力，也能讓生命蛻變成長；最後，法師以「建設心地」為主題，分享如何在每個當下，為自己的生命創造善因緣。

禪修組師資群帶領的禪修活動，包括禪坐、法鼓八式動禪、經行、大地觀，其中的大地觀禮拜，不只洗滌內心煩惱，並心生慚愧、懺悔、感恩。

有中學教師表示，修學佛法可以轉化自己的生命，開展出慈悲與智慧的人生，讓教師生涯悅教悅輕鬆。

馬來西亞教師佛學研修班學員赤腳經行，體驗放鬆身心的感覺。

● 06.01～04

方丈和尚北美弘法關懷 —— 美國芝加哥
期勉共願同行　尋覓新家

方丈和尚果東法師與北美護法會輔導法師常華法師、榮譽董事會會長黃楚琪等一行，於6月1至4日抵達芝加哥關懷信眾，並舉行公開演講。

3日於芝加哥斯科基劇場（Skokie Theater），方丈和尚以「快樂人生學」為題公開演講，「在困苦中修菩薩行——深信因果，感恩發願。在幸福中修菩薩行——知福惜福，培福種福。」方丈和尚於演說中勉勵大家，

芝加哥分會以中英雙語舉行皈依典禮，共有十三人皈依三寶，其中有三位西方眾。

以心安、慈悲、智慧來達到快樂的目的，而慈悲與智慧就是菩薩行。包括駐芝加哥臺北經濟文化辦事處處長何震寰，共有一百多位中西方人士到場聆聽。

4日，方丈和尚於芝加哥分會主持地藏法會、授三皈五戒，鼓勵皈依者謹守五戒原則，用功精進，自修惠人。下午的「心連心」信眾關懷活動中，多位資深悅眾合唱〈發願〉，分享「找新家計畫」，凝聚芝加哥分會尋找新會址的願心；方丈和尚也親切地與大眾分享生活佛法，並回答有關持戒、禪修、念佛等方面的提問。

● 06.06～11

方丈和尚北美弘法關懷──加拿大多倫多
期勉菩提道上　互相提攜

　　方丈和尚果東法師北美弘法行，6月6至11日於加拿大多倫多展開關懷行程。

　　10日，多倫多分會於當地僑教中心舉辦「初夏茶敘與您有約」活動，方丈和尚以「用平常心面對不平常之事」為題演講，用充滿禪機的小故事切入主題，分享聖嚴師父的「行事六要領」，鼓勵與會者以凡夫身建設人間淨土，在煩惱中常省己過、困苦中深信因果、幸福中知福惜福來修菩薩行。演講中，方丈和尚不時以幽默生動、生活化的智慧妙語提點大眾，現場笑聲不斷。

　　11日分會舉行大悲懺法會，法會圓滿後，由方丈和尚親授三皈五戒，開示皈依的意義，說明皈依是奠定成佛、受戒的基礎，可避免造作惡業、廣積福德；大眾也互勉日後在菩提道上前行無阻，以佛法的明燈、照亮人生，悲智雙運、福慧雙修。

方丈和尚於多倫多弘法，幽默的開示與溫馨的關懷，讓大眾備感親切。

● 06.06～11

舊金山道場舉辦佛學講座
果醒法師弘講〈永嘉證道歌〉、「天台心鑰」

　　美國舊金山道場於6月6至11日，一連五日舉辦佛學講座，由禪修中心副都監果醒法師主講〈永嘉證道歌〉與「天台心鑰」，法師以親切生活化的譬喻，帶著近兩百人次的灣區信眾，清楚妄念的起落，學習不攀緣執著，進而以平等心對待每個人、做每一件事。

　　〈永嘉證道歌〉講座於6至8日舉行，果醒法師根據聖嚴師父著作《智慧之劍──永嘉證道歌講錄》逐句講說唐代永嘉玄覺禪師所作的〈永嘉證道歌〉，並分享個人的詮釋與修行心得；也引導學員分辨「心」與「現象」的不同，還提出「前念」與「後念」的觀念，如果沒有前念，後念就無法產生，但後念生起時，前念已經消失。法師提醒，認清前、後念並不相續，沒有一個「自我」在執著任何人事物，修行便能夠慢慢得力。

　　9至10日的「天台心鑰」講座，法師說明《教觀綱宗》為明末蕅益大師的名

果醒法師弘講〈永嘉證道歌〉，說明祖師大德開悟前後的修行方法與態度。

- 放四大。莫把捉。
- 寂滅性中隨飲啄。
- 諸行無常一切空。
- 即是如來大圓覺。

著，歷代讀者透過此書，認識了佛法的整體結構。由於時間有限，法師只講解一念三千、一心三觀、思不思議等部分內容。

最後的問答，學員提問如何修行？如何選擇法門？果醒法師建議參考禪宗語錄，選擇與自己相應、隨時可運用的法門；並勉勵時時修、處處修，深切明瞭心和現象的差別，好的不喜歡，壞的不討厭，修行就會更上軌道。

● 07.01～14

法華三昧懺儀研習營象岡道場舉行
首度中、英雙語進行授課

1至14日，美國東初禪寺於象岡道場舉辦法華三昧懺儀研習營，由弘化發展專案召集人果慨法師帶領，為方便學員參與，研習營分為九天及十四天；同時，為接引西方眾聞法無礙，另有英文課程，邀請臺灣師範大學國際華語與文化學系助理教授王晴薇授課，有近五十位學員參加。

果慨法師由《金剛經》、《六祖壇經》、《地藏經》與《心經》等經文切入，以漢傳禪佛教的角度解說《法華經》與《法華三昧懺儀》，並分享聖嚴師父日常身教與言教。王晴薇老師則依據學員程度，由淺入深，鉅細靡遺的講解課程，教學中穿插運用石窟壁畫藝術與經變圖，帶領學員從不同角度了解《法華經》。

課程中，並安排學員聆聽聖嚴師父的影音開示，師父提醒禪修者必需具備四種心：大菩提心、大深信心、大誓願心與大修行心，說明人人皆有佛性，人人都能成佛。

象岡道場住持果元法

法華三昧懺儀研習營圓滿，大眾法喜充滿。

師也出席研習營，帶領學員練習上坐與下坐的放鬆運動；小參時，法師特別強調基礎工夫的重要性，先做頭部放鬆運動，再用自己熟悉的方法安定身心，逐漸進入觀全身，進而與環境融成一體。

● 07.01～30

果慨法師美東弘法
深入懺法　分享究竟幸福

果慨法師於新州分會講述《法華經》的生命智慧。

弘化發展專案召集人果慨法師於7月1日至30日在北美東岸弘法，除於美國象岡道場帶領法華三昧懺儀研習營，並於紐約、新澤西州分會、加拿大多倫多等地，展開為期一個月的弘法行程。

14日甫圓滿法華三昧懺儀研習營，果慨法師即飛往加拿大多倫多。15日於分會，以「遇見您的究竟幸福——《法華經》與生命智慧」為題進行講座，勉勵大眾懺悔是觀察、檢討過去，發願未來，並將發願帶入生活的動力中；16日，則主持「悅眾成長營——《金剛經》研習營」，法師將《金剛經》的意涵融合在成長營中，提醒眾人在互動遊戲和小組討論中，練習保持覺照，帶給多倫多分會悅眾深刻的省思，課程結束後仍熱烈討論。多位悅眾表示，希望法師能再來弘法，領眾認識經典的智慧。

隨後應美國漢傳佛教文化協會（Chinese Buddhist Cultural Association）之邀，22日於紐約法拉盛（Flushing）喜來登大飯店（Sheraton LaGuardia East Hotel）演講「《法華經》與圓滿的人生」，法師首先介紹《法華經》在佛教中的地位和組織結構，說明「會三歸一」及「經中之王」的意義。26日則於東初禪寺佛學講座中，以《地藏經》為核心，分享如何「活好，病好，走好」，從有限的生命，開展出無窮的希望與光明。

27至30日，果慨法師於新澤西州分會展開多項活動，包括「《大悲懺》儀軌修持及日常生活運用」、「《法華經》與生命智慧」佛法講座、「美東悅眾成長營」，以及禪坐指導。法師勉勵大眾，學習佛法的智慧消融自我，身心一定清淨、少煩少腦。

● 07.02

香港道場「觀音妙智」講座
反聞反問中省思生命

7月2日,香港道場於九龍會址舉辦「聖嚴法師《觀音妙智》講座」,邀請華梵大學中文系副教授胡健財,講授觀世音菩薩耳根圓通法門,共有兩百多人參加。

胡健財老師說明,觀世音菩薩千處祈求千處應,慈眼視眾生的大悲精神,

胡健財老師以開放式的提問,引導聽眾層層深入反思。

來自其在因地以耳根圓通法門修持證得;也以淺白易懂的解讀,剖析耳根圓通法門,乃是透過耳根了解聲音的空性,並在放下萬緣,一念清明中,依真心起修。胡老師強調在過程中,要先發菩提心:對自己(自)具願心及信心,對世界(他)具慈悲心,從「聞」聽聲音,超越聲音;以「思」維持心境的平和;在不斷「修」聽和思中,進入空性之流,便能從面對一切「相對」的現象,進入超越「相對」的境界。

藉著〈天若有情〉、〈每當變幻時〉及〈問我〉等粵語歌曲,胡老師以歌詞提起大眾對顛倒實相、生命無常,以及人生何去何從的反思,進而尋找屬於自己的答案;並以振奮人心的〈法鼓頌〉作總結,說明生命可以藉著信仰及修行的力量,不斷提昇。

有中文大學學生表示,胡健財老師從不同面向及角度,拋出一連串開放式的提問,彷彿播撒「反聞與反問」的種子,深富啟發性。

● 07.07〜11

青年五日禪香港中文大學展開
透過禪修、藝術活動與自我對話

7月7至11日,香港道場於香港中文大學舉辦青年五日禪,主題是「停‧聽」,由演道法師等帶領體驗禪修,並藉由動靜兼備的藝術活動,與自我對話、了解自我,共有一百二十位青年學員參加。

與朝陽一同甦醒，晨間的法鼓八式動禪，對作息不定的都會青年來說，是難得的體驗。

禪修營內容包括初級禪訓班的課程，輔以藝術活動。學員學習禪修的基礎觀念和方法，如法鼓八式動禪、坐禪、托水缽，體驗禪法在生活中的活潑與實用；藝術活動則包括茶禪、禪繞畫、書法禪等，引導學員自我認知，探索內在深沉的自我。

許多學員在大堂分享時，表示最大的收穫就是聖嚴師父在開示影片中的諄諄提醒：「把生命留在現在」、「不管妄念，回到方法」、「放鬆身心，放下身心」，每當煩躁時，心念回到當下的呼吸，心就會慢慢恢復平靜。

● 07.08～08.20

常啟法師舊金山弘法
講說〈默照銘〉、指導梵唄

7月8日至8月20日，僧大教務長常啟法師於美國舊金山道場弘法，內容包括講授佛學班「高僧行誼」課程，帶領禪坐共修、禪一，以及培訓水懺法會、念佛共修執掌法器的悅眾。

常啟法師首先於7月8日及29日帶領念佛共修法器教學，引導大眾以禪修放鬆的安定，敲擊法器、唱誦梵唄，體驗以清淨的音聲，攝受自己與他人。

7月16日、8月20日的「高僧行誼」佛學課程，法師分別介紹「禪宗初祖菩提達摩」、「石頭希遷禪師」，幽默風趣的授課方式，啟發各小組的討論與分享，進而認識祖師大德的禪觀思想、修行體證，期勉學員效法高僧一生悲願度眾的行誼，發起感恩心與菩提心。

每週二、四晚間的禪坐共修，常啟法師則以〈默照銘〉為主題開示，除了分享禪修經驗，也鼓勵大眾回到自

常啟法師舊金山道場弘法，指導念佛法器教學，信眾聚精會神認真學習。

身的修行體驗，自我檢核。層次分明的解說，讓禪眾們相互督促，把握難得的共修時光，精進學習。

灣區信眾感恩法師的指導，期許藉由例行的共修活動，一點一滴深入修行，並以自身的安定自在，擴及到家人、朋友與周遭的環境上，不但身心清涼一夏，而且受用一生。

● 07.15～16

馬來西亞道場舉辦悅眾成長營
共修學習大事關懷

馬來西亞道場於7月15至16日，在當地松岩生態農莊舉辦助念組悅眾成長營，由常施法師帶領，共有三十五人參加。

課程首先播放聖嚴師父捨報的紀錄影片，影片中大眾為師父祈福、念佛直到告別式，實踐了法鼓山以佛化奠祭呈現樸實、環保、安定、莊嚴的佛事理念；常施法師提點，人們會恐懼死亡，乃是源於對生命真相不了解；

常施法師帶領悅眾發願，以心靈環保的理念，圓滿佛事。

身體由五蘊和合，會經歷生老病死，每個人來到人間，都有個任務，任務圓滿了就會離開，所以應當珍惜有限的生命體，好好修行。

16日的課程，法師解說法鼓山大關懷教育的內涵、助念與佛事的意義等，提醒悅眾，須了解助念關懷的原則，也要常常練習設身處地，為對方著想，以同理心陪伴，真誠關懷，事先與家屬妥善溝通，才能讓關懷更圓滿。

● 07.15～29

果徹法師溫哥華道場講耳根圓通
期勉大眾學觀音、做觀音

加拿大溫哥華道場於7月15至29日，舉辦佛學講座，由果徹法師主講「觀音妙智——觀音菩薩耳根圓通法門」，共七堂，每堂有近一百一十人參加。

果徹法師從觀音菩薩的慈悲形象導入課程的主題，包括《楞嚴經》的背景、名稱和內容結構的概述，接著介紹觀音法門的修行方法，觀音菩薩三十二種應

果徹法師鼓勵大眾，以歡喜心和慈悲心，與人分享觀音信仰實踐利他的觀音願力。

化身、十四種無畏加持力、四種無作妙德，最後介紹文殊菩薩評析二十五種圓通法門，教導眾生末世修行的四種清淨明誨。

「我是眾生中的觀音菩薩，眾生是我心中的觀音菩薩」，法師指出，法鼓山是一處觀音道場，創辦人聖嚴師父期勉大家學觀音、做觀音，練習在有人需要的時候，給予真正的幫助。如能把每一位眾生都當作觀音菩薩，與人互動就能放下對立，軟化衝突、淡化誤解，改善因緣。

果徹法師提醒，觀音法門除了持〈大悲咒〉，誦觀音聖號，更重要的是生活中練習當下每一個因緣互動時，給予他人安定的力量；鼓勵大眾，以歡喜心和分享心，將所知道的佛法與他人分享，實踐利他助人的觀音願力，也就是在做觀音菩薩的千手千眼，成就「觀音妙智」的耳根圓通法門。

● 07.18

國際扶輪青少年參訪齋明寺
學習佛門禮儀 體驗漢傳禪法

臺灣國際扶輪青少年交換協會於7月18日，在桃園齋明寺舉辦「國際青少年宗教體驗營」，由傳燈院監院常襄法師帶領，共有三十四位來自歐、美、亞等十九個國家的青少年，於百年古剎中學習佛門禮儀，體驗漢傳禪法。

體驗營課程，主要由常襄法師指導禪坐，並帶領「禪與生活」工作坊，除了介紹禪修的基本觀念和方法，法師從自己的出家因緣切入，引導學員思索生命的意義。「打坐修行不是為了放鬆，過一個美好舒適的生活而已，更重要的是調伏自心，了解生命的實相。」法師善巧的引導，引起學員的回響，無論是吃飯禪、臥禪、托水缽，甚至是「模仿遊戲」，皆全心投入。

另一方面，學員們也參與晚課共修，體驗漢傳佛教寺院生活與修行法門，

來自歐、美、亞的青少年，於百年古剎中學習佛門禮儀，體驗漢傳禪佛教。

也和法師交換對宗教信仰的看法。

多元活潑，兼具知性與感性的課程規畫，讓學員法喜充滿，許多學員表示願意深入禪修，探索生命的意義。

● 07.21～27

方丈和尚泰國弘法關懷
弘講平常心面對順逆

方丈和尚果東法師於7月21日前往泰國關懷弘法，護法總會副都監常遠法師、新任泰國護法會輔導法師常學法師陪同隨行。

23日，方丈和尚於護法會以「順逆相對，好壞一體」為題演講，共有一百多位泰、華各界人士參加。演講前並為四十一位信眾授三皈五戒，儀式莊嚴而溫馨。

講座中，方丈和尚分享，以不計較、不比較，放下利害得失的自在平常心，便是「順逆相對，好壞一體」；遇事不對立、不執著，煩惱便無處依附。一切人事物因緣，均是修福修慧的助道資糧，勉勵大眾正信學佛、時時謙卑和敬、慚愧懺悔，便能提昇自我生命、開啟慈悲智慧。

方丈和尚訪摩訶朱拉隆功佛教大學，與沙威‧喬迪克副校長進行交流，並致贈「福慧傳家」掛軸。

陪同父母聽講的大學生分享，很認同方丈和尚光明正向、契理契機的關懷，能沖刷掉心中的負面情緒與當下的煩惱擔憂。也有新皈依弟子表示，歡喜與大眾同結善緣，一起皈依，期許自己在未來學佛的路上，持續努力與精進。

方丈和尚此行，並於25日拜訪泰國摩訶朱拉隆功佛教大學副校長沙威‧喬迪克（Sawai Chotiko），就雙方學術合作，進行交流。

● 07.22～23

馬來西亞道場舉辦禪法修學班
常藻法師導讀《禪在哪裡？》

馬來西亞道場於7月22至23日舉辦禪法修學班，由監院常藻法師帶領研讀聖嚴法師著作《禪在哪裡？》，並分享漢傳禪法的生活運用，有近六十人參加。

常藻法師期勉學員，以佛法提昇生命品質。

透過「認識禪、體驗禪、修學禪、生活禪」四個課程大綱，法師詳實解說禪的源流、發展，剖析禪法心要與運用；也帶領練習法鼓八式動禪、禪坐體驗。常藻法師說明，禪是如實照見生命的本質，不是境界，而是生命的體驗；也提醒禪的方法是放鬆、清楚、專注、觀照每個當下，而不是用於控制我們的心，過於重視技巧反會成為負擔。

最後的大堂討論，有禪眾分享課程解行並重，更堅定學禪的願心；法師期勉學員，修行是首要大事，在日常生活中持續觀照與實踐，將佛法融入生命，才能提昇生命的品質。

● 07.23

楊蓓紐約講「福慧人生」
以佛法消融家庭煩惱和壓力

應美國漢傳佛教文化協會之邀，聖基會執行長楊蓓7月23日於紐約法拉盛喜來登大飯店演講「福慧人生——家庭中的纏與禪」，共有一百多人參加。

講座中，楊蓓老師剖析原生家庭的關係所帶來的影響，逐一舉例講說家庭中的排行及所扮演的角色，其實有著相當大的差異，以至於產生錯綜複雜難以化解的情感糾葛。

楊蓓分享，佛法的觀念提供人們指引的出口，不論身處於何種不平衡的位置或狀態，如果能夠運用佛法，以心甘情願的態度來面對和接受，以慈悲與智慧的方法來處理和放下，便能消融家庭纏縛的煩惱和所帶來的壓力。

● 07.29

「美東悅眾成長營」新州分會首度舉行
果慨法師領眾深入《金剛經》的智慧

北美護法會於7月29日首度於美國新澤西州分會舉辦「美東悅眾成長營」，由弘化發展專案召集人果慨法師帶領，活動精神以《金剛經》為主軸，結合覺照力、無住生心，及跳脫框架的心與願力為課程內容，共有八十多人參加。

果慨法師首先分享在僧團裡執事的原則，表示職位會隨著因緣和合而變化，

所以面對任何時候、任何境緣，總會回到初心去思考。法師指出，團體中，為了完成目標，有人秉持成人之美，盡力配合，也把佛法裡的恆順眾生的意義妥善應用；也有人習慣保持一定做事風格或意見，其他人便會通達此意而調整成一致。

美東悅眾們在團康遊戲中尋找善知識。

成長營透過肢體、團康遊戲，帶領學員尋找善知識，並逐一聆聽、分享自己和他人的優、缺點，並練習轉念、跳脫成見，從彼此的缺點中發現優勢長處，進而站在他人的角度，同理關懷。法師提醒，在過程中檢視能否接受他人的不同？在任何情況下，仍能保持覺照的能力，體察內心真實的聲音。

法師期勉大眾，擔任悅眾，最重要的是「無住生心」，當心不住任何相時，所生的願力將是無可限量。

● 07.30

香港道場談情說法講座
慈悲智慧談感情

香港道場於7月30日，在九龍會址舉辦專題講座，主題是「當佛陀遇上丘比特」，由監院常展法師擔任主持人，邀請作家張小嫻與演清法師對談，探討如何運用佛法，以健康的心態處理感情問題，有近兩百人參加。

現場邀請Nowhere Boys樂隊，為座談揭開序幕。演清法師分享自己的出家心路歷程，並在出家的過程中，對自己了解得更多，看清究竟是愛自己，還是自己的執著？與人相處時，懂得反思是為對方好，還是為了自己的利益。

張小嫻表示，自己寫的小說多半是悲劇，然而經歷痛苦卻沒有提昇或覺悟，就無法成長。因此情場就是道場，無論對方如何，都是協助我們修行的菩薩。年輕時認為愛情就是人生的全部，隨著人生的歷練，愛情可能不再是唯一。

常展法師則從禪修向內關照的層次，剖析感情中的現實問題。法師表示如果身心穩定，人際關係會比較好。因此當感情出現問題，可觀察自己的身心狀態，而不是只分析事件，或者以為是對方的問題。

對談過程中全場掌聲笑聲不斷，張小嫻也回饋，法師們的分享真誠，並非遙不可及或逃避情感，而是積極面對人生的痛苦，在人際關係中學習如何平衡。

● 07.30～08.20

法鼓山受邀波蘭舉行禪二十一
繼程法師講〈永嘉證道歌〉

法鼓山波蘭舉行禪二十一，禪眾於戶外經行，在自然環境中精進用功。

7月30日至8月20日，應波蘭禪宗協會（The Chan Buddhist Union of Poland）帕威爾（Pawe Ro ciszewski）之邀，法鼓山於華沙郊區德露潔芙（Dluzew）活動中心指導禪二十一，由聖嚴師父法子繼程法師主七，象岡道場住持果元法師擔任小參與翻譯指導，共有四十五位來自美國、加拿大、瑞士、克羅埃西亞、立陶宛、荷蘭、羅馬尼亞等地的禪眾參加。

四十五位禪眾中，兼具老參與新學；禪期中，繼程法師於前八日指導完整的基礎放鬆、專注與覺照等方法，後十四日講說〈永嘉大師證道歌〉，著重在空如來藏的講解。

總護常護法師觀察，波蘭禪修規矩及時程鬆散，為讓禪眾精進用功，禪期初即重新建立禪堂規矩。禪眾在法師們的指導下逐漸收攝身心，把握二十一天難得的修行時光，精進用功。

● 08.06

日本福島學童參訪農禪寺
學習佛門禮儀　體驗安心

來自日本福島縣十二位國小四年級至國中學童，以及十一位輔導老師，於8月6日參訪北投農禪寺。在多位法師和導覽義工帶領下，學習佛門禮儀，藉由托水缽、吃飯禪，體驗動靜中清楚放鬆，享受當下的幸福。

領隊的老師表示，暑假

日本福島學童參訪農禪寺，學習佛門禮儀。

期間安排福島師生走出日本，到臺灣展開多天的跨國之旅，使長期緊繃的身心有機會放鬆，尤其2016年曾帶領小朋友來農禪寺參訪，對於親近莊嚴、樸實的道場，讓心安定的感受印象深刻，因此今年再度來訪，也期盼將這份安定的力量帶回福島，幫助更多孩子找到真正的平安與幸福。

● 08.10～13

西雅圖分會舉辦弘法活動
常啟法師主持禪講與禪修

美國西雅圖分會於8月10至13日舉辦系列弘法活動，由常啟法師主持專題講座、帶領禪一，分享默照禪法的活潑與實用。

「默照銘與默照禪法的演變」佛法講座於10至12日舉行，共有三個子題，第一堂課從「三時調三事」切入，詳細介紹入靜、止靜、出靜與調身、調心、調息的步驟，也針對大眾常遇到的腿痛和昏沈等問題，指導對治方法。

佛法講座中，常啟法師帶領大眾實際練習禪修方法。

第二堂「止觀修行的原理原則」，法師藉由圖表，說明修行止觀時，專注、覺照和觀想不可偏廢，並進一步指出，觀想並不是在打坐時思惟法義，因為事與理不可分割，必須在用方法觀察身心狀態時，自然地契入法義，那就是事理無礙，默照同時。

第三堂課介紹「止觀與默照的不同」以及「〈默照銘〉與默照禪法的演變」，法師從漸悟與頓悟切入，講述次第禪觀與默照的不同，強調〈默照銘〉中默照同時與中觀不二的觀念，並透過分組討論，練習如何不落兩邊地思考各種兩難的社會議題。

13日的禪一，常啟法師特別解說從止觀轉入默照，重點在於以正確的坐姿，不斷地放鬆與捨，自然而然地進入方法，以無所求的心精進努力；提醒禪眾以三時調三事，體會默照禪的心法。

法師幽默的講述，活潑的課堂氣氛，引導學員專注，也更能吸收豐富的課程內容。有對禪修卻步的信眾，表示重拾習禪的信心；已經練習默照禪法的禪眾更是如獲至寶，法喜充滿。

● 08.12～13

馬來西亞禪修助理監香培訓課程
學員學習在利他中成就修行

禪修助理監香培訓課程中，常願法師說明助理監香的角色。

8月12至13日，馬來西亞道場於巴生龍華寺舉辦助理監香培訓課程，由常願法師自臺灣前往帶領，有近三十位禪眾參加。

常願法師說明，初學者個人的修行心力有限，助理監香的角色是接引、陪伴和照顧禪眾，在利他中成就自己修行。法師提醒，有助理監香的引導，有學長與同修的彼此照顧，正確知見能相互糾正，更能持續精進修行。

課程中，學員分組練習立姿瑜伽、坐姿瑜伽、法鼓八式動禪等引導口令，以及敲打引磬和木魚，進一步熟稔共修流程與規矩；法師並藉由許多生活化的引喻，引導學員對助理監香及職掌建立正確見解與體驗。

有禪眾分享，透過課程了解禪修活動的流程，期盼建立共勉、共享、共識氛圍，接引更多大眾學習禪修。

● 08.12～29

法鼓山將禪修帶進世大運
選手體驗清楚放鬆

第二十九屆夏季世界大學運動會（XXIX Summer Universiade）8月19至29日在臺北舉辦，為了協助來自世界各地的選手安定放鬆，也為世大運的圓滿順利祈福，法鼓山自12日起於新北市林口選手村宗教中心，提供禪修引導、禮佛、供燈、茶禪、心靈

在法師帶領下，來自各國的選手，一起體驗禪修的清楚放鬆。

處方籤等服務,並有法師、義工帶領早晚課誦、禪修引導及祈福儀式,接引各國選手及工作人員體驗漢傳禪法。

除了禪坐練習,包括茶禪、心靈處方籤,也帶給來自各國選手新鮮體驗和深度交流;聖嚴師父的法語開示,跨國界的與每個人相應,為求籤者帶來驚喜和感動。

曾接觸藏傳佛教,每日皆來禪坐的立陶宛國家隊隨隊醫生表示,佛教廳的平靜氛圍,讓他感到心安;有禪修經驗的捷克棒球隊員則指出,佛教廳的安定感,紓解了競賽的壓力。不少傳燈院義工表示,珍惜與各國選手廣結善緣的福田,也感動多數人雖是第一次體驗禪修,卻也能夠從中得到安定與法喜。

● 08.12～09.06

果光法師、果高法師北美行
期勉大眾修學佛法 淨化自心

8月12日至9月6日期間,僧團都監果光法師、女眾副都監果高法師、三學院監院果稱法師等一行,前往美國東初禪寺、洛杉磯道場、舊金山道場、普賢講堂與新澤西州、西雅圖、塔拉哈西等分會,以及加拿大溫哥華道場、多倫多分會,展開弘法關懷。

此行弘法,主要是舉辦佛學講座,其中「禪觀人生」專題講座由果光法師主講,法師從在家到

果光法師一行於東初禪寺關懷,與當地法師、悅眾歡喜互動。

出家,分享聞法修行、轉化內心的心路歷程。果光法師從聖嚴師父為其取的法號「果光正輝」,進一步說明禪宗祖師常以光明來比喻無著、無礙的境界,並分享曾與父母、仁俊長老、師父互動的小故事,深具啟發。

身為法鼓山僧團都監,如何面對平日的責任與修行?果光法師表示,禪法的修行可付諸於生命中的每時每刻,將自己的身心奉獻給修行,對身、口、意三業行為做全面的規範匡正,並以「都監是誰」作為話頭,以默照來推動法鼓山僧團事務,勉勵大眾以話頭禪法覺照自己扮演的角色,以默照禪法來待人接物,以觀音法門來實踐菩薩道。

「心的力量」佛法講座由果高法師主講,分享向內觀照覺察,了解心識運作

與心的力量，法師說明人的心念和習慣決定一個人的生活方式，習慣形成性格，性格造就命運，因此要認識自己，須清楚觀照個人的生活、行為和思惟習慣。

另一方面，果光法師、果高法師並分別於各分會帶領梵唄與修行課程，以及主持中元報恩地藏法會。期勉眾人以佛法的觀念調整心態，從每天淨化身、口、意三業開始，讓內心保持平靜安穩。

● 08.13

檳城佛學院義工心靈工作坊
常藻法師受邀擔任課程講師

常藻法師勉勵檳城佛學院義工，把自己的心照顧好，才有力量照顧他人。

馬來西亞道場監院常藻法師8月13日應檳城佛學院週日學校之邀，於佛光精舍舉行的義工心靈工作坊中，擔任課程導師及講師，講授佛學概論、禪修觀念與方法，共有四十多人參加。

課程中，法師介紹包括佛法的基礎與核心——因果、因緣，修行的方法——三學、八正道，以生活化的實例和小故事，解說佛學名相；也說明禪修的三大功能：身心健康與平衡、情緒更穩定、開發智慧與慈悲，更分享禪修的方法，以及生活中的實踐。

常藻法師期勉學員，以佛法照顧身心，先把自己的心照顧好，才有力量照顧他人。

● 08.18

方丈和尚出席太虛大師圓寂七十週年紀念
致詞感念佛教界思想啟蒙導師

方丈和尚果東法師應中國佛教協會之邀，8月18日出席於中國大陸浙江省舉辦的「太虛大師圓寂七十週年紀念大會」，代表海外佛教界致詞，感念大師倡導「人生佛教」及「人間淨土」理念，並推動教制、教理、教產三大革新，將近代中國佛教帶入新局。

方丈和尚表示，法鼓山的理念也是受到太虛大師思想的啟發，大師以受五

戒、行十善、重視心的力量、常行菩薩道，終可完成佛國淨土的大乘佛法修學層次，對後世影響深遠。

方丈和尚也追溯大師的學生——師公東初老人創辦《人生》月刊，以及聖嚴師父建僧、推動三大教育，均與大師推動佛教革新有關。

方丈和尚致詞感恩太虛大師對漢傳佛教現代化的貢獻。

太虛大師晚年自述革新運動失敗的寂寞身影，引發世人深思。方丈和尚認為，「人間淨土」思想蔚成今日華人佛教弘化的主流，可見大師當年倡議新舉，並非失敗，而是思想與腳步超前於時代，對近代漢傳佛教發展有莫大的貢獻。

● 08.19

美東華人學術聯誼會
常華法師主講禪修影響生命觀

應美東華人學術聯誼會（Chinese American Academic and Professional Society, CAAPS）之邀，美國東初禪寺監院常華法師8月19日出席該會第四十二屆年會，並於開幕式中主講「禪修如何影響科學的生命觀？」（How Meditation Changes the Scientific Understanding of Life?）。美國紐約州分會召集人彭溫巧，也受邀於會中分享「搶救腦細胞——中風新治療」，展現於弘揚聖嚴師父理念之外，在醫學上的專業。

常華法師在演講中深入淺出地將佛法體驗與科學研究成果巧妙結合，從探討「先有心識？或是先有生命？」等目前科學正在論證的最熱門議題，到神通、業果及臨終關懷等課題，將佛法觀念分享給在場聽眾。演講結束後，有多位皇后地區聽眾前來詢問法鼓山相關活動及臨終關懷等事項。

另一方面，東初禪寺因長期致力於社區服務、弘揚佛法，亦由常華法師代表獲頒「社區服務獎」；除了常華法師，研討會也邀請李昌鈺博士擔任演講來賓，並獲頒「鑑識科學專業成就獎」。

美東華人學術聯誼會年會上，常華法師（左）與李昌鈺博士（右二）同時獲獎並擔任演講人。

● 08.24

吉隆坡清流論壇
常藻法師分享正信佛教

馬來西亞教界十三個佛教團體，8月24日於吉隆坡聯合舉辦「清流論壇」，包括法鼓山馬來西亞道場、馬來西亞佛教總會（雪隆分會）、馬來西亞佛教青年總會、馬來西亞佛教居士總會、馬來西亞南傳佛教總會、馬來西亞金剛乘佛教總會、八打靈觀音亭、吉隆坡鶴鳴禪寺等。

論壇包括主題演講和交流，就近年來附佛法外道以佛教名義，誤導大眾的現象進行探討。馬來西亞道場監院常藻法師受邀發表演講，分享聖嚴師父在《本來面目——〈觀心銘〉講記》指出，「外道」真正的意思是「在自身之外尋求解救」，不相信自己有能力走上解脫之道。法師進一步說明佛教的禪修並非向外求，不追求打坐技術、技巧，也不追求禪境，更不是消滅外在的現象或問題，而是要回到自己的身心，從體驗身心的運作中，照見生命的本質是無常、無我、空。

大會在彼此交流中達成共識，咸皆認同應加強正信佛法的傳播與教育，接引大眾認識正信佛教，培養辨別正信團體的能力。

● 09.01～10

洛杉磯道場舉辦弘法活動
常源法師主持禪七、分享生活禪

美國洛杉磯道場於9月1至10日舉辦兩場弘法活動，包括禪七、生活禪講座，有近八十人參加。

洛杉磯道場舉辦話頭禪七，由常源法師擔任總護。

話頭禪七於1至7日舉行，由常源法師擔任總護，法師援引聖嚴師父所言，話頭只是方法，不是道理，也不要寫文章或辯論，所以不需要分析、解釋或研究話頭。法師進一步說明提起話頭就是修行，不需要思考，只是持續地問下去，如果心處於混亂、散亂的狀況，便回到數

息或念佛，等心安定，就可以開始參話頭。

禪七圓滿後，法師10日於道場弘講「活在當下──行住坐臥皆是禪」，分享以禪法提起覺照心，保持正念、正向思考，並於生活中具體修行實踐，就能幫助自己與他人離苦得樂，而願心、正見、正行與修心，是快樂生活的四要件。

常源法師提醒，我們的身心一直在流轉，鼓勵眾人「放鬆、覺照、專注、精進」齊頭並進，生命便能不斷向上提昇。

● 09.02

新任駐泰大使訪泰國護法會
期許增加交流　接引學禪

新任駐泰國臺北經濟文化辦事處大使童振源，於9月2日帶領辦事處工作人員拜訪泰國護法會，由輔導法師常學法師、果舟法師、果弘法師，以及會長蘇林妙芬等代表接待，進行交流。

常學法師向童振源大使介紹法鼓山於東南亞弘化的組織與運作情況，並感謝政府各相關部門對宗教團體的支

泰國護法會輔導法師常學法師（右三），致贈聖嚴師父墨寶掛匾予童振源大使（左四）。

持，期許能夠增加交流，接引更多臺商及泰國民眾學習佛法與禪修，了解法鼓山的理念。

童振源大使表示，曾連續多年參與法鼓山園區除夕撞鐘祈福法會，此行特來關懷與了解泰國護法會。常學法師並代表護法會致贈聖嚴師父墨寶及著作予童大使。

● 09.05

馬來西亞道場舉辦佛學講座
常慧法師講〈觀心銘〉

馬來西亞道場於9月5日舉辦佛學講座，由常慧法師主講「〈觀心銘〉」，有近一百二十人參加。

常慧法師於馬來西亞道場的佛學講座，以〈觀心銘〉為本，為大眾講解修行的層次。

常慧法師介紹〈觀心銘〉是憨山德清大師以詩偈方式寫下的修行心要，先建立行者本具清淨自性的信心，其次令行者能理解心性本淨的樣貌。只要能依循「信、解、行、證」次第而入，不論在精進禪修或生活日用中，即能具體掌握淨化身心的方向。

法師期勉大眾，修行好比首次去一處陌生的地方，會覺得遙遠，是因為不熟悉路途，但只要熟悉了，再去同一處就不會覺得遠；只要繼續往前，離「悟」就愈來愈近。

● 09.08～13

普賢講堂、新州分會舉辦系列講座
繼程法師談禪行生活

美國普賢講堂、新澤西州分會於9月接續舉辦系列禪法講座，邀請甫於8月底圓滿波蘭禪二十一、聖嚴師父法子繼程法師分享禪修的觀念與方法，許多來自哈佛大學、麻省理工學院的學子也前往聽講，為講座增添不少活力和熱情。

8至10日，繼程法師首先於普賢講堂分享「修行次第」、「不識本心，學法無益」、「開啟覺性與無住生心之道」，法師點出多數人修行上的迷思，即是將生活與禪修分開，「禪修後應該把方法帶回家，持續用功。」法師說明，平常工夫下得深，在禪堂便能很快進入狀況；平常若不用功，禪修時便需將大部分時間用來調適緊繃的身心，效果大打折扣。

繼程法師於11至13日，轉往新州分會進行三場演講：「人生真忙，茫看人生」、「禪思和禪行」、「原來自性本清淨，且夕發心修菩提」。法師再三強調，既然生而為人，就要好好利用人身，而人最

繼程法師鼓勵大眾用功修心，讓生命更加快樂自在。

大的特點，就是能轉化、運用和發揮正面能量。

法師表示能學佛的人都有善根和慧根，鼓勵眾人用功修心，集聚更多正面能量，面對順逆現象時，看清楚因緣流轉的過程，學習不執著、全然接受和放下，就不會因種種現象而煩惱，從而活得更快樂、更自在。

● 09.11

法鼓山受邀出席紀念美國911祈福活動
果元法師、常華法師參與「為愛濟糧」祝禱

美國東初禪寺與象岡道場受邀參與紀念「911事件」的「為愛分糧、濟救苦難」活動，象岡道場住持果元法師、東初禪寺監院常華法師分別帶領祝禱，為世界和平祈福。

9月11日，來自美國各處的義工齊聚無畏號航空母艦（USS Intrepid CV-11）。

象岡道場住持果元法師於無畏號航空母艦，帶領大眾以清淨的「無念」，為世界祈福。

東初禪寺監院常華法師首先帶領僧俗四眾於第一階段祝禱，以三稱「南無藥師琉璃光如來」聖號，祝福大眾身心安樂，免於驚慌、仇恨與飢餓，都能夠平安喜樂、大悲心起。祝禱後，大眾開始分裝糧食，不分種族，同心合作。

十一時三十分，由果元法師帶領祝禱，法師以禪修為主軸，請與會人士雙手合十、閉目，並以身心放鬆之法，將清淨的「無念」，迴向世界。

該活動由Tomorrow Together by 911Day.org發起，以跨宗教的方式，傳達「只有愛才能讓大家更團結」的理念，本年活動所包裝的糧食，會捐助德州與佛羅里達州風災受難者，有逾萬家庭受惠。

● 09.16～24

常源法師舊金山道場弘法關懷
培訓禪法種子

接續美國洛杉磯弘法行程，常源法師於9月中旬抵舊金山道場，除了於禪坐共修中開示、為佛學班主講「大慧宗杲禪師」、舉行念佛禪一，22日並主持道

・喜歡不喜歡、苦或樂
・單純的去體驗身體的各種感覺

中級1禪訓班

舊金山道場首辦「中級1禪訓密集班」，由常源法師帶領，培訓推動漢傳禪佛教的種子學員。

場首度舉辦的中級1禪訓班輔導學長培訓課程。

培訓課程包括接引及帶領的技巧與心法、複習坐姿法鼓八式動禪以及下坐後的按摩引導等，法師提醒學員運用禪修的精神在學習中成長，也與服務的對象分享，珍惜一期一會的當下因緣。

23至24日的「中級1禪訓密集班」，亦是道場首次舉辦，延續初級禪訓班的課程，四十多位學員在常源法師帶領下，透過聽課、禪修體驗、小組討論與分享，持續深入禪法，養成推廣漢傳禪佛教的種子學員。

大堂分享時，許多學員表示，以前錯誤的觀念和方法，都在這次的練習中調整過來，對禪法有更多的了解，也發願成為種子學員，持續協助推廣安全的禪法。

● 09.23～24

法鼓山參加雲南崇聖論壇
發表論文　探討佛教發展

法鼓山受邀出席中國大陸雲南大理崇聖寺於9月23至24日舉辦的「2017崇聖論壇」，由僧團果興法師、常啟法師，以及法鼓文理學院副教授鄧偉仁前往參加，並發表論文。

果興法師發表〈以「波羅蜜」作為南北傳佛教共通的菩薩道〉，指出緬甸

2017崇聖論壇中，果興法師發表〈以「波羅蜜」作為南北傳佛教共通的菩薩道〉論文。

明昆三藏持者大長老（Bhaddanta Vicittasarābhivaṃsa）在所著《大佛史》中，依《佛種姓經》、《行藏》、《本生經》及注疏，提出南傳菩薩道之十波羅蜜，因此「波羅蜜」可作為南傳與北傳佛教共通的菩薩道修行次第，從「布施

波羅蜜」出發，並以「般若波羅蜜」為核心，作為全球「普世倫理」重要的論述，除可促進南北傳佛教交流，並藉由共識的建立，落實佛教對人間的關懷；鄧偉仁老師則發表〈西方佛教學研究與其東方佛教教育的再脈絡化〉，探討佛教的傳承與發展。

本屆論壇以「亞洲佛教與人類命運共同體」為主題，分別從「全球化背景下的佛教與佛教研究」、「絲綢之路與佛教」，以及「人間佛教與和諧社區」等三個面向，共同探討佛教的傳承與發展。

● 09.25

索羅門群島總理參訪法鼓山
讚歎以心靈環保建設人間淨土

索羅門群島總理蘇嘉瓦瑞（Manasseh Sogavare）伉儷一行十七人，9月25日在外交部駐索國大使羅添宏陪同下，參訪法鼓山園區，由方丈和尚果東法師代表接待，進行交流。

陪同參訪時，方丈和尚為一行人介紹園區主要殿堂、開山紀念館的精神內涵；對

南太平洋索羅門群島總理蘇嘉瓦瑞伉儷一行，由方丈和尚果東法師陪同，參訪園區開山紀念館。

於總理關心的佛教儀式、對象、類別等疑問，也詳加解說、示範。

呼應方丈和尚以「無我的智慧、平等的慈悲」，說明佛教的精髓，蘇嘉瓦瑞總理也表示，該國雖然沒有廣大的國土、眾多的人口，但憑藉著對宗教的虔誠信仰，所以國民富有正義感，平等對待全球各地需要協助的友邦，期許為世界和平貢獻心力。

● 09.28～10.01

馬來西亞道場「心靈環保禪修營」
接引專業人士以禪法安定身心

馬來西亞道場於9月28日至10月1日，於檳城舉辦第二屆「心靈環保禪修營」，由監院常藻法師擔任總護，每晚並邀請聖嚴師父法子繼程法師開示學佛

馬來西亞道場舉辦第二屆「心靈環保禪修營」，學員們學習漢傳禪法，深感歡喜受用。

的次第，共有四十七位來自不同領域的管理階層及專業人士參加。

禪修營以聖嚴師父的影音開示為主軸，師父說明禪修就是在安定的狀況，讓心清楚，讓自己生慈悲、長智慧，引導學員逐步認識禪修的層次，建立正確的觀念。

「將身體交給蒲團，回到方法，專注呼吸。」練習打坐時，常藻法師除了指導七支坐法，也提點學員，腿痛、腳麻、妄念紛飛時，回到當下，一心專注呼吸；無論吃飯、走路、站立、睡覺，同樣練習時時把心放在當下。課程最後一天，十二位學員在「南無觀世音菩薩」聖號聲中，皈依三寶。

大堂分享時，一位心臟科醫師表示，學會以禪修放鬆的方法對治失眠；常藻法師則以「身在哪裡，心在哪裡，清楚放鬆，全身放鬆」十六字箴言送給學員，叮嚀要堅持打坐，安定身心、自我提昇，進而利益大眾。

● 09.29～10.08

果元法師美南教禪法
達拉斯、亞特蘭大信眾認識漢傳佛教

美國象岡道場住持果元法師於9月29日至10月8日，於美國達拉斯、亞特蘭大兩地教授漢傳禪法，帶領信眾修學活潑實用的念佛禪、默照禪法。

9月29至10月3日，果元法師於達拉斯帶領四天的禪修，共有二十多位學員參加。法師詳實介紹佛教和漢傳佛教的發展史、禪宗和淨土宗修行法門的特色，以及禪淨雙修的殊勝之處。

除了帶領禪坐、法鼓八式動禪、戶外經行，10月

果元法師於達拉斯帶領禪修，引導學員逐步體驗、深入禪法。

1日更舉行念佛禪一，介紹念佛禪的觀念和方法，如何從一心念佛，到與整體環境合一；禪期結束後，一位年輕學生分享，原以為念「阿彌陀佛」是一種迷信，沒想到是修行智慧的法門，隔日即請法師授三皈依，成為三寶弟子。

5至8日，果元法師於亞特蘭大，以「漢傳佛教與美好人生」、「默照禪的前方便」為題，進行兩場講座，法師表示，禪宗是漢傳佛教發展出的修行法門，大量的公案和經典，引導人們解脫煩惱、發菩提心、修學菩薩道；也介紹默照禪的前方便，就是放鬆的基礎工夫，並實地帶領學員體會身心放鬆的感覺。

戶外禪及一日禪，則分別於7、8日進行，透過動靜不同的方式，引導學員將心安住在身體的動作、呼吸上。

學員們感恩法師的教導，也互勉要不斷練習，一同在修行路上前進。

● 09.30

溫哥華道場舉辦學術論壇
探討古今女性在佛教的修行與弘傳

加拿大溫哥華道場於9月30日舉辦「佛教女性的修行與弘傳」學術論壇會議，邀請四位學者就各自研究領域和自身經驗，探討古今女性在佛教中擔任的角色和未來發展，也針對中國女性禪師以及臺灣比丘尼進行精彩論述，並分享了日本女性和西方世界禪修的療癒之道與實

「佛教女性的修行與弘傳」學術論壇會議，學者探討古今女性在佛教中擔任的角色和未來發展，深具啟發性。

修案例，共有一百四十多人參加。

與會學者美國聖路易市華盛頓大學（Washington University）宗教學系教授畢塔‧格蘭（Beata Grant），介紹明末清初女性禪師季總行徹，從近百篇的詩偈和語錄中仰觀他的行誼；哥倫比亞大學（Columbia University）榮譽教授于君方，發表長年來對臺灣比丘尼團體「香光尼僧團」的訪談與觀察，分享該僧團實現人間佛教的精神。

路易斯安那州立大學（Louisiana State University）哲學與宗教學系副教授寶拉‧阿萊（Paula Arai），主講日本二十世紀初曹洞宗女性禪師如何致力教法弘化，奠定在教內地位，並普及於女性在家庭中依然可以落實修行；佛教作

家、「每日禪」（Everyday Zen Sangha）禪修老師蘇珊‧沐恩（Susan Moon），則以四十年來參與禪修團體的觀察，並舉曹洞宗舊金山鈴木俊隆禪師、洛杉磯前角博雄的佛教團體，和南傳精神盤石中心的女眾老師修行路程為例，說明女眾在北美佛教史上的努力。

此次論壇受到加拿大高等學府的支持，英屬哥倫比亞大學（University of British Columbia）當代佛教講座和卡加利大學（University of Calgary）沼田佛教研究講座皆參與聯合主辦。

● 10.13～14

方丈和尚美、加巡迴關懷──塔城分會
主持落成啟用典禮、親授皈依

10月11日至11月7日，方丈和尚果東法師於美、加展開弘法行程，包括於美國舊金山道場，新澤西州分會、佛羅里達州塔拉哈西分會、亞特蘭大聯絡處，以及加拿大溫哥華道場等地，關懷信眾，勉勵參與法會、深入禪修，練就不動的定力與智慧，保持清明的平常心。

方丈和尚首先於10月13、14日，主持塔拉哈西分會新會所灑淨、佛像揭幔儀式，包括威斯康辛州臨濟宗光林禪寺住持明道法師（Meido Moore Roshi）、劍橋內觀禪中心的娜拉央‧雷賓森（Narayan Liebenson），共有七十多位來自臺灣、英國，與美國紐約、紐澤西、加州、密蘇里、威斯康辛等州的僧眾與法友參加。

儀式上，方丈和尚、榮譽董事會會長黃楚琪、北美護法會會長王九令和分會

佛州塔城分會由俞永峯老師（前排左起第四位）帶領、召集人法蘭‧貝瑞（第三排左起第三位）及信眾們共同發心籌建，方丈和尚果東法師（前排左起第五位）親往主持落成典禮、東初禪寺監院常華法師（前排左起第二位）與大眾歡喜留影。

召集人法蘭・貝瑞（Fran Berry）教授一同揭佛幔，眾人再以中英文唱誦〈戒定真香讚〉。方丈和尚開示時，指出塔城分會成員大多為西方居士，有其適應當地的特殊性，期許中華禪法鼓宗能在佛州播撒佛法種子。儀式圓滿後，方丈和尚並為八位會眾授三皈依。

聖嚴師父西方弟子佛羅里達州立大學宗教系副教授俞永峯，於2006年回臺拜見師父時，發願要在美國建立一個弘揚中華禪法鼓宗的禪修道場，回美後便帶領當地禪眾展開籌建事宜。歷經十一年籌建，終於在2017年10月正式啟用，延續師父於西方弘法的願心。

● 10.13～15

洛杉磯道場舉辦360度禪修營
東、西方學員漢傳禪法初體驗

美國洛杉磯道場於10月13至15日，舉辦「360度禪修營」，由象岡道場住持果元法師帶領，內容包括觀看創辦人聖嚴師父的開示影片、禪坐練習等，共有二十多位各行業管理階層人士參加。

由於學員絕大多數未曾接觸過禪修，因此打坐的時間不長。不少學員從聖嚴師父的開示影片中，領略到佛法及禪修的法益，表示會帶回

來自各行業的東、西方學員，參加洛杉磯道場舉辦的「360度禪修營」。

日常生活中運用；有位信仰猶太教的律師分享，體驗禪修後，已是猶太教與佛教的混合體（JewBu）了。

為了護持禪修營，道場外護義工團隊全力投入，包括知客、香積、接待、住宿及機動等組，共同照顧禪眾所需。許多西方學員讚歎義工們的服務品質，一位經營餐飲業的學員表示，法師及義工團隊分工合作、奉獻服務的精神，可以提昇企業的服務品質。

「360度禪修營」於2014年首辦，2017年再度舉辦，不同於第一屆，本年全程以英文進行，學員包含東、西方人士，除了佛教徒，也有天主教、猶太教及基督教等人士參加，族裔及宗教信仰多元。

● 10.14～22

溫哥華道場舉辦弘法活動
進行禪七與禪法講座

10月14至22日，加拿大溫哥華道場舉辦弘法活動，包括禪七與禪法講座，邀請聖嚴師父西方法子查可·安德列塞維克帶領。

默照禪七於14至21日進行，查可以水譬喻為「五蓋」中的貪、瞋、睡眠、掉悔、疑法，貪心就像是有顏色的水，看不清水的本質；瞋就像是燒開的水，照射出人的影像是扭曲的；睡眠像是澆灌在田地裡的水，看不見水的存在；掉悔是憂慮太多，像海面上的波浪起伏不定；疑法則像是沼澤地裡的水混濁不清。查可提點禪眾基本隨息的方法，覺照當下每個呼吸的進出，鼓勵禪眾要對方法有信心。

22日，溫哥華道場與班揚（Banyen）佛教書店共同舉辦講座，查可以「禪——展現慈悲和智慧的修行」為題演講。查可解釋「禪」的定義，除了是動詞「打坐」、是名詞「禪宗」，更深的意涵，則是指涉一種身心狀態，真正認識自我的體驗，更是展現慈悲和智慧的修行方法。

查可於溫哥華班揚書店講「禪」，分享漢傳禪法的智慧。

查可並以聖嚴師父的詮釋，說明智慧不是知識，因為知識會隨著時空而改變；智慧也不只是經驗的累積，當面對不同的境界時，過去的經驗很可能無法適切地應用，唯有當我們能夠不受自我中心的視角所局限，看清事情的真相，也就是實相，才是佛法所指的智慧；而不隨自己的習性或慣性，做出有利於他人或環境需要的正確回應，才是慈悲。

● 10.14　11.26

香港道場舉辦「禪‧藝‧生活工作坊」
由藝入禪 活出自在生活

10月14日及11月26日，香港道場分別於香港中文大學邵逸夫堂、饒宗頤文化館，共舉辦兩場「禪‧藝‧生活工作坊」。活動包括日間工作坊、晚間對談，除了邀請多位藝術家以繪畫、音樂、肢體律動等形式，引領上百位學員藉由體

驗活動，返照自我身心，並安排法師與藝術家們對談，分享如何以專注安定、清楚覺照，活出禪藝融合的自在生活。

第一場對談以「療癒大丈夫」為主題，邀請聖嚴師父法子繼程法師、舞台設計師曾文通、演奏家王梓靜與談。法師分享，無論身處任

在常展法師（左二）主持下，繼程法師（右二）、王梓靜（右一）、曾文通（左一）分享如何運用禪修，安定自在地生活。

何環境，只要保持心不受外境干擾，並以佛法的智慧，在當下做適當回應，自然能活得自在。成長於北京的王梓靜表示，學習禪修前，總會在意聽眾反應；習禪後，視表演為發自內心、不隨境轉的分享。從素描開始接觸藝術的曾文通，認為繪畫和禪的共通點是打開五官，感受周圍事物，更從禪修中得到安定，學習放下執著。

11月26日主題「起舞吧！佛陀」，由香港道場監院常展法師，與曾文通、林瀅桐、張藝生、梁菲倚四位藝術家對談。梁菲倚表示，在表演的過程中，照見了自己的起心動念、身體與觀念的習性和限制，並學會接受；張藝生則感恩佛法的熏習，了解到更需要學習做個平常人；林瀅桐認為藝術就是生活，運用禪修方法，增加對身體的覺察力；曾文通分享如何運用禪修，安定心念，化解表演時的緊張。

常展法師則分享轉化心念的方法，指出藝術創作與禪修，兩者結合自古即有，也是現代接引大眾親近佛法的一個新方向。

● 10.17

方丈和尚美、加巡迴關懷 —— 亞特蘭大聯絡處
主講「平常心面對不平常事」

圓滿塔城分會的關懷，方丈和尚10月17日轉往亞特蘭大聯絡處，以「平常心面對不平常事」為題演講，為身在環境、文化，思考、語言、人種都不同的海外華人，帶來智慧法語。

講座中，方丈和尚引導大眾體會「觀念」與「方法」的重要性，「觀念」必須有「方法」配合，說明有觀念、沒方法，就只停留在知識層面；有方法、沒觀念，就易走錯方向。方丈和尚以建議失眠者念觀世音菩薩聖號，以及用「身

方丈和尚於亞特蘭大弘講,分享生活化的佛法智慧,滿座的聽眾笑聲不斷。

「在哪裡,心在哪裡」的觀念,讓全身放鬆自然入眠為例,帶出「不計較,不比較,晚上好睡覺,隔天工作才有效,自然會心微笑。」的觀念,精要說明如何以平常心面對不平常之事。

提及一般人不容易改變的習氣,方丈和尚表示,此時需要「借鏡」:不用「放大鏡」放大別人的缺點,借「顯微鏡」和「凸透鏡」看自己的缺點,多慚愧懺悔,再用「望遠鏡」看遠方,如此一來,就能保持平常心了。

一個半小時的分享,方丈和尚從生活出發,分享情緒管理、逆境轉念、淨化心性等,都是走向平常心的「道」,舉例生動活潑,引起大眾共鳴,讓法喜與歡笑,成為心靈環保最好的體現。

● 10.20～22

北美護法會舉辦悅眾交流聯誼會
分享推廣佛法、關懷信眾的經驗和創意

北美護法會於10月20至22日,在美國新澤西州分會舉辦「東岸暨中西部悅眾交流聯誼會」,方丈和尚果東法師出席關懷,東初禪寺常住法師們亦全程參與討論,共有八十多位來自美國東岸及中西部各州,以及加拿大多倫多等地的

北美東岸暨中西部悅眾交流聯誼會中,方丈和尚勉勵悅眾時時以體諒包容的心,看待事情的起承轉合。

悅眾參與,分享護法經驗及資源、彼此認識與相互關懷,以期在北美建立悅眾的成長交流平台,東初禪寺常住法師們亦全程參與討論,並帶領一場大悲懺法會。

三天的活動,以小組討論的方式,安排各據點代表與談,探討禪修

推廣、信眾關懷,主題包括:「如何運用網路弘法」、「如何因應中西族群的不同需求」等進行交流,與談聚焦於回到初發心,依不同族群、年齡、功能、分會需求規畫,舉辦多元創意活動,如推廣校園禪修、網站中英雙語化、建立西方修行社群,以接引不同族群。

21日晚間的分享,由北美護法會副會長王翠嬿、葉錦耀等,分享親近聖嚴師父及法鼓山的因緣;常華法師、常齋法師也回顧在僧團領執的心路歷程。

聯誼會最後,悅眾分組討論如何提昇運作及弘法面向,常華法師鼓勵大眾加入各項專案,接引更多的人學佛護法;方丈和尚勉勵大眾,建立團體和諧時,依聖嚴師父開示的「行事六要領」,不斷地自我超越,時時以體諒包容的心,看待事情的起承轉合——緣起、承擔、轉化、和合,便能夠凝聚向心力,展現生命力。

● 10.20～22

馬來西亞道場法青生活營
學習做好自心的主人

10月20至22日,馬來西亞道場於波德申尚巴納青年中心,舉辦「和心在一起,做自己的主人」法青生活營,由監院常藻法師、青年院常導法師等帶領,有近六十位學員和十二位馬來西亞、臺灣的隊輔參加。

三天兩夜的法青生活營,帶領青年學員認識、處理情緒,不受外境影響,做自己心的主人。

營隊以提起覺察情緒的能力為主軸,常藻法師引導學員透過托水缽、疊塔遊戲等課程,覺察及認識自己種種情緒的身心變化及反應;法師指出情緒是個人對外在發生的事件,依照個人的信念與價值觀而產生的反應,當信念與價值觀改變後,情緒反應也會隨之改變。鼓勵學員持續地練習放鬆身心,學習以欣賞的心,面對、接受一切因緣,就能保持情緒的平靜和安定。

課程並安排常導法師、臺灣資深法青悅眾許慶貴對談分享。常導法師分享處理情緒時,如果明白《心經》提到的五蘊皆空,就會了解一切煩惱緣起緣滅,都是不真實,且會改變的,只要隨順因緣,不陷在自我煩惱中,就能做個快樂的人。

許慶貴則分享遇到情緒時,將念頭轉往好的方向,就能慢慢消融,而化解情

緒的方法，就是運用聖嚴師父所提的「四它」，以及深呼吸，往內觀照，便能轉化情緒。

常藻法師勉勵青年，學習拋開自我中心的煩惱，欣賞活在當下的快樂，用探索的心面對當下因緣，隨時隨地練習，就能做好自心的主人。

● 10.25～29

方丈和尚美、加巡迴關懷──舊金山道場
勉勵信眾珍惜因緣修六度

方丈和尚（第二排右四）舊金山道場弘法關懷，與監院常惺法師、護法悅眾歡喜合影。

方丈和尚美、加關懷行，10月25至29日於美國舊金山道場，除了參與道場在灣區文教中心所舉辦的「自在和諧，擁抱幸福」座談會，25日抵達當日，隨即出席榮譽董事會舉行的關懷聯誼會，感恩榮董護持推動法鼓山的理念。

29日，共有八十多位義工齊聚道場，參加祈福法會，並接受方丈和尚的祝福。監院常惺法師首先說明，近來接連發生加州山林大火及許多不幸事件，人心不安，希望藉著祈福法會，祈求佛菩薩加持，迴向受苦受難的眾生。

關懷活動中，播放道場2017年豐富多元活動影片，呈現大眾共同學佛護法的道心。會中，即將圓滿卸任召委的悅眾施志龍，感謝大眾護持參與道場活動；新任召委鄺江濤也介紹新團隊，並發願在承擔中持續學習精進。

最後，方丈和尚以「六度萬行，傳心傳家」，勉勵大眾在菩薩道上，珍惜當下的每一個因緣，懷抱感恩心，廣修六度，實踐菩薩精神。

● 10.25～11.05

果元法師、常展法師印尼指導禪修
印尼禪坐會深耕漢傳禪法

10月25日至11月5日，美國象岡道場住持果元法師、香港道場監院常展法師受印尼禪坐會（Chan Indonesia）之邀，前往印尼棉蘭（Medan）、茂物

（Bogor）帶領禪修。

於棉蘭的四日禪修營，參與的三十五位學員多為初學者，果元法師的引導，著重在放鬆，協助學員調整身心。

29日，果元法師、常展法師轉往雅加達近郊的茂物，指導禪九。由果元法師擔任主七及小參法師，印尼禪坐會負責人阿格斯（Agus Santoso）為總護及翻譯。雖然多數禪眾皆有禪修基礎，果元法師仍強調基本功的重要，引導從調整坐姿、放鬆開始，循序漸進指導數息、隨息、只管打坐等方法。

大堂開示時，果元法師逐句講解〈坐禪儀〉，提醒禪修不是為了自己求解脫，還要生起大悲心、大願心，廣度眾生；回到日常生活，仍要練習「放捨諸相，休息萬事」，減少分別、得失的執著。

有禪眾表示，法師說法善巧，相當受用；禪期圓滿後，大眾也互勉持續回到地區共修，延續安定的身心，方法的應用更加純熟。

印尼禪坐共修，最早由追隨聖嚴師父禪修的阿格斯發起，果元法師自2009年起，每年固定前往日惹、雅加達等地帶領密集禪修活動，參加的禪眾逐年增加。

果元法師於印尼帶領禪修，推廣漢傳禪法。

● 10.28

方丈和尚、恆實法師舊金山對談
分享自在的智慧

舊金山道場於10月28日在灣區華僑文教中心，舉辦「自在和諧，擁抱幸福」座談會，由方丈和尚果東法師與萬佛聖城恆實法師（Rev. Heng Sure）對談，包括駐舊金山臺北文化辦事處處長馬鍾麟伉儷、華僑文教中心主任吳郁華、加州佛利蒙市長高敘加等，共有五百多人參加。

「什麼是真正的自在？」恆實法師說明「自在」因人而異，首先要了解什麼是煩惱，也就是貪瞋癡慢疑，以菩薩為例，觀自在即是沒有煩惱，並幽默地建議大眾，以宣化上人所教的咒語「忍耐、忍耐、需要忍耐，切莫生氣，薩婆訶」來對治煩惱。

　　方丈和尚分享要淡化習氣，才能淨化心性，察覺煩惱之後，才能放下煩惱，就如聖嚴師父所說的，世間人需要的不多，想要的很多，如果沒有正知、正見、正行，就無法明辨自己是需要還是想要。

　　恆實法師進一步指出，根據統計，西方社會五十歲以下的人，每年有五萬人因藥物毒品過量致死，近年風行的瑜伽、冥想、正念等，正是因為人們感覺不自在、不幸福，因此更需要佛法；方丈和尚則回應，要自在就要放下煩惱，學習透過「理解現象、包容狀況、持續溝通、成就修行」，進而「坦然面對、欣然接受、泰然處理、安然放下」，站在別人的立場思考，放下自我中心，保持人和自己、他人、環境之間的和諧。

方丈和尚與恆實法師（左）的智慧對談，平實幽默、貼近生活，現場不時洋溢笑聲。

　　對談結束前，恆實法師請大眾合掌，除了祝福自己，也觀想自己是一座燈塔，將心中祝福向上下左右，三百六十度的布施、迴向給這個世界；方丈和尚也分享聖嚴師父的法語：「放下了人我是非，宇宙萬物原是沒有區隔的整體。消滅了敵我意識，一切眾生無非彼此扶持的伴侶。」鼓勵眾人，以生命共同體看待自他，彼此互信互諒，和諧包容。

● 10.28

東初禪寺、北美護法會以禪心健行
呼籲重視受飢民眾

　　10月28日，美國東初禪寺、北美護法會受邀參與佛教環球賑濟（Buddhist Global Relief）發起的「健行救飢民」（Walk to Feed the Hungry）活動，由監院常華法師、常灌法師帶領近二十位護法信眾參加。

　　活動首先由常灌法師帶領大眾，運用禪修方法慢行，走往位於紐約上西區的聖母教堂（Church of Notre Dame）；常華法師應邀分享聖嚴師父當年來到美國，曾帶著弟子暫住街頭、三餐不濟，仍對佛法抱持信心，隨時隨地運用禪法，保持身心輕鬆平和，勉勵眾人用「布施、愛語、利行、同事」四攝法來造福人群，成就眾生。

　　佛教環球賑濟創辦人菩提比丘（Ven. Bhikkhu Bodhi），最後邀請眾人運用

大眾運用禪修的方法健行，喚起全球對受飢民眾的重視，進而提供幫助。

四無量心的「喜」，觀想受苦的眾生在接受協助與祝福後，成為協助他人的一份子，共同將「喜」傳承下去。

「健行救飢民」活動結合全美各漢傳、藏傳、南傳等佛教團體，喚起全球大眾對受困於飢餓民眾的重視，進而提供援助。

● 11.03～05

馬來西亞大專佛教教育發展工作營
常藻法師分享弘法生命力

11月3至5日，馬來西亞道場監院常藻法師，受佛教青年大專協調委員會教育小組之邀，於吉隆坡鶴鳴禪寺舉辦的「全國大專佛教教育發展工作營」中，擔任課程講師，分享學佛不只是辦活動，而辦活動的過程也在修學佛法，共有十五所大專校院、近七十位佛學會理事參與。

常藻法師藉由自我覺察的活動引導，帶領眾人覺察自己的慣性，引導學員思考溝通的障礙為何？提醒大眾練習放下自我，時時覺照當下整體環境的需要，做到真正的聆聽與適當的回應。

擔任佛學會理事須具備哪些心態？法師說明，成就事情不難，重要的是能否把握因緣借境鍊心，只要能將每件事當成是修行的機會，承擔工作就不會有壓力，反而能歡喜學習；「修行的機會」就是練習不把自我放進事情當中，單純接受和融入當下因緣。

最後，常藻法師鼓勵眾人了解自己的角色與著力點，提昇護法衛教的願心。

常藻法師引導馬來西亞各地佛學會理事思考及討論，了解推廣佛法的核心精神。

● 11.04～05

方丈和尚北美弘法關懷——溫哥華
分享以智慧化解世代差異

於溫哥華道場的演講中,方丈和尚分享以佛法智慧轉化自我,才能化解世代差異。

接續美國新澤西州、舊金山弘法關懷行之後,方丈和尚果東法師轉往加拿大,11月4日於溫哥華道場以「福慧傳家——世代的差異與融合」為題,從個人生命、家庭與世代之間的差異,深入淺出分享佛法的智慧妙用,共有三百二十多位民眾到場聆聽。

方丈和尚說明,傳家的意義在於安定社會,最終目的則是體悟生老病死、緣起性空。面對生病,要心生感恩;面對生命,若任務已圓滿,即使想留也留不住。「人生如同一篇文章,也有起承轉合。」方丈和尚期勉大眾承擔生命、轉化生命,時時抱持珍惜當下、結好緣的正面態度。

針對世代融合議題,方丈和尚表示,化解、融合世代差異的關鍵,在於如何轉化、淡化自我和淨化心靈,遇到境界能夠轉化,才能超越自我,生起智慧。

5日,溫哥華道場舉辦榮譽董事感恩分享會,方丈和尚到場關懷。監院常悟法師帶領大眾持誦《心經》、〈大悲咒〉、「觀世音菩薩」聖號,也提醒自己不忘「學觀音、做觀音」的願心。

● 11.11～18期間

常遠法師、常順法師澳洲弘法關懷
舉辦講座 期勉回歸學佛本懷

11月11至18日,護法總會副都監常遠法師、僧大副院長常順法師於澳洲雪梨分會、墨爾本分會弘法關懷,並舉辦「中華禪法鼓宗」、「佛教的生命觀與自我覺醒」佛學講座,期勉信眾回歸學佛的本懷,自利利他。

常遠法師在「中華禪法鼓宗」講座中,精析講述中華禪法鼓宗的創立與特色,說明聖嚴師父重視在日常生活落實禪修,大眾學習禪修即有著力點與依循的方向,方便接引更多人親近學佛之門。法師也分享法鼓山的禪修架構、方

常遠法師（第二排右四）、常順法師（第二排右五）雪梨弘法關懷，與悅眾歡喜合影。（第二排右三為護法會輔導法師常續法師）。

法，鼓勵大眾透過禪修學習不受外境所擾的智慧。

「佛教的生命觀與自我覺醒」講座，則由常順法師主講，法師介紹原為悉達多太子的釋尊，放下既有的名利權勢，出家求道，不斷經歷人生價值觀的轉化與自我革命，終以人身悟得生命究竟圓滿的實相，成為自我覺醒的最佳典範；也引聖嚴師父所言「生命的意義，是為了盡責與負責；生命的價值，是為了感恩及奉獻；生命的目的，是為了許願及還願」，以自覺覺他翻轉生命經驗。

● 11.16

泰國媒體參訪法鼓山園區
體驗漢傳佛教清淨攝受

十餘位來自泰國的媒體、文字工作者，11月16日由外交部駐泰大使童振源、泰國護法會輔導法師常學法師陪同，參訪法鼓山園區，由方丈和尚果東法師代表接待，進行交流。

茶敘時，一行人對於如何來法鼓山參學、如何參加泰國分會的活動等，展開熱烈提問。方丈和尚說明，法鼓山著重以教育提昇人品、培養各方面推動世界淨化的人才；也介紹文理學院、僧大的辦學特色，培育從事大普化、大關懷及學術研究的人才，研究與修行並進，才能開發出真正的智慧。

適逢大悲心水陸法會場佈，參訪團巡禮各殿堂的壇場淨教，並走訪了法鼓禮讚圖、七棵雀榕、圖資館、大殿與祈願觀音殿、

常學法師（右四）陪同童振源大使（左三）、泰國媒體一行，參訪法鼓山園區，認識漢傳禪佛教。

法華鐘樓，對園區寧靜、清淨的氛圍，以及義工身影，留下深刻的印象。

　　規畫此次參訪行程的童振源大使表示，9月曾拜訪泰國護法會，認識漢傳禪法；此行安排媒體親訪法鼓山園區，希望能讓信奉佛教的泰國，了解、親近漢傳禪佛教。

● 12.31

馬來西亞「LIFE現在就是未來」倒數活動
生命對談　學習祝福轉好念

　　12月31日，馬來西亞道場與馬來西亞佛教青年總會、國際佛光會馬來西亞協會，於吉隆坡馬華大廈共同舉辦「LIFE現在就是未來」跨年倒數活動，有近六百人參加。

　　活動內容包括才藝表演、生命對談會、倒數演唱會。馬來西亞道場兒童生命教育課程二十二位小學員，上台演示法鼓八式動禪，也透過歌曲向大眾介紹動禪十六字心法。

　　生命對談會邀請聖嚴師父法子繼程法師、患有腦性麻痺的超級馬拉松選手曾志龍與談。「祝福別人前，先學會祝福自己。」法師建議每天晨起先給自己一個微笑，期勉眾人不需執著過去好壞，將過去留下的痕跡，轉化為善的、對他人有益的力量，並好好地發揮出來；曾志龍說明，只要不放棄生命，就能創造更多價值，鼓勵大眾以正面心態接受挑戰，為社會帶來更多正向能量。

　　跨年倒數前，監院常藻法師分享新年許願的核心「種善因」，時時以佛法的觀念來調心，不管遇到順境逆境，都能保有內心的平靜與安定。

馬來西亞跨年活動中，兒童生命教育課程學員為大眾演示法鼓八式動禪。

大事記

1月 JANUARY

01.01

◆ 《人生》雜誌第 401 期出刊，本期專題「開啟自家寶 —— 認識如來藏」。

◆ 《法鼓》雜誌第 325 期出刊。

◆ 法鼓文化出版新書：《福慧傳家——修福修慧，安心安家；六度萬行，傳心傳家。》
（人間淨土系列，聖嚴法師著，法鼓文化編輯部選編）、《念佛生淨土》（學佛入門
系列，聖嚴法師著）、《念佛生淨土（大字版）》（家中寶系列，聖嚴法師著）。

◆ 《金山有情》季刊第 59 期出刊。

◆ 《法鼓文理學院校刊》第 10 期出刊。

◆ 《護法季刊》復刊第 9 期出刊。

◆ 迎接元旦新年，臺中寶雲寺邀請大眾到寺院做早課，共有四百多位信眾以持誦〈楞嚴
咒〉迎接自心第一道曙光。

◆ 法鼓山網路電視台每月「主題影片」單元，1 月播出「拜懺迎好年 —— 為心靈除舊布
新」，精選聖嚴師父相關的開示影片，引領大眾重溫師父的智慧開示。

◆ 1 至 2 日，香港道場於九龍會址舉辦慈悲三昧水懺法會，由僧團副住持果品法師主
法，共有九百多人次參加。

◆ 美國新澤西州分會舉辦念佛禪一，由美國東初禪寺監院常華法師擔任總護，共有二十
多人參加。

◆ 美國芝加哥分會舉辦半日禪，由悅眾擔任總護，有近二十人參加。

◆ 美國普賢講堂舉辦佛一暨八關戒齋，由果啟法師帶領，有近三十人參加。

01.02

◆ 臺南分院舉辦禪一，由常越法師擔任總護，共有五十多人參加。

01.03

◆ 慈基會延續 2016 年 12 月 10 日起舉辦的 105 年度「法鼓山歲末關懷」系列活動，至
2017 年 1 月 22 日期間，陸續於全臺各地分院、護法會辦事處展開，合計二十個關懷
據點，共關懷近三千戶家庭。

01.04

◆ 4 至 18 日，普化中心每週三晚上於北投農禪寺舉辦「法鼓講堂」佛學課程，由果徹
法師主講「追隨覺者的足跡，通往覺悟之路——三十七道品」；課程同時於「法鼓
山心靈環保學習網」線上直播，提供全球學員上網聽講，並參與課程討論。

◆ 聖基會舉辦歲末感恩聯誼活動，方丈和尚果東法師到場關懷，並分享人生要有理，共
有五十多人參加。

01.05

◆ 5 至 12 日，禪堂舉辦精進禪七，邀請聖嚴師父法子繼程法師主七，常源法師擔任總護，有近一百七十人參加。

◆ 法鼓文理學院舉辦專題講座，邀請中央研究院社會學研究所博士後研究張馥瑋主講「都市社造的物質基礎 —— 臺北第一街的社造經驗」，共有五十多人參加。

01.07

◆ 臺北安和分院舉辦禪一，由常弘法師擔任總護，有近一百三十人參加。

◆ 1 月 7 日至 12 月 16 日，蘭陽精舍週六舉辦「蘭陽講堂」系列講座，共十場。7 日首場由文化中心副都監果賢法師，以「人生不過期，智慧恆久遠」為題，分享聖嚴師父出版《人生》雜誌的願心，勉勵大眾過宗教的生活，以佛法提昇生命，有近一百人參加。

◆ 1 月 7 日至 5 月 20 日，傳燈院週六或週日於桃園齋明別苑舉辦「遇見心自己」課程，共八堂，由副寺常雲法師帶領認識情緒，以禪修調柔自心，有近三十人參加。

◆ 1 月 7 日至 5 月 13 日，傳燈院週六於高雄紫雲寺舉辦「遇見心自己」課程，共八堂，由監院常參法師帶領認識情緒，以禪修調柔自心，有近四十人參加。

◆ 1 月 7 日至 12 月 30 日，人基會與教育廣播電台合作製播《幸福密碼》節目，邀請各界人士及專家學者，分享生命故事及人生經歷，每季由聲樂家張杏月、《點燈》節目製作人張光斗、作家許悔之、資深媒體人陳月卿擔任主持人，節目每週日下午於該台各地頻道播出。

01.08

◆ 護法總會及各地分院聯合舉辦「邁向 2017 福慧傳家 —— 歲末感恩分享會」，於國內法鼓山園區、北投農禪寺、三峽天南寺、桃園齋明寺、臺中寶雲寺、臺南分院、雲集寺、高雄紫雲寺、臺東信行寺、蘭陽精舍以及護法會花蓮辦事處，與海外的馬來西亞道場、新加坡護法會，共十三個地點同步展開，方丈和尚果東法師於主現場寶雲寺，與各地僧團法師、八千多位信眾，感恩珍惜擁有，彼此互道祝福，凝聚護法弘法的向心力。

◆ 美國新澤西州分會舉辦半日禪，由悅眾擔任總護，有近二十人參加。

◆ 加拿大多倫多分會舉辦專題講座，由美國加州舊金山道場監院常悟法師主講「漢傳佛教淨土思想演變」，有近四十人參加。

01.10

◆ 方丈和尚果東法師於北投雲來寺大殿，對僧團法師、全體專職精神講話，主題是「敬業與奉獻」，全臺各分院道場同步視訊連線聆聽開示，有近三百人參加。

01.12

◆ 北投農禪寺舉辦禪一，由常鐘法師擔任總護，共有一百七十多人參加。

◆ 法鼓文理學院於德貴學苑舉辦專題講座，邀請聖嚴師父法子繼程法師主講「禪觀生死」，分享解脫生死的佛法知見與修行方法，共有四百五十多人參加。

01.13

◆ 13 至 15 日，傳燈院於三義 DIY 心靈環保教育中心舉辦精進禪二，由演正法師擔任總護，有近六十人參加。

◆ 13 至 15 日，傳燈院於法鼓山園區舉辦社工舒活二日營，由常願法師擔任總護，有近八十人參加。

01.14

◆ 1 月 14 日至 11 月 11 日，高雄紫雲寺週六舉辦「法鼓文理講堂」，共六場。1 月 14 日首場由法鼓文理學院社會企業與創新碩士學位學程助理教授吳正中主講「賺錢 v.s 公益 —— 魚與熊掌能否兼得？」，說明社會企業努力的方向是兼顧社會、環境與經濟三個面向的永續發展，有近一百四十人參加。。

◆ 社大萬里幼童軍團於新北市萬里國小舉辦歲末感恩會，感恩義工、家長的護持與奉獻，共有六十人參加。

◆ 加拿大溫哥華道場舉辦歲末感恩茶會，感恩義工的護持與奉獻，監院常悟法師等出席關懷，有近一百四十人參加。

◆ 14 至 18 日，馬來西亞北方大學（Northern University of Malaysia）佛學輔導班「北緣之家」，於馬來西亞道場舉辦傳承營，由監院常藻法師擔任駐營及課程法師，並由悅眾帶領法鼓八式動禪、禪坐和禪修教學，共有三十位新舊任執委參加。

01.15

◆ 臺北中山精舍舉辦 Fun 鬆一日禪，由常弘法師擔任總護，有近六十人參加。

◆ 1 月 15 日至 11 月 12 日，桃園齋明別苑週日舉辦「心光講堂」系列講座，全年共六場。15 日首場邀請阿原肥皂創辦人江榮原主講「清潔就是一種修行」，分享清潔的修行體悟，共有一百二十多人參加。

◆ 社大金山幼童軍團於新北市金美國小舉辦歲末感恩會，感恩義工、家長的護持與奉獻，共有四十人參加。

◆ 法鼓山於總本山舉辦「第二十二屆佛化聯合婚禮」，邀請前副總統蕭萬長伉儷擔任證婚人，吳東亮伉儷、張昌邦伉儷分別擔任主婚人及介紹人，並由方丈和尚果東法師授三皈五戒，共同為四十九對新人祝福。

◆ 法行會於臺北國賓飯店舉辦第一八六次例會，由普化中心副都監果毅法師導讀《法鼓全集》，有近一百九十人參加。

◆ 美國洛杉磯道場舉辦歲末感恩聯誼會，監院果見法師出席關懷，感恩義工長期護持，共有一百五十多人參加。

◆ 美國新澤西州舉辦半日禪，由悅眾擔任總護，有近二十人參加。

◆ 美國普賢講堂舉辦佛學講座，由果啟法師主講「此生到來生 —— 跨越生死牢籠」，有近四十人參加。

01.16

◆ 法鼓文理學院校長惠敏法師應日本岐阜聖德學園大學之邀，於該校的「成人禮」儀式中，以「安寧療護臨床宗教師說法實例」為題，舉行專題演講，並與該校校長藤井德行共同簽署學術交流合約，增進合作發展。

01.17

◆ 僧團中午於法鼓山園區舉辦歲末圍爐，共有兩百多位僧眾參加；下午於開山紀念館辭歲禮祖，除了觀看聖嚴師父的開示影片，也接受方丈和尚果東法師的祝福。

01.18

◆ 18 至 25 日，禪堂於三峽天南寺舉辦青年初階禪七，由常義法師擔任總護，有近六十位青年學員參加。

◆ 18 至 23 日，美國法鼓山佛教協會（Dharma Drum Mountain Buddhist Association, DDMBA）、全球女性和平促進會（The Global Peace Initiative of Women, GPIW）和地球憲章（Earth Charter International）於哥斯大黎加舉辦「氣候變遷的內在面向」（Inner Dimensions of Climate Change）會議，就永續地球未來議題，由果禪法師、常濟法師帶領討論與分享，有近三十位美洲各國青年參加。

01.20

◆ 20 至 22 日，臺北中山精舍舉辦「冬季兒童心靈環保體驗營」，由教聯會師資帶領，透過各種互動課程，體驗禪修的專注與放鬆，有近七十位國小學童參加。

01.21

◆ 21 至 22 日，臺南雲集寺舉辦「冬季兒童心靈環保體驗營」，由教聯會師資帶領，藉由佛法故事的啟發，學習禮儀威儀，並從人我互動中培養惜福感恩的心，有近一百一十位國小學童參加。

◆ 21 至 22 日，高雄紫雲寺舉辦冬季青年營，以「我們‧行」為主題，鼓勵青年以實際行動關懷世界，青年院監院常炬法師到場關懷，有近一百位學員參加。

◆ 1 月 21 日至 11 月 11 日，高雄紫雲寺舉辦「法鼓青年開講」系列講座，共六場。21日首場邀請東華大學民族事務與發展學系助理教授黃盈豪與常法法師對談「智慧相對論」，分享社會實踐的相對智慧，共有一百六十多人參加。

◆ 美國東初禪寺舉辦英文禪一，邀請聖嚴師父西方弟子哈利‧米勒（Harry Miller）擔

任總護，共有十多人參加。

◆ 美國舊金山道場舉辦專題演講，由演本法師主講「法鼓山的義工如何把佛法落實到生活中」，說明義工的修行是實踐法鼓山的理念，將佛法「運用在日常生活中改善自己的習性」，就是「提昇人的品質」，讓「社會關係更和諧與幸福」，就是「建設人間淨土」，共有七十多人參加。

◆ 加拿大溫哥華道場舉辦歲末出坡普請，監院常悟法師開示普請的意義，勉勵大眾掃地的同時，也將心地掃除乾淨，共有一百多人參加。

01.22

◆ 美國普賢講堂舉辦 Fun 鬆一日禪，由果啟法師擔任總護，共有三十一人參加。

01.27

◆ 法鼓山園區舉辦除夕彌陀普佛法會，共有三百多人參加。

◆ 法鼓山園區舉辦「除夕祈福撞鐘」活動，方丈和尚果東法師、首座和尚惠敏法師、前總統馬英九、內政部長葉俊榮、臺北市副市長鄧家基等共同敲響第一百零八響法華鐘聲，方丈和尚揭示 2017 年法鼓山社會關懷主題「福慧傳家」，勉勵大眾，從照顧好自己的家，以及生活環境做起，進而為社會傳遞正向的溫暖與祝福，有近三千人參加。

◆ 桃園齋明寺舉辦除夕禮佛大懺悔文晚課，由監院果舟法師帶領，勉勵大眾學習佛陀的智慧與慈悲，讓自己的善根成長茁壯，有近五十人參加。

◆ 臺中寶雲寺舉辦除夕彌陀普佛法會，由監院果理法師帶領，有近八十人參加。

◆ 臺東信行寺舉辦除夕禮佛大懺悔文晚課，由監院常全法師帶領，共有二十多人參加。

◆ 加拿大溫哥華道場舉辦除夕大悲懺法會，由監院常悟法師帶領，有近一百人參加。

◆ 馬來西亞道場舉辦除夕拜懺法會，由演祥法師開示拜懺的起源與意義，共有五十多人參加。

01.28

◆ 1 月 28 日至 10 月 31 日，法鼓山於園區第二大樓活動大廳、開山紀念館分別舉辦「十年傳師願 —— 二十一世紀漢傳佛教勝會」、「走進東初老人的傳承與家風」特展，帶領大眾回顧大悲心水陸法會十年的演進、東初老人的悲願與洞見。

◆ 1 月 28 日至 2 月 1 日，法鼓山園區舉辦新春系列活動，內容包括祈福法會、供燈、鈔經、版畫拓印、初心奉茶等，大年初一首場新春祈福法會，有近千位民眾參與，啟動福慧傳家的一年。

◆ 28 至 30 日，北投農禪寺舉辦新春系列活動，除了平安祈福法會，並以四種環保為內涵，包括大手小手送祝福、故事屋、幸福手作、尋寶記、擊鼓體驗等親子同樂，以及樂悅禪遊、雲水行禪、鈔經等禪悅體驗，傳遞新春的祝福。

◆ 1 月 28 日至 5 月 31 日，北投農禪寺於開山農舍舉辦「菩提達摩 —— 中國禪宗初祖西來指人心，禪法傳東土」、「嚴峻下的慈悲 —— 東初老人與聖嚴師父的師徒故事」

與「從老農禪到新水月 —— 3D 重現農禪寺的建築演變」等三項特展，帶領大眾溯源法鼓山傳承的禪宗法脈與農禪寺的建築演變。

◆ 28 至 30 日，北投中華佛教文化館舉辦新春千佛懺法會，由僧團副住持果祥法師帶領，法師勉勵大眾，以禮拜千佛讓心調柔，增福增慧，每日有近八十人參加。

◆ 臺北安和分院舉辦新春普佛法會，由僧團副住持果燦法師主法，共有五百多人參加。

◆ 28 至 30 日，蘭陽精舍舉辦新春系列活動，包括祈福法會、茶禪、益智遊戲、影片欣賞等，共有兩百七十多人次參加。

◆ 1 月 28 日至 2 月 1 日，三峽天南寺舉辦新春系列活動，包括祈福法會、供燈、供花、撞鐘、禪修體驗、音樂饗宴等，引領民眾在生活中運用佛法，在遊戲中體驗禪修，共有兩千七百多人次參加。

◆ 28 至 30 日，桃園齋明寺舉辦新春慈悲三昧水懺法會，由常順法師主法，方丈和尚果東法師於圓滿日到場關懷，勉勵大眾以佛法迎向福慧日增的人生，有近八百人次參加。

◆ 桃園齋明別苑舉辦新春普佛法會，由副寺常雲法師帶領；同時並有「福慧傳家——人生福氣啦！」特展，以小木屋裝置及繽紛插畫，和小朋友分享聖嚴師父法語，共有三百多人次參加。

◆ 臺中寶雲寺舉辦新春普佛法會，由護法總會監院常應法師主法，共有五百多人參加。

◆ 南投德華寺舉辦新春普佛法會，由副寺果弘法師帶領，有近六十人參加。

◆ 臺南分院舉辦新春普佛法會，由常空法師帶領，有近兩百八十人參加。

◆ 臺南雲集寺舉辦新春普佛法會，由果顯法師帶領；同時間並有新春系列活動，包括影音宣流心劇場、感恩奉茶印古趣、鈔經體驗等，趣味多元，更具教育意涵，共有三百多人次參加。

◆ 28 至 30 日，高雄紫雲寺舉辦新春千佛懺法會，由常襄法師主法，法師勉勵大眾修福修慧，安心安家，六度萬行，傳心傳家，共有四千一百多人次參加。

◆ 臺東信行寺舉辦新春普佛法會，由監院常全法師帶領，共有一百一十多人參加。

◆ 美國東初禪寺上午舉辦新春普佛法會、下午舉行新春藥師法會，由常諦法師帶領，共有一百五十多人次參加。

◆ 美國洛杉磯道場舉辦新春《金剛經》持誦共修，由監院果見法師帶領；同時間並有禪藝插花暨墨寶展、敲鐘祈福、法寶御守、親子手作天燈等，共有兩百多人參加。

◆ 1 月 28 日至 2 月 1 日，美國舊金山道場舉辦新春祈福法會，由監院常惺法師帶領，同時間並有書法揮毫、迎福創意手作、鈔經、茶禪體驗等，共有四百多人次參加。

◆ 加拿大溫哥華道場舉辦新春普佛法會，由監院常悟法師帶領，有近一百八十人參加；同時間另有中英雙語賀歲活動，包括茶禪、藝文表演等，有近三百位東、西方人士參加。

◆ 馬來西亞道場舉辦新春普佛法會，由監院常藻法師帶領，共有一百四十多人參加。

◆ 香港道場於九龍會址舉辦新春普佛法會，由僧團副住持果品法師主法；法會圓滿後，大眾以茶禪相聚，果品法師以茶為題，分享學佛好人生，共有七百多人次參加。

◆ 28 至 29 日，美國新澤西州分會舉辦新春普佛法會，由美國東初禪寺住持果元法師帶領，共有一百九十多人次參加；同時間另有茶禪、包餃子、搓湯圓等，邀請大眾團圓過春節。

◆ 28 至 29 日，北美護法會波士頓普賢講堂舉辦新春普佛法會，由果啟法師帶領，勉勵大眾透過普佛，開啟本自具足、清淨光明的佛性，有近一百六十人次參加。

◆ 加拿大多倫多分會上午舉辦新春大悲懺法會,由果界法師帶領,共有五十多人參加;下午舉辦專題講座,由常格法師主講「觀音法門」,介紹大悲懺法、大悲咒。

01.29

◆ 臺中寶雲寺舉辦新春大悲懺法會,由護法總會監院常應法師主法,共有三百三十多人參加。

◆ 臺東信行寺舉辦新春觀音法會,由監院常全法師帶領,共有六十多人參加。

◆ 美國東初禪寺舉辦新春特別講座,由住持果元法師分享「雞同鴨講說智慧」,以禪宗公案故事,勉勵大眾遇到困境時,提起信念、轉化心境,外境與心就不會「雞同鴨講」,共有兩百多人參加。

◆ 美國洛杉磯道場舉辦新春藥師法會,由監院果見法師帶領;同時間並有禪藝插花暨墨寶展、敲鐘祈福、法寶御守、親子手作天燈等,共有兩百多人參加。

◆ 加拿大溫哥華道場舉辦新春藥師法會,由監院常悟法師帶領,有近一百四十人參加;同時間另有中英雙語賀歲活動,包括茶禪、藝文表演等,共有兩百五十多位東、西方人士參加。

◆ 北美護法會新澤西州分會舉辦新春《金剛經》持誦共修,由常護法師帶領,有近一百人參加。

◆ 緬懷聖嚴師父師恩與教誨,加拿大多倫多分會舉辦「法鼓傳燈日」活動,由常格法師擔任總護半日禪,共有四十多人參加。

01.30

◆ 臺北安和分院舉辦新春大悲懺法會,由僧團副住持果燦法師主法,共有六百多人參加。

◆ 臺中寶雲寺舉辦新春慈悲三昧水懺法會,由護法總會監院常應法師主法,共有四百多人參加。

◆ 南投德華寺舉辦新春大悲懺法會,由副寺果弘法師帶領,有近六十人參加。

◆ 臺南分院舉辦新春大悲懺法會,由常空法師帶領,期勉大眾安處各種境地,化被動為主動,學習觀世音菩薩千手千眼,以成就他人廣結善緣,有近一百九十人參加。

◆ 臺南雲集寺舉辦新春大悲懺法會,由果顯法師帶領,有近一百一十人參加。

◆ 臺東信行寺舉辦新春大悲懺法會,由監院常全法師帶領,有近八十人參加。

◆ 1月30日至2月4日,禪堂於園區舉辦新春禪五,由演定法師擔任總護,有近一百六十人參加。

◆ 美國洛杉磯道場舉辦新春大悲懺法會,由監院果見法師帶領;同時間並有禪藝插花暨墨寶展、敲鐘祈福、法寶御守、親子手作天燈等,共有一百多人參加。

01.31

◆ 1月31日至2月1日,桃園齋明寺舉辦新春系列活動,包括園遊會、茶禪、藝文表演等,共有九百多人次參加。

◆ 高雄三民精舍舉辦新春普佛法會,由果稱法師帶領,有近一百人參加。

◆ 美國洛杉磯道場舉辦新春念佛共修,由監院果見法師帶領;同時間並有禪藝插花暨墨寶展、敲鐘祈福、法寶御守、親子手作天燈等,共有一百多人參加。

◆ 馬來西亞怡保共修處舉辦新春普佛法會,由監院常藻法師帶領,有近四十人參加。

2月 FEBRUARY

02.01

◆ 《人生》雜誌第 402 期出刊,本期專題「與佛菩薩團圓」。

◆ 《法鼓》雜誌第 326 期出刊。

◆ 法鼓文化出版新書:《學佛知津》(學佛入門系列,聖嚴法師著)、《受戒 50問》(學佛入門 Q&A 系列,法鼓文化編輯部編著)、英文書《中阿含研究論文集》(*Research on the Madhyama-āgama*)(法鼓文理學院論叢,Bhikkhunī Dhammadinnā 法樂法師主編)。

◆ 法鼓山網路電視台每月「主題影片」單元,2 月播出「福慧傳家(一)—— 修福修慧,安心安家;六度萬行,傳心傳家」,精選聖嚴師父相關的開示影片,引領大眾重溫師父的智慧開示。

02.03

◆ 臺東信行寺舉辦元宵燃燈供佛法會,由監院常全法師帶領,有近四十人參加。

◆ 緬懷聖嚴師父師恩與教誨,香港道場於九龍會址舉辦「法鼓傳燈日」活動,進行傳燈法會,由寺院管理副都監常寬法師主法,法師勉眾效法師父小時候吃香蕉與人分享的精神,與人分享佛法,共有三百多人參加。

◆ 美國西雅圖分會舉辦新春佛法講座,由常格法師主講「學佛路上的善知識」,分享聖嚴師父的行誼,引導大眾省思學佛方向,共有五十多人參加。

02.04

◆ 聖嚴師父圓寂八週年,法鼓山園區、農禪寺、臺北安和分院、三峽天南寺、桃園齋明寺、齋明別苑、臺中寶雲寺、臺南分院、雲集寺、高雄紫雲寺、臺東信行寺、蘭陽精舍,同步舉辦「大悲心起 願願相續 —— 法鼓傳燈法會」,方丈和尚於主現場法鼓山園區,透過視訊連線對大眾開示,並主持傳燈儀式,有近六千一百位信眾共同緬懷聖嚴師父教澤及開啟慧命的法乳深恩。

◆ 基隆精舍舉辦新春普佛法會,由副寺果榀法師帶領,共有七十多人參加。

◆ 臺東信行寺舉辦專題講座,邀請成功大學經濟系教授許永河主講「學佛的人可以有錢嗎?」,共有四十多人參加。

◆ 緬懷聖嚴師父師恩與教誨,4 至 8 日,美國東初禪寺舉辦「法鼓傳燈週」活動,進行

念佛共修，由監院常華法師擔任總護，並觀看聖嚴師父開示影片，共有一百五十多人
次參加。

◆ 美國洛杉磯道場舉辦「法鼓傳燈日」活動，進行禪坐共修，由監院果見法師擔任總護，
並進行傳燈儀式，也安排悅眾分享親近法鼓山的因緣，以及學佛帶來生命的轉變，
有近七十人參加。

◆ 美國舊金山道場舉辦「法鼓傳燈日」活動，由監院常惺法師帶領大悲懺法會，並進行
傳燈儀式，法師勉勵大眾時時提起菩提心、實踐菩薩行，共有六十多人參加。

◆ 4 至 5 日，美國新澤西州分會舉辦「法鼓傳燈日」活動，由美國東初禪寺住持果元法
師帶領禪一及半日禪，並開示《楞嚴經》觀世音菩薩耳根圓通法門，共有一百一十多
人次參加。

◆ 美國芝加哥分會舉辦新春祈福法會，由悅眾帶領，有近四十人參加；同時間並有新春
系列活動，包括念佛共修、茶禪、藝文表演等，共有六十多人參加。

◆ 美國西雅圖分會舉辦「法鼓傳燈日」活動，進行禪一，由果界法師擔任總護，共有三
十多人參加。

02.05

◆ 高雄紫雲寺舉辦佛學講座，由果謙法師主講「觀禪與淨土」，從《圓覺經》及唯識學
的觀點，解說禪修與淨土法門的活用，勉勵大眾認真思惟生命的意義與價值，有近兩
百人參加。

◆ 法行會於北投農禪寺舉辦第一八七次例會，進行新春祈福法會，方丈和尚果東法師到
場關懷，共有兩百三十多人參加。

◆ 緬懷聖嚴師父師恩與教誨，馬來西亞道場舉辦「法鼓傳燈日」活動，由監院常藻法師
帶領傳燈法會，多位常住法師並分享師父的行誼身教，共有一百三十多人參加。

◆ 美國芝加哥分會舉辦「法鼓傳燈日」活動，進行半日禪，由悅眾擔任總護，共有二十
多人參加。

◆ 美國西雅圖分會舉辦新春藥師法會，由果界法師帶領，共有六十多人參加。

◆ 美國普賢講堂舉辦「法鼓傳燈日」活動，由果啟法師帶領念佛共修，共有四十多人
參加。

◆ 澳洲雪梨分會於雪梨佛教圖書館（Buddhist Library）舉辦「法鼓傳燈日」活動，進行
傳燈法會，由常續法師主法，法師勉勵大眾，只要能夠用上佛法、分享佛法，就是對
師父最好的供養，共有三十多人參加。

02.06

◆ 6 至 11 日，教聯會於三峽天南寺舉辦教師禪五，由常正法師、常獻法師擔任總護，
有近一百一十人參加。

◆ 美國西雅圖分會舉辦新春佛法講座，由果界法師主講「學佛，學活」，共有四十多人
參加。

◆ 美國普賢講堂舉辦 Fun 鬆一日禪，由果啟法師擔任總護，有近三十人參加。

02.07

◆ 基隆精舍舉辦元宵燃燈供佛法會,由副寺果樞法師帶領,有近一百人參加。

02.08

◆ 2月8日至3月15日,普化中心每週三晚上於北投農禪寺舉辦「法鼓講堂」佛學課程,由果醒法師主講「楞嚴與圓覺」;課程同時於「法鼓山心靈環保學習網」線上直播,提供全球學員上網聽講,並參與課程討論。

◆ 8至18日,僧大於法鼓山園區舉辦「第十四屆生命自覺營」,於短期出家生活中,透過梵唄、戒律、禪修、出坡等修行體驗,覺醒生命的價值、省思人生的方向,共有一百三十七位來自臺灣、美國、加拿大、荷蘭、東南亞等地青年參加。

02.09

◆ 北投農禪寺舉辦禪一,由常修法師擔任總護,共有一百八十多人參加。

◆ 南投德華寺舉辦元宵燃燈供佛法會,由副寺果弘法師帶領,有近五十人參加。

◆ 為推廣念佛禪,9至23日,禪修中心每週四於臺中寶雲寺舉辦「念佛禪講座」,共三場。9日首場由禪堂監院常乘法師主講「念佛禪概說」,介紹念佛禪的梗概,說明念佛禪是無相念佛,不求感應,清清楚楚知道自己在念佛,共有五百多人參加。

02.10

◆ 10至17日,青年院於法鼓文理學院舉辦冬季青年卓越禪修營,以「開始練習心的卓越」為主題,由監院常炬法師擔任總護,有近一百人參加。

◆ 10至12日,香港道場於當地佛聯會沙田活動中心舉辦精進禪二,由悅眾擔任總護,有近五十人參加。

02.11

◆ 北投農禪寺舉辦元宵燃燈供佛法會,由監院果毅法師帶領,並有吃元宵、提燈籠、猜燈謎等傳統節慶活動,共有一千三百多人參加。

◆ 桃園齋明寺舉辦元宵燃燈供佛法會,由監院果舟法師主法,有近兩百人參加。

◆ 臺中寶雲寺舉辦元宵燃燈供佛法會,由監院果理法師帶領,法師勉勵大眾實踐「四感」,便能修福修慧,事事圓滿,有近三百人參加。

◆ 11至12日,傳燈院於北投雲來寺舉辦「心靈環保 SRE 共識營」課程,由常願法師帶領,共有一百五十位來自宜蘭、基隆、大臺北地區推廣禪修的種子學員、義工參加。

◆ 11至12日,傳燈院於愛群大廈舉辦「遇見心自己(國中班)」課程,由禪坐會悅眾帶領認識情緒,以禪修調柔自心,有近二十人參加。

◆ 法行會參訪臺中寶雲寺,並與護法總會副總會長陳治明、法行會中區分會會長卓伯源等中部悅眾,進行會務交流,監院果理法師到場關懷,包括會長許仁壽、副會長樂

秀成，共有六十多人參加。

◆ 美國東初禪寺舉辦元宵燃燈供佛法會，由監院常華法師帶領，有近六十人參加。

◆ 馬來西亞道場舉辦元宵燃燈供佛法會，演香法師期勉大眾，發願向佛菩薩學習，點亮
自己慈悲與智慧的心燈，共有一百多人參加。

◆ 美國普賢講堂舉辦元宵燃燈供佛法會，由果啟法師帶領，共有七十多人參加。

◆ 加拿大多倫多分會舉辦禪一，有近二十人參加。

02.12

◆ 臺北安和分院舉辦佛法與醫學講座，以「從佛法與醫學談老年身心靈保健」為主題，
邀請前臺大醫院院長戴東原、精神專科醫師褚得利、仁濟安老所所長陳維萍與法鼓
文理學院校長惠敏法師，進行座談，共有四百多人參加。

◆ 榮譽董事會於北投農禪寺舉辦新春祝福，內容包括祈福法會、觀看聖嚴師父開示影
片，方丈和尚果東法師到場關懷，共有一千一百多人參加。

◆ 護法會彰化辦事處舉辦普佛法會，由果雲法師帶領，共有一百多人參加。

◆ 2月12日至10月15日，美國東初禪寺舉辦週日講座，由常齋法師主講「讀《參禪法
要》」，有近五十人參加。

◆ 美國新澤西州分會舉辦半日禪，由常護法師擔任總護，有近三十人參加。

02.13

◆ 國道五號發生遊覽車翻落邊坡意外事故，法鼓山於第一時間啟動緊急救援系統，並祈
請大眾齊心念佛迴向罹難者及傷難家屬，方丈和尚果東法師亦勸請民眾自助助人，為
臺灣及世界祈福。

02.14

◆ 2月14日至7月4日，臺北中山精舍每週二舉辦佛學講座，邀請華梵大學中國文學
系副教授胡健財主講《楞嚴經》，有近八十人參加。

02.15

◆ 2月15日至6月14日，臺北中山精舍每週三下午舉辦佛學講座，由普化中心佛學課
程講師謝水庸主講「四聖諦」，有近一百人參加。

◆ 2月15日至6月14日，臺北中山精舍每週三晚間舉辦佛學講座，由普化中心佛學課
程講師溫天河主講「天台宗綱要」，有近四十人參加。

◆ 關懷13日國道五號遊覽車事故，慈基會祕書長果器法師偕同僧團法師、近百位助念
團義工，於15日前往臺北市立第二殯儀館舉行「追思祝福法會」，表達追思祝福。

02.16

◆ 16 至 19 日，法鼓山於園區舉辦「第二十二屆在家菩薩戒」第一梯次，由方丈和尚果東法師、首座和尚惠敏法師、副住持果暉法師擔任菩薩法師，共有五百七十九人受戒。

◆ 2 月 16 日至 6 月 15 日，臺北中山精舍每週四舉辦佛學講座，邀請鹿野苑藝文學會副會長周照煖主講「快樂從心起」，有近六十人參加。

◆ 禪修中心「念佛禪講座」，16 日於臺中寶雲寺舉行第二場，由禪修中心副都監果醒法師主講「禪不離淨，淨不離禪 —— 念佛禪的經典依據」，期勉大眾，隨時念佛，同時也要修福德，正行加上助行，才是真正修行念佛禪，有近六百人參加。

◆ 2 月 16 日至 4 月 1 日，人基會心劇團週四或週日於臺北德貴學苑舉辦「禪與藝工作坊 —— 甦醒」，共十堂，內容包括劇場遊戲、表演基礎訓練，邀請狸狸狸劇團團長朱芳儀帶領，共有二十多位學員參加。

02.17

◆ 2 月 17 日至 6 月 16 日，臺北中山精舍每週五上午舉辦佛學講座，邀請王育坤老師主講「佛教藝術」，介紹印度石窟藝術內涵及內容，有近六十人參加。

◆ 2 月 17 日至 5 月 19 日，臺北中山精舍每週五晚間舉辦佛法講座，由果傳法師主講「啟動幸福人生密碼」，有近六十人參加。

◆ 17 至 19 日，三峽天南寺舉辦念佛禪二，由監院常哲法師擔任總護，有近一百五十人參加。

◆ 17 至 20 日，美國象岡道場舉辦四日禪修營，由住持果元法師擔任總護，共有三十多人參加。

◆ 美國舊金山道場舉辦佛學講座，由北美護法會輔導法師常華法師主講《法華經》，共有三十多人參加。

02.18

◆ 美國舊金山道場舉辦禪一，由北美護法會輔導法師常華法師擔任總護，有近三十人參加。

02.19

◆ 2 月 19 日至 5 月 21 日，北投農禪寺每月週日舉辦佛曲教唱，由護法會合唱團悅眾分享唱歌技巧，並進行練唱指導，有近一百人參加。

◆ 2 月 19 日至 6 月 4 日，臺北安和分院隔週週日舉辦「大手拉小手 —— 同去・童趣」童趣班，共八堂，以親子共學為主軸，首堂課並進行親職講座，由教聯會師資分享父母如何引導學童養成好習慣，共有五十多位小學員參加。

◆ 臺北中山精舍舉辦 Fun 鬆一日禪，由常弘法師擔任總護，共有五十多人參加。

◆ 2 月 19 日至 5 月 28 日，傳燈院週日於臺北愛群大廈舉辦「遇見心自己」課程，共八

堂,由監院常願法師帶領認識情緒,以禪修調柔自心,共有三十多人參加。

◆ 傳燈院於北投雲來寺舉辦禪一,由常願法師擔任總護,有近一百一十人參加。

◆ 社大金山幼童軍團於新北市石門地區的「自然環保戶外教室」舉辦團集會,學習自然環保,校長曾濟群到場關懷,共有四十多位幼童軍、家長和服務員參加。

◆ 法鼓文理學院於德貴學苑舉辦人文關懷工作坊,由生命教育碩士學位學程主任辜琮瑜、社區再造碩士學位學程主任章美英、社會企業與創新碩士學位學程主任陳定銘、環境與發展碩士學程主任張長義,分別帶領探討心靈環保在生命教育、社區再造、社會企業與創新、環境與發展等四面向的落實與應用,有近五十位學員參加。

◆ 合唱團於臺南雲集寺首次舉辦悅眾分享會,臺南分院監院常嘉法師到場關懷,全臺九個合唱團的團長、副團長、指導老師等三十七位悅眾,共聚一堂,凝聚向心力。

◆ 馬來西亞道場舉辦「踏曲尋佛,一路走下去!」談彈暢唱座談會,邀請音樂創作專輯《和心在一起》製作人黃康淇、陳炯順、馬修測現場彈唱,並分享佛曲創作的心路歷程,共有六十五人參加。

◆ 美國新澤西州分會舉辦半日禪,由悅眾擔任總護,有近二十人參加。

◆ 美國普賢講堂舉辦地藏法會,由果啟法師帶領,共有四十多人參加。

◆ 美國普賢講堂舉辦佛學講座,由果啟法師主講「此生到來生 —— 生死優勢 」,共有四十多人參加。

◆ 緬懷聖嚴師父恩與教誨,澳洲墨爾本分會舉辦「法鼓傳燈日」活動,由常續法師帶領傳燈儀式,法師開示學佛三要件:信、願、行,期勉大眾在生活中實踐佛法,共有四十多人參加。

02.22

◆ 2月22日至3月1日,禪堂於三義DIY心靈環保教育中心舉辦初階禪七,由常正法師擔任總護,有近一百五十人參加。

◆ 2月22日至12月27日,人基會每月最後一週週三於德貴學苑舉辦「2017福慧傳家心靈講座」,22日首場由法行會會長許仁壽主講「生命與生活」,分享「心五四」在生活上的運用,有近九十人參加。

02.23

◆ 23至26日,法鼓山於園區舉辦「第二十二屆在家菩薩戒」第二梯次,由方丈和尚果東法師、首座和尚惠敏法師、副住持果暉法師擔任菩薩法師,共有五百八十六人受戒。

◆ 23至27日,臺北安和分院開辦「禪繞心發現」樂活美學研習課程,由悅眾溫杏儀帶領,藉由畫進入禪,用禪的方法攝心,將當下的心態畫下,沒有左右、上下、好壞、對錯,也沒有比較與期待,每個結果都是獨一無二的驚喜,共有一百五十多位學員參加。

◆ 禪修中心「念佛禪講座」,23日於臺中寶雲寺舉行第三場,由常源法師主講「念佛與生活應用」,勉勵大眾以佛法轉念、化解煩惱,並以平等心待人,以感恩心、慈悲心過生活,有近五百人參加。

02.24

◆ 24 至 26 日，北投農禪寺舉辦精進禪二，由常修法師擔任總護，共有一百四十六人
參加。

◆ 24 至 26 日，三峽天南寺舉辦精進禪二，由演誠法師擔任總護，共有一百一十八人
參加。

◆ 護法會豐原辦事處舉辦專題講座，由常源法師主講「觀音法門」，有近一百人參加。

02.25

◆ 25 至 28 日，臺東信行寺舉辦初級禪悅四日營，由常慧法師擔任總護，有近三十人
參加。

◆ 2 月 25 日至 5 月 27 日，傳燈院週六或週日於臺中寶雲寺舉辦「遇見心自己」課程，
共八堂，由常願法師帶領認識情緒，以禪修調柔自心，有近四十人參加。

◆ 2 月 25 日至 7 月 15 日、3 月 4 日至 7 月 22 日，念佛會隔週週六於北投雲來寺舉辦兩
梯次基礎梵唄課程，每梯次八堂課，由常耀法師帶領，每梯次有近三十位學員參加。

◆ 美國洛杉磯道場舉辦禪一，由監院果見法師擔任總護，共有三十多人參加。

◆ 2 月 25 日、3 月 11 日，加拿大溫哥華道場首度舉辦「梵唄與修行」課程，內容包括認
識梵唄威儀和精神，介紹各種法器、板眼與節拍等，由監院常悟法師、常惟法師帶
領，有近七十位學員參加。

02.26

◆ 臺北安和分院舉辦佛法與醫學講座，以「從佛法與醫學談老年身心靈保健」為主題，
邀請臺北仁濟附設醫院院長張英明、和信治癌中心醫院身心科主治醫師莊永毓、臺北
市立聯合醫院仁愛院區復健科主任林峰正，以及法鼓山關懷院常持法師進行座談，共
有四百多人參加。

◆ 26 至 28 日，臺南雲集寺舉辦精進禪二，由演正法師擔任總護，有近八十人參加。

◆ 2 月 26 日至 3 月 5 日，禪堂於三義 DIY 心靈環保教育中心舉辦話頭禪七，由常源法
師擔任總護，有近七十人參加。

◆ 傳燈院於北投雲來寺舉辦 Fun 鬆一日禪，由常禮法師擔任總護，有近五十人參加。

◆ 護法總會於臺南分院舉辦勸募成長營，主題是「募人‧募心‧快樂學佛」，由悅眾分
享勸募心法，護法總會服務處監院常應法師到場關懷，有近一百五十位雲林、嘉義、
臺南地區勸募會員參加。

◆ 2 月 26 日至 4 月 9 日，美國東初禪寺舉辦週日講座，邀請聖嚴師父西方弟子哈利‧米
勒主講「職場上的智慧」，有近五十人參加。

◆ 加拿大溫哥華道場舉辦禪一，由監院常悟法師擔任總護，有近六十人參加。

◆ 馬來西亞道場於八打靈精武華小舉辦 Fun 鬆一日禪，由監院常藻法師、常施法師等
擔任總護，共有兩百三十多人參加。

◆ 美國普賢講堂舉辦 Fun 鬆一日禪，由果啟法師擔任總護，共有三十多人參加。

◆ 澳洲墨爾本分會舉辦電影禪，由常續法師帶領賞析《深夜加油站遇見蘇格拉底》
（*Peaceful Warrior*），並分享片中的佛法意涵，共有十多人參加。

02.27

◆ 基隆精舍舉辦禪二，由副寺果樞法師擔任總護，有近五十人參加。

02.28

◆ 慈基會於臺中寶雲別苑舉辦中區義工慰訪分享會，祕書長果器法師、總幹事陳高昌到場關懷，各地區悅眾分享觀察、學習與建議，共有九十多人參加。
◆ 加拿大溫哥華道場舉辦禪一，由監院常悟法師擔任總護，有近六十人參加。

3月 MARCH

03.01

◆ 《人生》雜誌第 403 期出刊，本期專題「一碗粥，好修行」。
◆ 《法鼓》雜誌第 327 期出刊。
◆ 法鼓文化出版新書：《禪門驪珠集》（禪修指引系列，聖嚴法師著）、《歡喜看生死》（大字版）》（家中寶系列，聖嚴法師著）、《校長的番茄時鐘》（般若方程式系列，惠敏法師著）。
◆ 法鼓山網路電視台每月「主題影片」單元，3 月播出「福慧傳家（二）── 家和萬事興」，精選聖嚴師父相關的開示影片，引領大眾重溫師父的智慧開示。

03.02

◆ 法行會於臺北國賓飯店舉辦第一八八次例會，由禪修中心副都監果醒法師主講「四聖諦與六度」，共有一百九十多人參加。
◆ 2 至 5 日，方丈和尚果東法師於香港弘法關懷，內容包括「與方丈和尚有約」、主持祈福皈依典禮等。

03.03

◆ 3 至 5 日，三峽天南寺舉辦精進禪二，由監院常哲法師擔任總護，有近一百一十人參加。
◆ 高雄紫雲寺「法鼓青年開講」，3 日邀請前行政院院長張善政主講「關鍵抉擇 ── 我的學思歷程」，勉勵青年走出舒適圈，勇於接受挑戰，有近四百人參加。
◆ 慈基會於交通大學舉辦「新竹學輔班行前教育訓練」課程，內容包括介紹學輔班作業要點、成立緣由和目標，並邀請心理諮商輔導師李倩華講授學習輔導策略及溝通技巧，共有二十六位成員參加。

03.04

◆ 蘭陽精舍「蘭陽講堂」系列講座，4 日邀請心理諮商專家鄭石岩主講「尋找生命中的法喜」，分享法喜的六個祕訣：如來、隨緣、紀律、單純、興趣與宗教，共有一百五十多人參加。

◆ 4 至 11 日，禪堂於臺東信行寺舉辦初階禪七，由演正法師擔任總護，共有九十七人參加。

◆ 普化中心於臺中寶雲寺舉辦「聖嚴書院關懷員成長營」，由常林法師、悅眾郭惠芯帶領，深入了解關懷員的角色、關懷的本質及技巧，共有八十五位關懷員參加。

◆ 3 月 4 日至 4 月 22 日，人基會週六於臺南分院舉辦心六倫種子教師培訓課程，內容包括：認識法鼓山及聖嚴師父、心靈環保、心五四、香草進校園、心藍海策略、長青樂齡、禪修體驗、自信弘講等，由僧團文化中心都監果賢法師、常甯法師、心六倫宣講團講師等主講，共有三十九位學員完成課程，圓滿結業。

◆ 4 至 25 日，聖基會每週六舉辦「聖嚴法師經典講座」，邀請中央研究院中國文哲研究所副所長廖肇亨講授「禪宗詩歌」，引導學員從自然世界、歷史經驗、身體感官、物質環境，領略禪宗詩歌的精神特質與書寫特徵，有近五十人參加。

◆ 響應「2017 心靈環保 SRE」活動，3 月 4 日至 4 月 23 日，護法會各地辦事處接續發起「都市經行」，帶領大眾在步行中體驗禪修的放鬆與自在。

◆ 馬來西亞鶴鳴禪寺住持傳聞法師帶領近五十位僧眾、義工，參訪馬來西亞道場，由監院常藻法師代表接待，進行交流。交流中，常藻法師分享法鼓山萬行菩薩的意涵，並勉勵義工學習突破和放下自我，實踐佛法，成就大眾。

◆ 馬來西亞道場與思特雅大學（University College Sedaya International, UCSI）佛學會、馬來西亞佛教青年總會，於該校禮堂舉辦專題講座，邀請聖嚴師父法子繼程法師主講「入禪門，過禪關」，有近六百人參加。

◆ 方丈和尚果東法師香港弘法關懷，4 日於香港道場九龍會址舉辦「與方丈和尚有約」，關懷各界人士與悅眾，並為新進勸募會員授證。

◆ 美國新澤西州分會舉辦專題講座，由常護法師主講「五停心觀──界分別觀」，有近三十人參加。

03.05

◆ 高雄紫雲寺舉辦念佛禪一，由監院常參法師擔任總護，共有兩百三十多人參加。

◆ 5 至 10 日，法鼓文理學院邀請日本立正大學名譽教授三友健容來訪，除發表三場演講、安排禪修體驗課程，並由僧團副住持果暉法師陪同參訪法鼓山園區，校長惠敏法師導覽校園環境與設施。

◆ 護法會義工團於北投雲來寺舉辦「悅眾交流分享會」，常獻法師到場關懷，共有七十五位接待、護勤、交通、醫護、攝影等組悅眾，分享關懷義工的經驗與做法。

◆ 美國東初禪寺舉辦週日講座，邀請聖嚴師父西方弟子林晉城主講「諸 EQ，皆為非 EQ，是名為 EQ」，共有三十多人參加。

◆ 方丈和尚果東法師香港弘法關懷，5 日於香港道場九龍會址舉辦皈依典禮，共有一百多位民眾成為三寶弟子；典禮圓滿後，並舉行「人生要有理」講座，方丈和尚勉勵

大眾廣修六度萬行，實踐福慧傳家。

◆ 美國新澤西州分會舉辦半日禪，由常齋法師擔任總護，有近三十人參加。

◆ 美國芝加哥分會舉辦半日禪，由悅眾擔任總護，有近二十人參加。

◆ 美國普賢講堂舉辦佛一，由果啟法師帶領，有近二十人參加。

03.06

◆ 3月6日至7月10日、9月4日至2018年1月29日，臺北安和分院每週一舉辦佛學講座，邀請心理諮商專家鄭石岩主講「活出自己的如來」，有近兩百四十人參加。

◆ 法鼓文理學院舉辦專題講座，邀請日本立正大學名譽教授三友健容主講「聖嚴法師與日本佛教」，分享聖嚴師父對日本佛教的超然觀點，有近八十人參加。

03.07

◆ 3月7日至7月11日、9月5日至2018年1月30日，臺北安和分院每週二舉辦佛學講座，由僧團副住持果燦法師導讀《法華經》，有近兩百五十人參加。

◆ 3月7日至12月26日，法青會週二於德貴學苑舉辦四梯次「身心SPA」，每梯次八堂課，由常義法師帶領，有近三十人參加。

03.08

◆ 3月8日至7月12日、9月6日至2018年1月31日，臺北安和分院每週三舉辦佛學講座，由法鼓文理學院生命教育碩士學位學程主任辜琮瑜主講「覺心與轉心」，有近一百三十人參加。

◆ 法鼓文理學院舉辦專題講座，邀請日本立正大學名譽教授三友健容主講「天台四教儀的問題點」，有近七十人參加。

◆ 馬來西亞道場應雙溪龍拉曼大學（Tunku Abdul Rahman University College, UTAR）之邀，於該校舉辦「吃飯趣」活動，由演祥法師帶領用心體驗吃飯的過程、探討吃飯的曼陀羅因緣，有近三十人參加。

03.09

◆ 臺中寶雲寺舉辦佛學講座，由弘化發展專案召集人果慨法師主講「梁皇寶懺修行法要」，有近六百人參加。

03.10

◆ 慈基會援助臺東縣長濱鄉三間國小新建圖書室，舉辦啟用感恩會，祕書長果器法師、信行寺監院常全法師到場關懷，校長李秀琴感恩法鼓山的援助，提供學子明亮舒適的閱讀環境。

◆ 法鼓文理學院舉辦專題講座，邀請日本立正大學名譽教授三友健容主講「原始佛教教

團的失策與大乘 —— 以阿毗達磨燈論為線索」，有近七十人參加。

◆ 加拿大多倫多分會舉辦專題講座，由常護法師主講〈大勢至菩薩念佛圓通章〉，介紹
念佛法門的殊勝，就是都攝六根，淨念相繼，共有四十多人參加。

O3.11

◆ 法鼓山於三峽天南寺舉辦社會菁英禪修營第九十次共修會，由果峙法師擔任總護，共
有六十多人參加。

◆ 北投農禪寺舉辦戶外禪，由常遂法師擔任總護，有近兩百一十人參加。

◆ 高雄紫雲寺「法鼓文理講堂」，11 日由法鼓文理學院環境與發展學程教授黃信勳主
講「與天地共好生態村」，說明以重塑現代文明、創造移居環境的生態社區，作為
建設人間淨土的實踐起點，有近七十人參加。

◆ 護法總會「行動報師恩 —— 小沙彌回法鼓山」系列活動，11 日有一百多位臺北市中
山區信眾帶著小沙彌撲滿，參訪法鼓文理學院，常一法師到場關懷，期勉大眾接續聖
嚴師父興學的願心。

◆ 護法會文山辦事處舉辦悅眾聯誼會，常獻法師到場關懷，並由多位悅眾分享學佛心得
及大事關懷的心法，有近六十人參加。

◆ 3 月 11 日至 5 月 6 日、8 月 12 日至 10 月 7 日，馬來西亞道場每月週六舉辦兒童生
命教育課程，主題是「心六倫」，由專業師資帶領，有近二十位小學員參加。

◆ 加拿大多倫多分會舉辦禪修營，由常護法師擔任總護，共有三十多人參加。

◆ 11 至 12 日，蘭陽精舍舉辦舒活二日營，由副寺常三法師擔任總護，共有六十七人
參加。

O3.12

◆ 桃園齋明別苑舉辦禪一，由常壁法師擔任總護，有近一百一十人參加。

◆ 臺東信行寺舉辦專題講座，由禪修中心副都監果醒法師主講「《楞嚴經》與無我」，
共有七十多人參加。

◆ 12 至 19 日，禪堂於三峽天南寺舉辦初階禪七，由演道法師擔任總護，有近一百三十
人參加。

◆ 僧大於法鼓山園區教育行政大樓舉辦「106 年度招生說明會」，由副院長果肇法師、
常順法師等師長介紹辦學精神及課程規畫，並首度以網路連線馬來西亞道場，有近
五十位有意報考的青年參加。

◆ 護法會金山萬里辦事處於法鼓山園區舉辦禪一，由常報法師擔任總護，法師勉勵大眾
每日練習禪坐，用安定的身心修福修慧，共有六十多人參加。

◆ 緬懷聖嚴師父法門師友印海長老，美國洛杉磯道場監院果見法師帶領僧俗四眾，至
當地玫瑰崗（Rose Hill）的大禮堂出席長老追思讚頌法會，長老於 2 月 25 日安詳示
寂，果見法師亦與僧俗四眾同至法印寺念佛祝福。

◆ 馬來西亞道場於彭亨州文冬的恩德龍度假中心（Enderong Resort）舉辦一日禪，由監
院常藻法師帶領，法師以「四不管」提醒，不管外境、不管別人、不管過去、不管
未來，提醒禪眾時時回到方法，有近二十人參加。

◆ 3月12日至5月7日、8月13日至10月8日，馬來西亞道場每月週日舉辦兒童生命教育課程，主題是「心五四」，由專業師資帶領，有近二十位小學員參加。

◆ 美國新澤西州分會舉辦半日禪，由悅眾擔任總護，有近二十人參加。

◆ 美國普賢講堂舉辦觀音法會，由果啟法師帶領，有近七十人參加。

◆ 加拿大多倫多分會舉辦專題講座，由常護法師主講「大悲懺禪觀意涵」，勉勵大眾透過禮懺，學習觀世音菩薩慈悲柔忍的心行，將懺願落實於日常生活中，利益眾生，有近五十人參加。

03.16

◆ 16至19日，臺東信行寺舉辦清明報恩地藏法會，由監院常全法師帶領，共有兩百二十多人次參加。

◆ 3月16日至6月1日，關懷院週四於護法會海山辦事處舉辦大事關懷生命教育課程，共十堂，內容包括大事關懷七項服務、助念法器梵唄教學等，由監院常綽法師、助念團悅眾等帶領，共有一百多人參加。

◆ 3月16日至11月9日，馬來西亞道場週四晚上舉辦《學佛五講》佛學課程，由監院常藻法師主講，有近一百五十人參加。

03.17

◆ 17至19日，高雄紫雲寺舉辦精進禪二，由監院常參法師擔任總護，共有九十八人參加。

◆ 17至19日，傳燈院於法鼓山園區舉辦精進禪二，由演正法師擔任總護，有近八十人參加。

03.18

◆ 3月18至26日、10月14至22日，百丈院每週六、日進行清洗法鼓山園區祈願觀音池，包括洗石、曬石、刷池壁、擦池底以及鋪石等作業，每日有近五十位民眾與義工參加。

◆ 臺中寶雲寺舉辦禪一，由果雲法師擔任總護，有近一百二十人參加。

◆ 18至24日，臺南雲集寺舉辦清明報恩地藏法會，由常文法師帶領，共有七百多人次參加。

◆ 18日及25日，傳燈院於北投雲來寺舉辦「2017心靈環保SRE義工培訓」課程，由監院常願法師帶領，內容包括四攝法的實際運用、出坡禪心法，有近一百人參加。

◆ 3月18至7月23日，護法總會於北、中、南各分寺院舉辦「悅眾巡迴關懷」，共七場。18、19日於北投農禪寺展開第一、二場，副都監常遠法師、服務處監院常應法師、護法總會總會長張昌邦等到場關懷；活動並安排常慧法師導讀《福慧傳家》、法鼓文理學院生命教育學程主任辜琮瑜帶領「自我探索工作坊」，共有四百多位北一、北二、北三、北五轄區悅眾參加。

◆ 教聯會於桃園羊稠坑森林步道舉辦教師心靈環保一日營，由常獻法師帶領戶外禪，有

近七十人參加。

◆ 美國舊金山道場舉辦禪一，由洛杉磯道場監院果見法師擔任總護，有近三十人參加。

◆ 香港大學通識教育科師生一行四十人參訪香港道場，由演清法師介紹認識四聖諦、八正道，以及基礎的禪修方法。

03.19

◆ 臺北中山精舍舉辦 Fun 鬆一日禪，由常弘法師擔任總護，有近六十人參加。

◆ 桃園齋明別苑「心光講堂」系列講座，19 日邀請玉山國家公園首位女性巡山員江秀真，以「雲端上的行腳 —— 挑戰，巔峰之後」為題，分享如何從完成攀爬世界七頂峰的創舉中，體會難行能行、難為能為、難忍能忍的生命價值，有近一百八十人參加。

◆ 社大於新北市金山區中山堂舉辦「2017 第一期（春季班）聯合開學典禮」，方丈和尚果東法師、僧團副住持果祥法師與會關懷，有近六百位金山、北投、新莊三校區的講師、學員參加。

◆ 護法會員林辦事處舉辦《聖嚴法師年譜》分享會，邀請編著者屏東大學中文系副教授林其賢、郭惠芯伉儷分享聖嚴師父實踐佛法的生命歷程，有近七十人參加。

◆ 美國舊金山道場舉辦佛學課程，由洛杉磯道場監院果見法師主講「高僧行誼」，介紹鳩摩羅什大師的譯經生涯，共有五十多人參加。

◆ 馬來西亞道場舉辦心靈環保工作坊，主題是「當我們同在一起」，由監院常藻法師帶領，藉由團康遊戲了解及肯定自己在群體的定位與價值，進而反思身為世界公民的責任，有近五十人參加。

◆ 馬來西亞道場於怡保共修處舉辦清明報恩地藏法會，演香法師提醒大眾重視因果，以說好話、做好事、多行善累積善因，因緣具足後定能得到善果，有近三十人參加。

◆ 香港道場於九龍會址舉辦禪一，由演清法師擔任總護，共有六十多人參加。

◆ 美國新澤西州分會舉辦半日禪，由悅眾擔任總護，有近二十人參加。

◆ 美國普賢講堂舉辦專題講座，由東初禪寺監院常華法師主講「禪文化的生活」，有近三十人參加。

03.20

◆ 3 月 20 日至 4 月 4 日，弘化發展專案召集人果慨法師，帶領法鼓文理學院師生與法鼓山水陸小組成員共三十四人，前往中國大陸陝西省西安、甘肅省敦煌等地，進行「佛教藝術流轉迴映 —— 古絲路、敦煌深度覓行」學術考察之旅，並與敦煌研究院學術交流。

03.22

◆ 由駐臺外交人員眷屬組成的「臺北市迎新會」一行四十餘人，在創辦人田玲玲帶領下，參訪北投農禪寺，由監院果毅法師代表接待，介紹漢傳佛教展現的農禪之美。

◆ 3 月 22 日至 5 月 21 日，北投中華佛教文化館舉辦清明報恩《地藏經》共修，每日均

有五十多人參加。

◆ 法鼓文理學院助理教授鄧偉仁應法國首度設立的多學科佛教研究中心（Centre d'Études Interdisciplinaires sur le Bouddhisme, CEIB）之邀，代表聖基會出席該中心啟用儀式並發表演講，分享聖嚴師父及法鼓山教團致力佛教與佛教教育全球化的成果與未來展望。

◆ 護法會高雄北區辦事處於紫雲寺舉辦新進勸募會員說明會，由悅眾分享勸募心法，紫雲寺監院常參法師到場關懷，說明勸募是抱著服務的態度，隨緣盡分協助，有近三十人參加。

03.23

◆ 23 至 26 日，法鼓山於園區舉辦第十六屆自我超越禪修營，由僧團副住持果品法師擔任總護，有近一百一十位學員參加。

03.24

◆ 24 至 26 日，三峽天南寺舉辦精進禪二，由演誠法師擔任總護，共有一百一十六人參加。

◆ 24 至 26 日，青年院於法鼓文理學院舉辦「悟吧！二日營」，主題是「生命關懷」，由常導法師擔任總護，並邀請成功大學醫學院護理系教授趙可式、成功大學資訊工程系教授蘇文鈺、法鼓山僧團寺院管理副都監常寬法師，從「臨終關懷」、「偏鄉服務」、「佛教生命觀」等議題，引導青年探索生命意義，共有七十五位學員參加。

◆ 24 至 26 日，加拿大溫哥華道場舉辦精進禪三，由監院常悟法師擔任總護，有近三十人參加。

◆ 加拿大多倫多分會於多倫多大學西德尼・史密斯講堂（University of Toronto, Sidney Smith Hall）舉辦禪修專題講座，邀請聖嚴師父西方法子吉伯・古帝亞茲（Gilbert Gutierrez）主講「禪的世界」，有近四十人參加。

03.25

◆ 3 月 25 日至 4 月 1 日，北投農禪寺舉辦清明報恩佛七，除了來自全球一百六十六位精進組信眾全程參與，每日有近五百人次參加隨喜念佛，以清淨的身、口、意，念念與阿彌陀佛相應。

◆ 美國東初禪寺舉辦英文禪一，邀請聖嚴師父西方弟子李世娟（Rebecca Li）擔任總護，共有十多人參加。

◆ 美國洛杉磯道場舉辦禪一，由監院果見法師擔任總護，共有五十多人參加。

03.26

◆ 3 月 26 日至 4 月 9 日，臺北安和分院舉辦清明報恩地藏法會，由監院果旭法師帶領，共有三千多人次參加。

◆ 3月26日至4月2日，臺北中山精舍舉辦清明報恩地藏法會，由常弘法師帶領，共有九百五十多人次參加。

◆ 南投德華寺舉辦戶外禪，由副寺果弘法師擔任總護，共有三十多人參加。

◆ 3月26日至4月9日，臺南分院舉辦清明報恩地藏法會，由監院常嘉法師帶領，共有一千五百多人次參加；並於4月2日舉行長者祈福法會，法師勉勵大眾修學佛法，依循正法生活。

◆ 3月26日至4月1日，高雄紫雲寺舉辦清明報恩《地藏經》共修，由監院常參法師帶領，共有一千九百多人次參加。

◆ 傳燈院於北投雲來寺舉辦禪一，由演定法師擔任總護，共有一百零三人參加。

◆ 3月26日、9月2日，傳燈院、教聯會於德貴學苑舉辦兩梯次「用心吃飯教師推廣研習營」，由常願法師帶領，分享吃飯趣的理念和體驗，每梯次有近五十位國小教師參加。

◆ 美國東初禪寺舉辦週日講座，邀請聖嚴師父西方弟子李世娟主講「禪修者如何看待『慢心』和『自以為是』」，有近四十人參加。

◆ 馬來西亞道場舉辦清明報恩地藏法會，演祥法師鼓勵大眾學習地藏菩薩的自利利他精神，發大願心，開發內心的寶藏，有近一百一十人參加。

◆ 美國新澤西州分會舉辦半日禪，由常護法師擔任總護，有近三十人參加。

◆ 美國普賢講堂舉辦舒活禪一，由悅眾擔任總護，有近二十人參加。

03.28

◆ 澳洲墨爾本分會於當地維多利亞佛教協會（Buddhist Society of Victoria, BSV）舉辦專題講座，邀請聖嚴師父西方法子查可‧安德列塞維克（Žarko Andričević）主講「大乘禪法與原始佛教」（Mahayana Chan Buddhism Unplugged），共有四十多人參加。

03.29

◆ 人基會「2017福慧傳家心靈講座」，29日邀請臺北新劇團社長李寶春主講「紅氍毯上──戲說人生」，回顧戲劇人生，共有一百一十多人參加。

◆ 29至30日，澳洲墨爾本分會舉辦佛學講座，邀請聖嚴師父西方法子查可‧安德列塞維克主講「六祖壇經」，有近四十人參加。

03.31

◆ 前副總統李元簇捨報紀念追思會，由方丈和尚果東法師主法，隨後家屬依其遺願，將骨灰植存於新北市金山生命環保園區。

◆ 中華佛學研究所發行的《中華佛學學報》，榮獲國家圖書館106年「臺灣最具影響力學術資源」評選「最具影響力人社期刊：哲學宗教研究學門」第三名，所長果鏡法師31日出席頒獎典禮，感謝學術界的肯定，並鼓勵學報編輯團隊持續學習。

◆ 3月31日至4月2日，美國象岡道場舉辦三日禪修營，邀請聖嚴師父西方弟子李世娟（Rebecca Li）擔任總護，有近三十人參加。

4月 APRIL

04.01

◆ 《人生》雜誌第 404 期出刊，本期專題「轉大人八『覺』招 —— 《佛說八大人覺經》」。

◆ 《法鼓》雜誌第 328 期出刊。

◆ 法鼓文化出版新書：《壇經講記》（智慧人系列，繼程法師著）、《近代佛教改革的
地方性實踐 —— 以民國南京的寺廟、組織、信眾為中心》（當代漢傳佛教論叢，邵
佳德著）、《農禪寺師徒故事》DVD（動畫系列，法鼓文化製作）。

◆ 《金山有情》季刊第 60 期出刊。

◆ 《法鼓文理學院校刊》第 11 期出刊。

◆ 《護法季刊》復刊第 10 期出刊。

◆ 蘭陽精舍「蘭陽講堂」系列講座，1 日由僧團副住持果祥法師主講「心靈環保農法」，
共有七十多人參加。

◆ 1 至 4 日，桃園齋明寺舉辦佛三暨八關戒齋，由文化中心副都監果賢法師主法，共有
七百三十多人次參加。

◆ 1 至 8 日，臺中寶雲寺舉辦清明報恩梁皇寶懺法會，法會期間，方丈和尚果東法師親
臨關懷，市長林佳龍也到場為市民大眾祈福，監院果理法師勉勵信眾在禮懺中學習調
心轉念，無論身處何地、面對任何事，都能平安吉祥，共有上萬人次參加。

◆ 1 至 8 日，禪堂於三峽天南寺舉辦粵語初階禪七，由香港道場監院常展法師擔任總
護，有近一百人參加。

◆ 1 至 8 日，禪堂舉辦默照禪七，由禪修中心副都監果醒法師主七，常正法師擔任總
護，有近一百三十人參加。

◆ 青年院於高雄市甲仙區舉辦社區關懷活動，內容包括彩繪社區、清掃整理環境等，並
與當地青年交流互動，由監院常炬法師、高雄紫雲寺監院常參法師帶領，共有二十
多位法青參加。

◆ 法鼓山網路電視台每月「主題影片」單元，4 月播出「家有小菩薩 —— 送孩子一生受
用的禮物」，精選聖嚴師父相關的開示影片，引領大眾重溫師父的智慧開示。

◆ 美國東初禪寺舉辦清明報恩法會，上午舉行地藏法會、下午進行地藏懺法會，由監院
常華法師主法，共有兩百多人次參加。

◆ 加拿大溫哥華道場舉辦清明報恩地藏懺法會，由監院常悟法師帶領，共有一百二十多
人參加。

◆ 1 至 2 日，馬來西亞道場舉辦青年工作坊，主題是「Better Youth, Better World」，由
美國法鼓山佛教協會（DDMBA）常濟法師主持，近三十位法青學員從自我探索、世
界公民等面向探討如何轉化內心，為世界帶來不一樣的轉變。

◆ 1 至 5 日，澳洲墨爾本分會於傑森僻靜中心（Janssen Spirituality Centre）舉辦禪修五
日營，邀請聖嚴師父西方法子查可‧安德列塞維克擔任總護，有近三十人參加。

04.02

◆ 高雄紫雲寺舉辦清明報恩慈悲三昧水懺法會，由僧團副住持果燦法師主法，提醒大眾「不怕無明起，只怕覺照遲」，時時有懺悔心，便能處處身心自在，共有六百三十多人參加。

◆ 美國洛杉磯道場舉辦清明報恩佛一，由果幸法師帶領，共有八十一人參加。

◆ 美國舊金山道場舉辦清明報恩佛一暨八關戒齋，由監院常惺法師帶領，有近六十人參加。

◆ 加拿大溫哥華道場舉辦清明報恩地藏法會，由監院常悟法師帶領，共有一百二十多人參加。

◆ 香港道場於九龍會址舉辦清明報恩佛一，由演戒法師帶領，有近兩百一十人參加。

◆ 美國新澤西州分會舉辦清明報恩慈悲三昧水懺法會，由美國東初禪寺監院常華法師帶領，有近一百人參加。

◆ 美國芝加哥分會舉辦半日禪，由悅眾擔任總護，有近二十人參加。

◆ 美國西雅圖分會舉辦清明報恩大悲懺法會，由常齋法師帶領，共有四十多人參加。

04.04

◆ 南投德華寺第六任住持法明法師於 3 月 27 日捨報，並於 4 月 4 日在德華寺舉行追思儀式，僧團副住持果祥法師、常真法師等代表出席，感念法師行誼。

04.05

◆ 4 月 5 日至 6 月 7 日，桃園齋明寺每週三舉辦佛學講座，由果竣法師導讀聖嚴師父著作《法華經講記》，有近一百三十人參加。

◆ 馬來西亞道場於八打靈再也精武華小舉辦專題講座，由常濟法師主講「兩個未來的故事 —— 氣候變遷下的地球現實主義」，期勉大眾以創新帶動改革，提昇環保意識並落實行動，為地球的永續發展盡心力，有近一百二十人參加。

04.06

◆ 6 至 8 日，法鼓文理學院舉辦校慶系列活動，包括與佛光大學聯合舉辦的校際友誼賽、博雅茶會、禪韻國畫成果展、綜合語言競賽等，體現博雅教育的豐碩成果。6 日舉行綜合語言競賽，共有中、日、英、巴、梵、藏等六種語言、八個組別參加。

◆ 法行會於臺北國賓飯店舉辦第一八九次例會，由果徹法師導讀聖嚴師父著作《三十七道品講記》，有近一百六十人參加。

04.07

◆ 法鼓文理學院校慶系列活動，7 日佛光大學佛教學院院長萬金川率百餘位師生來校交流，舉行籃球友誼賽、廚藝競賽、五分鐘書評等。

◆ 法鼓文理學院校慶系列活動，4月7日至6月30日於臺大醫院金山分院北海藝廊舉行「禪韻國畫成果展」，以禪意書畫接引大眾親近佛法。

◆ 7至9日，法青會於臺南雲集寺舉辦「臺南青年二日營」，以「開啟內心的無盡藏」為主題，由青年院監院常炬法師擔任營主任，內容包括坐禪、動禪體驗、專題講座等，有近九十人參加。

◆ 7至19日，僧團副住持果元法師美西弘法，內容包括禪修講座、禪一及佛學課程等。7日於加州舊金山道場舉辦英文禪修講座，主題是「禪宗的源流與演變」（The Origin and Evolution of Chan School），有近六十人參加。

04.08

◆ 北投農禪寺舉辦戶外禪，由常照法師擔任總護，有近兩百一十人參加。

◆ 8至9日，蘭陽精舍舉辦佛二，由果迦法師擔任總護，有近一百人參加。

◆ 8至9日，桃園齋明別苑舉辦清明報恩地藏法會，由副寺常雲法師帶領，有近四百三十人次參加。

◆ 法鼓文理學院校慶系列活動，8日舉辦博雅茶會，邀請京華日本文化學院茶道老師鄭姵宣帶領專業團隊，展演茶道禮節之雅及器物之美。

◆ 4月8日至5月20日，護法會花蓮辦事處週六舉辦佛學課程，共四堂，由果徹法師主講「三十七道品」，有近六十人參加。

◆ 8至9日，法青會於德貴學苑舉辦「偏鄉教育二日培力營」，由教聯會師資帶領，內容包括校園關懷、兒童的心理需求與輔導、課程設計與教學實務分享等，有近二十人參加。

◆ 僧團副住持果元法師美西弘法，8日於加州舊金山道場舉行英文禪一，共有六十多人參加。

◆ 8至9日，馬來西亞道場於當地雲頂清水巖寺（Genting Highlands Chin Swee Caves Temple）舉辦舒活禪二，由監院常藻法師擔任總護，共有六十多人參加。

◆ 美國新澤西州分會舉辦專題講座，由果乘法師導讀聖嚴師父著作《無法之法》，介紹默照禪觀，有近五十人參加。

◆ 美國普賢講堂舉辦禪一，由常灌法師擔任總護，有近二十人參加。

04.09

◆ 4月9日至6月4日，臺北安和分院週日舉辦佛學講座，由弘化發展專案召集人果慨法師主講「《地藏經》與生命學習」，共六堂，有近一千人共學地藏菩薩精神，發願行善，實踐度人度己、安樂眾生的菩薩道。

◆ 臺東信行寺舉辦禪一，由監院常全法師擔任總護，有近三十人參加。

◆ 4月9日至5月28日，慈基會於全臺各地舉辦「第三十期百年樹人獎助學金」頒發活動，共四十四場，有近一千五百位學子受獎。

◆ 護法會豐原辦事處舉辦勸募會員聯誼會，由悅眾分享學佛心得與勸募心法，護法總會服務處監院常應法師到場關懷，有近七十人參加。

◆ 僧團副住持果元法師美西弘法，9日於加州舊金山道場佛學課程「高僧行誼系列」課

程中，講授「風雲一奇僧──虛雲老和尚」，介紹虛雲老和尚的生平事蹟及其現代
意義，共有一百多人參加。

◆ 4 月 9 日至 6 月 25 日，香港道場週日舉辦「茶主人培訓」課程，共七堂，邀請舞台
設計師曾文通、舞蹈家梅卓燕、劇場導演張藝生帶領，共有二十五名學員參加。

◆ 美國新澤西州分會舉辦半日禪，由果乘法師擔任總護，有近三十人參加。

◆ 美國普賢講堂舉辦清明報恩地藏法會，由北美護法會輔導法師常華法師主法，有近六
十人參加。

04.12

◆ 12 至 26 日，普化中心每週三晚上於北投農禪寺舉辦「法鼓講堂」佛學課程，由果傳
法師主講《地藏懺》；課程同時於「法鼓山心靈環保學習網」線上直播，提供全球
學員上網聽講，並參與課程討論。

◆ 僧團副住持果元法師美西弘法，12 至 13 日於美國西雅圖分會帶領初級禪訓密集班，
有近三十人參加。

04.13

◆ 13 至 16 日，臺東信行寺舉辦中級禪悅營，由監院常全法師擔任總護，共有二十七人
參加。

04.14

◆ 14 至 16 日，三峽天南寺舉辦精進禪二，由果峙法師擔任總護，共有一百二十七人
參加。

◆ 14 至 16 日，傳燈院於三義 DIY 心靈環保教育中心舉辦輔導學長成長營，由常願法
師帶領，有近八十人參加。

◆ 14 至 26 日，傳燈院於臺北市信義區各里民活動中心或社區公園舉辦「心靈環保 SRE
社區關懷日」，透過戲劇、闖關遊戲、手語帶動唱等方式與居民互動，由常願法師
及禪坐會民眾帶領，並邀約參加 5 月 14 日母親節的心靈環保 SRE 活動，有近兩百位
民眾參加。

◆ 僧團副住持果元法師美西弘法，14 至 16 日於西雅圖瓦雄島（Vashon Island）柏頓營
地（Camp Burton）主持禪三，有近三十人參加。

04.15

◆ 北投農禪寺舉辦禪一，由常用法師擔任總護，共有一百八十多人參加。

◆ 基隆精舍舉辦禪一，由副寺果樞法師擔任總護，有近五十人參加。

◆ 15 至 22 日，禪堂舉辦話頭禪七，由常正法師擔任總護，共有六十多人參加。

◆ 4 月 15 日至 6 月 17 日，青年院週六於德貴學苑舉辦「生命關懷工作坊」，共六堂，
邀請佛教蓮花基金會董事張寶方帶領，透過課程與參訪，帶領學員認識生死的種種面

相，進一步實踐對生命的關懷。

◆ 國際禪坐會（International Meditation Group, IMG）於北投雲來寺舉辦英文禪一，由傳燈院監院常襄法師擔任總護，共有十多人參加。

◆ 榮譽董事會於北投農禪寺舉辦北區榮譽董事聘書頒發典禮，方丈和尚果東法師、護法總會副都監常遠法師、榮董會會長黃楚琪等出席關懷，有近五百人參加。

◆ 教聯會於德貴學苑舉辦「心靈環保教學研習營」，分享「心靈環保兒童生活教育」教案的教學經驗，並邀請臺北醫學大學臨床醫學研究所教授張育嘉主講「心靈環保的理念與精神」，有近四十人參加。

◆ 15 至 22 日，加拿大溫哥華道場舉辦精進禪七，由常興法師擔任總護，共有二十三人參加。

◆ 15 至 16 日，馬來西亞道場監院常藻法師、常尊法師受邀於檳城菩提心園帶領初級禪訓密集班，共有一百零八人參加。

04.16

◆ 法鼓山於臺南雲集寺舉辦祈福皈依大典，由方丈和尚果東法師授三皈依，並開示皈依和學佛的意義，共有三百一十七位民眾成為三寶弟子。

◆ 法鼓山社大於桃園齋明別苑舉辦「講師共識營」，由校長曾濟群帶領，有近七十位金山、北投、新莊三校區講師及義工參加。

◆ 僧大於法鼓山園區階梯教室舉辦第九屆講經交流會，副院長常順法師到場關懷，除了以佛教經典為主題，另有學僧分享法鼓山的理念，共有八位學僧參加。

◆ 護法總會「悅眾巡迴關懷」，16 日於北投農禪寺舉行第三場，護法總會副都監常遠法師、服務處監院常應法師、總會長張昌邦、副總會長陳治明到場關懷，並安排常慧法師導讀《福慧傳家》、法鼓文理學院生命教育學程主任辜琮瑜帶領「願願相續」課程，共有兩百多位北四、北七轄區悅眾參加。

◆ 護法會豐原辦事處舉辦《聖嚴法師年譜》分享會，邀請編著者屏東大學中文系副教授林其賢、郭惠芯伉儷分享聖嚴師父實踐佛法的生命歷程，共有一百人參加。

◆ 法青會於德貴學苑舉辦禪一，由常導法師擔任總護，共有二十多人參加。

◆ 4 月 16 日至 12 月 3 日，美國東初禪寺舉辦週日講座，由監院常華法師主講「地藏法門的信解行」，有近六十人參加。

◆ 美國新澤西州分會舉辦半日禪，由悅眾擔任總護，有近二十人參加。

04.19

◆ 法鼓文理學院舉辦專題講座，邀請諮商心理師楊瑞玉主講「男女特質大不同？調節衝突情緒的同理心技巧」，共有四十多人參加。

◆ 馬來西亞道場監院常藻法師受邀前往泰萊大學（Taylor's University College Malaysia）主講心靈講座「聽見自己，世界才會聽見你」，與青年學子分享煩惱產生的原因，以及正面處理煩惱的方法。

◆ 僧團副住持果元法師美西弘法，17 至 19 日於美國西雅圖分會舉辦專題講座，主題是「風雲一奇僧 —— 虛雲老和尚」，有近六十人參加。

04.20

◆ 方丈和尚果東法師於北投雲來寺大殿,對僧團法師、全體專職精神講話,主題是「轉心轉念,安己安人」,全臺各分院道場同步視訊連線聆聽開示,有近三百人參加。

◆ 人基會、法鼓山社大及群馨慈善基金會於德貴學苑聯合舉辦《幸福廚房》新書發表會,包括人基會祕書長李伸一、副祕書長藍福良、社大校長曾濟群,以及新北市金美國小校長楊順宇、樂菲有機超市創辦人蒲聲鳴等多位來賓,共有一百多人分享「幸福廚房」的豐碩成果。

04.21

◆ 21 至 23 日,傳燈院於法鼓山園區舉辦精進禪二,由演定法師擔任總護,有近八十人參加。

◆ 法鼓文理學院舉辦專題講座,邀請美國聖地牙哥大學(San Diego State University, SDSU)教授慧空法師(Venerable Karma Lekshe Tsomo)主講「女性在佛教變遷的時代與全球交流」,有近五十人參加。

04.22

◆ 法鼓山於北投農禪寺舉辦祈福皈依大典,由方丈和尚果東法師授三皈依,並開示皈依和學佛的意義,共有一千一百三十五位民眾成為三寶弟子。

◆ 22 至 23 日,桃園齋明寺舉辦春季報恩法會,22 日舉行地藏法會,23 日進行三時繫念法會,分別由常源法師、禪修中心副都監果醒法師主法,方丈和尚果東法師於首日到場關懷,共有兩千三百多人次參加。

◆ 高雄紫雲寺「法鼓青年開講」系列講座,22 日邀請福田樹木保育基金會王瑞輝、農業委員會林業試驗所太麻里研究中心研究員陳正豐、高雄市農業局技正黃燕國主講「與樹木對話」,介紹樹木褐根病及修剪維護,有近八十人參加。

◆ 4 月 22 日至 6 月 17 日,高雄紫雲寺週六舉辦佛學講座,由果竣法師主講《慈悲三昧水懺》,有近兩百二十人參加。

◆ 美國普賢講堂舉辦禪一,由常灌法師擔任總護,有近三十人參加。

04.23

◆ 南投德華寺舉辦佛一暨八關戒齋,由副寺果弘法師帶領,共有四十多人參加。

◆ 臺南分院舉辦禪一,由監院常嘉法師擔任總護,共有五十多人參加。

◆ 高雄紫雲寺舉辦禪一,由常律法師擔任總護,有近一百五十人參加。

◆ 4 月 23 日至 6 月 18 日,高雄三民精舍週日舉辦佛學講座,由果竣法師主講《金剛經》,有近一百人參加。

◆ 法鼓童軍團萬里幼童軍於新北市石門區自然環保菜圃,體驗「摘菜」收成的樂趣,並學習自然環保;金山幼童軍也由金山高中老師帶領,前往清水濕地,認識生態資源,連結土地情感。

◆ 護法總會「悅眾巡迴關懷」，23 日於臺中寶雲寺舉行第四場，護法總會副都監常遠法師、服務處監院常應法師、總會長張昌邦、副總會長陳治明到場關懷，並安排郭惠芯老師導讀《福慧傳家》、法鼓文理學院生命教育學程主任辜琮瑜帶領「願願相續」課程，共有兩百多位中部地區悅眾參加。

◆ 美國新澤西州分會舉辦半日禪，由悅眾擔任總護，有近二十人參加。

◆ 美國普賢講堂舉辦大悲懺法會，由常灌法師帶領，有近二十人參加。

◆ 臺南雲集寺舉辦禪一，由常文法師擔任總護，共有四十三人參加。

04.25

◆ 馬來西亞道場監院常藻法師應無語良師學院之邀，於該校禮堂舉行的「善念迴向，生命之終」系列講座中，主講「禪修，讓我們從容面對人生最後一刻」，分享禪修的生死觀，包括院長陳慶華，共有一百三十多位師生參加。

04.26

◆ 26 至 28 日，義大利普世博愛運動（Mary-Focolare Movement）宗教交談總中心、上智大學學院（Istituto Universitario Sophia）與臺灣法鼓文理學院、輔仁大學、靜宜大學共同舉辦的「跨校宗教交談會議 —— 交談中的佛教徒與基督徒」，第二階段「對痛苦與環境危機的回應」於文理學院展開，共有三十多位學者及宗教人士進行論文發表與分享，七十多位來自世界各地人士與會，並舉辦佛教、基督教與天主教的聯合祈福儀式，共同為世界人類福祉祝禱。

◆ 人基會「2017 福慧傳家心靈講座」，26 日邀請棉花田生機園地創辦人翁湘淳主講「在生命中遇見愛」，分享覺醒的力量，共有六十多人參加。

◆ 加拿大溫哥華道場舉辦專題講座，由常濟法師主講「地球暖化的急速惡化」，勉勵大眾建立全球社會公義，分享彼此資源、經驗，共同經營地球的未來，共有三十多人參加。

04.28

◆ 三峽天南寺舉辦清明報恩地藏法會，由果興法師主法，有近兩百五十人參加。

◆ 28 至 30 日，臺南雲集寺舉辦精進禪二，由常捷法師擔任總護，有近五十人參加。

04.29

◆ 北投農禪寺舉辦念佛禪一，由監院果毅法師擔任總護，共有兩百二十多人參加。

◆ 29 至 30 日，基隆精舍舉辦佛二，由副寺果樞法師帶領，有近七十人參加。

◆ 29 至 30 日，三峽天南寺舉辦清明報恩慈悲三昧水懺法會，由果興法師主法，共有一千三百多人次參加。

◆ 臺中寶雲寺舉辦悅眾培訓課程，由悅眾陳若玲、林其賢授課，內容包括團隊經營與帶領技巧、活動規畫與執行，監院果理法師到場關懷，共有一百二十多位學員參加。

◆ 4 月 29 日至 5 月 6 日，禪堂於臺東信行寺舉辦初階禪七，由演定法師擔任總護，有近一百人參加。

◆ 傳燈院於北投雲來寺舉辦 Fun 鬆一日禪，由常禮法師擔任總護，有近五十人參加。

◆ 4 月 29 至 30 日、9 月 23 至 24 日，榮譽董事會於法鼓文理學院舉辦禪悅營，學員藉由豐富的課程，深入了解聖嚴師父建設人間淨土的理念，堅定修行與奉獻的願心，分別有近一百位、一百一十位榮董參加。

◆ 美國東初禪寺舉辦英文禪一，由果乘法師擔任總護，共有十多人參加。

◆ 美國洛杉磯道場舉辦英文禪一，由監院果見法師擔任總護，共有三十多人參加。

◆ 美國普賢講堂舉辦佛一，由常諦法師帶領，有近二十人參加。

04.30

◆ 法鼓山於高雄紫雲寺舉辦祈福皈依大典，由方丈和尚果東法師授三皈依，共有三百三十位民眾皈依三寶。

◆ 北投文化館舉辦浴佛法會，由住持鑑心長老尼帶領，有近兩百人參加。

◆ 臺北安和分院舉辦浴佛法會，由僧團副住持果燦法師主法，法師開示以信心、正心、歡喜心浴佛，用慈悲、智慧洗滌煩惱心、執著心、貪染心、瞋恨心、嫉妒心、貢高我慢心、虛妄愚癡心，有近八百人參加。

◆ 桃園齋明別苑舉辦浴佛法會，由副寺常雲法師帶領，共有三百多人參加。

◆ 高雄紫雲寺舉辦浴佛法會，由常隨法師主法，共有四百二十多人參加。

◆ 4 月 30 日至 6 月 6 日，慈基會舉辦端午關懷活動，除攜帶應景素粽前往關懷家庭表達祝福外，慰訪義工並分別至各地社福機關、安養機構，與院民歡度佳節，共計關懷近兩千人。

◆ 教聯會於桃園齋明寺舉辦教師心靈環保一日營，由常獻法師帶領戶外禪，有近七十人參加。

◆ 美國東初禪寺舉辦週日講座，由常護法師主講「聖嚴法師傳」，共有五十多人參加。

◆ 香港道場於九龍會址舉辦浴佛法會，由僧團副住持果品法師主法，有近四百人參加。

5月 MAY

05.01

◆ 《人生》雜誌第 405 期出刊，本期專題「你在忍什麼？」。

◆ 《法鼓》雜誌第 329 期出刊。

◆ 法鼓文化出版新書：《禪鑰》（禪修指引系列，聖嚴法師著）、《怪力亂神 50 問》（學佛入門 Q&A 系列，法鼓文化編輯部編著）、《觀世音菩薩與聖嚴法師的故事》DVD（動畫系列，法鼓文化製作）、《如雲》CD（法鼓山歌曲系列，繼程法師作詞、康吉良作曲）。

◆ 法鼓山網路電視台每月「主題影片」單元，5月播出「關懷，零負擔 —— 如何讓愛恰到好處」，精選聖嚴師父相關的開示影片，引領大眾重溫師父的智慧開示。

◆ 聖基會與法國「多學科佛教研究中心」簽署合作協議，於該中心成立「聖嚴博士後漢傳佛教研究獎學金」，開展各項與漢傳佛教相關的學術活動。

◆ 馬來西亞道場舉辦佛一暨八關戒齋，演祥法師勉勵大眾把握一期一會的因緣，精進用功修行，有近七十人參加。

◆ 香港道場與饒宗頤文化館共同舉辦「約咗（了）佛陀喫茶去」禪藝活動，內容包括浴佛、茶禪、鈔經等，由監院常展法師、演清法師帶領，共有兩百多人參加。

05.02

◆ 基隆精舍舉辦浴佛法會，由副寺果樞法師帶領，有近一百人參加。

05.03

◆ 3至31日，普化中心每週三晚上於北投農禪寺舉辦「法鼓講堂」佛學課程，由僧大講師法源法師主講「華嚴與念佛三昧」；課程同時於「法鼓山心靈環保學習網」線上直播，提供全球學員上網聽講，並參與課程討論。

◆ 人基會與法務部合作推動「生命教育暨技藝扎根實施計畫 —— 心六倫運動」，3日於臺中女子監獄舉辦音樂會，包括法務部政務次長蔡碧仲、矯正署署長黃俊棠及人基會祕書長李伸一等出席關懷，活動邀請音樂工作者齊豫演唱，以歌聲關懷收容人。

05.04

◆ 北投雲來寺舉辦浴佛法會，由果界法師帶領，有近兩百人參加。

◆ 法鼓山社大「耕心田趣 —— 石門阿里磅紅茶種植」課程，安排學員至茶園，學習完整的採茶、製茶過程，邀請篏品茶研園主李宗烈帶領，有近三十位學員參加。

◆ 法行會於臺北國賓飯店舉辦第一九〇次例會，由果徹法師導讀聖嚴師父著作《三十七道品講記》，有近一百八十人參加。

05.05

◆ 5至7日，法鼓山於三峽天南寺舉辦社會菁英禪修營禪二，由常學法師擔任總護，有近七十人參加。

◆ 5至7日，傳燈院於法鼓山園區舉辦醫護舒活二日營，由常願法師擔任總護，有近四十位醫護人員參加。

◆ 5至7日，法鼓文理學院禪文化研修中心舉辦「佛教史研修體驗營」，由佛教學系助理教授莊國彬、施凱華、蘇南望傑，以及圖書資訊館館長洪振洲分別講授印度、中國、西藏與佛教資訊，共有五十多位法師與信眾共學成長。

◆ 5至8日，美國象岡道場舉辦四日禪修營，由住持果元法師擔任總護，共有三十六人參加。

05.06

◆ 6 至 8 日，法鼓山受邀參與分別於泰國曼谷舉行的聯合國衛塞節暨第三屆 IABU 國際學術會議（The 3rd International Association of Buddhist Universities Conferences），由僧伽大學男眾部副院長常順法師、演禪法師代表出席。

◆ 6 至 7 日，法鼓山園區舉辦「朝山‧浴佛‧禮觀音」活動，共有兩千多人次參加。

◆ 蘭陽精舍「蘭陽講堂」系列講座，6 日邀請資深媒體工作者陳月卿主講「健康升級，幸福加分」，有近一百三十人參加。

◆ 臺南雲集寺舉辦浴佛法會，由僧團副住持果燦法師主法，法師開示浴佛的由來、意義、心態及功能，勉勵大眾以戒定為香、忍辱為水、精進為力、智慧為鏡、慈悲為藥的心來浴佛，將種種煩惱化為歡喜、自在、清涼，共有兩百多人參加。

◆ 高雄紫雲寺「法鼓文理講堂」，6 日由法鼓文理學院社區再造學程副教授張志堯主講「關愛我們的唇邊 —— 我們生活的二、三事」，分享社區再造的所見所聞，有近六十人參加。

◆ 高雄三民精舍舉辦浴佛法會，由常盛法師帶領，共有一百四十三人參加。

◆ 6 至 13 日，禪堂舉辦默照禪七，由常乘法師擔任總護，有近一百三十人參加。

◆ 加拿大溫哥華道場舉辦浴佛法會，由監院常悟法師帶領，期許大眾親近佛法，精進修行，延續法身慧命以報佛恩，有近兩百人參加。

◆ 6 至 8 日，僧團副住持果醒法師前往香港弘法，內容包括禪修講座與工作坊。6 至 7 日於香港道場廣島會址舉辦禪修工作坊，有近八十人參加。

◆ 美國新澤西州分會於哈克利邦利國家公園（Hacklebarney State Park）舉辦戶外禪，由常護法師擔任總護，有近三十人參加。

05.07

◆ 方丈和尚果東法師受邀參與「2017 新北佛誕文化節」，並於浴佛祈福法會中擔任主法，與新北市市長朱立倫、新北市佛教會理事長淨耀法師暨各寺院長老、法師及來賓共同浴佛，為國家安定祈福、為全民安樂祈願。

◆ 桃園齋明寺舉辦浴佛法會，由監院果舟法師帶領，法師勉勵大眾開啟善根，長養菩提心，顯現智慧光明，有近一千人參加。

◆ 南投德華寺舉辦浴佛法會，由副寺果弘法師帶領，有近六十人參加。

◆ 高雄紫雲寺舉辦佛一暨八關戒齋，由僧團副住持果燦法師主法，並開示受持八關戒齋的殊勝與功德，有近兩百九十人參加。

◆ 美國東初禪寺舉辦週日講座，邀請聖嚴師父西方弟子李世娟主講「禪修者平等心的長養」，有近五十人參加。

◆ 美國舊金山道場舉辦浴佛法會，由監院常惺法師帶領；同時並舉行親子園遊會、禪修體驗等，共有兩百六十多人參加。

◆ 馬來西亞道場監院常藻法師受那爛陀教育中心之邀，於該中心主講「遇見佛陀」，共有一百多人參加。

◆ 香港道場於當地梅樹坑公園舉辦戶外禪，由悅眾擔任總護，共有三十多人參加。

◆ 美國新澤西州分會舉辦半日禪，由常護法師擔任總護，共有二十多人參加。

- 美國芝加哥分會舉辦半日禪，由悅眾擔任總護，有近二十人參加。
- 美國普賢講堂舉辦浴佛法會，由常諦法師帶領，有近九十人參加。
- 7 至 8 日，泰國護法會舉辦浴佛活動，內容包括法會、佛法講座等。8 日舉行浴佛法會，由果徹法師帶領，共有六十多人參加

05.08

- 僧團副住持果醒法師香港弘法關懷，8 日於香港道場九龍會址舉辦禪學講座，主題是「楞嚴空義」，有近兩百六十人參加。
- 泰國護法會浴佛活動，8 日舉行生活佛法講座，主題是「幸福滿分的人生」，由果徹法師主講，有近五十人參加。

05.10

- 馬來西亞道場舉辦浴佛法會，由監院常藻法師帶領，有近五百人參加；法會圓滿後，並舉行皈依儀式，共有五十人皈依三寶。

05.12

- 12 至 13 日，美國西雅圖分會舉辦佛學講座，由美國加州舊金山道場監院常惺法師主講「禪淨雙修怎麼修？」，共有五十多人參加。
- 12 至 20 日，僧團常慧法師、常悟法師和常藻法師受邀前往瑞士弘法，內容包括帶領禪七、禪修講座等。12 日常悟法師於伯恩（Bern）「宗教對話文化中心」（Haus Der Religionen Dialog Der Kulturen）演講，分享如何在生活中運用禪修的觀念與方法，做到「放下與提起」，有近二十人參加。

05.13

- 三峽天南寺舉辦浴佛法會，由監院常哲法師帶領，有近四百五十人參加。
- 高雄紫雲寺舉辦專題講座，邀請林口長庚醫院臨床毒物科護理師譚敦慈主講「食安，心安，好平安」，分享正確的飲食觀念，有近三百人參加。
- 臺東信行寺舉辦浴佛法會，由僧團副住持果燦法師主法，共有七百三十多人參加。
- 護法會員林辦事處舉辦浴佛法會，由常林法師帶領，共有一百八十多人參加。
- 法青會於北投農禪寺舉辦全臺法青聯誼活動，有近八十位法青參加。
- 加拿大多倫多分會舉辦禪一，由悅眾擔任總護，有近二十人參加。

05.14

- 法鼓山於臺北國父紀念館中山公園廣場舉辦「心靈環保 Stop・Relax・Enjoy」活動，內容包括浴佛、鈔經、撞鐘、法鼓八式動禪與生活禪體驗等，臺北市長柯文哲、民政局長藍世聰、國父紀念館館長林國章等各界來賓，以及方丈和尚果東法師、法鼓文理

學院校長惠敏法師、榮譽董事會會長黃楚琪等到場參與，數千民眾及遊客透過生活化的禪法放鬆身心，以感恩心為母親及世界祝福。

◆ 桃園齋明別苑「心光講堂」系列講座，21 日邀請作家褚士瑩主講「改變人生的十個機會」，分享人生歷程中，十個改變的機會，鼓勵大眾時時檢視自己成功的「打擊率」，發現適性的黃金組合，共有兩百五十多人參加。

◆ 臺中寶雲寺舉辦浴佛法會，由監院果理法師帶領，法師勉勵大眾浴佛浴心，不只浴佛，更要清淨內心的自性佛，有近六百五十人參加。

◆ 臺南分院舉辦浴佛法會，由監院常嘉法師帶領，法師期勉大眾藉由浴佛，洗滌清淨自心，也啟發內在慈悲智慧的佛性，有近四百三十人參加。

◆ 國際禪坐會（International Meditation Group, IMG）於臺北國父紀念館舉辦英文戶外禪，由常願法師擔任總護，共有二十多人參加。

◆ 僧團常慧法師、常悟法師和常藻法師瑞士弘法，14 至 20 日於聖加侖區（St. Gallen）塔爾（Thal）的禪修道場「道樓」（Haus Tao）帶領話頭禪七，共有九位來自瑞士、德國的禪眾參加。

◆ 美國東初禪寺舉辦週日講座，由常護法師主講「佛國之旅」，共有五十多人參加。

◆ 美國新澤西州分會舉辦半日禪，由悅眾擔任總護，有近二十人參加。

◆ 美國西雅圖分會舉辦浴佛法會，由寺院管理副都監常寬法師主法，有近五十人參加。

◆ 美國普賢講堂舉辦念佛禪一，由常諦法師擔任總護，共有二十多人參加。

05.16

◆ 關懷偏鄉長者，5 月 16 日起，慈基會與高雄紫雲寺於六龜寶來社區開辦樂齡課程，內容包括體能、禪藝、心靈茶會等，每月一至二次的課程，陪伴長者學習成長。

◆ 16 日及 29 日，護法會義工團環保組於宜蘭縣明池國家森林遊樂區舉辦戶外禪，由常輪法師擔任總護，共有八十多人參加。

05.17

◆ 法鼓文理學院舉辦專題講座，邀請義大利佩魯賈大學（University of Perugia）哲學人文社會科學副教授黃曉星（Ester Bianchi）主講「瑜伽菩薩戒與近現代的中國佛教」，有近四十人參加。

◆ 護法會義工團醫護組於宜蘭縣龍潭湖舉辦戶外禪，由常獻法師擔任總護，共有四十多位醫護義工參加。

◆ 5 月 17 日至 6 月 12 日，方丈和尚果東法師於美國紐約、新澤西、芝加哥、洛杉磯，以及加拿大多倫多等地，展開弘法關懷，內容包括帶領法會、弘講、主持皈依典禮等。17 日於東初禪寺關懷信眾，並分享學佛心得，共有三十多人參加。

05.19

◆ 19 至 21 日，三峽天南寺舉辦精進禪二，由傳燈院監院常襄法師擔任總護，有近一百二十人參加。

◆ 19 至 20 日，寺院管理副都監常寬法師於美國舊金山道場弘法。19 日舉辦兩場講座，
主題分別是「中觀心髓」、「楞嚴心語 —— 我對於《楞嚴經》的領悟」，共有一百
二十多人次參加。

05.20

◆ 北投農禪寺舉辦浴佛法會，由監院果毅法師帶領，共有一千多人參加。

◆ 臺南雲集寺舉辦 Fun 鬆一日禪，由監院常嘉法師擔任總護，共有五十多人參加。

◆ 高雄紫雲寺「法鼓青年開講」，20 日邀請屏東科技大學野生動物保育研究所所長黃
美秀主講「獨行熊徑二十載 —— 臺灣黑熊教我的一堂課」，分享投入臺灣黑熊研究
領域的心路歷程、黑熊保育的生態智慧，共有一百四十多人參加。

◆ 20 至 21 日，臺東信行寺舉辦精進禪二，由監院常全法師擔任總護，共有三十六人
參加。

◆ 禪修中心於臺中寶雲寺舉辦千人念佛禪一，由禪修中心副都監果醒法師、禪堂監院常
乘法師等擔任總護，共有九百二十人參加。

◆ 20 至 21 日，法鼓文理學院校長惠敏法師出席香港中文大學「禪與人類文明研究中
心」主辦、廣東省六祖寺協辦的「佛教禪修在各種傳統和不同學科領域的理論與實
踐」國際研討會，並發表論文。

◆ 美國東初禪寺舉辦英文禪一，由常齋法師擔任總護，共有十多人參加。

◆ 寺院管理副都監常寬法師美國舊金山道場弘法，20 日於「高僧行誼」佛學課程中，
介紹弘一法師的生平事蹟，有近一百一十人參加。

◆ 方丈和尚北美弘法關懷，20 日出席美國新澤西州分會舉行的浴佛法會，並以「安心
自在，福慧傳家」為題演講，共有一百多人參加。

05.21

◆ 21 至 28 日，禪堂於三義 DIY 心靈環保教育中心舉辦念佛禪七，由常正法師擔任總
護，有近一百人參加。

◆ 傳燈院於北投雲來寺舉辦禪一，由常耀法師擔任總護，共有一百零二人參加。

◆ 護法總會悅眾巡迴關懷，21 日於高雄紫雲寺舉行，副都監常遠法師、服務處監院常
應法師、紫雲寺監院常參法師到場關懷，活動並安排法鼓文理學院生命教育學程主任
辜琮瑜帶領「願願相續」課程，有近一百四十位高雄、屏東、臺東等區悅眾參加。

◆ 教聯會於臺北陽明山涓絲步道舉辦教師心靈環保一日營，由常獻法師帶領戶外禪，共
有三十多人參加。

◆ 美國東初禪寺於當地麋鹿俱樂部（Elk Lodge）舉辦浴佛法會，由僧團副住持果醒法
師帶領；適逢方丈和尚果東法師至美弘法，方丈和尚勉勵大眾將所聽聞的佛法分享
家人，一起點亮內心的明燈、福慧傳家，共有兩百五十多人參加。

◆ 香港道場於九龍會址舉辦禪一，由演戒法師擔任總護，有近七十人參加。

◆ 美國新澤西州分會舉辦半日禪，由悅眾擔任總護，有近二十人參加。

◆ 美國芝加哥分會舉辦浴佛法會，由悅眾帶領，有近四十人參加。

◆ 21 至 23 日，加拿大溫哥華道場監院常悟法師於盧森堡弘法，內容包括禪修工作坊、

禪修講座等。21 日於普慈方濟修女會（Sisters of Mercy of St. Francis）主持禪修工作坊，共有三十五位來自盧森堡、法國、德國、比利時、英國、西班牙、羅馬尼亞等地禪眾參加。

05.22

◆ 慈基會協助新北市金山區、萬里區消防單位採購住宅用警報器，捐助弱勢家庭充實居家安全防護裝備，22 日於新北市金山消防分隊舉行捐贈儀式，由新北市消防局火災預防科科長程昌興代表接受。

◆ 加拿大溫哥華道場監院常悟法師盧森堡弘法，22 至 23 日於普慈方濟修女會，分別以英文、中文主講「放下與提起」，共有二十多人參加。

05.26

◆ 北投農禪寺舉辦禪三，由常鐘法師擔任總護，有近一百二十人參加。

◆ 26 至 28 日，傳燈院於高雄紫雲寺舉辦「地區助理監香培訓」，由常願法師帶領，共有五十一人參加。

◆ 方丈和尚北美弘法關懷，26 日出席美國洛杉磯道場舉行的榮譽董事暨信眾聯誼會，期勉大眾持續提起願心與願力，共同成就法鼓山護法、弘法事業，有近一百人參加。

05.27

◆ 臺中寶雲寺舉辦「讀書會共學培訓」進階課程，邀請資深讀書會帶領人方隆彰帶領，分享讀書會帶領人的角色及功能，並進行示範演練，果雲法師到場關懷，有近一百三十位學員參加。

◆ 27 至 30 日，青年院於三峽天南寺舉辦社青禪修營，由天南寺監院常哲法師擔任總護，以禪修練習放鬆身心、清楚覺察，並安排「禪式工作學」，由法行會會長許仁壽主講「生活與生命」，有近七十位學員參加。

◆ 5 月 27 日至 6 月 11 日，僧團副住持果元法師受邀前往墨西哥指導禪修，首先於 5 月 27 日至 6 月 3 日，於墨西哥納亞特州（Nayarit）的玉堂海灣禪修中心（Mar de Jade Holistic Center）擔任默照禪七總護，由該禪修中心負責人蘿拉（Laura Del Valle）擔任西班牙文翻譯，共有三十多位學員參加。

◆ 27 至 29 日，美國東初禪寺舉辦念佛禪三，由禪修中心副都監果醒法師擔任總護，期勉大眾心不住相，如果心能不住相，一切善惡境界就不貪、不瞋、不癡、不取、不捨，有近五十人參加。

◆ 5 月 27 日至 6 月 4 日，美國象岡道場舉辦默照禪九，邀請聖嚴師父西方法子賽門‧查爾得（Simon Child）擔任總護，有近三十人參加。

◆ 方丈和尚北美弘法關懷，27 日出席於美國洛杉磯道場舉行的「回到初心，有你真好」感恩會，共有一百多人參加。

◆ 加拿大溫哥華道場舉辦專題講座，由常濟法師主講「廣告和行銷的真相」，法師勉勵大眾學習以啟發性的表述來促進改變，幫助創造更美好的世界，共有三十多人參加。

05.28

◆ 臺東信行寺舉辦專題講座，由果傳法師主講「GPS 重新定位中 —— 從《法華經》談佛陀的教法與生命的實踐」，共有七十多人參加。

◆ 方丈和尚北美弘法關懷，28 日出席於美國洛杉磯道場舉行的皈依典禮；儀式圓滿後，並以「回到初心，自護護他」為題演講，勉勵大眾時時以佛法慧命為念，念念以大眾道業為首，日日生起光明的福德智慧，以心靈的淨化建設人間淨土，共有一百多人參加。

◆ 馬來西亞道場於怡保般若岩舉辦戶外禪，由常施法師擔任總護，有近四十人參加。

◆ 5 月 28 日至 6 月 1 日，馬來西亞道場監院常藻法師應當地太平佛教會之邀，於該會舉辦的全國教師佛學研修班，擔任禪修課程講師，共有四十一位老師和師範學院學生參加。

05.31

◆ 5 月 31 日、6 月 1 日，法鼓文理學院舉辦人際溝通分析工作坊，邀請臺灣師範大學學輔中心諮商心理師陳淑琦帶領，有近三十人參加。

◆ 人基會「2017 福慧傳家心靈講座」，31 日由法鼓山關懷院監院常綽法師主講「佛法的生活實踐」，說明佛法的真義是慈悲與智慧，期勉大眾在日常生活中練習擴大慈悲心，智慧也自然生起，共有九十多人參加。

6月 JUNE

06.01

◆ 《人生》雜誌第 406 期出刊，本期專題「凝視死亡 —— 探索生命智慧」。

◆ 《法鼓》雜誌第 330 期出刊。

◆ 法鼓文化出版新書：《菩薩行願 —— 觀音、地藏、普賢菩薩法門講記》（大字版）》（家中寶系列，聖嚴法師著）、《禪淨何爭？—— 聖嚴法師的禪淨思想與體證》（智慧海系列，陳劍鍠著）、英文書《〈長阿含〉研究》（Dīrgha-āgama Studies）（法鼓文理學院論叢，無著比丘 Bhikkhu Anālayo 著）。

◆ 1 至 29 日，僧團舉辦結夏安居，內容包括禪二十一、戶外禪、僧活營等。1 至 22 日於法鼓山園區禪堂舉行禪二十一，禪期分禪七與禪十四，兩梯次各有一百多位僧眾參與。

◆ 法鼓山網路電視台每月「主題影片」單元，6 月播出「正信與迷信 —— 如何看待民間信仰」，精選聖嚴師父相關的開示影片，引領大眾重溫師父的智慧開示。

◆ 法鼓文理學院舉辦專題講座，邀請大陸通商專業事務所資深副總經理王志翔主講「著作權之認識與實務運用」，共有五十多人參加。

◆ 聖基會發行《代先生的奇幻旅程》動畫，藉由輕鬆的動畫，提供大眾了解生與死的尊嚴，建立正確的生命觀。

06.02

◆ 2 至 4 日，高雄紫雲寺舉辦義工禪二，由常願法師擔任總護，共有七十九人參加。

◆ 法鼓文理學院首屆「青年創意經濟與社區再造」活動，6 月 2 日進行總決賽，由社區再造碩士學程、立凱電能科技邀集各領域專業人士，擔任評選，選出「心齡感生活」、「柏青」和兒童福利聯盟等三隊為優勝。

06.03

◆ 蘭陽精舍「蘭陽講堂」系列講座，3 日邀請《點燈》節目製作人張光斗主講「微笑迎光」，分享生命的法喜，有近八十人參加。

◆ 2 日起暴雨強襲臺灣，各地傳出重大災情，法鼓山第一時間啟動緊急救援系統，僧團法師與慈基會義工於 3 至 8 日，前往北、中、南受災地區勘災慰訪，並提供乾糧、飲用水等民生物資，緩解居民需求，協助受災民眾安心度過難關。

◆ 3 至 4 日，美國洛杉磯道場舉辦「楞嚴與修行二日營」，由禪修中心副都監果醒法師擔任總護，有近一百人參加。

◆ 方丈和尚北美弘法關懷，3 日於美國芝加哥斯科基劇場（Skokie Theater）舉辦專題講座，主題是「快樂人生學」，包括駐芝加哥臺北經濟文化辦事處的何震寰處長，共有一百多位中西方人士到場聆聽。

06.04

◆ 僧大舉辦「105 學年度畢業製作呈現」發表會，副院長常順法師及多位指導師長到場關懷，共有五位學僧運用多元媒材發表學習成果。

◆ 法青會於德貴學苑舉辦禪一，由常獻法師擔任總護，共有三十多位青年學員參加。

◆ 美國東初禪寺舉辦週日講座，由常修法師主講「《心的經典》導讀 —— 智慧度苦厄」，共有五十多人參加。

◆ 加拿大溫哥華道場舉辦禪一，由監院常悟法師擔任總護，有近四十人參加。

◆ 香港道場於九龍會址舉辦佛一，由演清法師帶領，有近兩百人參加。

◆ 美國新澤西州分會舉辦半日禪，由悅眾擔任總護，有近二十人參加。

◆ 方丈和尚北美弘法關懷，4 日於美國芝加哥分會主持地藏法會、親授三皈五戒，以及關懷信眾，共有一百多人次參加。

◆ 美國西雅圖分會舉辦戶外禪，由悅眾擔任總護，共有三十多人參加。

06.05

◆ 5 至 16 日，加拿大英屬哥倫比亞大學（University of British Columbia, UBC）主辦，法鼓文理學院協辦的「空間與虛擬空間工作坊」（Space and Cyberspace Workshop Program），於文理學院展開，邀請美國天普大學（Temple University）宗教系助理教授馬德偉（Marcus Bingenheimer）、史丹佛大學（Stanford University）博士候選人魏希明（Simon Wiles）、高雄大學西語系副教授奧利華（Oliver Streiter），以及文理

學院圖書資訊館館長洪振洲授課,有近二十位來自美國、比利時、新加坡、中國大陸、臺灣等地學者及博士生參與。

06.06

◆ 6至8日,美國舊金山道場舉辦佛學講座,由禪修中心副都監果醒法師主講「永嘉證道歌」,有近五十人參加。

06.07

◆ 為臺灣奉獻半世紀的光啟社副社長丁松筠神父,於5月31日逝世;僧團副住持果祥法師於6月7日,代表正於北美弘法的方丈和尚果東法師,前往光啟社感念丁松筠神父。

06.08

◆ 法行會於臺北國賓飯店舉辦第一九一次例會,由僧團副住持果暉法師導讀聖嚴師父著作《禪門修證指要》,有近一百九十人參加。

06.09

◆ 僧團副住持果元法師受邀前往墨西哥指導禪修,9至10日於墨西哥市帶領初級禪訓密集班,有近三十位學員參加。
◆ 9至10日,美國舊金山道場舉辦佛學講座,由禪修中心副都監果醒法師主講「天台心鑰」,有近五十人參加。

06.10

◆ 慈基會於臺中寶雲寺舉辦慰訪員初階教育訓練課程,並邀請靜宜大學教育研究所教授張學善講解助人工作的基本技巧,以及同理心的認識與演練,護法總會副總會長陳治明到場關懷,有近一百位中部地區慰訪義工參加。
◆ 美國普賢講堂舉辦佛一,由常諦法師帶領,有近二十人參加。
◆ 方丈和尚北美弘法關懷,10日於加拿大多倫多僑教中心舉辦「初夏茶敘與您有約」活動,並以「用平常心面對不平常之事」為題,分享聖嚴師父的「行事六要領」,共有六十多人參加。

06.11

◆ 臺中寶雲寺舉辦「消防演練教育訓練」課程,邀請消防署臺中港區消防分隊隊長蔡賢迪帶領,內容包括消防自我管理認知及實地演練,共有四十五人參加。
◆ 南投德華寺舉辦戶外禪,由副寺果弘法師擔任總護,共有二十多人參加。

◆ 慈基會於北投雲來寺舉辦北區義工慰訪分享會，祕書長果器法師、總幹事陳高昌到場關懷，各地區悅眾分享觀察、學習與建議，有近七十人參加。

◆ 護法會高雄北區辦事處於小崗山雲仙境悠然部落舉辦勸募會員戶外聯誼，除進行戶外禪，並由悅眾分享勸募心法，共有七十多人參加。

◆ 美國東初禪寺住持果元法師受邀前往墨西哥指導禪修，11 日於墨西哥市帶領禪一，共有三十人參加。

◆ 美國東初禪寺舉辦週日講座，由常護法師主講「《大智度論》二探」，共有五十多人參加。

◆ 馬來西亞道場舉辦禪一，由悅眾擔任總護，共有三十五人參加。

◆ 美國新澤西州分會舉辦半日禪，由悅眾擔任總護，有近二十人參加。

◆ 方丈和尚北美弘法關懷，11 日於加拿大多倫多分會帶領大悲懺法會。法會圓滿後，並主持皈依儀式。

06.14

◆ 法鼓文理學院舉辦專題講座，邀請資誠聯合會計師事務所經理杜育任主講「社會投資報酬理論與案例分享」，共有三十多人參加。

◆ 加拿大多倫多分會舉辦專題講座，由美國東初禪寺住持果元法師主講「法鼓八式動禪及鬆缽禪」，有近四十人參加。

06.16

◆ 方丈和尚果東法師代表法鼓山教團，前往於 10 日墜機罹難的長期關注環境保護、《看見台灣》紀錄片導演齊柏林靈堂致意，祝福往生佛國淨土，乘願再來利益眾生。

06.17

◆ 法鼓文理學院於第三大樓國際會議廳舉辦畢結業典禮，方丈和尚果東法師、校長惠敏法師、副校長蔡伯郎、佛教學系主任果暉法師，為佛教學系畢結業生依序搭菩薩衣、傳燈發願；人文社會學群學群長陳伯璋，則為兩位人社學群畢業生撥穗、頒發畢業證書，有近四百人觀禮祝福。

◆ 法鼓文理學院校園建築，於香港建築師學會舉辦的 2017「兩岸四地建築設計論壇及大獎」（ Cross-Strait Architectural Design Symposium and Awards, CADA）中，獲教育及宗教項目最高獎項金獎肯定。

◆ 僧大於法鼓山園區國際會議廳舉辦畢結業典禮，院長方丈和尚果東法師、副院長常順法師、果肇法師等師長出席祝福，為畢結業生搭菩薩衣、授證，共有兩百多人觀禮祝福。

◆ 17 至 25 日，美國象岡道場舉辦默照禪九，邀請聖嚴師父西方法子查可‧安德列塞維克擔任總護，共有四十多人參加。

◆ 美國舊金山道場舉辦英文禪一，由加拿大溫哥華道場監院常悟法師擔任總護，共有四十多人參加。

06.18

◆ 美國舊金山道場舉辦佛學課程,由加拿大溫哥華道場監院常悟法師主講「高僧行誼」,介紹憨山大師的智慧與悟境,共有五十多人參加。

◆ 馬來西亞道場於當地森林研究所(Forest Research Institute Malaysia)舉辦戶外禪,由悅眾擔任總護,有近四十人參加。

◆ 香港道場於九龍會址舉辦禪一,由演清法師擔任總護,有近七十人參加。

◆ 美國新澤西州分會舉辦禪一,由常灌法師擔任總護,共有二十多人參加。

06.22

◆ 6月22日至8月10日,桃園齋明別苑每週四舉辦佛學講座,邀請華梵大學佛教學系助理教授李治華主講「觀自在,生活智慧」,講授觀音法門,有近三百人參加。

◆ 法鼓文理學院於臺北安和分院舉辦專題講座,邀請聖嚴師父法子繼程法師、聖基會執行長楊蓓對談「禪與生命反思」,有近一千人參加。

06.23

◆ 僧團結夏安居,23至26日於臺東舉行戶外禪,共有一百多位僧眾參加。

06.24

◆ 美國東初禪寺舉辦英文禪一,由監院常華法師擔任總護,共有二十多人參加。

◆ 美國普賢講堂舉辦 Fun 鬆一日禪,由常修法師擔任總護,有近二十人參加。

06.25

◆ 護法總會「行動報師恩 —— 小沙彌回法鼓山」系列活動,25日有近一百二十位臺北市文山區信眾帶著小沙彌撲滿,參訪法鼓文理學院,並進行聯誼活動,接續聖嚴師父興學願心。

◆ 美國新澤西州分會舉辦半日禪,由悅眾擔任總護,有近二十人參加。

◆ 美國普賢講堂舉辦觀音法會,由常諦法師帶領,有近八十人參加。

◆ 澳洲雪梨分會於雪梨佛教圖書館舉辦「從自我到環保 —— 世界公民工作坊」(From Ego to Eco: Global Citizenship and You),由果禪法師、常濟法師帶領,分享世界公民的環保責任,共有二十多人參加。

06.27

◆ 僧團結夏安居,27至29日於三峽天南寺舉行僧活營,並邀請公益平台文化基金會董事長嚴長壽主講「在世界地圖中看見法鼓山的方位」、護法總會總會長張昌邦分享「護法信眾心中的法鼓山」,有近兩百位僧眾參加。

◆ 27 至 28 日，法鼓文理學院助理教授鄧偉仁受邀出席香港中文大學禪與人類文明研究中心與德國哥廷根大學（Georg-August-University of Göttingen）現代東亞研究所共同於哥廷根（Göttingen）主辦的「全球視野中的中國禪法研究」國際學術研討會，並發表論文。

06.28

◆ 新北市金山區連接中山路與三戒壇路的磺溪橋因 2 日的暴雨沖斷，法鼓山捐款重建新橋，28 日於新北市政府，由方丈和尚果東法師代表與市長朱立倫共同舉行捐贈儀式，朱立倫市長感謝法鼓山全力協助暴雨災後重建，利益社會及大眾。

◆ 人基會「2017 福慧傳家心靈講座」，28 日邀請法鼓山關懷生命獎得主莊馥華主講「生命的高低階」，共有八十多人參加。

06.29

◆ 29 至 30 日，法鼓文理學院佛教學系主任果暉法師受邀出席香港寶蓮禪寺聯合中國大陸南京大學中華文化研究院、香港大學佛學研究中心、香港中文大學人間佛教研究中心、泰國摩訶朱拉隆功佛教大學等學術機構，共同舉辦的「一帶一路上南北傳佛教研討會」，並發表論文。

7月 JULY

07.01

◆《人生》雜誌第 407 期出刊，本期專題「當佛陀遇到神鬼」。

◆《法鼓》雜誌第 331 期出刊。

◆ 法鼓文化出版新書：《禪的生活》（禪修指引系列，聖嚴法師著）、《福慧好當家》（琉璃文學系列，果東法師著）、《梵網經菩薩戒》（智慧人系列，靈源老和尚著）。

◆《金山有情》季刊第 61 期出刊。

◆《法鼓文理學院校刊》第 12 期出刊。

◆《護法季刊》復刊第 11 期出刊。

◆ 法鼓山於園區舉辦社會菁英禪修營第九十一次共修會，由常正法師擔任總護，共有八十多人參加。

◆ 法鼓山網路電視台每月「主題影片」單元，7 月播出「正信與迷信（二）——佛教如何看待鬼神信仰」，精選聖嚴師父相關的開示影片，引領大眾重溫師父的智慧開示。

◆ 1 至 2 日，社大金山、萬里幼童軍團於金山青年活動中心，舉辦首次聯席露營活動，共有六十多位幼童軍、家長及服務員參加。

◆ 1 至 2 日，慈基會於北投雲來寺舉辦「2017 兒童心靈環保體驗營」，由教聯會師資帶

領，共有四十二位關懷家庭學童參加。

◆ 7月1日至8月31日，慈基會於全臺各地分院、護法會辦事處及共修處舉辦第三十一期「百年樹人獎助學金分享卡聯誼會」，共十七場，學子藉由卡片製作，分享生活經驗與成長，也表達感恩。

◆ 1至30日，弘化發展專案召集人果慨法師於美東弘法，內容包括主持懺法研習營、佛學講座，以及帶領悅眾成長營等。1至14日於象岡道場帶領法華三昧懺研習營，深入解說《法華經》與《法華三昧懺儀》；為讓西方眾聞法無礙，另有英文課程，邀請臺灣師範大學國際華語與文化學系助理教授王晴薇帶領，有近五十位學員參加。

◆ 澳洲墨爾本分會舉辦佛一，由果竣法師帶領，共有三十多人參加。

07.02

◆ 桃園齋明寺舉辦禪一，由果澔法師擔任總護，共有一百二十人參加。
◆ 高雄紫雲寺舉辦佛一暨八關戒齋，共有兩百七十多人參加。
◆ 傳燈院於臺東信行寺舉辦「用心吃飯研習營」，由常願法師帶領，共有三十多人參加。
◆ 護法會豐原辦事處舉辦專題講座，由果雲法師、埔里基督教醫院安寧照護主治醫師陳家瑋主講「安寧關懷與DNR」，共有一百多人參加。
◆ 香港道場於九龍會址舉辦專題講座，邀請華梵大學中文系副教授胡健財主講「觀音妙智」，講授觀世音菩薩耳根圓通法門，共有兩百多人參加。
◆ 美國新澤西州分會舉辦半日禪，由悅眾擔任總護，有近二十人參加。
◆ 美國普賢講堂舉辦佛一，由悅眾帶領，共有十多人參加。
◆ 澳洲墨爾本分會舉辦大悲懺法會，由果竣法師帶領，共有四十多人參加。

07.03

◆ 美國芝加哥分會舉辦半日禪，由悅眾擔任總護，有近二十人參加。
◆ 3至6日，澳洲墨爾本分會舉辦佛學講座，由果竣法師主講「學佛五講」，有近四十人參加。

07.04

◆ 4至8日，法鼓文理學院於園區舉辦「心幹線──生命美學研習營」，課程以生命及美學教育為主軸，包括禪坐、茶禪與基礎佛學等，有近六十位高中生參加。

07.05

◆ 5至26日，普化中心每週三晚上於北投農禪寺舉辦「法鼓講堂」佛學課程，由法鼓文理學院校長惠敏法師主講「佛教的心識論與腦科學」；課程同時於「法鼓山心靈環保學習網」線上直播，提供全球學員上網聽講，並參與課程討論。
◆ 7月5日至9月24日，社大於臺大醫院金山分院舉辦「繪心創作成果展」，主要為

班級聯展，結合金山校區的回收舊物彩繪多變化班、歐式彩繪創造生活班，以及新莊校區的歐風織品彩繪班和彩繪蝶谷巴特班等，共由五十四位學員創作，展出近三百件作品。

07.06

◆ 6 至 9 日，臺東信行寺舉辦初級禪悅四日營，由監院常全法師擔任總護，共有四十人參加。

◆ 6 至 13 日，禪堂舉辦青年初階禪七，由男眾副都監常遠法師擔任總護，共有五十八人參加。

◆ 7 月 6 至 11 月 24 日，護法總會、普化中心每週於海山與文山兩區辦事處舉辦《金剛經》共修，接引大眾以誦讀方式親近經文要義。

◆ 法行會於臺北國賓飯店舉辦第一九二次例會，由農禪寺監院果毅法師主講「聖嚴師父的身影和修行法要」，有近兩百人參加。

07.07

◆ 7 至 9 日，臺北安和分院舉辦「2017 兒童心靈環保體驗營」，由常法法師及教聯會師資帶領，內容包括團康遊戲、動畫觀賞、禪繞畫、禪坐等動靜交互的活動，有近一百一十位國小中、高年級學童參加。

◆ 7 至 9 日，臺南分院舉辦「2017 兒童心靈環保體驗營」，由教聯會師資帶領，共有七十多位國小學童參加。

◆ 7 至 9 日，臺南雲集寺舉辦「2017 兒童心靈環保體驗營」，由教聯會師資帶領，有近七十位國小學童參加。

◆ 7 至 9 日，高雄紫雲寺舉辦「2017 兒童心靈環保體驗營」，由法青規畫執行課程設計、授課、組織協調、內外護等，共有一百零六位國小中、高年級學童參加。

◆ 7 至 10 日，教聯會於三峽天南寺舉辦教師心靈環保自我成長營，由常獻法師帶領，有近一百人參加。

◆ 7 至 11 日，香港道場於香港中文大學舉辦青年五日禪，主題是「停‧聽」，由演道法師等擔任總護體驗禪修，並藉由動靜兼備的藝術活動，與自我對話、了解自我，共有一百二十多位青年學員參加。

07.08

◆ 蘭陽精舍「蘭陽講堂」系列講座，8 日邀請健康管理師黃玉華主講「聽見身體的另一種聲音」，共有兩百三十多人參加。

◆ 普化中心於北投農禪寺舉行「聖嚴書院佛學班北區聯合結業典禮」，副都監果毅法師出席關懷，共有農禪、安和、中山、金山、文山等八個班級，七百零六位學員圓滿三年初階課程。

◆ 8 及 9 日、15 至 16 日，人基會於德貴學苑舉辦兩梯次「幸福體驗親子營」，以家庭倫理為核心，內容包括戲劇表演、親子共學、品格教養等，共有兩百三十多位五至七

歲的幼童與家長參加。

◆ 榮譽董事會於臺中寶雲寺舉辦中區感恩聯誼會，護法總會服務處監院常應法師、榮譽董事會會長黃楚琪、榮譽董事會中區召集人陳治明等到場關懷，有近三百五十人參加。

◆ 8 日及 29 日，美國舊金山道場舉辦念佛共修法器教學課程，由常啟法師帶領，有近三十人參加。

◆ 澳洲墨爾本分會舉辦佛一，由果竣法師帶領，共有三十多人參加。

07.09

◆ 美國東初禪寺舉辦週日講座，邀請聖嚴師父西方弟子哈利‧米勒主講「業報與修行」，有近五十人參加。

◆ 美國舊金山道場舉辦禪一，由常啟法師擔任總護，共有四十多人參加。

◆ 美國新澤西州分會舉辦半日禪，由悅眾擔任總護，有近二十人參加。

07.10

◆ 10 至 13 日，澳洲墨爾本分會舉辦佛學講座，由果竣法師主講《金剛經》，有近四十人參加。

07.11

◆ 方丈和尚果東法師於北投雲來寺大殿，對僧團法師、全體專職精神講話，主題是「個人與團體」，全臺各分院道場同步視訊連線聆聽開示，有近三百人參加。

◆ 11 至 12 日，傳燈院應小草書屋之邀，於三峽天南寺舉辦寺院生活體驗營，由監院常襄法師等帶領，共有三十五位義工老師參加。

◆ 11 至 15 日，法鼓山園區舉辦「2017 兒童心靈環保體驗營」第一梯次，由教聯會師資帶領，共有一百二十位國小學童參加。

07.12

◆ 7 月 12 至 21 日、7 月 22 日至 8 月 1 日，慈基會於中國大陸四川省安縣綿陽中學舉辦兩梯次「生命教育心靈環保體驗營」，由僧團副住持果品法師、寺院管理副都監常寬法師、常澹法師及僧大學僧帶領授課，共有一百一十五位高中生參加。

07.14

◆ 14 至 16 日，三峽天南寺舉辦精進禪二，由監院常哲法師擔任總護，有近一百二十人參加。

◆ 14 至 16 日，傳燈院於桃園齋明別苑舉辦「心的探索體驗」國中營，由常願法師等帶領，內容包括生活禪體驗、都市叢林探險等活動，16 日並安排親子共同體驗課程，共

有一百五十多位來自臺北、基隆、桃園地區國中生參加。

◆ 14 至 21 日，教聯會於法鼓山園區舉辦暑期禪七，由常獻法師擔任總護，有近一百一
十人參加。

07.15

◆ 7 月 15 日至 10 月 29 日，法鼓文化舉辦「一人與眾人 ——《聖嚴法師年譜》分享會」，
共六場。15 日於高雄紫雲寺展開首場，由文化中心副都監果賢法師、年譜編著者林其
賢，分享聖嚴師父實踐佛法的生命歷程，共有一百八十七人參加。

◆ 北投農禪寺舉辦念佛禪一，由常鐘法師擔任總護，共有兩百三十多人參加。

◆ 15 至 16 日，社大於北投雲來寺首度舉辦「福慧傳家樂活營」，活動融入心靈環保理
念，以寓教於樂、老幼共學的形式，促進祖孫及家人間的情感，締造幸福的家庭，
共有二十多組家庭、近八十位祖孫三代參加。

◆ 護法總會悅眾巡迴關懷，15 日於蘭陽精舍舉行，副都監常遠法師、副總會長許仁壽
到場關懷，活動並安排法鼓文理學院生命教育學程主任辜琮瑜帶領「願願相續」課
程，有近九十位宜蘭、羅東、花蓮等地區悅眾參加。

◆ 15 至 29 日，加拿大溫哥華道場舉辦佛學講座，由果徹法師主講「觀音妙智 —— 觀音
菩薩耳根圓通法門」，共七堂，有近一百一十人參加。

◆ 15 至 16 日，馬來西亞道場於松岩生態農莊舉辦助念組悅眾成長營，由常施法師帶
領，共有三十七位學員參加。

◆ 弘化發展專案召集人果慨法師美東弘法行，15 日於加拿大多倫多分會舉辦佛法講座，
主題是「遇見您的究竟幸福 ——《法華經》與生命智慧」，共有三十多人參加。

◆ 澳洲墨爾本分會舉辦佛一，由果竣法師帶領，共有三十多人參加。

07.16

◆ 法鼓文化「一人與眾人 ——《聖嚴法師年譜》分享會」，16 日於臺南分院舉行，由
文化中心副都監果賢法師、年譜編著者林其賢，分享聖嚴師父實踐佛法的生命歷程，
有近兩百五十人參加。

◆ 7 月 16 日、23 日與 12 月 17 日，美國東初禪寺舉辦週日講座，由常灌法師主講「人間
淨土」，有近六十人參加。

◆ 美國舊金山道場舉辦佛學課程，由常啟法師主講「高僧行誼」，介紹禪宗初祖菩提達
摩的心法，有近一百人參加。

◆ 馬來西亞道場舉辦「心靈環保父母成長工作坊」，邀請資深說故事老師吳國強、歐丁
慧帶領認識繪本的功能及運用，以共讀促進親子關係，有近六十人參加。

◆ 香港道場於港島會址舉辦禪一，由演清法師擔任總護，共有七十多人參加。

◆ 美國新澤西州分會舉辦半日禪，由悅眾擔任總護，有近二十人參加。

◆ 16 至 30 日，美國普賢講堂每週日舉辦專題講座，由常浩法師主講「觀音法門」，有
近四十人參加。

◆ 弘化發展專案召集人果慨法師美東弘法行，16 日於加拿大多倫多分會帶領悅眾成長
營，分享《金剛經》的生活智慧，有近五十人參加。

07.17

◆ 17 至 19 日，臺北中山精舍舉辦「2017 兒童心靈環保體驗營」第一梯次，由教聯會師資帶領，以「綠色地球」為主題，帶領小學員學習感恩知足、落實環保生活，有近 一百一十位國小高年級學童參加。

◆ 17 至 18 日，臺中寶雲寺舉辦「2017 兒童心靈環保體驗營」第一梯次，由教聯會師資帶領，內容包括人文關懷、自然生態、環保與藝術等課程，有近一百位國小五至六年級學童參加。

◆ 17 至 26 日，美國象岡道場舉辦話頭禪十，邀請聖嚴師父法子繼程法師主七，有近五十人參加。

◆ 17 至 20 日、24 至 27 日，澳洲墨爾本分會舉辦佛學講座，由果竣法師主講《六祖壇經》，有近四十人參加。

07.18

◆ 18 至 22 日，法鼓山園區舉辦「2017 兒童心靈環保體驗營」第二梯次，由教聯會師資帶領，共有一百二十位國小學童參加。

◆ 18 至 21 日，北投農禪寺舉辦「2017 兒童心靈環保體驗營」，由教聯會師資帶領，有近一百三十位國小中年級學童參加。

◆ 臺灣國際扶輪青少年交換協會於桃園齋明寺舉辦「國際青少年宗教體驗營」，由傳燈院監院常襄法師等帶領，共有三十四位來自歐、美、亞等十九個國家的青少年體驗漢傳禪佛教。

07.19

◆ 19 至 20 日，臺中寶雲寺舉辦「2017 兒童心靈環保體驗營」第二梯次，由教聯會師資帶領，內容包括人文關懷、自然生態、環保與藝術等課程，有近一百位國小三至四年級學童參加。

◆ 19 至 25 日，香港道場參加於香港會議展覽中心舉行的「2017 香港書展」，以「心靈環保——四感」為主題，展出聖嚴師父著作與法鼓山出版品，推廣心靈環保理念。23 日並於會議中心舉辦專題講座，由演清法師主講「禪心自在每一天」，共有一百多人參加。

07.20

◆ 法鼓文理學院受邀參與臺大醫院金山分院「北海英雄」平台，串連並提供北海岸四區健康與長照服務資源，方丈和尚果東法師出席 20 日的成立記者會，並致詞祝福。

◆ 20 至 22 日，臺北中山精舍舉辦「2017 兒童心靈環保體驗營」第二梯次，由教聯會師資帶領，以「綠色地球」為主題，帶領小學員學習感恩知足、落實環保生活，有近一百位國小低、中年級學童參加。

07.21

◆ 21 至 23 日，傳燈院於三義 DIY 心靈環保教育中心舉辦坐姿動禪學長培訓，由常願法師帶領，引導學員將禪修心法融入日常生活，體驗行住坐臥皆是禪的妙用，有近六十人參加。

◆ 21 至 27 日，方丈和尚果東法師、護法總會副都監常遠法師於泰國弘法關懷，23 日於護法會授三皈五戒，共有四十一人皈依；儀式圓滿後，並以「順逆相對，好壞一體」為題演講，期勉大眾放下得失心，以平常心面對順逆因緣，有近一百二十人參加。

07.22

◆ 高雄紫雲寺「法鼓青年開講」，22 日邀請 LIS 線上教學平台創辦人嚴天浩主講「夢想，然後呢？」，分享開創線上教學、打破教學框架的歷程，共有八十人參加。

◆ 高雄紫雲寺「法鼓文理講堂」，22 日由法鼓文理學院校長惠敏法師主講「校長的番茄時鐘」暨新書分享會，共有二百五十多人參加。

◆ 7 月 22 日至 9 月 9 日，禪堂舉辦默照禪四十九，由禪修中心副都監果醒法師主七，為方便禪眾作息，禪期分兩梯次的禪十四、一梯次的禪二十一，每一梯次皆有近一百五十人共修，其中有一百四十二人圓滿四十九日的精進修行。

◆ 22 至 23 日，慈基會於法鼓文理學院舉辦「慈善護法悅眾菩薩成長營」，由多位僧團法師授課，共有一百五十多位全臺召委、慰訪組長與正副總指揮跨區經驗分享，堅定助人的初心。

◆ 弘化發展專案召集人果慨法師美東弘法關懷，22 日應美國漢傳佛教文化協會（Chinese Buddhist Cultural Association）之邀，於紐約法拉盛（Flushing）喜來登大飯店（Sheraton LaGuardia East Hotel）主講「《法華經》與圓滿的人生」，分享《法華經》的生命智慧，共有一百多人參加。

◆ 22 至 23 日，馬來西亞道場舉辦禪法修學課程，由監院常藻法師導讀聖嚴師父著作《禪在哪裡？》，有近六十位學員參加。

◆ 澳洲墨爾本分會舉辦禪一，由果竣法師擔任總護，共有三十多人參加。

07.23

◆ 桃園齋明別苑「心光講堂」系列講座，26 日邀請表演工作者李心潔主講「勇敢面對人生的缺憾」，分享以禪修面對生活考驗的歷程，共有三百六十多人參加。

◆ 臺東信行寺舉辦禪一，由監院常全法師擔任總護，有近三十人參加。

◆ 應美國漢傳佛教文化協會之邀，聖基會執行長楊蓓於紐約法拉盛喜來登大飯店演講「福慧人生 —— 家庭中的纏與禪」，共有一百多人參加。

◆ 護法總會悅眾巡迴關懷，23 日於臺南分院舉行，文化中心副都監果賢法師、護法總會服務處監院常應法師到場關懷，活動並安排法鼓文理學院生命教育學程主任辜琮瑜帶領「願願相續」課程，共有兩百多位雲林、嘉義、臺南等地區悅眾參加。

◆ 美國新澤西州分會舉辦半日禪，由悅眾擔任總護，有近二十人參加。

07.26

◆ 普化中心於北投農禪寺舉辦法鼓長青班北區關懷員培訓課程，副都監果毅法師到場關懷，共有來自北區十五個班級、近四百二十位學員參加。

◆ 人基會「2017 福慧傳家心靈講座」，26 日邀請樂菲有機超市創辦人蒲聲鳴主講「知食——用消費改變世界」，強調消費者知食而擇食的重要性，共有七十多人參加。

◆ 弘化發展專案召集人果慨法師美東弘法關懷，26 日於美國東初禪寺舉辦專題講座，主講「活好，病好，走好」，分享《地藏經》的生死觀，共有六十多人參加。

07.27

◆ 弘化發展專案召集人果慨法師美東弘法關懷，27 至 28 日於美國新澤西州分會舉辦專題講座，主講「《大悲懺》儀軌修持及日常生活運用」，有近六十人參加。

07.28

◆ 28 至 29 日，北投農禪寺舉辦精進禪二，由監院果毅法師擔任總護，有近一百一十人參加。

◆ 28 至 30 日，三峽天南寺舉辦精進禪二，由演誠法師擔任總護，共有一百一十六人參加。

◆ 28 至 30 日，桃園齋明寺舉辦「2017 兒童心靈環保體驗營」，由教聯會師資帶領，有近一百一十位國小中、高年級學童參加。

◆ 28 至 30 日，香港中文大學禪與人類文明研究中心主辦「第十二屆佛教青年學者學術研討會」，會中發表二十餘篇論文，來自法鼓山體系及與法鼓山相關的研究計有五篇，中華佛研所演德法師、呂文仁等受邀發表。

◆ 中華佛研所公布 2017 年「漢傳佛教英文碩博士生獎助學金」名單，共有六位來自美國、德國、加拿大及香港知名學府的碩博士研究生獲補助。

◆ 28 至 30 日，美國洛杉磯道場舉辦禪三，邀請聖嚴師父法子吉伯·古帝亞茲擔任總護，有近四十人參加。

07.29

◆ 臺北安和分院舉辦禪一，由常弘法師擔任總護，有近一百二十人參加。

◆ 桃園齋明別苑舉辦禪一，由副寺常雲法師擔任總護，有近一百人參加。

◆ 7 月 29 日至 8 月 26 日，高雄紫雲寺週六舉辦佛學講座，由常慧法師導讀聖嚴師父著作《觀心銘》，有近一百八十人參加。

◆ 社大於法鼓山園區舉辦「2017 兒童心靈環保體驗營」，由教聯會師資帶領，結合「四環」，內容包括認識禪修、法鼓八式動禪、繪本故事等，有近五十位北海岸地區國小學童參加。

◆ 29 至 31 日，尼莎、海棠颱風接連襲臺，造成臺東、高雄、屏東、臺南地區多處淹水災情，慈基會啟動緊急救援系統，於 7 月 31 日至 8 月 2 日，由法師帶領慰訪義工，

協助清理校園及家園，並進行慰訪。

◆ 慈基會於高雄紫雲寺舉辦慰訪員初階教育訓練課程，並邀請暨南國際大學社會政策與社會工作學系助理教授陳宜珍講解助人工作的基本技巧，以及同理心的認識與演練，副祕書長常隨法師到場關懷，共有七十多位南部地區慰訪義工參加。

◆ 人基會於德貴學苑舉辦香草老師培訓課程，由文化中心副都監果賢法師、蘭陽精舍副寺常法法師分別講授「佛教的大地觀」、「心靈環保與心六倫」，共有六十位國小教師參加。

◆ 美國舊金山道場舉辦專題講座，由常耀法師主講「深入淺出《慈悲三昧水懺》」，講說《水懺》的真正意涵，有近五十人參加。

◆ 7月29日、8月12日，加拿大溫哥華道場舉辦「梵唄與修行」課程，內容包括認識梵唄威儀和精神，以及介紹各種法器、板眼與節拍等，由監院常悟法師、常惟法師帶領，有近五十位學員參加。

◆ 馬來西亞道場舉辦英文禪一，由悅眾擔任總護，共有十多人參加。

◆ 弘化發展專案召集人果慨法師美東弘法關懷，29日於美國新澤西州分會帶領「美東悅眾成長營」，分享《金剛經》的生活智慧，共有八十多人參加。

◆ 美國普賢講堂舉辦 Fun 鬆一日禪，由常浩法師擔任總護，共有十多人參加。

◆ 澳洲墨爾本分會舉辦禪一，由果竣法師擔任總護，共有二十多人參加。

07.30

◆ 南投德華寺舉辦佛一暨八關戒齋，由副寺果弘法師帶領，有近三十人參加。

◆ 臺南雲集寺舉辦 Fun 鬆一日禪，由常因法師擔任總護，共有三十多人參加。

◆ 傳燈院於北投雲來寺舉辦禪一，由常願法師擔任總護，共有八十多人參加。

◆ 關懷院於臺南分院舉辦大事關懷生命教育課程，由監院常綽法師主講，內容包括法鼓山大事關懷的理念及服務內容，有近一百六十人參加。

◆ 7月30日至8月20日，應波蘭禪宗協會（The Chan Buddhist Union of Poland）帕威爾（Paweł Rościszewski）之邀，法鼓山於華沙郊區德露潔芙（Dluzew）活動中心指導禪二十一，由聖嚴師父法子繼程法師主七，象岡道場住持果元法師擔任小參與翻譯指導，共有四十五位來自美加、瑞士、克羅埃西亞、立陶宛、荷蘭、羅馬尼亞等地的禪眾參加。

◆ 美國東初禪寺舉辦週日講座，邀請聖嚴師父西方弟子李世娟主講「禪修者安忍心的長養」，有近五十人參加。

◆ 加拿大溫哥華道場舉辦英文禪一，由監院常悟法師擔任總護，共有四十多人參加。

◆ 香港道場於九龍會址舉辦專題講座，主題是「當佛陀遇上丘比特」，邀請作家張小嫻與演清法師對談，探討如何運用佛法，以健康的心態處理感情問題，有近兩百人參加。

◆ 弘化發展專案召集人果慨法師美東弘法關懷，30日上午於美國新澤西州分會帶領半日禪；下午舉辦佛法講座，主講「《法華經》與生命智慧」，有近一百二十人次參加。

◆ 加拿大多倫多分會舉辦念佛禪一，由悅眾擔任總護，有近二十人參加。

8月 AUGUST

08.01

◆《人生》雜誌第 408 期出刊，本期專題「佛陀花園賞花去」。

◆《法鼓》雜誌第 332 期出刊。

◆ 法鼓文化出版新書：《公案一〇〇》（清心百語系列，聖嚴法師著）、《咒語 50 問》（學佛入門 Q&A 系列，法鼓文化編輯部編著）、英文書《戒律研究》（*Vinaya Studies*）（法鼓文理學院論叢，無著比丘 Bhikkhu Anālayo 著）。

◆ 法鼓山網路電視台每月「主題影片」單元，8 月播出「以戒為師 —— 佛教徒為何要受戒、持戒？」，精選聖嚴師父相關的開示影片，引領大眾重溫師父的智慧開示。

08.02

◆ 2 至 6 日，美國東初禪寺於象岡道場舉辦親子禪修營，由弘化發展專案召集人果慨法師、監院常華法師及臺灣教聯會師資帶領，共有近一百一十位親子參加。

08.03

◆ 3 至 10 日，青年院於法鼓文理學院舉辦夏季青年卓越禪修營，由監院常炬法師擔任總護，共有一百三十多位來自中國大陸、香港、澳門、馬來西亞、德國、美國及加拿大的青年學員參加。

◆ 法行會於臺北國賓飯店舉辦第一九三次例會，由方丈和尚果東法師法師主講「福慧好當家」，共有兩百六十多人參加。

08.04

◆ 4 至 6 日，三峽天南寺舉辦念佛禪二，由監院常哲法師擔任總護，共有一百二十人參加。

◆ 4 至 6 日，法鼓文理學院校長惠敏法師應馬來西亞三慧講堂之邀，於「供養與師事研習營」及「二時臨齋儀之飲食教育」課程中演講，勉勵學員學習菩薩道的六度行，以四攝自利利他，圓滿人生。

◆ 4 至 6 日，加拿大溫哥華道場舉辦禪三，邀請聖嚴師父西方弟子李世娟擔任總護，有近二十人參加。

08.05

◆ 5 至 6 日，蘭陽精舍舉辦念佛禪二，由果明法師擔任總護，有近八十人參加。

◆ 臺中寶雲寺舉辦佛一，由果雲法師帶領，有近兩百人參加。

◆ 普化中心於北投農禪寺舉辦聖嚴書院佛學班關懷員培訓課程,由信眾教育院監院常用法師、常遂法師等授課,有近三百位學員參加。

◆ 慈基會於德貴學苑舉辦慰訪員初階教育訓練課程,並邀請心理師林烝增講解助人工作的基本技巧,以及同理心的認識與演練,副祕書長常隨法師到場關懷,共有一百四十五位北部地區慰訪義工參加。

◆ 5至6日,美國舊金山道場舉辦中元報恩慈悲三昧水懺法會,由監院常惺法師主法,共有一百三十多人次參加。

◆ 5至6日,馬來西亞道場於蕉賴孝恩館舉辦慈悲三昧水懺法會,由弘化院監院果悅法師主法,共有兩百一十多人次參加。

08.06

◆ 來自日本福島縣十二位國小四年級至國中學童,以及輔導老師共二十三人,參訪北投農禪寺,學習佛門禮儀,藉由托水缽、吃飯禪,體驗動靜中清楚放鬆,享受當下的幸福。

◆ 6日及13日,美國東初禪寺舉辦週日講座,由常浩法師主講「話頭禪」,有近七十人參加。

◆ 美國新澤西州分會舉辦半日禪,由悅眾擔任總護,有近二十人參加。

◆ 美國芝加哥分會舉辦半日禪,由悅眾擔任總護,有近二十人參加。

◆ 美國普賢講堂舉辦佛一,由常修法師帶領,共有二十多人參加。

08.07

◆ 7至13日,臺南雲集寺舉辦中元報恩地藏法會,由監院常宗法師帶領,共有八百多人次參加。

◆ 7至13日,慈基會於中國大陸四川江油羅漢寺舉辦「生命教育心靈環保體驗營」,以禪修體驗為主軸,由僧團副住持果品法師、寺院管理副都監常寬法師、常澔法師及僧大學僧帶領授課,共有八十位大學生參加。

◆ 7至21日,香港道場每週一於九龍會址舉辦「發現『身』感覺」課程,由演清法師帶領練習法鼓八式動禪心法,有近四十人參加。

08.08

◆ 8至12日,臺東信行寺舉辦「2017兒童心靈環保體驗營」,由教聯會師資帶領,有近一百位國小中、高年級學童參加。

◆ 8至9日,法鼓文理學院校長惠敏法師應馬來西亞寂靜禪林之邀,於「心智科學座談會」中擔任與談人;並於「四念處與唯識觀」講座中,解說《瑜伽師地論》。

08.10

◆ 人基會心六倫宣講團應臺南市大灣高中之邀,於10至11日該校新生訓練中為新生授

課；行前團長林知美和副團長林柏樺並帶領種子教師，培訓三十位擔任隊輔的高二學生。

◆ 10 至 12 日，美國西雅圖分會舉辦佛法講座，由常啟法師主講「默照銘及默照禪法的演變」，有近四十人參加。

08.11

◆ 11 至 13 日，北投文化館舉辦中元報恩地藏法會，由監院果諦法師帶領，共有三百多人次參加。

◆ 11 至 13 日，三峽天南寺舉辦精進禪二，由果峙法師擔任總護，共有一百一十八人參加。

◆ 11 至 13 日，美國象岡道場舉辦三日禪修營，邀請聖嚴師父西方弟子南茜‧波那迪（Nancy Bonardi）、李世娟擔任總護，共有二十多人參加。

08.12

◆ 法鼓文化「一人與眾人 ──《聖嚴法師年譜》分享會」，12 日於蘭陽精舍舉行，由文化中心副都監果賢法師、年譜編著者林其賢，分享聖嚴師父實踐佛法的生命歷程，有近九十人參加。

◆ 第二十九屆夏季世界大學運動會（XXIX Summer Universiade）8 月 19 至 29 日在臺北舉辦，為了協助來自世界各地的選手安定放鬆，也為世大運的圓滿順利祈福，法鼓山自 12 日起於新北市林口選手村宗教中心，提供禪修引導、禮佛、供燈、茶禪、心靈處方籤等服務。

◆ 普化中心於臺南分院舉辦聖嚴書院佛學班關懷員培訓課程，由信眾教育院監院常用法師、常遂法師等授課，共有五十五位學員參加。

◆ 12 至 13 日，法鼓文理學院校長惠敏法師應新加坡漢傳佛學院（Institute of Chinese Buddhism）之邀，參與「在驟變時代釋放內性」論壇（Unleashing Intrinsic Qualities to Succeed in This Era of Disruptions），勉勵大眾打破慣性思維，重新設定自己心智的導航系統。

◆ 美國東初禪寺舉辦「佛心佛食」（Buddha Nature in Food）講座，由常灌法師帶領，內容包含禪坐體驗、兩場演說及素食分享，共有三十多人參加。

◆ 8 月 12 日至 9 月 6 日，僧團都監果光法師、女眾副都監果高法師北美弘法關懷。12 日於加拿大溫哥華道場舉辦專題講座，由果光法師主講「禪觀人生」，分享以禪修觀念與方法，面對生命轉折與困頓的歷程，共有一百一十多人參加；下午果高法師於梵唄課程中，主講「梵唄與修行」，有近五十人參加。

◆ 12 至 13 日，馬來西亞道場於巴生龍華寺舉辦助理監香培訓課程，由常願法師帶領，有近三十位禪眾參加。

◆ 美國新澤西州分會舉辦禪修講座，由果乘法師主講「默照禪的觀念與方法」，共有三十多人參加。

◆ 美國普賢講堂舉辦禪一，由常修法師擔任總護，共有二十多人參加。

◆ 加拿大多倫多分會舉辦禪一,由悅眾擔任總護,有近二十人參加。

08.13

◆ 臺中寶雲寺舉辦禪一,由果雲法師擔任總護,有近一百六十人參加。

◆ 8 月 13 日至 11 月 5 日,臺南分院週日舉辦生活禪講座,以禪的覺知與實踐,引領大眾轉煩惱為菩提,自在過生活。13 日首場由常源法師主講「活在當下 —— 行住坐臥皆是禪」,共有三百多人參加。

◆ 高雄紫雲寺舉辦禪一,由常律法師擔任總護,有近一百四十人參加。

◆ 普化中心於高雄紫雲寺舉辦聖嚴書院佛學班關懷員培訓課程,由信眾教育院監院常用法師、常遂法師等授課,共有四十六位學員參加。

◆ 8 月 13 至 12 月 10 日,法鼓文理學院每月週日舉辦景觀出坡禪,由常迪法師引導生活禪法,在勞作出坡時,體驗「身在哪裡、心在哪裡」的清楚與放鬆,每次有近兩百人參加。

◆ 馬來西亞道場監院常藻法師應檳城佛學院週日學校之邀,於佛光精舍舉行的義工心靈工作坊中,擔任課程導師及講師,講授佛學概論、禪修觀念與方法,共有四十多人參加。

◆ 美國新澤西州分會舉辦禪一,由果乘法師擔任總護,共有三十多人參加。

◆ 美國西雅圖分會舉辦禪一,由常啟法師擔任總護,共有三十多人參加。

◆ 美國普賢講堂舉辦佛學講座,由常修法師主講「禪宗四祖道信」,共有二十多人參加。

08.14

◆ 8 月 14 日至 9 月 19 日,北投文化館舉辦中元報恩《地藏經》共修,由監院果諦法師帶領,每日均有五十多人參加。

◆ 僧團都監果光法師、女眾副都監果高法師北美弘法關懷,14 日果光法師於美國西雅圖分會舉辦佛學講座,主講「禪觀人生」,共有六十多人參加。

08.15

◆ 15 至 22 日,臺南分院舉辦中元報恩地藏法會,由監院常宗法師帶領,共有一千四百多人次參加。

◆ 普化中心於北投農禪寺舉辦聖嚴書院禪學班關懷員培訓課程,由信眾教育院監院常用法師授課,期勉學員解行並重,共有三十六人參加。

08.16

◆ 教聯會於三峽天南寺舉辦「成長營與禪七學員聯誼會」,由常獻法師帶領,有近七十人參加。

08.18

◆ 方丈和尚果東法師應中國佛教協會之邀，出席於中國大陸浙江省奉化雪竇山舉辦的「太虛大師圓寂七十週年紀念大會」，並代表海外佛教界致詞，感念大師倡導「人生佛教」及「人間淨土」理念，並推動教制、教理、教產三大革新，將近代中國佛教帶入新局。

◆ 僧團都監果光法師、女眾副都監果高法師北美弘法關懷，18日果高法師於美國舊金山道場舉辦佛法講座，主講「心的力量」，分享向內觀照覺察，了解心識運作與心的力量，共有七十多人參加。

08.19

◆ 高雄紫雲寺「法鼓青年開講」，19日邀請人生百味創辦人朱剛勇主講「人生百味 ── 從城市裂縫看無家者生命之光」，分享終結浪費、建立交流，並提供街友食物及工作機會的群眾計畫，共有七十多人參加。

◆ 高雄紫雲寺「法鼓文理講堂」，19日由法鼓文理學院佛教學系助理教授梅靜軒、圖書資訊館館長洪振洲主講「行到水窮處 ── 跟著大師去修行」，分別由自身專業領域講授西藏修行者如何提昇、淨化生命，以及電腦科學與佛教知識結合的可能性，有近一百六十人參加。

◆ 傳燈院於北投雲來寺舉辦放鬆一日禪，由常願法師擔任總護，有近八十人參加。

◆ 普化中心於臺中寶雲寺舉辦聖嚴書院佛學班關懷員培訓課程，由信眾教育院監院常用法師、常遂法師等授課，有近一百二十位學員參加。

◆ 美國東初禪寺監院常華法師應美東華人學術聯誼會（Chinese American Academic and Professional Society, CAAPS）之邀，於該會第四十二屆年會開幕式主講「禪修如何影響科學的生命觀？」（How Meditation Changes the Scientific Understanding of Life？），並代表東初禪寺獲頒「社區服務獎」。

◆ 美國東初禪寺舉辦英文禪一，由常齋法師擔任總護，共有十多人參加。

◆ 僧團都監果光法師、女眾副都監果高法師北美關懷，19日果光法師於美國舊金山道場舉辦佛法講座，主講「禪觀人生」，講述《六祖壇經》、《禪宗語錄》的禪觀，並以話頭法門，分享如何在充滿疑情的生命歷程中，體會觀音菩薩的願力與智慧，共有八十多人參加。

◆ 加拿大溫哥華道場舉辦「2017兒童心靈環保體驗營」，由臺灣教聯會師資帶領，共有二十多位小學員參加。

◆ 19至20日，香港道場於九龍會址舉辦專題講座，由監院常展法師主講《地藏經》，有近一百一十人參加。

08.20

◆ 20至26日，北投農禪寺啟建梁皇寶懺法會，法會期間，方丈和尚果東法師到場關懷，勉勵大眾不僅感恩，更要報恩，共有五萬八千多人次參加。

◆ 臺南雲集寺舉辦禪一，由監院常宗法師擔任總護，有近八十人參加。

◆ 8月20日至10月15日，護法會豐原辦事處每月週日舉辦「遇見自己」系列講座，共三場。8月20日首場由聖嚴書院講師郭惠芯主講，主題是「悅讀完整的人生」，分享佛法的正知見，有近一百四十人參加。

◆ 美國東初禪寺舉辦週日講座，由常修法師主講「百丈懷海大師」，有近六十人參加。

◆ 僧團都監果光法師、女眾副都監果高法師北美關懷，20日果光法師於美國洛杉磯道場舉辦專題講座，主講「禪觀人生」，共有一百一十多人參加。

◆ 美國舊金山道場舉辦佛學課程，由常啟法師主講「高僧行誼」，介紹石頭希遷禪師的心法，有近一百人參加。

◆ 美國新澤西州分會舉辦半日禪，由悅眾擔任總護，有近二十人參加。

◆ 美國普賢講堂舉辦佛學講座，由常灌法師主講「如何在日常生活中運用五根」，共有二十多人參加。

08.21

◆ 方丈和尚果東法師受邀出席於金門佛光山金蓮淨苑舉行的「兩岸佛教界和平祈福交流座談會」，與兩岸教界代表，進行交流。

◆ 21至26日，桃園齋明寺舉辦中元報恩地藏懺法會，由監院果舟法師帶領，共有一千五百多人次參加。

◆ 21至22日，美國西雅圖分會舉辦兒童心靈環保體驗營，由臺灣教聯會師資帶領，共有三十多位學童參加。

◆ 加拿大多倫多分會舉辦念佛共修法器梵唄培訓課程，由常浩法師帶領，共有二十多人參加。

08.24

◆ 24至26日，臺東信行寺舉辦中元報恩慈悲三昧水懺法會，由常貴法師主法，共有兩百一十多人次參加。

◆ 馬來西亞道場監院常藻法師出席當地十三個佛教團體於吉隆坡舉行的「清流論壇」，分享正信佛教。

◆ 僧團都監果光法師、女眾副都監果高法師北美關懷，24日果光法師於加拿大多倫多分會舉辦的專題講座中，主講「禪觀人生」，共有六十多人參加。

08.25

◆ 25至27日，三峽天南寺舉辦精進禪二，由演誠法師擔任總護，有近一百人參加。

08.26

◆ 臺南分院於臺南二中舉辦中元報恩慈悲三昧水懺法會，由信眾服務處監院常應法師主法，方丈和尚果東法師到場關懷，開示「心安就有平安」，有近七百人參加。

◆ 美國洛杉磯道場舉辦專題講座，由監院果見法師主講《地藏經》，有近一百人參加。

◆ 加拿大溫哥華道場舉辦中元報恩地藏法會，由監院常悟法師帶領，有近兩百人參加。

◆ 加拿大多倫多分會舉辦中元報恩地藏法會，由僧團女眾副都監果高法師主法，有近六十人參加。

08.27

◆ 臺北中山精舍舉辦 Fun 鬆一日禪，由常弘法師擔任總護，共有八十多人參加。

◆ 8 月 27 日至 9 月 9 日，基隆精舍舉辦中元報恩《地藏經》共修，由副寺果樞法師帶領，共有一千多人次參加。

◆ 桃園齋明寺舉辦中元報恩地藏法會，由監院果舟法師主法，共有五百二十多人參加。

◆ 南投德華寺舉辦中元報恩地藏法會，由副寺果弘法師帶領，共有五十多人參加。

◆ 臺南分院於臺南二中舉辦中元報恩三時繫念法會，由信眾服務處監院常應法師主法，有近七百人參加。

◆ 8 月 27 日至 9 月 2 日，高雄紫雲寺舉辦中元報恩《地藏經》共修，由監院常參法師帶領，共有兩千六百多人次參加。

◆ 臺東信行寺舉辦中元報恩三時繫念法會，由常源法師主法，有近一百一十人參加。

◆ 傳燈院於北投雲來寺舉辦禪一，由監院常襄法師擔任總護，共有一百零三人參加。

◆ 8 月 27 日、9 月 24 日，美國東初禪寺舉辦週日講座，由果乘法師主講「無法之法 ── 默照禪法的修行」，有近六十人參加。

◆ 美國洛杉磯道場舉辦中元報恩地藏法會，由監院果見法師帶領，有近一百人參加。

◆ 加拿大溫哥華道場舉辦中元報恩慈悲三昧水懺法會，由監院常悟法師帶領，有近兩百人參加。

◆ 8 月 27 日至 9 月 3 日，馬來西亞道場於般達烏塔瑪佛教協會（Bandar Utama Buddhist Society）舉辦初階禪七，由監院常藻法師擔任總護，有近七十人參加。

◆ 8 月 27 日至 9 月 2 日，香港道場於九龍會址舉辦中元報恩「都市地藏週」活動，期間共修七部《地藏經》。9 月 2 日圓滿日並由僧團副住持果品法師授三皈依，有近一百人皈依三寶。

◆ 美國新澤西州分會舉辦半日禪，由悅眾擔任總護，有近二十人參加。

◆ 美國普賢講堂舉辦中元報恩地藏法會，由僧團女眾副都監果高法師主法，共有一百二十多人參加。

08.29

◆ 8 月 29 日至 12 月 26 日，普化中心每週二於北投農禪寺開辦聖嚴書院禪學班課程，完整學習禪宗法脈，有近兩百五十人參加。

08.30

◆ 人基會「2017 福慧傳家心靈講座」，30 日邀請速跑得機械工業董事長劉大潭主講「用創意創造快樂人生」，分享以關懷為出發點的創意發想思考方式與歷程，共有七十多人參加。

9月 SEPTEMBER

09.01

◆ 《人生》雜誌第 409 期出刊，本期專題「學佛爸媽囧很大？」。

◆ 《法鼓》雜誌第 333 期出刊。

◆ 法鼓文化出版新書：《聖者的故事》（學佛入門系列，聖嚴法師著）、《放下的幸福（大字版）》（家中寶系列，聖嚴法師著）、《承先啟後的孤僧——東初法師佛教文化學行略探》（中華佛學研究所論叢，釋演正著）。

◆ 內政部於新北市政府集會堂舉辦「106 年宗教團體表揚大會」，法鼓山所屬佛教基金會、北投中華佛教文化館、農禪寺，以及雲來寺等四單位獲獎，由護法總會副都監常遠法師、鑑心長老尼、果仁法師、果昌法師代表出席受獎。

◆ 1 至 30 日，弘化院於法鼓山園區展開「禪修月」，透過靜坐、法鼓八式動禪、慢步經行、放鬆體驗、觀身受法、鈔經等行禪體驗活動，引領民眾放鬆身心、展開「心靈的新旅行」，共有逾五千人次參加。

◆ 1 至 3 日，臺中寶雲寺舉辦中元報恩地藏法會，由常空法師主法，共有兩千七百多人次參加。

◆ 1 至 3 日，傳燈院於三峽天南寺舉辦社工舒活二日營，由常願法師擔任總護，共有五十多位社工師透過動禪及生活禪的體驗，調整身心頻率，提昇扶持助人的正念能量。

◆ 法鼓山網路電視台每月「主題影片」單元，9 月播出「持經咒，真吉祥——與佛菩薩心心相印」，精選聖嚴師父相關的開示影片，引領大眾重溫師父的智慧開示。

◆ 1 至 4 日，美國象岡道場舉辦四日禪修營，由住持果元法師擔任總護，共有三十多人參加。

◆ 1 至 24 日，僧團常源法師於美國加州弘法關懷，內容包括禪修活動、佛學講座等。1 至 7 日於洛杉磯道場帶領話頭禪七，有近五十人參加。

◆ 1 至 3 日，北美護法會新澤西州分會舉辦中元報恩地藏法會，由僧團女眾都監果高法師主法，共有一百二十多人次參加。

09.02

◆ 2 至 23 日，桃園齋明別苑每週六舉辦「法青療癒誌工作坊」，邀請臨床心理師洪仲清透過靜心與身體覺察、情緒辨識與共處等多元主題，開啟認識自己，以及人際關係的連結，有近四十人參加。

◆ 普化中心於臺東信行寺舉辦福田班關懷員培訓課程，由信眾教育院監院常用法師帶領，有近四十位學員參加。

◆ 法鼓文理學院佛教學系主任果暉法師，出席於日本京都花園大學舉行的「第六十八屆日本印度學佛教學會會議」，並以「安世高的譯經風格——以《佛說八正道經》為例」發表論文。

◆ 為了感恩親友、師長、各方善緣的成就，僧大於法鼓山園區國際宴會廳為八位即將剃度的行者舉辦溫馨茶會，邀請親友們分享在法鼓山上的學習和成長，方丈和尚果東法師親臨關懷，感恩成就子女出家慧命。

◆ 榮譽董事會於臺南雲集寺舉辦南區感恩聯誼會，護法總會副都監常遠法師、常獻法師，與榮董會會長黃楚琪、執行長陳宜志到場關懷，並邀請《不一樣的聲音》製作人張光斗，分享「那一年記憶中的聖嚴師父」，有近兩百位雲林、嘉義及大臺南地區的榮董參加。

◆ 2 至 4 日，美國東初禪寺舉辦都市禪三，由常齋法師擔任總護，有近三十位禪眾參加。

◆ 馬來西亞道場受邀出席馬來西亞大學佛學會舉辦的「菩提心集訓」活動，由常施法師指導禪修，有近三十位學員參加。

◆ 新任駐泰國臺北經濟文化辦事處大使童振源，帶領辦事處工作人員拜訪泰國護法會，由輔導法師常學法師、果舟法師、果弘法師，以及會長蘇林妙芬等代表接待，常學法師並向童大使介紹法鼓山於東南亞弘化的組織與運作情況，並感謝政府相關部門對宗教團體的支持。

09.03

◆ 3 至 16 日，臺北安和分院舉辦中元報恩地藏法會，由監院果旭法師帶領，共有三千多人次參加。

◆ 3 至 10 日，臺北中山精舍舉辦中元報恩地藏法會，由常弘法師帶領，有近一千一百人次參加。

◆ 桃園齋明寺舉辦禪一，由常報法師擔任總護，共有一百一十多人參加。

◆ 高雄紫雲寺舉辦中元報恩三時繫念法會，由慈基會祕書長果器法師主法，共有八百五十多人參加。

◆ 榮董會於宜蘭精舍舉辦北六區感恩聯誼會，由常獻法師帶領祈福法會，僧團副住持果祥法師出席關懷，並開示福慧傳家的意涵及落實方法，有近六十人參加。

◆ 加拿大溫哥華道場法鼓隊應當地臺灣文化節（TAIWANfest）之邀，於溫哥華美術館廣場演出；中場時間，道場義工帶領民眾學習法鼓八式動禪，體驗動禪的專注與放鬆。

◆ 美國芝加哥分會舉辦半日禪，由悅眾擔任總護，共有十多人參加。

◆ 美國普賢講堂舉辦佛一，由副寺常玄法師帶領，有近三十人參加。

◆ 美國塔拉哈西分會舉辦英文禪一，由加拿大溫哥華道場監院常悟法師擔任總護，共有三十多人參加。

◆ 泰國護法會舉辦中元報恩地藏法會，由桃園齋明寺監院果舟法師帶領，有近八十人參加。

09.04

◆ 僧團都監果光法師、女眾副都監果高法師北美關懷，4 日果光法師於美國塔拉哈西分會舉辦英文佛法講座，主講「禪觀人生」（Chan View of Life），有近五十人參加。

09.05

◆ 9月5日至2018年1月23日，臺北中山精舍每週二舉辦佛學講座，邀請華梵大學中國文學系副教授胡健財導讀聖嚴師父著作《觀音妙智》，共有八十多人參加。

◆ 9月5日至2018年1月23日，臺南分院週二舉辦佛學講座，邀請成功大學中文系助理教授陳弘學導讀聖嚴師父著作《心的經典 —— 心經新釋》，有近一百五十人參加。

◆ 9月5日至10月26日，人基會心劇團於新北市、雲林縣、高雄市與臺東市展開十三場「2017轉動幸福《小平安・大冒險》」校園巡演，並安排體驗課程及放鬆練習，引導學童從看戲、作戲、演戲過程中，認識情緒與自我，學習與自己相處、改善人際關係。9月5日於新北市石門區老梅國小舉行首演。

◆ 馬來西亞道場舉辦佛學講座，由常慧法師主講〈觀心銘〉，講析明末憨山大師的修行心要，有近一百二十人參加。

09.06

◆ 9月6日至12月20日，臺北安和分院週三舉辦生活講座，邀請臺灣大學農藝系名譽教授劉麗飛主講「飲食趣談，快樂生活」，分享善待地球的健康飲食觀念，有近八十人參加。

◆ 9月6日至2018年1月24日，臺北中山精舍每週三下午舉辦佛學講座，由普化中心佛學課程講師謝水庸導讀《靈峰宗論》，有近九十人參加。

◆ 9月6日至2018年1月24日，臺北中山精舍每週三晚上舉辦佛學講座，由普化中心佛學課程講師溫天河導讀聖嚴師父著作《天台心鑰》，有近六十人參加。

◆ 6至27日，普化中心每週三晚上於北投農禪寺舉辦「法鼓講堂」佛學課程，由大常法師主講「三昧水懺要解」；課程同時於「法鼓山心靈環保學習網」線上直播，提供全球學員上網聽講，並參與課程討論。

◆ 9月6日至11月15日，香港道場隔週週三於九龍會址舉辦《好讀雜阿含經》讀書會，由監院常展法師帶領讀誦、分享與討論原始經典要義，有近六十人參加。

09.07

◆ 北投農禪寺舉辦禪一，由果仁法師擔任總護，有近一百四十人參加。

◆ 7至28日，桃園齋明別苑每週四舉辦「從心看電影」系列講座，邀請資深影評人曾偉禎帶領賞析《桃姐》、《爸媽不在家》影片中的佛法意涵，共有五百多人次參加。

◆ 法行會於臺北國賓飯店舉辦第一九四次例會，由文化中心副都監果賢法師主講「讀聖嚴師父的寰遊自傳」，共有一百七十多人參加。

09.08

◆ 8至9日，法鼓山於臺北市國父紀念館舉辦兩場心靈環保講座，8日進行「福慧當家好傳家」座談會，由方丈和尚果東法師、法鼓文理學院學群長楊蓓，以及表演工作者柯有倫、陳忻，分享不同世代與領域，承擔起「當家」的體悟，共有一千兩百多人

參加。

◆ 9 月 8 日至 2018 年 1 月 19 日，臺北中山精舍每週五舉辦佛教藝術講座，邀請鹿野苑藝文學會講師鄭念雪、王育坤主講，有近九十人參加。

◆ 8 至 10 日，傳燈院於三義 DIY 心靈環保教育中心舉辦初級禪訓班輔導學長培訓課程，由常願法師帶領，有近一百人參加。

◆ 8 至 10 日，傳燈院於法鼓山園區舉辦精進禪二，由演正法師擔任總護，有近一百人參加。

◆ 8 至 9 日，由中華佛學研究所主辦，法鼓文理學院、聖基會協辦的第二屆「漢傳佛教青年學者論壇」，於法鼓山園區展開第一階段入選論文發表，方丈和尚果東法師出席關懷，包括海內外青年學者及二十餘位資深教授、評論人等，就三十二篇論文，進行切磋交流。

◆ 美國普賢講堂舉辦佛學講座，邀請聖嚴師父法子繼程法師主講「修行次第」，共有五十多人參加。

09.09

◆ 法鼓山心靈環保講座，9 日展開「法鼓講台」，由馬來西亞道場監院常藻法師、仁山仁海藝想堂堂主張逸軍與寶島淨鄉團創辦人林藝，對談「轉心‧轉大人」，分別從弘揚佛法、表演藝術、守護環境領域上，分享生命體悟，共有一千兩百多人參加。

◆ 9 至 10 日，桃園齋明別苑舉辦中元報恩地藏法會，由副寺常雲法師帶領，法師勉眾把握因緣多做佛事、自利利他，有近七百人次參加。

◆ 9 月 9 日至 10 月 21 日，高雄紫雲寺每週六舉辦佛學講座，由弘化發展專案召集人果慨法師主講「遇見您的究竟幸福 ──《法華經》與人生智慧」，分享究竟的幸福，有近五百人參加。

◆ 為讓成員得以深入了解法鼓山在各地區提倡全面教育、落實整體關懷的現況，榮譽董事會舉辦法鼓山分寺院參學活動，首場於 9 月 9 日在蘭陽精舍展開，有近三十位北三區榮董參加。

◆ 美國東初禪寺舉辦中元報恩法會，上午進行地藏法會，下午舉行地藏懺法會，由監院常華法師帶領，有近兩百人次參加。

◆ 美國芝加哥分會舉辦念佛禪一，由悅眾擔任總護，共有十多人參加。

◆ 美國普賢講堂舉辦佛學講座，邀請聖嚴師父法子繼程法師主講「不識本心，學法無益」，有近七十人參加。

◆ 加拿大多倫多分會舉辦禪一，由悅眾擔任總護，有近二十人參加。

09.10

◆ 9 月 10 日至 12 月 24 日，臺北安和分院隔週週日開辦「大手拉小手 ── 同去、童趣」童趣班，由教聯會師資帶領，透過五感活動、生活禮儀、趣味佛法、自我肯定等課程，培養學童的專注力及良好的情緒管理，有近六十位國小學童參加。

◆ 南投德華寺於惠蓀林場舉辦戶外禪，由副寺果弘法師擔任總護，有近四十人參加。

◆ 10 至 17 日，禪堂於臺東信行寺舉辦初階禪七，由演建法師擔任總護，共有七十多人

參加。

◆ 護法總會於北投農禪寺舉辦「2017 新勸募會員授證典禮」，由方丈和尚果東法師、護法總會副都監常遠法師、服務處監院常應法師為一百四十九位新進勸募會員授證，包括總會長張昌邦等，有近三百人觀禮祝福。

◆ 榮譽董事會法鼓山分寺院參學活動，10 日分別於桃園齋明寺、臺中寶雲寺及寶雲別苑展開，各有四十多位北一轄區、北四轄區榮董參加。

◆ 教聯會於法鼓山園區舉辦教師心靈環保一日營，由常獻法師帶領出坡禪，共有六十多人參加。

◆ 美國東初禪寺舉辦週日講座，由常修法師主講「太虛大師」，有近六十人參加。

◆ 僧團常源法師美國加州弘法關懷，10 日於洛杉磯道場舉辦佛學講座，主講「活在當下──行住坐臥皆是禪」，共有一百多人參加。

◆ 10 至 14 日，加拿大溫哥華道場於宏比島（Hornby Island）舉辦戶外禪五，由監院常悟法師擔任總護，有近四十人參加。

◆ 香港道場於九龍會址舉辦禪一，由演清法師帶領，共有五十多人參加。

◆ 美國普賢講堂舉辦佛學講座，邀請聖嚴師父法子繼程法師主講「開啟覺性與無住生心之道」，共有七十多人參加。

09.11

◆ 美國東初禪寺與象岡道場，受邀參與紀念「911 事件」的「為愛分糧、濟救苦難」活動，象岡道場住持果元法師、東初禪寺監院常華法師並分別帶領祝禱，為世界和平祈福。

◆ 美國新澤西州分會舉辦佛學講座，邀請聖嚴師父法子繼程法師主講「人生真忙，茫看人生」，共有五十多人參加。

09.12

◆ 美國新澤西州分會舉辦佛學講座，邀請聖嚴師父法子繼程法師主講「禪思和禪行」，共有六十多人參加。

09.13

◆ 人基會心劇團「2017 轉動幸福《小平安・大冒險》」校園巡演，13 至 14 日於雲林縣褒忠鄉褒忠國小舉行，透過表演、體驗課程及生根活動，引導學童認識情緒與自我，學習與自己相處、改善人際關係。

◆ 美國新澤西州分會舉辦佛學講座，邀請聖嚴師父法子繼程法師主講「原來自性本清淨，旦夕發心修菩提」，共有五十多人參加。

09.14

◆ 臺北市政府於臺大醫院國際會議中心舉辦「105 年度臺北市績優宗教團體、民俗暨

106 年度孝行模範、寺廟環境優良獎聯合表揚大會」，法鼓山北投農禪寺、中華佛教文化館，獲續優宗教團體肯定，由果仁法師、果恆法師代表出席受獎。

09.15

◆ 中國大陸中國佛教協會會長學誠和尚率二十二位教界、宗教部門人士訪法鼓山園區，方丈和尚果東法師與僧團法師、法鼓文理學院校方代表陪同參訪園區，並進行茶敘交流。

09.16

◆ 法鼓山於三峽天南寺舉辦社會菁英禪修營第九十二次共修會，由果峙法師擔任總護，有近八十人參加。

◆ 北投農禪寺舉辦佛一暨八關戒齋，由監院果毅法師帶領，共有兩百八十多人參加。

◆ 蘭陽精舍「蘭陽講堂」系列講座，16 日邀請臺北陽明高中校長游文聰主講「永遠不會被機器人取代的教育」，共有八十多人參加。

◆ 法鼓山社大萬里幼童軍團受邀參與新北市野柳地質公園於「國際淨灘日」舉辦的「好野！淨灘」活動，由服務員帶領幼童軍淨灘，共同為保護海洋環境盡一份心力，有近二十位幼童軍參加。

◆ 合唱團於臺中寶雲寺舉辦成長營，內容包括參訪寶雲寺、團體動力課程、生命經驗分享等，護法總會副都監常遠法師、服務處監院常應法師、常獻法師等出席關懷，共有兩百二十位來自臺北本部團、高雄、員林、羅東、屏東等地團員參加。

◆ 16 至 24 日，美國象岡道場舉辦禪九，邀請聖嚴師父法子繼程法師擔任主七和尚，並開示〈信心銘〉，有近五十人參加。

◆ 僧團常源法師美國加州弘法關懷，16 日於舊金山道場帶領念佛禪一，共有五十多人參加。

◆ 美國新澤西州分會舉辦念佛禪一，由常浩法師擔任總護，共有四十多人參加。

09.17

◆ 桃園齋明別苑「心光講堂」系列講座，17 日邀請台達電子文教基金會副執行長張楊乾主講「城市中過低碳生活」，分享在生活中落實環保、節能的低碳方法，有近一百人參加。

◆ 高雄紫雲寺舉辦禪學專題講座，由禪修中心副都監果醒法師主講「楞嚴與禪宗直指人心」，引導大眾反妄歸真，找回本來面目，共有三百多人參加。

◆ 青年院於德貴學苑舉辦禪一，由常獻法師擔任總護，共有五十多人參加。

◆ 法鼓山社大開辦的地瓜種植班，十餘位學員於新北市石門戶外教室歡喜採收成果，校長曾濟群也共同參與，分享喜悅。

◆ 17 至 18 日，僧大於法鼓山園區祈願觀音殿舉辦「剃度大悲懺法會」，以法會共修，祝福新戒沙彌、沙彌尼。

◆ 護法會豐原辦事處「遇見自己」系列講座，17 日的主題是「整修自我的人生」，由

聖嚴書院講師郭惠芯分享佛法的實踐，有近一百七十人參加。

◆ 美國舊金山道場舉辦佛學課程，由常源法師主講「高僧行誼」，介紹大慧宗杲禪師的風範行誼，有近一百人參加。

◆ 馬來西亞道場舉辦心靈環保工作坊，主題是「再忙也不煩」，由監院常藻法師帶領體驗活在當下，共有三十多人參加。

◆ 香港道場於九龍會址首度舉辦「佛化聯合祝壽」活動，內容包括法師關懷、祈福法會、感恩奉茶等，共有七十多位長者接受祝福。

◆ 美國新澤西州分會舉辦半日禪，由悅眾擔任總護，共有二十多人參加。

◆ 美國普賢講堂舉辦禪一，由副寺常玄法師擔任總護，共有二十多人參加。

◆ 臺北中山精舍舉辦佛一，由常宏法師帶領，共有八十多人參加。

09.18

◆ 人基會心劇團「2017 轉動幸福《小平安・大冒險》」校園巡演，18 至 19 日於雲林縣元長鄉元長國小舉行，透過表演、體驗課程及生根活動，引導學童認識情緒與自我，學習與自己相處、改善人際關係。

09.19

◆ 法鼓山於園區舉辦剃度典禮，由方丈和尚果東法師擔任戒和尚，副住持果暉法師擔任教授阿闍黎，為八位求度行者披剃，圓滿受沙彌（尼）戒出家儀式，共有三百五十多人觀禮祝福。

09.20

◆ 人基會心劇團「2017 轉動幸福《小平安・大冒險》」校園巡演，20 至 21 日於雲林縣褒忠鄉復興國小舉行，透過表演、體驗課程及生根活動，引導學童認識情緒與自我，學習與自己相處、改善人際關係。

09.22

◆ 22 至 24 日，三峽天南寺舉辦精進禪二，由演誠法師擔任總護，共有一百一十六人參加。

◆ 加拿大多倫多分會舉辦禪學講座，邀請美國佛羅里達州立大學副教授俞永峯主講「每一刻都是新的開始 —— 生、死與禪」，共有三十多人參加。

09.23

◆ 法鼓山於園區舉辦祈福皈依大典，由方丈和尚果東法師授三皈依，期勉大眾做「覺有情」菩薩，發揮六度萬行的菩薩精神。共有八百多位民眾成為三寶弟子。

◆ 23 至 30 日，禪堂於三義 DIY 心靈環保教育中心舉辦念佛禪七，由禪修中心副都監果

醒法師主七，常乘法師擔任總護，共有九十多人參加。

◆ 23 至 24 日，青年院於高雄市甲仙區舉辦「生命‧心‧體驗 —— 2017 小林甲仙款款行」活動，由監院常炬法師、高雄紫雲寺監院常參法師帶領，共有一百多位法青與在地青年參加。

◆ 23 至 24 日，僧團果興法師、常啟法師，以及法鼓文理學院副教授鄧偉仁應邀出席於中國大陸雲南大理舉行的「2017 崇聖論壇」，並發表論文。

◆ 僧團常源法師美國加州弘法關懷，23 至 24 日於舊金山道場帶領中級 1 禪訓密集班，共有四十多人參加。

◆ 23 至 24 日，加拿大多倫多分會舉辦禪二，邀請美國佛羅里達州立大學副教授俞永峯擔任總護，有近三十人參加。

09.24

◆ 9 月 24 日至 12 月 10 日，臺北安和分院每月週日舉辦親職系列講座，以「親子關係停、看、聽」為主題。首場邀請兒童心理諮商師陳茉莉主講「孩子眼中的我 —— 探索孩子心中的父母」，共有五十多人參加。

◆ 臺北中山精舍舉辦 Fun 鬆一日禪，由悅眾擔任總護，有近六十人參加。

◆ 基隆精舍舉辦禪一，由副寺果樞法師法師擔任總護，共有六十多人參加。

◆ 桃園齋明苑舉辦中秋晚會，內容包括影片觀賞、藝文表演、團康遊戲等，由副寺常雲法師帶領，期勉大眾以「四安」心法修福修慧，有近三百人參加。

◆ 高雄紫雲寺舉辦義工成長營，由悅眾謝云洋帶領，分享在服務過程中，以佛法化解煩惱、安頓身心，共有一百二十多人參加。

◆ 加拿大溫哥華道場舉辦禪一，由常惟法師擔任總護，有近三十人參加。

◆ 馬來西亞道場舉辦心靈環保工作坊，主題是「我的靠山在哪裡？」，由監院常藻法師帶領探討生命的依靠與安心之道，有近三十人參加。

◆ 美國新澤西州分會舉辦半日禪，由悅眾擔任總護，共有二十多人參加。

◆ 美國西雅圖分會舉辦佛學講座，由常惟法師主講「梵唄與修行」，講述梵唄的修行意涵，共有三十多人參加。

◆ 美國普賢講堂舉辦佛學講座，由東初禪寺監院常華法師主講《地藏經》，共有三十多人參加。

09.25

◆ 索羅門群島總理蘇嘉瓦瑞（Manasseh Sogavare）伉儷一行十七人，在外交部駐索國大使羅添宏陪同下，參訪法鼓山園區，並與方丈和尚果東法師茶敘，分享心靈環保的意涵。

09.26

◆ 法鼓學校校友會於法鼓山園區舉辦第二屆校友論文發表論壇，共有三位校友的論文入選發表。

◆ 人基會心劇團「2017 轉動幸福《小平安‧大冒險》」校園巡演，26 至 27 日於雲林縣褒忠鄉潮厝國小舉行，透過表演、體驗課程及生根活動，引導學童認識情緒與自我，學習與自己相處、改善人際關係。

09.27

◆ 方丈和尚果東法師受邀出席新北市金山礦溪橋復建工程動土典禮，市長朱立倫感謝法鼓山在礦溪橋遭暴雨損毀後，匯聚愛心，提供橋樑復建的費用，包括地區團體、民意代表等，共有一百多位鄉親觀禮祝福。

◆ 人基會「2017 福慧傳家心靈講座」，27 日邀請前駐法大使呂慶龍主講「走出臺灣，放眼國際」，共有八十多人參加。

09.28

◆ 人基會心劇團「2017 轉動幸福《小平安‧大冒險》」校園巡演，28 至 29 日於雲林縣褒忠鄉龍巖國小舉行，透過表演、體驗課程及生根活動，引導學童認識情緒與自我，學習與自己相處、改善人際關係。

◆ 9 月 28 日至 10 月 1 日，馬來西亞道場於檳城舉辦「心靈環保禪修營」，由監院常藻法師擔任總護，每晚並邀請聖嚴師父法子繼程法師開示學佛的次第，共有四十七位來自不同領域的管理階層及專業人士參加。

09.29

◆ 9 月 29 日至 10 月 1 日，三峽天南寺舉辦精進禪二，由果峙法師擔任總護，有近一百人參加。

◆ 9 月 29 日至 11 月 5 日，法鼓文理學院禪文化研修中心舉辦研修體驗營，共三場。首場於 9 月 29 日至 10 月 1 日舉行，主題是「佛教教理」，由副校長蔡伯郎及陳英善、藍吉富、施凱華等師資，帶領學員初探唯識、華嚴、般若、天台等佛教教理，共有九十多位聖嚴書院結業學員參加。

◆ 9 月 29 日至 10 月 8 日，美國象岡道場住持果元法師於德州達拉斯、喬治亞州亞特蘭大弘法關懷，並帶領禪修活動。

09.30

◆ 北投農禪寺舉辦「農禪水月過中秋」，內容包括燃燈供佛法會、藝文表演等，共有一千四百多人參加。

◆ 美國東初禪寺舉辦英文禪一，由監院常華法師擔任總護，有近二十人參加。

◆ 加拿大溫哥華道場舉辦「佛教女性的修行與弘傳」學術論壇會議，多位美、加學者探討古、今女性在佛教中的重要性與未來發展，共有一百四十多人參加。

◆ 美國象岡道場住持果元法師德州達拉斯弘法關懷，30 日於達拉斯聯絡處帶領禪坐、法鼓八式動禪、戶外經行，並開示禪淨雙修的殊勝，共有二十多人參加。

10月 OCTOBER

10.01

◆ 《人生》雜誌第 410 期出刊，本期專題「動物也參禪？」。

◆ 《法鼓》雜誌第 334 期出刊。

◆ 法鼓文化出版新書：《修行要義》（智慧人系列，繼程法師著）、2018 法鼓山桌曆《禪心自在》。

◆ 《金山有情》季刊第 62 期出刊。

◆ 《法鼓文理學院校刊》第 13 期出刊。

◆ 《護法季刊》復刊第 12 期出刊。

◆ 北投農禪寺於桃園三坑自然生態公園舉辦戶外禪，由常提法師擔任總護，共有兩百二十多人參加。

◆ 10 月 1 日至 12 月 10 日，臺南分院舉辦四場「《六祖壇經》的生命智慧」系列講座，由禪修中心副都監果醒法師主講。10 月 1 日首場於臺南成功大學成功廳展開，主題是「無相頌 —— 說通與心通」，共有五百五十多人參加。

◆ 臺東信行寺舉辦中秋晚會，內容包括祈福法會、藝文表演等，由監院常全法師帶領，共有兩百多人參加。

◆ 法鼓山網路電視台每月「主題影片」單元，10 月播出「以病為師 —— 病中好修行」，精選聖嚴師父相關的開示影片，引領大眾重溫師父的智慧開示。

◆ 法行會中區分會於臺中寶雲寺舉行會員大會，方丈和尚果東法師出席關懷，期勉眾人以無我的智慧，體驗一念清淨、一念淨土，進而淨化社會、淨化人間，包括法行會會長許仁壽、中區會長卓伯源等悅眾，有近一百二十人參加。

◆ 榮譽董事會於高雄紫雲寺舉辦高雄、屏東地區感恩聯誼會，紫雲寺監院常參法師到場關懷，有近兩百二十人參加。

◆ 護法會土城共修處舉行新址灑淨啟用典禮，由護法總會副都監常遠法師主法，法師期勉眾人廣種福田、成就道業，修福修慧、安己安人，共有兩百多人參加。

◆ 美國東初禪寺舉辦週日講座，邀請聖嚴師父西方弟子林晉城主講「尋找幸福」，共有四十多人參加。

◆ 美國芝加哥分會舉辦半日禪，由悅眾擔任總護，共有十多人參加。

◆ 美國普賢講堂舉辦佛一，由副寺常玄法師帶領，共有十多人參加。

◆ 美國象岡道場住持果元法師於德州達拉斯弘法關懷，1 日於達拉斯聯絡處帶領念佛禪一，共有二十多人參加。

◆ 合唱團於德貴學苑舉辦成長課程，由聖基會「這一團・一人一故事」劇團，以「生命之禮——貴人」為主題，分享學佛因緣，共有三十多人參加。

10.02

◆ 人基會心劇團「2017 轉動幸福《小平安・大冒險》」校園巡演，2 至 3 日於高雄市鳥

松區仁美國小舉行，透過表演、體驗課程及生根活動，引導學童認識情緒與自我，學習與自己相處、改善人際關係。

◆ 2至4日，香港道場於當地基督教女青年會梁紹榮渡假村舉辦舒活禪二，由演戒法師帶領，有近四十人參加。

◆ 美國德州佛教會會長暨休士頓玉佛寺共同創辦人淨海長老，率領僧俗弟子十三人參訪法鼓山園區、文理學院，方丈和尚果東法師、首座和尚惠敏法師，以及副住持果暉法師、果品法師等代表接待，並陪同參訪。

10.03

◆ 方丈和尚果東法師於北投雲來寺大殿，對僧團法師、全體專職精神講話，主題是「法鼓山精神如何落實？」，全臺各分院道場同步視訊連線聆聽開示，有近三百人參加。

◆ 蘭陽精舍舉辦「蘭月·賞月·過中秋」晚會，內容包括遊戲、世代訪談、戲劇表演等，由副寺常法法師帶領，有近三百人參加。

◆ 三峽天南寺舉辦中秋普門晚會，內容包括茶禪一味、誦經共修、拈花供佛、樂音饗宴等，由監院常哲法師帶領，有近八百人參加。

10.04

◆ 4至6日，香港道場於當地基督教女青年會梁紹榮渡假村舉辦精進禪二，由演戒法師帶領，有近五十人參加。

10.05

◆ 5至8日，法鼓山於園區舉辦第十七屆自我超越禪修營，由僧團副住持果品法師擔任總護，有近一百位學員參加。

◆ 5至19日，桃園齋明別苑每週四舉辦念佛禪講座，共三場。5日首場由常源法師主講「念佛禪概說」，勉勵大眾平常生活中就要培養念佛的習慣，讓每一念都是正念，有近三百人參加。

◆ 人基會心劇團「2017轉動幸福《小平安·大冒險》」校園巡演，5至6日於高雄市仁武區灣內國小舉行，透過表演、體驗課程及生根活動，引導學童認識情緒與自我，學習與自己相處、改善人際關係。

◆ 美國象岡道場住持果元法師喬治亞州亞特蘭大弘法關懷，5日於亞特蘭大聯絡處舉辦專題講座，主講「漢傳佛教與美好人生」，共有六十多人參加。

10.06

◆ 6至9日，北投農禪寺舉辦禪三，由監院果毅法師擔任總護，有近一百二十人參加。

◆ 6至10日，青年院於三峽天南寺舉辦社青禪修營，由常導法師擔任總護，共有近百位來自英國、美國、越南、伊朗、香港與臺灣的學員參加。

◆ 法行會於臺北國賓飯店舉辦第一九五次例會，由禪修中心副都監果醒法師導讀《心

經》，共有兩百三十多人參加。

◆ 6 至 9 日，香港道場於當地基督教女青年會梁紹榮渡假村舉辦禪三，由演戒法師帶領，有近五十人參加。

◆ 美國象岡道場住持果元法師喬治亞州亞特蘭大弘法關懷，6 日於亞特蘭大聯絡處舉辦專題講座，主講「默照禪的前方便」，共有五十多人參加。

10.07

◆ 臺北安和分院舉辦禪一，由常弘法師擔任總護，有近一百三十人參加。

◆ 7 至 8 日，蘭陽精舍舉辦舒活二日營，由果明師擔任總護，有近四十人參加。

◆ 7 至 10 日，桃園齋明寺舉辦佛三暨八關戒齋，由文化中心副都監果賢法師主法，法師勉勵大眾持戒、常懺悔、發菩提心，共有八百多人次參加。

◆ 臺中寶雲寺舉辦「讀書會共學培訓」初階課程，由資深讀書會帶領人方隆彰帶領，分享讀書的「直覺閱讀法」與「結構式讀書法」，共有一百三十多人參加。

◆ 7 至 10 日，臺東信行寺舉辦中級禪悅四日營，由監院常全法師擔任總護，共有三十多人參加。

◆ 法鼓山社大於新北市三芝國中舉辦「自然環保友善農耕市集」，內容多元，包括小農市集、環保手作、講座、音樂表演、學習列車展等，校長曾濟群到場關懷，共有兩百多人參加。

◆ 美國象岡道場住持果元法師喬治亞州亞特蘭大弘法關懷，7 日於亞特蘭大聯絡處帶領戶外禪，共有四十多人參加。

10.08

◆ 香港道場於九龍會址舉辦佛一，由演戒法師帶領，共有一百六十多人參加。

◆ 美國新澤西州分會舉辦半日禪，由悅眾擔任總護，共有十多人參加。

◆ 美國象岡道場住持果元法師喬治亞州亞特蘭大弘法關懷，8 日於亞特蘭大聯絡處帶領禪一，共有三十多人參加。

10.09

◆ 9 至 13 日，法鼓文理學院校長惠敏法師應拉脫維亞大學（Latvija University）及駐拉脫維亞臺北代表處邀請，於波羅的海三國愛沙尼亞、拉脫維亞、立陶宛參加「信仰之樂土 —— 臺灣的佛教與佛學教學」（The Island of Faith: Buddhism and Buddhist Teaching in Taiwan）系列活動。9 日於愛沙尼亞塔林大學（Tallinn University）主講「〈聲聞地〉中『唯』之意涵與佛教禪修關係之考察」（An Examination of the Meaning of "Mātra" in Relation to Buddhist Meditation in the Śravakabhūmi）。

10.10

◆ 10 至 28 日，法鼓山陸續於全臺各分支道場舉辦九場「2017 第二十四屆佛化聯合祝

壽」，內容包括法師關懷、祈福法會、感恩奉茶等，有近兩千五百位長者接受祝福。

◆ 法鼓文理學院校長惠敏法師波羅的海學術交流，10 日於拉脫維亞國立歷史博物館（Latvian Museum of National History）演講「慈心禪修及所緣境之獲得」（Loving-kindness Meditation & How to Attain the Meditative Object），分享禪修的內涵。

10.11

◆ 10 月 11 日至 11 月 7 日，方丈和尚果東法師前往美、加弘法關懷，包括於美國舊金山道場，佛羅里達州塔拉哈西、新澤西州分會，以及加拿大溫哥華道場等地，舉辦佛學講座、主持法會，勉勵大眾參與法會、深入禪修，練就不動的定力與智慧，於變動的大環境中，保持清明的平常心。

◆ 11 至 25 日，普化中心每週三晚上於北投農禪寺舉辦「法鼓講堂」佛學課程，由僧伽大學教務長常啟法師主講「石頭希遷與參同契」；課程同時於「法鼓山心靈環保學習網」線上直播，提供全球學員上網聽講，並參與課程討論。

◆ 法鼓文理學院校長惠敏法師波羅的海學術交流，11 日於拉脫維亞國立歷史博物館研討會中發表「『正念』於臺灣臨終關懷及安寧療護的應用」（The Role of Mindfulness in Hospice & Palliative Care in Taiwan），並指導禪修與念佛課程。

10.12

◆ 桃園齋明別苑念佛禪講座，12 日由常源法師主講「念佛禪的觀念與方法」，介紹念佛禪的經典依據，以持名念佛為法，從有相入無相，讓心不起煩惱，共有兩百四十多人參加。

◆ 人基會心劇團「2017 轉動幸福《小平安・大冒險》」校園巡演，12 至 13 日於臺東市馬蘭國小舉行，透過表演、體驗課程及生根活動，引導學童認識情緒與自我，學習與自己相處、改善人際關係。

10.13

◆ 13 至 22 日，禪堂舉辦話頭禪九，由常隨法師擔任總護，共有八十多人參加。

◆ 13 至 15 日，傳燈院於法鼓山園區舉辦精進禪二，由常盛法師擔任總護，有近八十人參加。

◆ 法鼓文理學院校長惠敏法師波羅的海學術交流，13 日於立陶宛維爾紐斯大學（Vilniaus University）演講「《大乘莊嚴經論》中『唯』之意涵與佛教禪修關係之考察」（An Examination of the Meaning of "Mātra" in Relation to Buddhist Meditation in the Mahāyānasūtrālaṃkāra）。

◆ 13 至 18 日，美國象岡道場舉辦禪五，邀請聖嚴師父西方法子賽門・查爾得擔任總護，共有四十多人參加。

◆ 13 至 15 日，美國洛杉磯道場舉辦「360 度禪修營」，由象岡道場住持果元法師擔任總護，全程以英文進行，共有二十多位各行業管理階層人士參加。

10.14

◆ 北投農禪寺舉辦慈悲三昧水懺法會，由監院果毅法師帶領，法師援引宋朝四明知禮大師《禪修要旨》，開示四種行法、三種懺法、具足十法的法義和天台「逆順十心」的意涵，提點大眾懺悔是透過坦誠的溝通，隨時提起觀照力，在錯誤中學習善巧的化解，共有一千四百多人參加。

◆ 蘭陽精舍「蘭陽講堂」系列講座，14 日邀請鹿野苑藝文學會理事吳文成主講「古佛像欣賞」，分享關照法像的藝術與文化之美，共有一百一十多人參加。

◆ 14 至 21 日，禪堂於三峽天南寺舉辦初階禪七，由演捨法師擔任總護，有近一百二十人參加。

◆ 10 月 14 日至 12 月 9 日，青年院舉辦法青義工成長系列課程，以工作坊形式引領青年啟動生命的價值和智慧。14 日及 21 日於臺北德貴學苑進行，主題是「轉化生命價值的思惟及行為」，邀請長年投入偏鄉服務的悅眾黃憲宇分享服務與奉獻的真諦，有近五十人參加。

◆ 14 至 28 日，聖基會每週六舉辦經典講座，由法鼓文理學院助理教授鄧偉仁主講「人間淨土與現代社會」，講說淨土的定義、介紹經典的詮解，有近三十人參加。

◆ 榮譽董事會法鼓山分寺院參學活動，14 日於臺中寶雲寺及寶雲別苑展開，共有四十位北二轄區榮董參加。

◆ 教聯會於德貴學苑舉辦「心靈環保教學研習營」，分享「心靈環保兒童生活教育」教案的教學經驗，並邀請臺北醫學大學臨床醫學研究所教授張育嘉主講「心靈環保的理念與精神」，常獻法師到場關懷，並帶領放鬆體驗，期勉學員在教學中活用心靈環保的理念與方法，共有八十多人參加。

◆ 14 至 21 日，加拿大溫哥華道場舉辦默照禪七，邀請聖嚴師父西方法子查可‧安德列塞維克擔任總護，共有三十五人參加。

◆ 香港道場於香港中文大學邵逸夫堂舉辦「禪‧藝‧生活工作坊」，內容包括日間工作坊、晚間對談，其中對談以「療癒大丈夫」為主題，邀請聖嚴師父法子繼程法師、舞台設計師曾文通、演奏家王梓靜與談，共有一百多人參加。

◆ 方丈和尚果東法師美、加弘法關懷，14 日於美國塔拉哈西分會主持落成啟用典禮，包括威斯康辛州臨濟宗光林禪寺住持明道法師（Meido Moore Roshi）、劍橋內觀禪中心的娜拉央‧雷賓森（Narayan Liebenson）老師，有近八十位來自臺灣、英國倫敦，與美國紐約、紐澤西、加州、密蘇里、威斯康辛等州的僧眾與法友參加。

◆ 加拿大多倫多分會舉辦默照禪一，由果乘法師擔任總護，有近四十人參加。

10.15

◆ 臺中寶雲寺舉辦勸募會員進階課程，由林其賢、郭惠芯等多位悅眾進行經驗分享，果雲法師到場關懷，勉勵勸募鼓手學習佛陀的慈悲光、智慧光及清淨光，感化自己，進而感動他人，有近一百二十人參加。

◆ 臺南分院生活禪講座，15 日由常源法師主講「潮人生 —— 悠遊自在的人際關係」，說明不自我固化、幽默輕鬆、誠實待人、保持微笑，人際關係自然開闊；臺南雲集寺、護法會嘉義辦事處及虎尾辦事處，亦透過視訊連線聽講，有近三百人參加。

◆ 臺東信行寺舉辦專題講座，由法行會會長許仁壽主講「生活與生命」，共有五十多人參加。

◆ 10 月 15 日至 11 月 11 日，慈基會於全臺各地舉辦「第三十期百年樹人獎助學金」頒發活動，共三十六場，有近一千四百位學子受獎。

◆ 護法會豐原辦事處「遇見自己」系列講座，15 日的主題是「長遠準備的人生」，由聖嚴書院講師郭惠芯分享臨終關懷，有近一百四十人參加。

◆ 護法會義工團於桃園八德埤塘自然生態公園、大溪茶廠及東眼山國家森林區舉辦戶外禪，並邀請長庚大學副教授棗厥庸擔帶領團體動力活動，體會專注如一、不起分別，有近八十人參加。

◆ 美國普賢講堂舉辦禪一，由副寺常玄法師擔任總護，共有十多人參加。

◆ 加拿大多倫多分會舉辦專題講座，由果乘法師導讀聖嚴師父著作《無法之法》，共有三十多人參加。

10.17

◆ 人基會心劇團「2017 轉動幸福《小平安・大冒險》」校園巡演，17 至 18 日於臺東市知本國小舉行，透過表演、體驗課程及生根活動，引導學童認識情緒與自我，學習與自己相處、改善人際關係。

◆ 方丈和尚果東法師美、加弘法關懷，17 日於美國亞特蘭大聯絡處舉辦專題講座，主題是「平常心面對不平常事」，有近八十人參加。

10.19

◆ 桃園齋明別苑念佛禪講座，19 日由常源法師主講「念佛禪生活應用」，從思維人生模式、實踐人間淨土兩層面，分享藉由念佛禪讓心轉染成淨，共有兩百多人參加。

◆ 人基會心劇團「2017 轉動幸福《小平安・大冒險》」校園巡演，19 至 20 日於臺東市卑南國小舉行，透過表演、體驗課程及生根活動，引導學童認識情緒與自我，學習與自己相處、改善人際關係。

◆ 中國大陸湖北省五祖寺方丈正慈法師、黃州安國禪寺住持崇諦法師等一行六人，參訪法鼓山園區與文理學院，由首座和尚惠敏法師、副住持果暉法師、禪修中心副都監果醒法師等代表接待，進行交流。

10.20

◆ 法鼓文理學院禪文化研修中心研修體驗營，20 至 22 日舉行「環境關懷」研修，課程包括野柳地質公園戶外教學，以及觀賞《看見台灣》紀錄片等，引領學員重新建構人與自然的和諧關係，有近七十人參加。

◆ 20 至 22 日，馬來西亞道場於餘波德申尚巴納青年中心舉辦法青生活營，由監院常藻法師、常導法師等帶領，有近六十位青年學員參加。

◆ 方丈和尚果東法師美、加弘法關懷，20 至 22 日出席北美護法會於美國新澤西州分會舉行的「東岸暨中西部悅眾交流聯誼會」，八十多位來自美國東岸及中西部各州、加拿大多倫多等地的悅眾齊聚一堂，分享護法經驗及資源。

10.21

◆ 21 至 22 日，桃園齋明寺舉辦秋季報恩法會，包括地藏法會、三時繫念法會，分別由果興法師、常哲法師主法，有近三千人次參加。

◆ 21 至 22 日，普化中心於北投雲來寺，舉辦心靈環保讀書會帶領人基礎培訓課程，由普化中心副都監果毅法師、信眾教育院監院常用法師、資深讀書會帶領人方隆彰帶領，共有一百一十五位來自臺灣各地、香港、廣州、寧波、上海的學員參加。

◆ 21 至 29 日，美國象岡道場舉辦默照禪九，邀請佛羅里達州州立大學宗教學系副教授俞永峯擔任總護，有近四十人參加。

10.22

◆ 法鼓文化「一人與眾人 ──《聖嚴法師年譜》分享會」，22 日上午、下午分別於臺東信行寺、護法會花蓮辦事處舉行，由文化中心副都監果賢法師、年譜編著者林其賢，分享聖嚴師父實踐佛法的生命歷程，各有近八十人參加。

◆ 臺北安和分院親職系列講座，22 日邀請兒童心理治療師陳茉莉主講「我所在乎的庭訓 ── 教養價值觀探索」，共有四十多人參加。

◆ 臺南分院「《六祖壇經》的生命智慧」系列講座，22 日由禪修中心副都監果醒法師主講「定慧一體 ── 無念、無住、無相」，提點大眾沒有我、沒有對象、沒有所發生的事，將惡心所轉成善心所，就是與道相應的智慧心，共有三百多人參加。

◆ 榮譽董事會法鼓山分寺院參學活動，22 日於三峽天南寺展開，有近四十位北七轄區榮董參加。

◆ 護法會海山辦事處舉辦佛一，由常耀法師帶領，共有七十多人參加。

◆ 加拿大溫哥華道場於當地班揚（Banyen）書店舉辦專題講座，邀請聖嚴師父西方法子查可·安德列塞維克主講「禪 ── 展現慈悲和智慧的修行」（Chan Meditation: Art of Cultivating Compassion and Wisdom），有近五十人參加。

10.23

◆ 人基會心劇團「2017 轉動幸福《小平安·大冒險》」校園巡演，23 至 24 日於臺東市東海國小舉行，透過表演、體驗課程及生根活動，引導學童認識情緒與自我，學習與自己相處、改善人際關係。

10.24

◆ 普化中心於臺中寶雲寺舉辦長青班關懷員培訓課程，由信眾教育院監院常用法師、常格法師授課，並安排悅眾經驗分享，共有四十人參加。

10.25

◆ 法鼓文理學院舉辦專題講座，邀請新生代佛教學者簡凱廷主講「從藏外文獻看近世東

亞佛教研究」，說明藏外文獻如何為明清佛教研究開發新視域，並從中分析晚明佛教對日本江戶時代的佛教產生的影響，共有四十多人參加。

◆ 人基會心劇團「2017 轉動幸福《小平安・大冒險》」校園巡演，25 至 26 日於臺東市寶桑國小舉行，透過表演、體驗課程及生根活動，引導學童認識情緒與自我，學習與自己相處、改善人際關係。

◆ 人基會「2017 福慧傳家心靈講座」，25 日邀請臺北護理健康大學護理研究所教授章美英主講「建構樂齡幸福社區之藍色經濟創新策略」，有近八十人參加。

◆ 教聯會於桃園五酒桶山步道舉辦教師心靈環保一日營，由常獻法師帶領戶外禪，共有六十多人參加。

◆ 方丈和尚果東法師美、加弘法關懷，25 日出席榮譽董事會於美國舊金山道場舉辦的關懷感恩聯誼會，感恩大眾的護持，有近八十人參加。

◆ 10 月 25 日至 11 月 5 日，美國象岡道場住持果元法師、香港道場監院常展法師應印尼禪坐會（Chan Indonesia）之邀，前往印尼指導禪修。10 月 25 至 28 日，果元法師於棉蘭帶領四日禪修營，共有三十五人參加。

10.26

◆ 26 至 29 日，法鼓山於園區舉辦社會菁英禪修營精進禪三，由常正法師擔任總護，共有七十多人參加。

10.27

◆ 27 至 29 日，三峽天南寺舉辦精進禪二，由監院常哲法師擔任總護，有近一百二十人參加。

◆ 27 至 29 日，臺南雲集寺舉辦精進禪二，由監院常宗法師擔任總護，共有五十七人參加。

◆ 27 至 29 日，傳燈院於三義 DIY 心靈環保教育中心舉辦動禪學長成長營，由常願法師帶領，引導學員將禪修心法融入日常生活，體驗行住坐臥皆是禪的妙用，有近六十人參加。

◆ 青年院法青義工成長系列課程，27 至 29 日於法鼓文理學院展開，主題是「共識、承擔與創意」，由文理學院校長惠敏法師、人文社會學群學群長楊蓓等主持工作坊，有近一百人參加。

◆ 27 至 30 日，香港道場福田班來臺灣參學，參訪法鼓山園區、北投農禪寺、中華佛教文化館、三峽天南寺、桃園齋明寺，進一步了解法鼓山的理念及聖嚴師父的願心，共有一百八十多人參加。

10.28

◆ 桃園齋明別苑舉辦念佛禪一，由常源法師擔任總護，共有一百五十多人參加。

◆ 10 月 28 日至 11 月 4 日，禪堂於臺東信行寺舉辦初階禪七，由演廣法師擔任總護，共有八十多人參加。

◆ 傳燈院於北投雲來寺舉辦 Fun 鬆一日禪,由常願法師擔任總護,共有七十多人參加。

◆ 護法會花蓮辦事處於大農大富平地森林園區舉辦戶外禪,由常耀法師擔任總護,共有四十三人參加。

◆ 美國東初禪寺舉辦英文禪一,邀請聖嚴師父西方弟子李祺‧阿謝爾擔任總護,共有十多人參加。

◆ 美國東初禪寺受邀參與佛教環球賑濟(Buddhist Global Relief)發起的「健行救飢民」(Walk to Feed the Hungry)活動,由監院常華法師、常灃法師帶領近二十位護法信眾參加。

◆ 方丈和尚果東法師美、加弘法關懷,28 日出席美國舊金山道場於灣區文教中心舉辦的「自在和諧,擁抱幸福」座談會,與萬佛聖城恆實法師(Rev. Heng Sure)對談,包括駐舊金山臺北文化辦事處處長馬鍾麟伉儷、華僑文教中心主任吳郁華、加州佛利蒙市長高敘加,以及何少文等多位僑務委員,共有五百多人參加;座談會圓滿,並舉行皈依儀式,由方丈和尚授三皈依,共有五十多人踏出學佛的第一步。

10.29

◆ 法鼓文化「一人與眾人 ──《聖嚴法師年譜》分享會」,29 日於桃園齋明別苑舉行,由文化中心副都監果賢法師、年譜編著者林其賢,分享聖嚴師父實踐佛法的生命歷程,共有一百七十多人參加。

◆ 臺中寶雲寺於寶雲別苑舉辦戶外禪,由果雲法師擔任總護,共有七十多人參加。

◆ 南投德華寺舉辦禪一,由副寺果弘法師擔任總護,有近三十人參加。

◆ 僧大舉辦「世界公民工作坊」,由果禪法師、常濟法師授課,內容包括氣候變遷、水資源、世界咖啡館(World Café)等,共有三十多位學僧參加。

◆ 榮董會於北投農禪寺舉辦北區感恩聯誼會,僧團都監果光法師、慈基會祕書長果器法師等出席關懷,有近一千人參加。

◆ 方丈和尚果東法師美、加弘法關懷,29 日於美國舊金山道場主持祈福法會,並關懷信眾,勉勵大眾在菩薩道上,珍惜當下的每一個因緣,懷抱感恩心,實踐菩薩精神,共有八十多人參加。

◆ 美國新澤西州分會舉辦半日禪,由悅眾擔任總護,共有二十多人參加。

◆ 加拿大多倫多分會舉辦念佛禪一,由悅眾擔任總護,有近二十人參加。

◆ 美國象岡道場住持果元法師、香港道場監院常展法師印尼弘法,10 月 29 日至 11 月 5 日於茂物帶領禪九,共有五十一位禪眾參加。

10.30

◆ 五十三位僧團法師與隨行義工,循著聖嚴師父的來時路,溯源而上,從法鼓山園區出發,行腳三十公里,歷經十三個小時,回到北投農禪寺與文化館,禮祖發願,繼起弘傳漢傳佛法的願心和願力。

11.01

◆ 《人生》雜誌第 411 期出刊，本期專題「善知識，我來了 —— 跟著善財童子參學去」。
◆ 《法鼓》雜誌第 335 期出刊。
◆ 法鼓文化出版新書：《早晚課 50 問》（學佛入門 Q&A 系列，法鼓文化中心編輯部編著）、《聖嚴研究第九輯》（聖嚴思想研究論叢，聖嚴教育基金會學術研究部著）、《我的法門師友》（琉璃文學系列，聖嚴法師著）、《禪思・文思》（琉璃文學系列，單德興著）、《好讀雜阿含經第二冊 —— 緣生緣滅原來如此（卷十一至卷二十）》（好讀系列，台大獅子吼佛學專站編著）。
◆ 1 至 22 日，普化中心每週三晚上於北投農禪寺舉辦「法鼓講堂」佛學課程，由弘化發展專案召集人果慨法師主講「活好，病好，走好 ——《地藏經》與生命學習」；課程同時於「法鼓山心靈環保學習網」線上直播，提供全球學員上網聽講，並參與課程討論。
◆ 法鼓山網路電視台每月「主題影片」單元，11 月播出「臨終救度法門 —— 如何幫助親人平靜往生」，精選聖嚴師父相關的開示影片，引領大眾重溫師父的智慧開示。

11.02

◆ 臺中寶雲寺應臺中市稅務局邀請，為總局、分局同仁舉行「以禪式工作學迎接每一個挑戰」心靈講座，由監院果理法師、常慧法師、常允法師等前往分享，並帶領法鼓八式動禪、放鬆等生活禪法，除了現場學員，七個分局亦同步視訊參與，有近一百三十人參加。
◆ 臺中寶雲寺舉辦禪一，由果雲法師擔任總護，有近一百八十人參加。

11.03

◆ 3 至 5 日，三峽天南寺舉辦念佛禪二，由監院常哲法師擔任總護，有近一百一十人參加。
◆ 3 至 5 日，傳燈院於三義 DIY 心靈環保教育中心舉辦禪坐會組長成長營，由監院常襄法師擔任總護，禪修中心副都監果醒法師、常願法師授課，共有四十多人參加。
◆ 法鼓山社大於宜蘭羅東林業文化園區舉辦悅眾成長營，內容包括禪坐、動禪體驗，全程禁語，共有一百多位悅眾參加。
◆ 法鼓文理學院禪文化研修中心研修體驗營，3 至 5 日舉行「佛教史」研修，由佛教學系助理教授莊國彬、施凱華、蘇南望傑、藍吉富分別講授印度、中國、西藏與日本佛教史，共有七十多位聖嚴書院結業學員參加。
◆ 僧伽大學舉辦專題講座，由法鼓文理學院副教授鄧偉仁主講「佛教禪修與佛教現代主義的審視」，解析禪修與佛教現代化的方便法，是否切合佛陀的本懷，共有四十多人參加。

◆ 3 至 5 日，馬來西亞道場監院常藻法師受邀於佛教青年大專協調委員會教育小組在吉隆坡鶴鳴禪寺舉辦的「全國大專佛教教育發展工作營」中，擔任課程講師，共有十五所大專校院、近七十位佛學會理事參加。

11.04

◆ 北投農禪寺首度舉辦「水月禪跑」，二百四十多位禪跑者於水月池畔，在鼓聲中展開一百零八分鐘的禪跑；大殿及禪堂內，則有近三百五十位民眾在法師的引導下，體驗禪坐、禪走。

◆ 臺中寶雲寺舉辦「讀書會共學培訓」進階課程，邀請資深讀書會帶領人方隆彰帶領，分享讀書會帶領人的角色及功能，並進行示範演練，果雲法師到場關懷，有近一百一十位學員參加。

◆ 臺中寶雲寺舉辦專題講座，邀請《點燈》節目製作人張光斗主講「斗室有光」，分享聖嚴師父的身教與行誼，共有一百三十多人參加。

◆ 臺南分院舉辦禪一，由監院常宗法師擔任總護，共有八十多人參加。

◆ 法行會於臺北國賓飯店舉辦第一九六次例會，由禪修中心副都監果醒法師導讀《心經》，共有兩百三十多人參加。

◆ 教聯會於桃園石門水庫楓林步道舉辦教師心靈環保一日營，由常獻法師帶領戶外禪，有近三十人參加。

◆ 方丈和尚果東法師美、加弘法關懷，4 日於加拿大溫哥華道場舉辦佛法講座，主題是「福慧傳家——世代的差異與融合」，分享佛法的智慧妙用，共有三百多人參加。

11.05

◆ 臺南分院生活禪講座，5 日由常源法師主講「告別憂鬱的年代 —— 情緒管理的智慧」，提醒大眾，調好作息、飲食均衡、適當休息，放鬆緊繃的生活步調，讓心安住當下，壓力自然減輕，共有一百二十多人參加。

◆ 高雄紫雲寺舉辦慈悲三昧水懺法會，由常貴法師主法，有近六百人參加。

◆ 青年院於德貴學苑舉辦禪一，由常導法師擔任總護，共有五十多人參加。

◆ 11 月 5 日至 2018 年 5 月 27 日，護法總會與法青會於護法會新店、新莊、中永和、松山與中正萬華辦事處，舉辦十五場「兒童半日營」，藉由話劇、遊戲、唱誦等多元方式，引導國小中、低年級學童認識法鼓山、建立基本佛法觀念。5 日於新店辦事處首辦，有近二十人參加。

◆ 方丈和尚果東法師美、加弘法關懷，5 日出席於加拿大溫哥華道場舉行的榮譽董事感恩聯誼會，提醒眾人時時修行禪法，處處放鬆身心，共有八十多人參加。

◆ 美國東初禪寺舉辦週日講座，邀請聖嚴師父西方弟子李世娟主講「禪修者如何處理疑心和自我疑惑」，有近四十人參加。

◆ 馬來西亞道場舉辦禪一，由常施法師擔任總護，共有四十多人參加。

◆ 美國新澤西州分會舉辦半日禪，由悅眾擔任總護，共有十多人參加。

◆ 美國芝加哥分會舉辦半日禪，由悅眾擔任總護，共有十多人參加。

11.07

◆ 人基會與法務部合作推動「生命教育暨技藝扎根實施計畫 —— 心六倫運動」，7 日於雲林監獄舉辦音樂會，包括矯正署副署長黃建裕及人基會祕書長李伸一等出席關懷，活動邀請聲樂家張杏月演唱，以歌聲關懷收容人。

◆ 法鼓山全新的「線上持誦專區」，正式上線啟用，共收錄八種經文、七種咒語、五種聖號，大眾可依相應法門，精進修持。

11.08

◆ 北投農禪寺每週三舉辦「半日＋半日禪」活動，邀請社會大眾在禪堂內打坐、水月池畔經行，體驗禪的自在。

11.09

◆ 北投農禪寺舉辦禪一，由常格法師擔任總護，共有一百八十多人參加。

11.10

◆ 10 至 12 日，三峽天南寺舉辦精進禪二，由果峙法師擔任總護，共有一百一十七人參加。

◆ 桃園齋明寺獲文化部文化資產局「106 年度古蹟歷史建築管理維護優良獎」肯定。

◆ 10 至 12 日，傳燈院於三義 DIY 心靈環保教育中心舉辦坐姿動禪學長培訓，由常願法師帶領，引導學員將禪修心法融入日常生活，體驗行住坐臥皆是禪的妙用，有近六十人參加。

◆ 10 至 14 日，美國法鼓山佛教協會、全球女性和平促進會和地球憲章於德國波昂舉辦「氣候變遷的內在面向」（Inner Dimensions of Climate Change）會議，就永續地球未來議題，由果禪法師、常濟法師帶領討論與分享，共有二十多位歐洲各國青年參加。

11.11

◆ 高雄紫雲寺「法鼓文理講堂」，11 日由法鼓文理學院佛教學系副教授鄧偉仁主講「國際視野下的佛教高等教育之展望」，有近六十人參加。

◆ 高雄紫雲寺「法鼓青年開講」，11 日邀請甘樂文創創辦人林峻丞主講「青年力創造 —— 城鄉創生新契機」，提醒青年人視「吃苦」為生命中的挑戰和享受，為土地種下希望的種子，有近一百人參加。

◆ 青年院法青義工成長系列課程，11 月 11、18 日及 12 月 9 日於德貴學苑舉行，由弘化發展專案召集人果慨法師主講「遇見高僧‧遇見自己」，以佛陀與歷代高僧的行誼，啟動青年的生命價值，有近八十人參加。

◆ 榮譽董事會於臺中寶雲寺舉辦中區榮譽董事聘書頒發典禮，方丈和尚果東法師、寶雲寺監院果理法師、榮譽董事會會長黃楚琪等出席關懷，共有一百多人參加。

◆ 加拿大溫哥華道場舉辦念佛禪一，由監院常悟法師擔任總護，有近八十人參加。

◆ 美國新澤西州分會舉辦專題講座，由常修法師主講「入道安心要方便」，介紹禪宗四祖道信的行誼與思想，有近二十人參加。

◆ 加拿大多倫多分會舉辦禪一，由悅眾擔任總護，共有十多人參加。

◆ 澳洲雪梨分會舉辦佛學講座，由常順法師主講「佛教的生命觀與自我覺醒」，共有四十多人參加。

◆ 人基會「香草進校園」香草講師，11 日參訪社大石門自然環保戶外教室，有五十多位香草講師參加。行程包括戶外課程的實地觀察、認識園區自然生長的香草植物，以及體驗課程中製作香草水果塔、元氣香草茶等。

11.12

◆ 臺北安和分院親職系列講座，12 日邀請兒童心理治療師陳茉莉主講「我是什麼樣的父母——我的身教與言教」，共有四十多人參加。

◆ 桃園齋明別苑「心光講堂」系列講座，12 日邀請前國防部副部長林中斌主講「心靈的文藝復興——新紀元、新價值」，指出世界未來的希望在於恢復人類心靈和物質的平衡，以心靈為基礎，才能實踐真正的和平，有近一百人參加。

◆ 臺中寶雲寺舉辦禪一，由果雲法師擔任總護，共有一百四十多人參加。

◆ 臺南分院「《六祖壇經》的生命智慧」系列講座，12 日由禪修中心副都監果醒法師主講「〈無相懺〉——罪性本空將心懺」，講述無相懺悔的真義，有近兩百二十人參加。

◆ 美國舊金山道場舉辦禪一，由監院常惺法師擔任總護，共有五十多人參加。

◆ 美國新澤西州分會舉辦禪一，由常修法師擔任總護，有近三十人參加。

◆ 美國普賢講堂舉辦禪一，由副寺常玄法師擔任總護，共有十多人參加。

◆ 澳洲雪梨分會舉辦專題講座，由護法總會副都監常遠法師主講「中華禪法鼓宗」，介紹法鼓禪風，共有四十多人參加。

11.13

◆ 聖嚴教育基金會製作的「心靈環保動畫」系列，即日起每週一於佛衛電視慈悲台播出，引導孩童建立正確的人生觀與良好的品格。

11.15

◆ 高雄紫雲寺舉辦慈悲三昧水懺法會，由常貴法師主法，有近六百人參加。

◆ 中國大陸山東省神通寺住持界空法師率同十四位僧俗代表，參訪法鼓山園區，由方丈和尚果東法師、慈基會祕書長果器法師代表接待，進行交流。

11.16

◆ 外交部駐泰大使童振源與泰國媒體、文字工作者一行十餘人，在泰國護法會輔導法師

常學法師陪同下，參訪法鼓山園區，並拜會方丈和尚果東法師，期望透過參訪與交流，認識漢傳禪佛教。

◆ 馬來西亞道場舉辦「梵音講談會」，由常尊法師介紹梵唄的起源、演變與殊勝，共有六十多人參加。

11.17

◆ 11 月 17 日至 12 月 14 日，法鼓文化分別於臺北、臺中、高雄與屏東，共舉辦五場《禪思・文思》新書分享會。17 日首場於臺中羅布森冊惦舉行，由作者單德興分享對生命的尋思、經驗與實踐。

◆ 加拿大多倫多分會舉辦佛學講座，由常修法師主講「入道安心要方便」，介紹禪宗四祖道信的思想與行誼，共有三十多人參加。

11.18

◆ 北投農禪寺舉辦戶外禪，由常鐘法師擔任總護，共有一百三十多人參加。

◆ 蘭陽精舍「蘭陽講堂」系列講座，18 日邀請羅東國中國文老師楊昀芝主講「看不見的看見」，分享中年失明的重建歷程，有近一百人參加。

◆ 法鼓文化《禪思・文思》新書分享會，18 日於臺中青木和洋食彩舉行，由作者單德興分享對生命的尋思、經驗與實踐。

◆ 法鼓山社大於新莊校區舉辦專題講座，邀請臺灣大學農藝系榮譽教授劉麗飛主講「好好吃飯，健康有保障」，分享健康的吃飯方法，共有六十多人參加。

◆ 18 至 25 日，美國東初禪寺舉辦默照禪七，由監院常華法師擔任總護，有近三十位禪眾參加。

◆ 法鼓文理學院校長惠敏法師受邀出席馬來西亞佛教發展基金會、馬來西亞佛教青年總會於蒲種梅特里飯店（Mtree Hotel）舉辦的「心企業・新視界」企業論壇，並發表演說，說明健康的身心是企業發展的基礎，鼓勵創業者在發展企業的過程中，重視「身心企業」，落實博雅生活，有近一百五十位企業主參加。

◆ 澳洲墨爾本分會舉辦專題講座，由護法總會副都監常遠法師主講「中華禪法鼓宗」，介紹法鼓禪風，共有四十多人參加。

11.19

◆ 臺北中山精舍舉辦 Fun 鬆一日禪，由常弘法師擔任總護，有近八十人參加。

◆ 澳洲墨爾本分會舉辦佛學講座，由常順法師主講「佛教的生命觀與自我覺醒」，共有四十多人參加。

11.21

◆ 21 至 25 日，美國象岡道場舉辦禪五，邀請聖嚴師父西方弟子李世娟擔任總護，共有二十多人參加。

- 外交部駐歐盟兼駐比利時代表處人員陪同歐洲外賓一行，參訪北投農禪寺，並由常寂法師帶領體驗放鬆。

11.22

- 國際入世佛教協會（The International Network of Engaged Buddhists）與弘誓文教基金會共同舉辦的「臺灣佛教臨終關懷與安寧療護」論壇於法鼓文理學院舉行，包括臺灣佛教界、安寧療護實務界人士，以及來自美國、英國、日本、泰國、加拿大、澳洲、中國大陸等二十多個國家地區，有近兩百位僧眾、學者共同參與。

11.25

- 11 月 25 日至 12 月 2 日，法鼓山於園區啟建「2017 大悲心水陸法會」，共有十二個壇場，每日均有三、四千人現場參與；藉由線上直播，全球各分支道場、護法會分會、辦事處，共三十三處據點亦同步精進共修；全球共有四十七處國家地區，超過二十五萬人次透過網路同步參加。
- 法鼓文化《禪思・文思》新書分享會，25 日於臺北誠品書店敦南店舉行，由作者單德興分享對生命的尋思、經驗與實踐。

11.26

- 香港道場於饒宗頤文化館舉辦「禪・藝・生活工作坊」，內容包括日間工作坊、晚間對談，其中對談以「起舞吧！佛陀」為主題，由監院常展法師，與曾文通、林瓚桐、張藝生、梁菲倚四位藝術家分享，共有一百多人參加。
- 美國新澤西州分會舉辦半日禪，由悅眾擔任總護，共有十多人參加。

11.29

- 人基會「2017 福慧傳家心靈講座」，29 日邀請《刪海經》紀錄片導演洪淳修主講「那些海洋教我的事」，共有七十多人參加。

12月 DECEMBER

12.01

- 《人生》雜誌第 412 期出刊，本期專題「一〇〇歲的福慧資糧」。
- 《法鼓》雜誌第 336 期出刊。
- 法鼓文化出版新書：《聖嚴法師教禪坐》（大字版）》（家中寶系列，聖嚴法師著）、

《西方各國佛教史略》（智慧人系列，淨海法師著）、《〈破魔變〉中英對照校注》
（中華佛學研究所論叢，洪振洲、安東平 Christoph Anderl 著）。

◆ 法鼓山網路電視台每月「主題影片」單元，12 月播出「穿透苦痛，珍惜生命 —— 人
身可貴莫自殺」，精選聖嚴師父相關的開示影片，引領大眾重溫師父的智慧開示。

12.02

◆ 2 至 3 日，臺中寶雲寺於寶雲別苑舉辦「寶雲少年生活營」，由教聯會師資帶領，內
容包括生活實作、禪藝課程，體驗「做中學，學中做」，並學習團隊人我關係的互
動，共有三十四位國小六年級至國中三年級的青少年參加。

◆ 法鼓文理學院人文社會學群學群長楊蓓獲頒第十四屆臺灣心理治療與心理衛生聯合年
會終身成就獎，表彰其對臺灣心理治療與心理衛生領域長期耕耘之貢獻。

12.03

◆ 傳燈院於高雄紫雲寺舉辦「用心吃飯研習營」，由常願法師帶領，共有四十多人
參加。

◆ 北美護法會伊利諾州芝加哥分會舉辦半日禪，由悅眾擔任總護，共有十多人參加。

◆ 慈基會祕書長果器法師代表僧團出席於中國大陸江西五臺山真容寺舉行的夢參老和尚
追思及荼毗法會，表達對長老的祝福。

◆ 美國普賢講堂舉辦佛學講座，由副寺常玄法師主講「華嚴三聖之文殊篇」，共有二十
八人參加。

12.04

◆ 法鼓文化《禪思‧文思》新書分享會，4 日上午、下午分別於高雄紫雲寺、屏東大學
舉行，由作者單德興分享對生命的尋思、經驗與實踐。

12.06

◆ 法鼓文理學院舉辦專題講座，邀請臺灣大學地理環境資源學系教授蔡博文主講「地理
公民科學與環境永續」，共有四十多人參加。

12.08

◆ 8 至 10 日，傳燈院應臺灣大學企業經營管理碩士學程（EMBA）之邀，於法鼓山園區
舉辦初級禪訓班校園禪修課程，由常願法師帶領，有近五十人參加。

◆ 8 至 10 日，美國舊金山道場舉辦禪三，由監院常惺法師擔任總護，共有三十七人
參加。

12.09

◆ 方丈和尚果東法師受邀出席中華維鬘學會於臺北劍潭青年活動中心舉行的「佛教對話與現代弘化」學術論壇，並以「推動人間化的佛法 —— 現代化、國際化與普及化」為題，發表主題演說。

◆ 9 至 10 日，臺中寶雲寺於三義 DIY 心靈環保教育中心舉辦禪二，由果雲法師擔任總護，有近一百人參加。

◆ 9 至 16 日，禪堂於三峽天南寺舉辦初階禪七，由演定法師擔任總護，有近一百二十人參加。

◆ 法鼓山社大於金山校區舉辦專題講座，邀請陽光基金會臉部平權代言人陳美麗，主講「『癒』火重生的美麗」，共有七十多人參加。

◆ 12 月 9 日至 2018 年 1 月 30 日，慈基會於全臺各地分院及護法會辦事處，舉辦「106年度歲末關懷」系列活動，內容包括祈福法會、點燈儀式、致贈慰問金及關懷物資等，共關懷逾三千一百戶家庭。首場於北投農禪寺展開，方丈和尚果東法師到場關懷，由果仁法師帶領祈福法會，有近四百戶關懷家庭參加。

◆ 9 至 23 日，聖基會舉辦「106 年兒童生活教育寫畫創作」頒獎典禮，共五場。首場於北投農禪寺舉行，由主任呂理勝、北投國小校長翁世盟等頒發，共有兩百多位獲獎學童及家長參加。

◆ 香港道場於九龍會址舉辦專題講座，由演戒法師主講「慈悲三昧水懺」，有近七十人參加。

◆ 加拿大多倫多分會舉辦佛學講座，由美國東初禪寺監院常華法師主講《圓覺經》，共有三十多人參加。

12.10

◆ 臺北安和分院親職系列講座，10 日邀請兒童心理治療師陳茉莉主講「學會聽與說 —— 認識自己習慣的親子互動模式」，共有四十多人參加。

◆ 臺南分院舉辦專題講座，邀請《點燈》節目製作人張光斗主講「與聖嚴法師有約」，分享師父的身教與行誼，共有九十多人參加。

◆ 臺南分院「《六祖壇經》的生命智慧」系列講座，10 日由禪修中心副都監果醒法師主講「壇經 & 祖師語錄 —— 機緣品」，期勉大眾持續熏習經典的要義與智慧，共有兩百多人參加。

◆ 慈基會 106 年度歲末關懷系列活動，10 日於北投中華佛教文化館展開，由監院果諦法師帶領祈福法會，有近兩百戶關懷家庭參加。

◆ 聖基會「106 年兒童生活教育寫畫創作活動」頒獎典禮，10 日於臺東信行寺舉行，由監院常全法師、聖基會董事陳修平等頒獎，有近兩百位獲獎學童及家長參加。

◆ 榮譽董事會於北投農禪寺舉辦全球悅眾聯席會議，方丈和尚果東法師、護法總會副都監常遠法師出席關懷，共有八十多位來自全臺、美國、加拿大等地悅眾參加。

◆ 美國東初禪寺舉辦週日講座，由常浩法師主講「話頭禪」，共有五十多人參加。

◆ 美國普賢講堂舉辦佛一，由副寺常玄法師擔任總護，共有十多人參加。

◆ 加拿大多倫多分會舉辦佛一暨八關戒齋，由東初禪寺監院常華法師帶領，共有三十多人參加。

12.13

◆ 法鼓山於園區舉辦社會菁英禪修營第九十三次共修會，由常正法師擔任總護，共有一百一十多人參加。

◆ 法鼓文理學院舉辦專題講座，邀請日本岐阜聖德學園大學佛教文化研究所教授讓西賢主講「從淨土教來看預防性諮商的意義」，共有五十多人參加。

12.14

◆ 法鼓文理學院舉辦專題講座，邀請英國倫敦大學（University of London）亞非學院佛教研究中心資深研究員艾靜文（Jennifer Eichman）主講「明代佛教居士佛典理解與限制 —— 周汝登《佛法正輪》之研究」（Innovative Readings and their Constraints: Zhou Rudeng's Correct Teachings of the Buddhadharma〔Fofa Zhenglun 佛法正輪〕），共有五十多人參加。

◆ 14 至 17 日，護法總會於法鼓山園區舉辦「正副會團長、轄召、召委成長營」，由副都監常遠法師、監院常應法師、文化中心副都監果賢法師和北美護法會前會長張允雄授課，共有一百七十三位悅眾和義工，透過熏習佛法，重拾學佛護法的初衷。

12.15

◆ 15 至 17 日，傳燈院於三義 DIY 心靈環保教育中心舉辦出坡禪培訓，由常願法師帶領，分享出坡禪的心法與內涵，並安排小組心得分享、互動演練和實務體驗，有近六十人參加。

◆ 15 至 17 日，青年院於法鼓文理學院舉辦禪二，由常導法師擔任總護，有近六十人參加。

12.16

◆ 北投農禪寺舉辦禪一，由常衍法師擔任總護，共有一百九十多人參加。

◆ 臺北安和分院舉辦禪一，由常弘法師擔任總護，共有一百一十多人參加。

◆ 蘭陽精舍「蘭陽講堂」系列講座，16 日由弘化發展專案召集人果慨法師主講「活好，病好，走好」，講析《地藏經》的生命學習，有近兩百人參加。

◆ 慈基會 106 年度歲末關懷系列活動，16 日於法鼓山園區展開，由祕書長果器法師帶領祈福法會，包括男眾副都監常寬法師、常隨法師、新北市社會局副局長呂春萍、金山區長陳國欽等到場關懷，有近四百戶關懷家庭參加。

◆ 聖基會「106 年兒童生活教育寫畫創作活動」頒獎典禮，16 日於高雄紫雲寺舉行，由常輪法師、常貫法師、聖基會顧問陳貴德等頒獎，有近兩百位獲獎學童及家長參加。

◆ 美國洛杉磯道場舉辦佛法講座，由禪修中心副都監果醒法師主講「平常心是道」，共有八十多人參加。

◆ 美國普賢講堂舉辦默照禪一，由果乘法師擔任總護，共有三十多人參加。

◆ 泰國護法會舉辦歲末大悲懺法會，由常學法師帶領，共有六十多人參加。

12.17

◆ 臺北中山精舍舉辦佛一,由常弘法師帶領,有近一百一十人參加。

◆ 基隆精舍舉辦佛一,由副寺果樞法師法師帶領,有近七十人參加。

◆ 高雄紫雲寺舉辦禪一,由常貫法師擔任總護,共有一百三十多人參加。

◆ 聖基會「106 年兒童生活教育寫畫創作活動」頒獎典禮,17 日於桃園齋明別苑舉行,由副寺常雲法師、聖基會主任呂理勝等頒獎,有近兩百位獲獎學童及家長參加。

◆ 榮譽董事會於臺南雲集寺舉辦南區榮譽董事聘書頒發典禮,方丈和尚果東法師、臺南分院監院常宗法師、榮譽董事會會長黃楚琪等出席關懷,共有一百多人參加。

◆ 香港道場於九龍會址舉辦禪一,由演戒法師擔任總護,有近八十人參加。

◆ 美國新澤西州分會舉辦 Fun 鬆一日禪,由常護法師擔任總護,有近四十人參加。

◆ 美國普賢講堂舉辦佛學講座,由果乘法師導讀聖嚴師父著作《無法之法》,有近二十人參加。

◆ 臺東信行寺舉辦專題講座,由弘化發展專案召集人果慨法師主講「活好,病好,走好——《地藏經》與生命學習」,共有七十多人參加。

12.18

◆ 方丈和尚代表僧團,出席中國大陸蘇州寒山寺法主和尚性空長老追思讚頌法會,表達對師伯性空長老的緬懷。

◆ 18 至 27 日,法鼓文理學院舉辦「圖書館週」活動,本年度主題「從『心』開始」,內容包括電影欣賞、書展、好書大放送、中西參大賽、五分鐘書評及電子資源課程等活動。

12.20

◆ 法鼓文理學院舉辦專題講座,邀請臺北市立聯合醫院中興院區血液腫瘤科主治醫師簡采汝,演講「醫學　佛學　生死學」,共有五十多人參加。

◆ 人基會心六倫宣講團應臺南高工之邀,於該校宣講「兩性相處與生活倫理」,提醒學子兩性交往要發乎情,止乎禮,循序漸進,相互尊重,共有八百多人參加。

12.22

◆ 22 至 24 日,三峽天南寺舉辦精進禪二,由傳燈院監院常襄法師擔任總護,有近一百二十人參加。

◆ 22 至 23 日,聖基會於集思臺大會議中心舉辦第三屆近現代漢傳佛教論壇,主題為「近現代漢傳佛教與現代化 —— 佛教教育 II」,共有十四位來自臺灣、中國大陸、日本、韓國學者專家發表論文,方丈和尚果東法師出席關懷,有近五百人參加。

◆ 聖基會製作的《心靈環保兒童生活教育動畫 4》,入選臺灣媒體觀察教育基金會「106 年度國人自製兒童及少年優質節目」,頒獎典禮於 22 日在國家圖書館舉行,由主任呂理勝代表出席受獎。

◆ 22 至 24 日，傳燈院於三義 DIY 心靈環保教育中心舉辦精進禪二，由常盛法師擔任總護，共有六十多人參加。

12.23

◆ 國際禪坐會於北投雲來寺舉辦英文禪一，由傳燈院監院常襄法師擔任總護，共有十多人參加。

◆ 慈基會 106 年度歲末關懷系列活動，23 日於桃園齋明寺展開，由監院果舟法師帶領祈福法會，祕書長果器法師、副會長柯瑤碧及法緣會長王瓊珠等到場關懷，有近兩百戶關懷家庭參加。

◆ 聖基會「106 年兒童生活教育寫畫創作活動」頒獎典禮，23 日於臺中寶雲寺舉行，由監院果理法師、聖基會主任呂理勝等頒獎，有近兩百位獲獎學童及家長參加。

◆ 12 月 23 日至 2018 年 1 月 1 日，美國象岡道場舉辦話頭禪十，由住持果元法師擔任總護，共有四十多人參加。

◆ 12 月 23 日至 2018 年 1 月 1 日，美國洛杉磯道場舉辦義工默照禪十，由禪修中心副都監果醒法師擔任總護，為方便禪眾作息，禪期分兩梯次禪五，有近四十人參加。

◆ 美國新澤西州分會舉辦歲末藥師法會；法會圓滿後，並舉行歲末感恩聯誼，共有六十多人參加。

12.24

◆ 24 至 30 日，北投農禪寺舉辦彌陀佛七，由常住法師等帶領，共有兩千多人次參加。

◆ 臺南分院舉辦禪一，由常嗣法師擔任總護，共有六十多人參加。

◆ 24 至 31 日，禪堂舉辦話頭禪七，由常正法師擔任總護，有近九十人參加。

◆ 美國新澤西州分會舉辦半日禪，由悅眾擔任總護，共有二十多人參加。

◆ 社大於北投雲來寺舉辦親子課程，邀請說故事達人陳銘驤帶領，在歡樂學習中，共學共長，共有六十多位大、小朋友參加。

12.25

◆ 25 至 31 日，美國東初禪寺舉辦地藏法會，由監院常華法師等帶領，共有兩百九十多人次參加。

12.27

◆ 法鼓文理學院榮譽教授謝清俊獲頒「2017 年行政院傑出科技貢獻獎」，27 日於行政院接受院長賴清德頒獎，校長惠敏法師、圖資館館長洪振洲等，出席觀禮祝福。

◆ 人基會「2017 福慧傳家心靈講座」，27 日邀請臺大醫院精神科主任黃宗正主講「不被遺忘的時光 —— 談健康老化」，共有九十多人參加。

12.28

◆ 法鼓文理學院舉辦專題講座,邀請郵政醫院泌尿科主任陳永泰主講「醫院經營管理與決策思維」,共有四十多人參加。

12.29

◆ 29 至 31 日,三峽天南寺舉辦精進禪二,由演誠法師擔任總護,共有一百一十八人參加。

◆ 29 至 31 日,臺南雲集寺舉辦精進禪二,由監院常宗法師擔任總護,共有六十七人參加。

◆ 29 日至 2018 年 1 月 1 日,加拿大溫哥華道場舉辦跨年禪四,由監院常悟法師擔任總護,有近四十人參加。

12.30

◆ 30 至 31 日,基隆精舍舉辦舒活二日營,由副寺果樞法師擔任總護,有近五十人參加。

◆ 12 月 30 日至 2018 年 1 月 1 日,桃園齋明寺舉辦精進禪二,由常報法師擔任總護,有近一百人參加。

◆ 30 至 31 日,臺中寶雲寺舉辦佛二,由監院果理法師帶領,共有三百多人參加。

◆ 12 月 30 日至 2018 年 1 月 1 日,高雄紫雲寺舉辦念佛禪二,由常願法師擔任總護,有近一百五十人參加。

◆ 30 至 31 日,臺東信行寺舉辦精進禪二,由監院常全法師擔任總護,共有二十六人參加。

◆ 12 月 30 日至 2018 年 1 月 1 日,美國普賢講堂舉辦《法華經》共修,由副寺常玄法師帶領,共有七十多人次參加。

12.31

◆ 北投農禪寺舉辦「2018 跨年迎新在農禪」, 內容包括禮佛拜佛、持誦《金剛經》共修、禪坐等,由監院果毅法師帶領,方丈和尚果東法師到場關懷,共有一千八百多人參加。

◆ 12 月 31 日至 2018 年 1 月 1 日,臺北安和分院舉辦《法華經》共修,由監院果旭法師帶領,有近五百人次參加。

◆ 南投德華寺舉辦佛一暨八關戒齋,由副寺果弘法師帶領,共有五十多人參加。

◆ 馬來西亞道場與馬來西亞佛教青年總會、國際佛光會馬來西亞協會於吉隆坡馬華大廈共同舉辦「LIFE 現在就是未來」跨年倒數活動,內容包括才藝表演、生命對談、倒數演唱會等,監院常藻法師分享新年許願的核心「種善因」,有近六百人參加。

◆ 12 月 31 日至 2018 年 1 月 1 日,香港道場於九龍會址舉辦慈悲三昧水懺法會,由僧團副住持果品法師帶領,共有七百多人次參加。

◆ 加拿大多倫多分會舉辦念佛禪一,由悅眾擔任總護,有近二十人參加。

【附録】

法鼓山2017年主要法會統計

◎ 國內（分院、精舍）

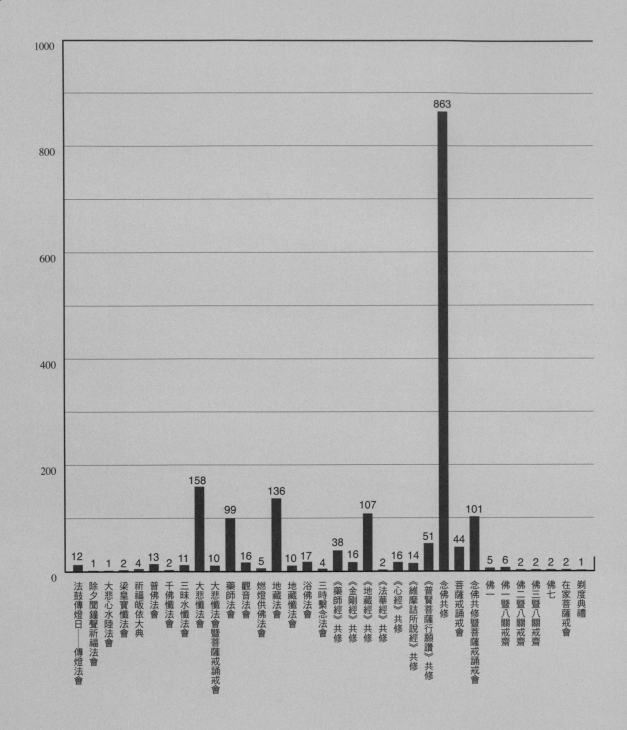

法會名稱	次數
法鼓傳燈日——傳燈法會	12
除夕聞鐘聲祈福法會	1
大悲心水陸法會	1
梁皇寶懺法會	2
祈福皈依大典	4
普佛法會	13
千佛懺法會	2
三昧水懺法會	11
大悲懺法會	158
大悲懺法會暨菩薩戒誦戒會	10
藥師法會	99
觀音法會	16
燃燈供佛法會	5
地藏法會	136
地藏懺法會	10
浴佛法會	17
三時繫念法會	4
《藥師經》共修	38
《金剛經》共修	16
《地藏經》共修	107
《法華經》共修	2
《心經》共修	16
《維摩詰所說經》共修	14
《普賢菩薩行願讚》共修	51
念佛共修	863
菩薩戒誦戒會	44
念佛共修暨菩薩戒誦戒會	101
佛一	5
佛一暨八關戒齋	6
佛二暨八關戒齋	2
佛三暨八關戒齋	2
佛七	2
在家菩薩戒會	2
剃度典禮	1

◎ 海外（道場、分會）

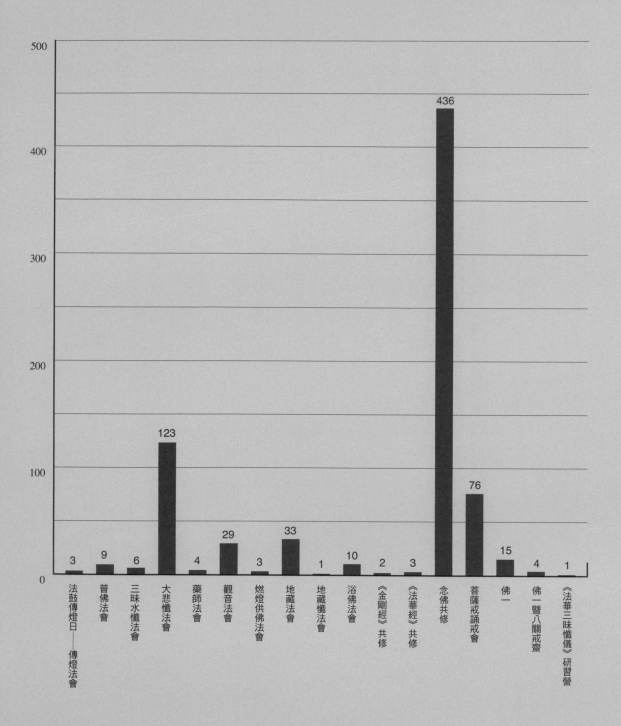

法鼓山2017年主要禪修活動統計

◎ 國內（分院、精舍）

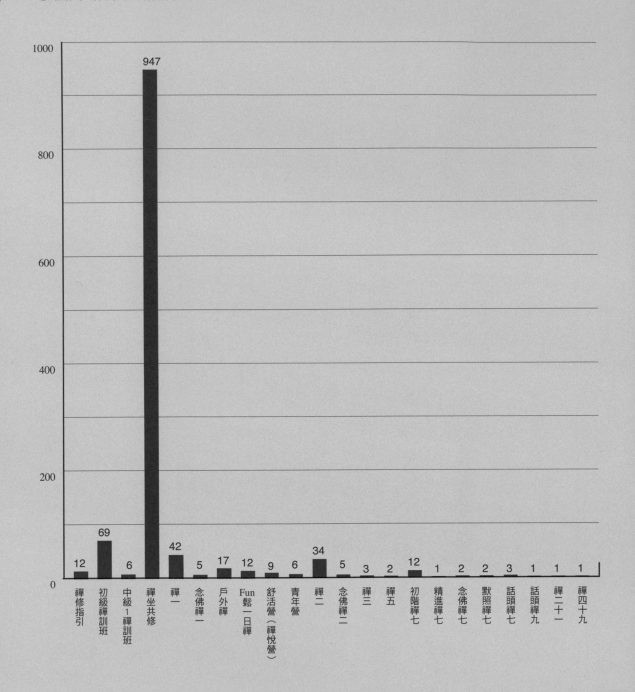

◎ 海外（道場、分會）

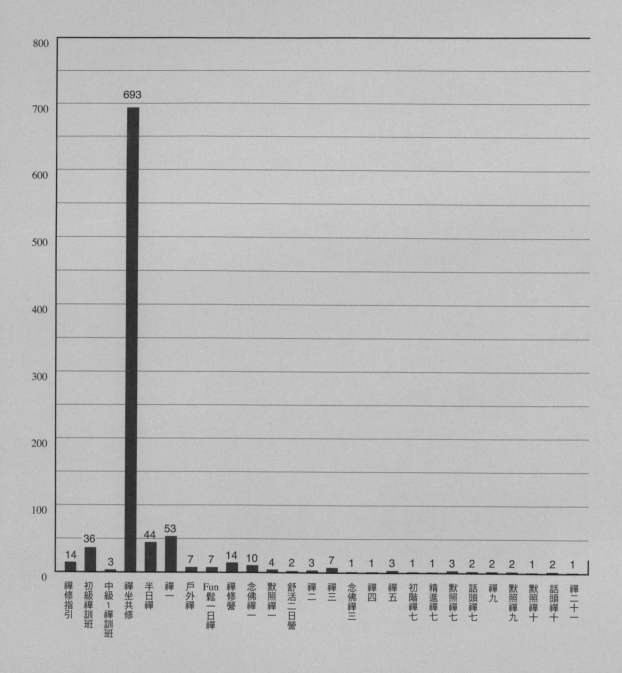

法鼓山2017年主要佛學推廣課程統計

◎ 信眾教育院

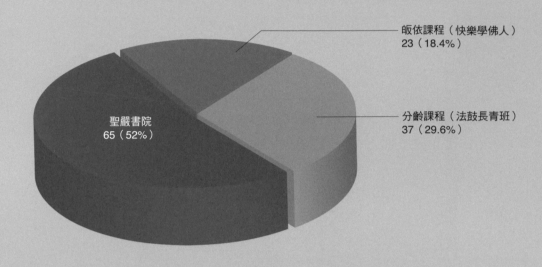

皈依課程（快樂學佛人）
23（18.4%）

分齡課程（法鼓長青班）
37（29.6%）

聖嚴書院
65（52%）

◎聖嚴書院

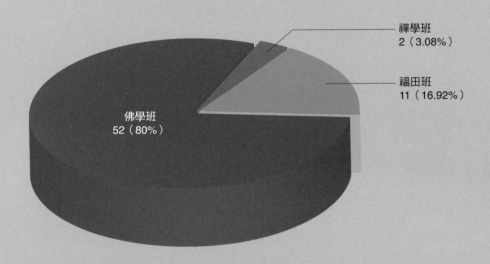

禪學班
2（3.08%）

福田班
11（16.92%）

佛學班
52（80%）

法鼓山2017年心靈環保讀書會推廣統計

◎ 全球

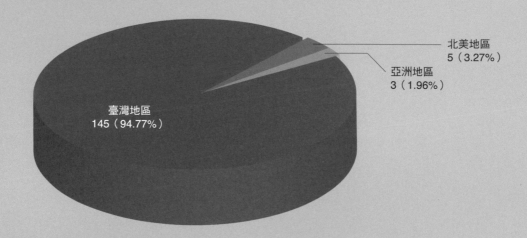

北美地區
5（3.27%）

亞洲地區
3（1.96%）

臺灣地區
145（94.77%）

◎ 臺灣

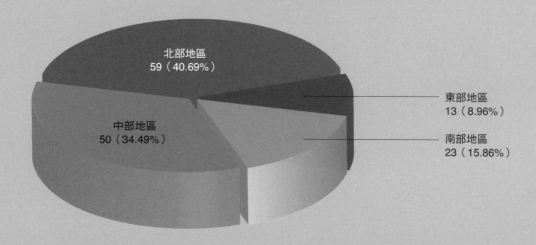

北部地區
59（40.69%）

東部地區
13（8.96%）

中部地區
50（34.49%）

南部地區
23（15.86%）

法鼓山2017年主要出版品一覽

◎ 法鼓文化

出版月份	書名
1月	《福慧傳家——修福修慧，安心安家；六度萬行，傳心傳家。》（人間淨土系列，聖嚴法師著，法鼓文化編輯部選編）
	《念佛生淨土》（學佛入門系列，聖嚴法師著）
	《念佛生淨土（大字版）》（家中寶系列，聖嚴法師著）
2月	《學佛知津》（學佛入門系列，聖嚴法師著）
	《受戒50問》（學佛入門Q&A系列，法鼓文化編輯部編著）
	英文書《中阿含研究論文集》（Research on the Madhyama-āgama）（法鼓文理學院論叢，法樂法師 Bhikkhunī Dhammadinnā 主編）
3月	《禪門驪珠集》（禪修指引系列，聖嚴法師著）
	《歡喜看生死（大字版）》（家中寶系列，聖嚴法師著）
	《校長的番茄時鐘》（般若方程式系列，惠敏法師著）
4月	《壇經講記》（智慧人系列，繼程法師著）
	《近代佛教改革的地方性實踐——以民國南京的寺廟、組織、信眾為中心》（當代漢傳佛教論叢，邵佳德著）
	《農禪寺師徒故事》DVD（動畫系列，法鼓文化製作）
5月	《禪鑰》（禪修指引系列，聖嚴法師著）
	《怪力亂神50問》（學佛入門Q&A系列，法鼓文化編輯部編著）
	《觀世音菩薩與聖嚴法師的故事》DVD（動畫系列，法鼓文化製作）
	《如雲》CD（法鼓山歌曲系列，繼程法師作詞、康吉良作曲）
6月	《菩薩行願——觀音、地藏、普賢菩薩法門講記（大字版）》（家中寶系列，聖嚴法師著）
	《禪淨何爭？——聖嚴法師的禪淨思想與體證》（智慧海系列，陳劍鍠著）
	英文書《〈長阿含〉研究》（Dīrgha-āgama Studies）（法鼓文理學院論叢，無著比丘 Bhikkhu Anālayo 著）
7月	《禪的生活》（禪修指引系列，聖嚴法師著）
	《福慧好當家》（琉璃文學系列，果東法師著）
	《梵網經菩薩戒》（智慧人系列，靈源老和尚著）
8月	《公案一○○》（清心百語系列，聖嚴法師著）
	《咒語50問》（學佛入門Q&A系列，法鼓文化編輯部編著）
	英文書《戒律研究》（Vinaya Studies）（法鼓文理學院論叢，無著比丘 Bhikkhu Anālayo 著）
9月	《聖者的故事》（學佛入門系列，聖嚴法師著）
	《放下的幸福（大字版）》（家中寶系列，聖嚴法師著）
	《承先啟後的孤僧——東初法師佛教文化學行略探》（中華佛學研究所論叢，釋演正著）
10月	《修行要義》（智慧人系列，繼程法師著）
	2018法鼓山桌曆《禪心自在》

出版月份	書名
11月	《早晚課 50 問》（學佛入門 Q&A 系列，法鼓文化編輯部編著）
	《聖嚴研究第九輯》（聖嚴思想研究論叢，聖嚴教育基金會學術研究部著）
	《我的法門師友》（琉璃文學系列，聖嚴法師著）
	《禪思・文思》（琉璃文學系列，單德興著）
	《好讀雜阿含經第二冊──緣生緣滅原來如此（卷十一至卷二十）》（好讀系列，台大獅子吼佛學專站編著）
12 月	《聖嚴法師教禪坐（大字版）》（家中寶系列，聖嚴法師著）
	《西方各國佛教史略》（智慧人系列，淨海法師著）
	《〈破魔變〉中英對照校注》（中華佛學研究所論叢，洪振洲、安東平 Christoph Anderl 著）

◎ 聖嚴教育基金會（結緣書籍）

出版月份	書名
5月	英文書 *Encounters with Master Sheng Yen VII*【《今生與師父有約》（七）英文版】
	《今生與師父有約（九）》（高鐵版）
6月	《禪・住身心》
8月	《做情緒的主人》
9月	英文書 *Encounters with Master Sheng Yen VIII*【《今生與師父有約》（八）英文版】
11月	《禪・離我執》
	《今生與師父有約（十）》（高鐵版）
	2018 聖基會掛曆
12月	《禪・悅人生》

法鼓山2017年參與暨舉辦之主要國際會議概況

時間	會議名稱	主辦單位	國家	地點	主要參加代表
1月18至23日	「氣候變遷的內在面向」會議	美國法鼓山佛教協會 全球女性和平促進會 地球憲章	哥斯大黎加	聖荷西	果禪法師 常濟法師
4月26至28日	跨校宗教交談會議 ——交談中的佛教徒與基督徒	義大利普世博愛運動宗教 交談總中心 義大利上智大學學院 法鼓文理學院 輔仁大學	臺灣	新北市	惠敏法師 果祥法師 張長義老師
5月6至8日	聯合國衛塞節暨第三屆 IABU 國際學術會議	聯合國	泰國	曼谷	常順法師 演禪法師
5月20至21日	「佛教禪修在各種傳統和不同學 科領域的理論與實踐」 國際研討會	香港中文大學 中國大陸廣東六祖寺	香港	沙田	惠敏法師
6月5至16日	空間與虛擬空間工作坊	加拿大英屬哥倫比亞大學 法鼓文理學院	臺灣	新北市	洪振洲老師
6月27至28日	「全球視野中的中國禪法研究」 國際學術研討會	香港中文大學 德國哥廷根大學	德國	哥廷根	鄧偉仁老師
6月29至30日	一帶一路上南北傳佛教研討會	中國大陸南京大學 香港大學 泰國摩訶朱拉隆功佛教大學	香港	寶蓮寺	果暉法師
8月12至13日	「在驟變時代釋放內性」論壇	新加坡漢傳佛學院	新加坡		惠敏法師
8月8日	太虛大師圓寂七十週年 紀念大會	中國佛教協會	中國大陸	浙江省 雪竇山	方丈和尚果東法師
9月2日	第六十八屆日本印度學佛教學 會會議	日本印度學佛教學會	日本	京都	果暉法師
9月8至9日	漢傳佛教青年學者論壇	中華佛學研究所	臺灣	新北市	果鏡法師
9月23至24日	2017 崇聖論壇	中國大陸崇聖寺	中國大陸	雲南省 崇聖寺	果興法師 常啟法師
9月30日	「佛教女性的修行與弘傳」學術 論壇會議	法鼓山溫哥華道場	加拿大	溫哥華	常悟法師
11月10至14日	「氣候變遷的內在面向」會議	美國法鼓山佛教協會 全球女性和平促進會 地球憲章	德國	波昂	果禪法師 常濟法師
12月22至23日	第三屆近現代漢傳佛教論壇	聖嚴教育基金會	臺灣	臺北	鄧偉仁老師

2016-2017年聖嚴師父暨法鼓山相關學術研究論文一覽

◎期刊論文（與聖嚴師父相關）

論文題目	作者	論文發表處	發表年
當代「華嚴三公」與聖嚴法師互動影響的考索	范觀瀾	海潮音 98:7、海潮音 98:8	2017
試論聖嚴法師對「空性」與「佛性」之詮解與貫通	林建德	法鼓佛學學報 21	2017

◎期刊論文（與法鼓山及其理念相關）

論文題目	作者	論文發表處	出版年
聖嚴法子繼程——馬佛與臺佛締結華人佛教圈	李玉珍	臺灣宗教研究 15:2	2016
Innovation and Continuity in the Pure Lands: Pure Land Discourses and Practices at the Taiwanese Buddhist Order Dharma Drum Mountain	黃穎思	中華佛學學報 30	2017

◎專書（與聖嚴師父相關）

書名	作者	出版社	出版年	備註
《禪淨何爭？——聖嚴法師的禪淨思想與體證》	陳劍鍠	法鼓文化	2017	
《聖嚴研究第九輯》	聖嚴教育基金會學術研究部編	法鼓文化	2017	收錄 2016 年「第六屆聖嚴思想國際學術研討會暨法鼓山信眾論壇」部分發表論文

◎專書論文（與聖嚴師父相關）

論文題目	作者	論文發表處	發表年	備註
佛教「無情說法」的學理探究——以聖嚴法師為例的現代應用	釋果鏡	《聖嚴研究第九輯》	2016	2017 法鼓文化出版
聖嚴法師旅行書寫中的病與佛法——以《維摩詰所說經》為對照的研究	王美秀	《聖嚴研究第九輯》	2016	2017 法鼓文化出版
跨地同坐一門禪修——聖嚴法師的國際弘法	李玉珍	《聖嚴研究第九輯》	2016	2017 法鼓文化出版
佛教信仰方式的現代性建構——以聖嚴法師佛教建設的相關理念為中心	李向平	《聖嚴研究第九輯》	2016	2017 法鼓文化出版
從「戒定慧」三學研析聖嚴法師《遊心禪悅》書法風格與意涵	陳靜琪	《聖嚴研究第九輯》	2016	2017 法鼓文化出版

◎專書論文（與法鼓山及其理念相關）

論文題目	作者	論文發表處	發表年	備註
「四要消費者」的需求函數	謝俊魁 顏美惠	《聖嚴研究第九輯》	2016	2017 法鼓文化出版
中華禪法鼓宗話頭禪學理思想之研究——兼論宗密的九對頓漸	釋果暉	《聖嚴研究第九輯》	2016	2017 法鼓文化出版

◎博碩士論文（與聖嚴師父相關）

論文題目	作者	論文發表處	發表年
佛法的當代適應與對治——以聖嚴法師的禮儀環保為中心	白思蜜	玄奘大學宗教與文化學系碩士論文	2016
學問僧的生命書寫——印順法師與聖嚴法師自傳之研究	釋德晟	中正大學中國文學研究所博士論文	2016
「人間淨土」義涵之研究——從四依法探討聖嚴法師的詮釋	楊鎮鴻	法鼓文理學院佛教學系碩士論文	2016
聖嚴法師對佛性意義的當代詮解及其與人間淨土實踐的關涉	黃玉真	南華大學宗教學研究所碩士論文	2017

◎博碩士論文（與法鼓山及其理念相關）

論文題目	作者	論文發表處	發表年
當代佛教臨終關懷的理念與實踐 ——以法鼓山臺北文山區助念組為例	李明傑	政治大學宗教研究所碩士論文	2016
從「心靈環保」探討企業經營與企業社會責任 ——以法鼓山法行會會員為例	林慧碧	法鼓文理學院社會企業與創新碩士學位學程碩士論文	2016
法鼓山「心五四運動」之實踐分析 ——以義工團環保組義工為例	黃亮鈞	法鼓文理學院社會企業與創新碩士學位學程碩士論文	2016

法鼓山全球聯絡網

【全球各地主要分支道場】

【國內地區】

■北部

法鼓山世界佛教教育園區
電話：02-2498-7171
傳真：02-2498-9029
20842新北市金山區法鼓路555號

農禪寺
電話：02-2893-3161
傳真：02-2895-8969
11268臺北市北投區大業路65巷89號
11268臺北市北投區大度路112號

中華佛教文化館
電話：02-2891-2550；02-2892-6111
傳真：02-2893-0043
11246臺北市北投區光明路276號

雲來寺
（行政中心、普化中心、文化中心）
電話：02-2893-9966
　　　（行政中心、普化中心）
電話：02-2893-4646（文化中心）
傳真：02-2893-9911
11244臺北市北投區公館路186號

法鼓德貴學苑
電話：02-8978-2081（青年發展院）
電話：02-2381-2345
　　　（法鼓山人文社會基金會）
電話：02-8978-2110
　　　（法鼓文理學院推廣教育中心）
電話：02-2311-4231
　　　（中正萬華辦事處）
10044臺北市中正區延平南路77號

安和分院（大安、信義、南港辦事處）
電話：02-2778-5007~9
傳真：02-2778-0807
10688臺北市大安區安和路一段
29號10樓

天南寺
電話：02-8676-2556
傳真：02-8676-1060
23743新北市三峽區介壽路二段138巷
168號

齋明寺
電話：03-380-1426；03-390-8575
傳真：03-389-4262
33561桃園市大溪區齋明街153號

齋明別苑
電話：03-315-1581
傳真：03-315-0645
33050桃園市桃園區大業路一段361號

中山精舍（中山辦事處）
電話：02-2591-1008
傳真：02-2591-1078
10452臺北市中山區民權東路一段67
號9樓

基隆精舍（基隆辦事處）
電話：02-2426-1677
傳真：02-2425-3854
20045基隆市仁愛區仁五路8號3樓

蘭陽精舍（羅東辦事處）
電話：03-961-0296
傳真：03-961-0275
26563宜蘭縣羅東鎮北投街368號

新竹精舍（新竹辦事處）
電話：03-525-8246
傳真：03-523-4561
30043新竹市東區民權路266號7樓

大同辦事處
電話：02-2599-2571
10367臺北市大同區酒泉街34-1號

松山辦事處
電話：0918-607-195
10572臺北市松山區民生東路五段28號
7樓

石牌辦事處
電話：02-2832-3746
11158臺北市士林區福華路147巷
28號1樓

士林辦事處
電話：02-2881-7898
11162臺北市士林區中正路335巷6弄
5號B1

社子辦事處
電話：02-2816-9619
11165臺北市士林區延平北路五段29號
1、2樓

北投辦事處
電話：02-2892-7138
傳真：02-2388-6572
11241臺北市北投區溫泉路68-8號1樓

內湖辦事處
電話：02-2793-8809
11490臺北市內湖區民權東路六段
123巷20弄3號1樓

文山辦事處
電話：02-2236-4380
傳真：02-8935-1858
11641臺北市文山區和興路52巷9之3
號1樓

金山萬里辦事處
電話：02-2408-1844
傳真：02-2408-2554
20841新北市金山區仁愛路61號

板橋辦事處
電話：02-8951-3341
傳真：02-8951-3341
22067新北市板橋區三民路一段
126號13樓

新店辦事處
電話：02-8911-3242
23149新北市新店區中華路9號3樓
之1

中永和辦事處
電話：02-2231-2654
傳真：02-2925-8599
23455新北市永和區中正路417號
10樓

海山辦事處
電話：02-2269-2578
23671新北市土城區中央路三段
87號5樓

三重蘆洲辦事處
電話：02-2986-0168
24161新北市三重區重新路四段
53號5樓之1

新莊辦事處
電話：02-2994-6176
傳真：02-2994-4102
24241新北市新莊區新莊路114號

林口辦事處
電話：02-2603-0390
　　　02-2601-8643
傳真：02-2602-1289
24446新北市林口區中山路91號
3樓

淡水辦事處
電話：02-2629-2458
25153新北市淡水區新民街120巷
3號1樓

三芝石門辦事處
電話：0978-207-781
傳真：0917-658-698
25241新北市三芝區公正街三段
10號

宜蘭辦事處
電話：039-332-125
傳真：039-332-479
26052宜蘭縣宜蘭市泰山路112巷8弄
18號

中壢辦事處
電話：03-281-3127；03-281-3128
傳真：03-281-3739
32448桃園市平鎮區環南路184號3樓
之1

桃園辦事處
電話：03-302-4761；03-302-7741
傳真：03-301-9866
33046桃園市桃園區大興西路二段
105號12樓

苗栗辦事處
電話：037-362-881
傳真：037-362-131
36046苗栗縣苗栗市大埔街42號

三義DIY心靈環保教育中心
電話：04-2223-1055；037-870-995
傳真：037-872-222
36745苗栗縣三義鄉廣盛村八股路
21號

■中部

寶雲寺（臺中辦事處）
電話：04-2255-0665
傳真：04-2255-0763
40756臺中市西屯區市政路37號

寶雲別苑
電話：04-2465-6899
40764臺中市西屯區西屯路三段西
平南巷6-6號

德華寺
電話：049-242-3025
傳真：049-242-3032
54547南投縣埔里鎮清新里延年巷33號

豐原辦事處
電話：04-2524-5569
傳真：04-2515-3448
42048臺中市豐原區北陽路8號4樓

中部海線辦事處
電話：04-2622-5072
傳真：04-2686-6622
43655臺中市清水區鎮南街53號2樓

彰化辦事處
電話：04-711-6052
傳真：04-711-5313
50049彰化縣彰化市中山路二段2號10樓

員林辦事處
電話：04-837-2601
傳真：04-838-2533
51042彰化縣員林市靜修東路33號8樓

南投辦事處
電話：049-231-5956
傳真：049-239-1414
54044南投縣南投市中興新村中學西路106號

■南部

臺南分院（臺南辦事處）
電話：06-220-6329；06-220-6339
傳真：06-226-4289
70444臺南市北區西門路三段159號14樓

雲集寺
電話：06-721-1295；06-721-1298
傳真：06-723-6208
72242臺南市佳里區六安街218號

紫雲寺（高雄北區／南區辦事處）
電話：07-732-1380
傳真：07-731-3402
83341高雄市鳥松區忠孝路52號

三民精舍
電話：07-225-6692
80760高雄市三民區建國一路433號2樓

嘉義辦事處
電話：05-276-0071；05-276-4403
傳真：05-276-0084
60072嘉義市東區林森東路343號3樓

屏東辦事處
電話：08-738-0001
傳真：08-738-0003
90055屏東縣屏東市建豐路2巷70號1樓

潮州辦事處
電話：08-789-8596
傳真：08-780-8729
92045屏東縣潮州鎮和平路26號1樓

■東部

信行寺（臺東辦事處）
電話：089-225-199、089-223-151
傳真：089-239-477
95059臺東縣臺東市更生北路132巷36或
38號

花蓮辦事處
電話：03-834-2758
傳真：03-835-6610
97047花蓮縣花蓮市光復街87號7樓

【海外地區】

■美洲America
美國東初禪寺（紐約州）
（紐約州分會）
Chan Meditation Center（New York
Chapter, NY）
TEL：1-718-592-6593
FAX：1-718-592-0717
E-MAIL：ddmbaus@yahoo.com
WEBSITE：http://www.chancenter.org
ADDRESS：90-56 Corona Ave., Elmhurst,
NY 11373, U.S.A.

美國象岡道場（紐約州）
Dharma Drum Retreat Center
TEL：1-845-744-8114
FAX：1-845-744-8483
E-MAIL：ddrc@dharmadrumretreat.org
WEBSITE：http://www.
dharmadrumretreat.org
ADDRESS：184 Quannacut Rd., Pine
Bush, NY 12566, U.S.A.

美國洛杉磯道場（加利福尼亞州）
（洛杉磯分會）
Dharma Drum Mountain Los Angeles
Center
（Los Angeles Chapter, CA）
TEL：1- 626-350-4388
E-MAIL：ddmbala@gmail.com
WEBSITE：www.ddmbala.org
ADDRESS：4530 N. Peck Rd, El Monte,
CA 91732, U.S.A.

美國舊金山道場（加利福尼亞州）
（舊金山分會）
Dharma Drum Mountain San Francisco Bay
Area Center
（San Francisco Bay Area Chapter, CA）
TEL：1-408-900-7125
E-MAIL：info@ddmbasf.org
WEBSITE：http://www.ddmbasf.org
ADDRESS：255 H. Street, Fremont, CA
94536, U.S.A.

加拿大溫哥華道場
（加拿大溫哥華分會）
Dharma Drum Mountain Vancouver Center
TEL：1-604-277-1357
FAX：1-604-277-1352
E-MAIL：info@ddmba.ca
WEBSITE：http://www.ddmba.ca
ADDRESS：8240 No.5 Rd. Richmond,
B.C. Canada ,V6Y 2V4

波士頓普賢講堂（麻薩諸塞州）
（波士頓聯絡處）
Dharma Drum Mountain Massachusetts
Buddhist Association
（Boston Branch, MA）
TEL：1-781- 863-1936
WEBSITE：http://www.ddmmba.org
ADDRESS：319 Lowell Street, Lexington,
MA 02420, U.S.A.

北美護法會
Dharma Drum Mountain Buddhist
Association（D.D.M.B.A.）
TEL：1-718-592-6593
ADDRESS：90-56 Corona Ave., Elmhurst,
NY 11373, U.S.A.

◎東北部轄區North East Region

新澤西州分會
New Jersey Chapter
TEL：1-732-249-1898
E-MAIL：enews@ddmbanj.org
WEBSITE：http:// www.ddmbanj.org
ADDRESS：56 Vineyard Rd.,Edison, NJ
08817, U.S.A.

多倫多分會（加拿大安大略省）
Antario Chapter, Canada
TEL：1-416-855-0531
E-MAIL：ddmba.toronto@gmail.com
WEBSITE：http:// www.ddmbaontario.org
ADDRESS：1025 McNicoll
Avenue,Toronto Canada, M1W 3W6

南部聯絡處（康乃狄克州）
Fairfield County Branch, CT
TEL：1-203-912-0734
E-MAIL：contekalice@aol.com

哈特福聯絡處（康乃狄克州）
Hartford Branch, CT
TEL：1-860-805-3588
E-MAIL：cmchartfordct@gmail.com

◎東南部轄區 South East Region

塔城分會（佛羅里達州）
Tallahassee Branch, FL
TEL：1- 850-274-3996
E-MAIL：tallahassee.chan@gmail.com
WEBSITE：http://www.tallahasseechan.
com
ADDRESS：647 McDonnell Drive,
Tallahassee FL 32310, U.S.A.

首都華盛頓聯絡處
Washington Branch, DC
TEL：1-240-424-5486
E-MALL：chan@ddmbadc.org

亞特蘭大聯絡處（喬治亞州）
Atlanta Branch, GA
TEL：1- 678-809-5392
E-MAIL：Schen@eleganthf.net

◎中西部轄區 Mid-West Region

芝加哥分會（伊利諾州）
Chicago Chapter, IL
TEL：1-847- 255-5483
E-MAIL：ddmbachicago@gmail.com
WEBSITE：http://www.ddmbachicago.org
ADDRESS：1234 North River Rd., Mount
Prospect, IL 60056, U.S.A.

蘭辛聯絡處（密西根州）
Lansing Branch, MI
TEL：1-517-332-0003
FAX：1-517- 614-4363
E-MAIL：lkong2006@gmail.com
WEBSITE：http://michigan.ddmusa.org
聖路易聯絡處（密蘇里州）
St. Louise Branch, MO
TEL：1-636- 825-3889
E-MAIL：acren@aol.com

◎西北部轄區 West North Region

西雅圖分會（華盛頓州）
Seattle Chapter, WA
TEL：1-425-957-4597
E-MAIL：ddmba.seattle@gmail.com
WEBSITE：http://seattle.ddmusa.org
ADDRESS：14130 NE 21st., Bellevue,
WA 98007, U.S.A.

省會聯絡處（加利福尼亞州）
Sacramento Branch, CA
TEL：1-916-681-2416
E-MAIL：ddmbasacra@yahoo.com
WEBSITE：http://sacramento.ddmusa.org

橙縣聯絡處（加利福尼亞州）
Orange County Branch, CA
E-MAIL：ddmba.oc@gmail.com

◎西南部轄區 West South Region

達拉斯聯絡處（德克薩斯州）
Dallas Branch, TX
TEL：1-682-552-0519
E-MAIL：ddmba_patty@yahoo.com
WEBSITE：http://dallas.ddmusa.org

■歐洲 Europe

盧森堡聯絡處
Luxembourg Liaison Office
TEL：352-400-080
FAX：352-290-311
E-MAIL：ddm@chan.lu
ADDRESS：15, Rue Jean Schaack L-2563,
Luxembourg

英國倫敦聯絡處
London Branch
E-mail：liew853@btinternet.com
WEBSITE：http://www.chanmeditationlondon.
org
ADDRESS：28 the Avenue, London NW6
7YD, U.K.

■亞洲 Asia

馬來西亞道場
（馬來西亞護法會）
Dharma Drum Mountain Malaysia Center
（Malaysia Branch）
TEL：60-3-7960-0841
FAX：60-3-7960-0842
E-MAIL：admin @ ddm.org.my
WEBSITE：http://www.ddm.org.my
ADDRESS：Block B-3-16, 8 Ave., Pusat
Perdagangan SEK.8, Jalan Sg. Jernih, 46050
Petaling Jaya, Selangor, Malaysia

香港道場—九龍會址
Dharma Drum Mountain Hong Kong Center
TEL：852-2865-3110；852-2295-6623
FAX：852-2591-4810
E-MAIL：info@ddmhk.org.hk
WEBSITE：http://www.ddmhk.org.hk
ADDRESS：Room 203 2/F., Block B,
Alexandra Industrial Building 23-27 Wing Hong
Street, Lai Chi Kok, Kowloon, Hong Kong
（香港九龍荔枝角永康街23-27號 安泰工業
大廈B座2樓203室）

香港道場—港島會址
Tel：852-3955-0077
Fax：852-3590-3640
ADDRESS：2/F., Andes Plaza, No. 323
Queen's Road West, Sai Ying Pun, Hong
Kong（香港西營盤皇后大道西323號安
達中心二樓）

新加坡護法會
Singapore Branch
TEL：65-6735-5900
FAX：65-6224-2655
E-MAIL：ddrumsingapore@gmail.com
WEBSITE：http://www.ddsingapore.org
ADDRESS：146B Paya Lebar Road#06-01
ACE Building, Singapore 409017

泰國護法會
Thailand Branch
TEL：66-2-713-7815；66-2-713-7816
FAX：66-2-713-7638
E-MAIL：http://ddmbkk2005@gmail.com
WEBSITE：http://www.ddmth.com
ADDRESS：1471. Soi 31/1 Pattnakarn Rd.,
10250 Bangkok, Thailand

■大洋洲Oceania

澳洲雪梨分會
Sydney Chapter
TEL：61-4-1318-5603
FAX：61-2-9283-3168
E-MAIL：http://ddmsydney@yahoo.com.au
WEBSITE：www.ddm.org.au
ADDRESS：Room 605, Level 6, 99 York
Street Sydney NSW 2000, Australia

墨爾本分會
TEL：61-3-8822-3187
E-MAIL：info@ddmmelbourne.org.au
WEBSITE：www.ddmmelbourne.org.au
ADDRESS：1 /38 McDowall Street,
Mitcham, Victoria 3132, Australia

【教育事業群】

法鼓山僧伽大學
電話：02-2498-7171
傳真：02-2408-2492
網址：http://www.ddsu.org
20842新北市金山區法鼓路555號

法鼓文理學院
電話：02-2498-0707轉2364～2365
傳真：02-2408-2472
網址：http://www.dila.edu.tw
20842新北市金山區法鼓路700號

法鼓文理學院·推廣教育中心
電話：02-8978-2110轉8011
傳真：02-2311-1126
網址：http://dilatw.blogspot.tw
10044臺北市中正區延平南路77號9樓

中華佛學研究所
電話：02-2498-7171轉2362
傳真：02-2408-2492
網址：http://www.chibs.edu.tw
20842新北市金山區法鼓路555號

法鼓山社會大學服務中心
（金山法鼓山社會大學）
電話：02-2408-2593～4
傳真：02-2408-2554
網址：http://www.ddcep.org.tw
20841新北市金山區仁愛路61號

新莊法鼓山社會大學
電話：02-2994-3755；02-2408-2593～4
傳真：02-2994-4102
網址：http://www.ddcep.org.tw
24241新北市新莊區新莊路114號

北投法鼓山社會大學
電話：02-2893-9966轉6135、6141
傳真：02-2891-8081
網址：http://www.ddcep.org.tw
11244臺北市北投區公館路186號

【關懷事業群】

法鼓山社會福利慈善事業基金會
電話：02-2893-9966
傳真：02-2893-9911
網址：http://charity.ddm.org.tw
11244臺北市北投區公館路186號

法鼓山人文社會基金會
電話：02-2381-2345
傳真：02-2311-6350
網址：http://www.ddhisf.org
10044臺北市中正區延平南路77號5樓

聖嚴教育基金會
電話：02-2397-9300
傳真：02-2393-5610
網址：http://www.shengyen.org.tw
10056臺北市中正區仁愛路二段
48之6號2樓

國家圖書館出版品預行編目資料

法鼓山年鑑. 2017／法鼓山年鑑編輯組編輯企畫. --
初版. -- 臺北市：法鼓山文教基金會，2018.09
　　　面；　公分

　　　ISBN 978-986-96684-0-8　　（精裝）

1.法鼓山　　2.佛教團體　　3.年鑑

220.58　　　　　　　　　　　　107010466

2017 法鼓山年鑑

創 辦 人	聖嚴法師
出 版 者	財團法人法鼓山文教基金會
地 址	臺北市北投區公館路186號
電 話	02-2893-9966
傳 真	02-2896-0731
編 輯 企 畫	法鼓山年鑑編輯組
召 集 人	釋果賢
主 編	陳重光
編 輯	李怡慧、游淑惠、楊仁惠
專 文 撰 述	胡麗桂、陳玫娟
文稿資料提供	法鼓山文化中心雜誌部、叢書部、史料部， 法鼓山各會團、海內外各分院及聯絡處等單位
攝 影	法鼓山攝影義工
美 編 完 稿	邱淑芳
網 址	http://www.ddm.org.tw/event/2008/ddm_history/ index.htm
初 版	2018年9月
發 心 助 印 價	800元
劃 撥 帳 號	16246478
劃 撥 戶 名	財團法人法鼓山文教基金會